労働法

第4版

両角道代・森戸英幸・小西康之
梶川敦子・水町勇一郎

YUHIKAKU

第4版はしがき

2017年3月に第3版を刊行してから，約3年が経過した。

この間，労働時間法制の見直しと非正規労働者の公正処遇を柱とする働き方改革関連法が2018年6月に成立し，労働基準法，労働契約法，パートタイム労働法，労働者派遣法，労働安全衛生法，労働時間等設定改善法，雇用対策法などに改正（一部の法律の名称変更を含む）が加えられた。そのほかにも育児介護休業法，男女雇用機会均等法，出入国管理法，労働施策総合推進法の改正など，法令上の大きな動きがあった。また，判例上も，有期雇用労働者と無期雇用労働者の労働条件格差の適法性について判断を示した最高裁判決をはじめ，多くの注目すべき裁判例が登場し，様々な分野で進展が見られた。

第4版では，新たに執筆者として小西康之教授（明治大学法学部）に加わっていただき，これらの立法や判例の発展をフォローするとともに，統計を最新の数値に修正した。また，非正規労働者については立法や判例法理の発展が著しいため，独立の章を設けて扱うこととした（第15章）。

本書第4版でも，第3版までと同様，読者が労働法の全体を体系的に把握し，必要十分な知識を得るとともに，法的な考え方を身に着けることができるよう，簡潔にして明解な記述を心掛けた。本書が，雇用と労働法に関心を持つ読者のお役に立つことができれば幸いである。

今回の改訂にあたっては，初版から引き続き，有斐閣書籍編集部の栁澤雅俊さんに行き届いたお世話をいただいた。また，亀田康次弁護士（横木増井法律事務所）には，お忙しい中，校正前の原稿に丁寧に目を通していただき，たくさんの有益なご指摘をいただいた。著者一同，心からお礼を申し上げる。

2020年1月

著者を代表して

両 角 道 代

初版はしがき

　多くの人が雇用という形で働いている現代社会において，労働法は私達の生活にもっとも密接に関わる法分野の一つである。長時間労働や過労死，格差問題，リストラ，ワーク・ライフ・バランスなどの雇用問題が噴出しつつある現在，労働法を学ぶニーズは今までになく高まっていると言えよう。

　ひとくちに労働法を学ぶといっても，その目的は，自分の身を守るために最低限度の知識を身につけることから労働法を専門とする実務家や研究者になることまで，様々である。本書は，単に知識を得るだけでなく，より広い視点から労働法を体系的に理解したい人，労働法の知識や理論を用いて雇用問題を考えてみたい人に向けて書かれている。具体的には，労働法を専門科目として学ぶ法学部生や法科大学院生向けの教科書として，また雇用問題に携わる社会人向けの参考書として，役に立てていただければ幸いである。

　本書を執筆する際に留意したのは以下の点である。

　第1に，読者にわかりやすく，必要にして十分な情報を伝えることを心がけた。近年，労働法の分野では立法や法改正が頻繁に行われ，関連法規が増加するとともに，それぞれの法律の内容も複雑になっている。また，労働法を学ぶには判例法理を理解することが不可欠であるが，判例の理論はしばしば難解であるうえ，新しい判例も続々と登場している。本書では，読者の理解を促すため，法律や判例・学説の状況を整理し，できるだけ明快に記述するよう努めた。また，本文では基本的な事項を中心に扱い，時事的なトピックや発展的な問題はコラムで取り上げるようにした。コラムに興味を持った読者は是非，参考文献等に当たってみていただきたい。

　第2に，法律学全般について言えることであるが，労働法の学習においても，判例や通説の結論をうのみにせず，結論に至る論理の流れを理解することが重要である。そのため本書では，重要な論点については結論だけでなく，そこに

至る考え方（論理の流れ）を丁寧に示すように努めた。また，就業規則の法的性質や不当労働行為制度の目的など，理論的に重要な対立のある問題については，複数の考え方を取り上げ，それぞれの根拠や論理的な帰結を示すようにした。

第3に，現在，雇用社会は激しく変化しており，労働法もその変化に対応するために従来のシステムを根本的に見直すべき時期に来ている。そのため，これから労働法を学ぶ読者にとっては，現行法を正確に知るだけでなく，より広い視点から労働法という制度を理解しておくことも重要である。本書では，初めの方の章で労働法の歴史や基本構造について解説し，読者が労働法の全体を概観するとともに，労働法を取り巻く状況についても知ることができるように配慮した。

第4に，読者の便宜を図るため，各章に判例紹介と練習問題を付した。判例紹介は，全体のバランスや紙面の都合上，最低限にとどめざるを得なかったので，これに加えて是非ケースブックや判例集を当たっていただきたい。また，練習問題は各章の内容を理解していれば答えられるものにしてあるので，自分の理解度をチェックするのに役立てていただければ幸いである。

本書は4名の労働法研究者によって書かれた。執筆は4名が分担して行ったが，全員がすべての章を読んで検討し，加筆・修正を重ねたことにより，実質的には共同執筆に近いものとなった（そのため各章の執筆担当者は示していない）。検討会は非常に有益かつ楽しいものであり，これまで深く考えずにいた点を他の執筆者から指摘されて目から鱗が落ちる思いがしたことも少なくなかった。本書の執筆を通して，貴重な学びの機会を与えていただいたことに感謝している。

本書の執筆に当たっては，有斐閣の神田裕司さん，渡邉和哲さん，栁澤雅俊さんに行き届いたお世話をいただいた。有能な編集者の方々が検討会のたびに私達の（しばしば脱線する）議論に長時間にわたっておつきあい下さり，スケジュールの管理をはじめ様々なサポートをして下さったおかげで，滞りなく執筆を進めることができた。また，上智大学法科大学院生の佐藤慶さんには校正段

階の原稿に目を通していただき，たくさんの有益なご指摘をいただいた。執筆者一同，深く感謝したい。

2009 年 1 月

執筆者を代表して

両 角 道 代

目　次

第 1 編　労働法総論

第4編　労働市場法

◇ 判　例 ◇

執筆者紹介

両 角 道 代（もろずみ　みちよ）

慶應義塾大学法科大学院教授

主要著作：「キャリア権の意義」日本労働法学会編『講座労働法の再生4　人格・平
　　　　　等・家族責任』（日本評論社・2017 年）

　　　　　「パート処遇格差の法規制をめぐる一考察──『潜在能力アプローチ』を
　　　　　参考に」野川忍ほか編著『変貌する雇用・就労モデルと労働法の課題』
　　　　　（商事法務・2015 年）

　　　　　「家族の変化と労働法」長谷部恭男ほか編『現代法の動態3　社会変化と
　　　　　法』（岩波書店・2014 年）

森 戸 英 幸（もりと　ひでゆき）

慶應義塾大学法科大学院教授

主要著作：『プレップ労働法〈第 6 版〉』（単著・弘文堂・2019 年）

　　　　　『ケースブック労働法〈第 4 版〉』（共著・有斐閣・2015 年）

　　　　　『差別禁止法の新展開──ダイヴァーシティの実現を目指して』（共編著・
　　　　　日本評論社・2008 年）

　　　　　『企業年金の法と政策』（単著・有斐閣・2003 年）

小 西 康 之（こにし　やすゆき）

明治大学法学部教授

主要著作：「若年期・高年期における就労・生活と法政策」日本労働法学会編『講座
　　　　　労働法の再生6　労働法のフロンティア』（日本評論社・2017 年）

　　　　　「失業給付制度と解雇規制の相関性に関する一考察」菅野和夫先生古稀記
　　　　　念『労働法学の展望』（有斐閣・2013 年）

　　　　　「退職リスクに対する生活保障制度の基本構造と雇用システム」日本労働
　　　　　研究雑誌 598 号（2010 年）

梶 川 敦 子（かじかわ　あつこ）

元神戸学院大学法学部准教授

主要著作：「賃金の弾力的調整をめぐる法的問題」日本労働研究雑誌 611 号（2011 年）

　　　　　『働く人の法律入門〈第 2 版〉』（共著・有斐閣・2009 年）

　　　　　「日本の労働時間規制の課題──長時間労働の原因をめぐる法学的分析」

日本労働研究雑誌 575 号（2008 年）

「ホワイトカラー労働と労働時間規制の適用除外——アメリカのホワイトカラー・イグゼンプションの検討を中心に」日本労働法学会誌 106 号（2005 年）

水町勇一郎（みずまち　ゆういちろう）

東京大学社会科学研究所教授

主要著作：『労働法〈第 8 版〉』（単著・有斐閣・2020 年）

『詳解　労働法』（単著・東京大学出版会・2019 年）

『労働法入門〈新版〉』（単著・岩波書店・2019 年）

<h1>凡　　例</h1>

<h2>1　法令名の略語</h2>

育児介護	育児休業，介護休業等育児又は家族介護を行う労働者の福祉に関する法律（育児介護休業法）
一般法人	一般社団法人及び一般財団法人に関する法律
会　社	会社法
企業年金	確定給付企業年金法
求職者支援	職業訓練の実施等による特定求職者の就職の支援に関する法律
教員任期	大学の教員等の任期に関する法律
憲	日本国憲法
研究開発強化	研究開発システムの改革の推進等による研究開発能力の強化及び研究開発等の効率的推進等に関する法律
健　保	健康保険法
公益通報	公益通報者保護法
高齢雇用安定	高年齢者等の雇用の安定等に関する法律
雇　均	雇用の分野における男女の均等な機会及び待遇の確保等に関する法律（男女雇用機会均等法）
個人情報	個人情報の保護に関する法律（個人情報保護法）
国　公	国家公務員法
個別労働紛争	個別労働関係紛争の解決の促進に関する法律
雇　保	雇用保険法
最　賃	最低賃金法
自　治	地方自治法
障　雇	障害者の雇用の促進等に関する法律（障害者雇用促進法）
職　安	職業安定法
女性活躍	女性の職業生活における活躍の推進に関する法律（女性活躍推進法）
短　労	短時間労働者の雇用管理の改善等に関する法律
地　公	地方公務員法
賃　確	賃金の支払の確保等に関する法律
特　許	特許法
入　管	出入国管理及び難民認定法
能　開	職業能力開発促進法

パート有期	短時間労働者及び有期雇用労働者の雇用管理の改善等に関する法律
派　遣	労働者派遣事業の適正な運営の確保及び派遣労働者の保護等に関する法律
	（労働者派遣法）
分割承継	会社分割に伴う労働契約の承継等に関する法律
民	民　法
民　訴	民事訴訟法
有期雇用特措	専門的知識等を有する有期雇用労働者等に関する特別措置法
労安衛	労働安全衛生法
労　基	労働基準法
労　契	労働契約法
労　災	労働者災害補償保険法
労　審	労働審判法
労　施	労働施策の総合的な推進並びに労働者の雇用の安定及び職業生活の充実
	等に関する法律（労働施策総合推進法）
労　組	労働組合法
労　調	労働関係調整法
労保徴	労働保険の保険料の徴収等に関する法律

＊以上の他，有斐閣六法の法令名略語を用い，また，法律の施行令，施行規則について
は，それぞれの略語の後にそれぞれ「令」「則」を付して示すのを原則とした。

2　判決文の表記

　かぎ括弧での引用は判決文の原文によった。ただし，第1審原告をXとし，第1審被
告をYとしたほか，関係者名を仮名とした。また，横書きに伴い漢数字は算用数字に改
め，促音・拗音は小さく記した。なお，〔　〕内は筆者の注記である。

3　判例・命令の略記

　①　判例・命令については，事件名を付し，次のように表示した。なお，事件名は原
則として「労働判例」誌に準拠した。
　電通事件・最二小判平成12・3・24民集54巻3号1155頁
　（最高裁判所第二小法廷平成12年3月24日判決，最高裁判所民事判例集54巻3号
　1155頁）
　スカンジナビア航空事件・東京地決平成7・4・13労判675号13頁
　（東京地方裁判所平成7年4月13日決定，労働判例675号13頁）
　②　判例集の略語
民　集	最高裁判所民事判例集	労裁集	労働関係民事事件裁判集

刑　集	最高裁判所刑事判例集	判　時	判例時報
裁判集民	最高裁判所裁判集民事	判　タ	判例タイムズ
裁　時	裁判所時報	労　判	労働判例
労民集	労働関係民事裁判例集	労経速	労働経済判例速報

4　行政解釈の略語

基　収	厚生労働省（労働省）労働基準局長が疑義に応えて発する通達
基　発	厚生労働省（労働省）労働基準局長通達
厚労告	厚生労働省告示
雇児発	厚生労働省雇用均等・児童家庭局長通達
職　発	厚生労働省（労働省）職業安定局長通達
発　基	厚生労働省（労働省）労働基準局関係の事務次官通達
労　告	労働省告示

5　雑誌の略語

ジュリ	ジュリスト	労　研	日本労働研究雑誌

第*1*編

労働法総論

　労働組合と労働協約は，使用者の経済的な力による労働者の利益の剥奪や抑圧から労働者を守りきれていない。その帰結は，不可避的なものではないとしても，予測することは可能である。もし団体交渉が個別の労働者を守れないとすれば，法がより弱い当事者を守る別の道を見つけだすことになるだろう。法こそが，裁判所や立法者を介して，守護神となるのである。労働法はいま，この守護神の交代の真っ只中にある。

　　──Clyde W. Summers, *Labor Law as the Century Turns: A Changing of the Guard*,
67 NEBRASKA L. REV. 10（1988）

第 **1** 章

労働法とは何か

第 1 節　労働法の全体像
第 2 節　労働法の生成と発展

　労働法は，労働関係に関するルールを定める法である。民法には雇用契約に関する
規定が置かれている（623 条以下）が，20 世紀の半ば以降，立法政策や判例法理の
めざましい発展により民法的な契約原理が大幅に修正され，労働法は独立した法分野
を形成するに至っている。本章では，労働法を学ぶにあたって，その全体的なイメー
ジをつかむために，労働法の基本構造や歴史を概観する。

第 1 節　労働法の全体像

1 労働関係における法の役割

　現代社会では，非常に多くの人が他の人間や企業に雇われる形で働いている。
労働法は，このような雇用労働をめぐる関係，すなわち労働関係のルールを定
める法である。

　労働法は，社会において次のような役割を果たしている。第 1 に，労働関係
の当事者の間で紛争が生じた場合に，裁判所などの紛争解決機関が適用すべき
実体的基準や手続についてルール（裁判規範）を設定する。第 2 に，労働法は
裁判規範であると同時に，日常的な労働関係において当事者がどのように行動
すべきかという行為規範を設定している。たとえば，正当な理由に基づかない
解雇が違法無効であることが法的ルールとして示されれば，労働者を安易に解

3

雇すべきではないことが行為規範となり，多くの使用者はそれに従うことが期待される。第3に，労働法は労働関係のルールを設定するだけでなく，社会全体での労働力の育成・活用・調整などの政策目標を実現するために国家が用いる手段としても機能している。その意味で，労働法は国家が行う社会経済的な政策としても位置づけられる。

2 労働法の構造

(1) 契約原理の修正としての労働法

労働法は，労働関係を私法上の契約関係（労働契約，雇用契約）と捉えている。契約である以上，近代市民法の原理によれば，労働契約の締結や解約，契約内容の決定は契約自由の原則に委ねられることになる（⇨第2節）。

しかし，労働関係には，商品取引とは異なり，契約自由の原則に委ねることが適切でない点がある。たとえば，労働はそれを提供する人間の身体や精神から切り離すことができない。そのため，労働者の心身の安全や健康を保護する法規制が必要とされる。また，労働者は使用者の指揮命令下に置かれ，経済的にも使用者よりはるかに弱い立場にあるため，使用者と対等に交渉をすることは困難である。したがって，契約自由の原則の下では，個々の労働者が自由な意思に基づいて契約を締結することは難しく，契約内容である労働条件に労働者の意思が十分に反映されないおそれがある。これらのことは，いずれも労働関係の本質的な特徴である（⇨第3章）。

労働法は，労働関係が契約であることを出発点としつつ，労働関係の特質に配慮して契約原理に修正を加える法の体系である（⇨第2節）。労働関係を契約と捉える以上，契約自由の原則は労働法の基本原理として重要であり，労働法上の特別なルールがない限り，労働契約には民法の規定が適用される。ただし，現行法の下では，労働法規や判例による契約原理の修正は多岐にわたり，かつ本質的な部分にも及んでいる。現在の労働法において，契約自由の原則は，重要ではあるが唯一絶対の基本原理ではなく，労働者保護の原理，雇用平等の原理，柔軟性の原理など他の複数の基本原理とともに存在している。それらの基本原理は互いに反発したり引き合ったりしながら，労働法システムの中に併存していると考えられる。

(2)　労働法の分類

　日本には「労働法」という統一的な法典はない。労働法は憲法（22条1項・27条・28条など）の下に，労働基準法や労働組合法をはじめとする多くの法令によって構成されている。労働法という法分野を体系的に理解するため，次のような整理をすることが多い。

　第1は，個々の労働者と使用者の関係を規律する雇用関係法（個別的労働関係法）である。この分野に属する法律は多くが強行法規であり，労働条件の最低基準を設定するなど労働者と使用者の間の契約内容に直接介入する法である。労働基準法や最低賃金法など，行政監督や罰則により使用者の法遵守を担保する仕組みを伴うものも多いが，労働契約法は純粋な民事法としての性質を有しており，法の実現は当事者の権利行使に委ねられている。また，個別的労働関係は強行法規に違反しない限り当事者の締結する労働契約に委ねられており，契約の解釈によって解決されるべき問題も多い。

　第2は，労働者の団結権を保障し，労働組合と使用者が団体交渉を行って労働条件を決定することを促進する法であり，これを労使関係法（集団的労使関係法）とよぶ。労使関係法の目的は，労働組合が使用者と対等な立場で団体交渉を行い，労働協約を締結することにより，個別労働関係における交渉力の不均衡に歯止めをかけ，集団的なレベルでの当事者自治を実現することにある。この分野の法律としては，労働組合法，労働関係調整法などがある。

　第3は，労働市場法（雇用政策法，雇用保障法）とよばれる法分野である。主に労働契約の締結前あるいは終了後の段階を対象として，労働市場における労働力の需給調整（求人・求職のマッチング）が適切に行われるよう必要な規制を設けたり，失業者の生活保障を図ったり，就職が困難な者を対象に雇用機会を創出したりする法がここに含まれる。労働市場法は，比較的新しい法分野であり，雇用関係法や労使関係法と比べて体系的な整理が遅れている（⇨第23章）。

　第4に，労働紛争の処理に関する特別な手続を定める法分野（労働紛争処理法）が挙げられる。労働紛争が生じた場合，まずは当事者間で解決を図るのが通常であるが，それがうまくいかないときは，行政機関や裁判所による紛争解決手続を利用することができる。行政機関による紛争解決手続は，個別労働紛争解決促進法（都道府県労働局長による個別労働紛争の相談，助言・指導，あっせん

など），労働組合法（労働委員会による不当労働行為の救済）や労働関係調整法（労働委員会による労働争議の調整）などに定められている。裁判所においては，労働紛争は一般的な民事訴訟の手続によって処理されてきたが，2006年に，労働紛争の増加や特殊性に対応するため労働審判という独自の非訟手続が導入された。労働審判の手続は労働審判法に定められている（⇨第24章）。

(3)　労働法の法源

労働法の分野には多くの法律が含まれるが，労働法の法源（法の解釈・適用に際して援用できる規範）は法律だけではない。第1に，判例は非常に重要な法源である。特に，解雇や配転など労働契約上の権利義務については長いあいだ法律による定めがなく，判例によって確立された法理が大きな役割を果たしてきた。最近になって，これらの判例法理の一部は労働契約法の中に明文化された。

第2に，労働組合と使用者が締結する労働協約や使用者が作成する就業規則が挙げられる。これらは複数の労働者が雇用される職場において労働条件を集団的に定める機能を有するが，いずれも法により特別な効力を付与されていて，個別労働契約の内容にも直接に影響を及ぼす（⇨第3章第2節）。

第3に，労働契約も法源として労働関係を規律する。労働契約の内容は当事者の合意や労働協約，就業規則などにより決定される。また，使用者の安全配慮義務や労働者の誠実義務などは，特段の合意や就業規則などの根拠がなくても，労働契約に本質的に伴うものと理解されている（⇨第3章第1節）。

このほかに，労働関係を直接規律するものではないが，ILO（国際労働機関）や国連が採択した条約も国内法の発展に大きな役割を果たしている。ILOは，ベルサイユ条約に基づいて1919年に創設された国際機関で，現在は国連の専門機関として位置づけられている。加盟国は日本を含め187か国にのぼる（2019年3月現在）。ILOの主たる任務は，国際労働基準に関する条約および勧告を採択し，その履行を監視することである。日本は，団結権及び団体交渉権条約（第98号），男女の同一報酬に関する条約（第100号），民間職業仲介事業所に関する条約（第181号）など合計49の条約を批准している。

第2節　労働法の生成と発展

　労働法は，いつ，どのように生まれ，発展し，現在のような形になったのだろうか。現在の労働法は20世紀の中頃に基盤が確立したものであるが，その後の社会経済的変化の中で，大きな転換期を迎えている。労働法の将来を展望するためにも，歴史をさかのぼって労働法の成り立ちを理解することは重要である。

(1)　労働関係の契約化

　人間は，昔から働くことによって生計を立て，社会とのつながりを保ってきた。しかし，工業化以前の農耕社会には多様な職業活動を包括する「労働」という一般的な概念がなく，「労働」に関する統一的な法も存在していなかった。労働法が生まれたのは工業化以降，人間の歴史の中では比較的新しい時代のことである。

　18世紀の後半になると，イギリスで産業革命が起こり，19世紀にかけてヨーロッパ各地で工業化が進み，都市で工場労働に従事する者が急増した。工場労働は，古くからある奴隷や奉公人とは異なり，雇い主との人格的・家族的なつながりを欠いた新しいタイプの従属労働であった。また，職人とは異なり，仕事の内容や方法に個性がなく特別の熟練を要しないこと（均質性）も，工場労働の大きな特徴であった。

　当時のヨーロッパでは，市民革命によって個人の自由を重んじる自由主義思想が拡がり，自由契約を基本とする市民法秩序が形成されつつあった。その影響の下に，これまで身分的関係とされてきた従属的な労働関係も「契約」として把握されるようになった。たとえば，フランスのナポレオン法典は，労働関係をローマ法に由来する賃貸借契約の一種と理解していた。労働者は，自分の意思により締結した契約に基づいて，本人の人格とは区別された労働力を雇い主に貸与し，その対価として賃金を受けとる者とされたのである。このような考え方によれば，労働者は使用者と同様に人格的に独立した契約当事者であり，使用者が労働者に対して有する命令権も当事者間の合意に基づいて付与された

7

ものと位置づけられる。このような労働関係の契約化はベルギーやドイツなど他の大陸諸国の民法典にも広がり，コモン・ローの伝統を持つイギリスでも「雇用契約（contract of service）」の概念が形成されていった。

　日本でも，ヨーロッパに少し遅れて同じような動きがみられた。明治初期の布告により主人・奉公人の身分が廃止された後，1897年に制定された民法典は，労働関係を対等な当事者間で締結される「雇傭契約」と捉えて契約自由の原則の下に置いたのである。

(2)　労働法の誕生

　労働関係の契約化は，労働者を身分的な桎梏_{しっこく}から解放し，独立の人格を有する自由な個人として認めた。そのことには非常に大きな意味がある。労働関係を契約として理解することは現在の労働法制度の基礎となっているし，今後もそうあり続けるであろう。

　しかし他方で，労働関係を対等な当事者間で締結された契約として私的自治に委ねることは，現実と大きく乖離していた。「自由契約」の下で労働者は物のように取引され，低劣な労働条件で酷使されて，児童労働や労働者の貧困が各国で深刻な社会問題となった。日本でも，しばしば農村の子女が親と仲介業者の間で取引されて人身売買に近い形で工場労働者となり，過酷な労働のために健康を害したり，さまざまな形で人身拘束を受けるなどの問題が発生した。その原因は，当事者の交渉力の不均衡など，労働関係の本質に深く関わっていた（⇨第3章第1節 **1**）。さらに，近代的な工場労働においては，かつての身分的な従属関係にみられたような保護や配慮が欠けていたため，使用者は容赦なく労働者を酷使した。また，自由な取引を重んじる市民法秩序の下では，使用者と集団的に交渉することを求める組合運動は弾圧され，労働者が団結すること自体が市場における自由な取引を妨げる違法な行為として取締りの対象とされた。

　ほどなく，工場労働者の悲惨な状況は各国で社会問題として顕在化した。そして，労働関係において労働者の「自由」を実現するには契約原理を確立するだけでは足りず，強制労働や酷使などを禁止する積極的な法規制が必要であることが，徐々に認識されるようになった。そして19世紀から20世紀の初めに

かけて各国で労働法が誕生し，発展していった。最初は 19 世紀初頭にイギリスで工場法が制定され，次第に他の欧米諸国でも年少者や女性を対象に労働時間などの法規制が設けられ，20 世紀にかけて法的保護の範囲が成人男性にも拡大されていった。日本では，かなり遅れて 1911 年に初めて工場法が制定され，年少者と女性を対象として労働時間と危険有害業務に関する規制が導入された。これら初期の労働者保護法は，国が工場（使用者）に対して公法的な取締りを行うもので，現在の労基法のような私法的効力は付与されていなかった（労基法の効力については⇨第 4 章第 1 節 **3** を参照）。

(3)　労働法の確立

　20 世紀に入ると労働法は大きく発展し，欧米諸国では世紀の半ば頃までに法制度の基礎がほぼ完成した。これにより，労働関係における契約原理は大きく修正された。その背景には，労働運動の高まりや人権思想の発展がある。また，国家の経済政策あるいは福祉国家政策として，労働者に雇用や経済的安定を保障することが重視されるようになったことも，労働法が発展した要因として重要である。

　日本で労働法制度が本格的に整備されたのは，第 2 次世界大戦後である。日本国憲法は，奴隷的拘束および苦役からの自由（18 条），職業選択の自由（22 条 1 項），勤労権（27 条 1 項），勤労条件法定の原則（同条 2 項），労働基本権の保障（28 条）などを基本的人権として掲げていた。憲法の下で，戦前に行われた労働者の酷使や人身拘束などに対する反省に立ち，旧労働組合法（1945 年），労働基準法（1947 年），職業安定法（1947 年），労働組合法（1949 年），労災保険法（1947 年）などの労働立法が制定されていった。

　20 世紀型の労働法は，労働関係が契約であることを出発点としつつ，強行法規に基づく画一的な労働者保護と団結権保障による集団的な労働条件決定という 2 つの方法により，契約自由の原理を修正するものであった。さらに，契約としての労働関係は公的な社会保険制度によっても支えられていた。20 世紀の産業社会では，工業化以前の農耕社会とは異なり，使用者から支払われる賃金によって生計を立てる者（賃金労働者）が人口の多数を占める。しかし，賃金は使用者との契約に基づいて支払われる報酬であるから，失業・労災・高

齢などにより働けなくなった場合に労働者は所得を失い，経済的に不安定な地位に置かれる。そこで，有償労働と賃金による生活保障を補完する制度として，各種の社会保険が整備されていった。特にヨーロッパ諸国では，福祉国家政策の下で社会保険制度が高度の発展を遂げ，労働者と家族の経済的安定を生涯にわたって保障する仕組みがつくられた。

　このようなシステムを全体としてみると，労働契約は労働者と使用者の契約であると同時に，労働者が使用者に従属して働くことの代償として長期的な経済的安定を保障するという，国家をも巻き込んだ一種の社会的な約束を意味するものでもあったといえよう。

　20世紀型の労働法は以上のような共通点を持つが，各国の社会的背景や雇用慣行を反映した特徴もある。日本の場合は，長期雇用慣行を軸とする日本的雇用慣行が労働契約法理や雇用政策の発展に大きな影響を及ぼした。その中で最も重要なのは日本の労働法の要ともいえる解雇権濫用法理である（⇨第16章）。そのほかにも採用内定，試用，配転，懲戒などに関しても判例法理が確立され，解雇を厳しく制限する代わりに使用者の人事権を広く認めるという，いわゆる日本的雇用慣行の影響を強く受けた労働契約法理が発展した。

Column 1 日本的雇用慣行と労働法

　わが国では，戦後の高度経済成長を遂げる中で「日本的雇用慣行」とよばれる特有の雇用システムが発達してきた（その歴史的起源については諸説がある）。その特徴は，第1に長期雇用慣行（終身雇用制）であり，正社員として新規学卒者を一括採用し，体系的な教育訓練や人事異動によって人材育成を行い，定年まで雇用を保障する慣行が大企業を中心に広くみられた。1970年代半ばに第2次石油ショックの影響で世界的に失業問題が深刻化した際にも，日本では長期雇用慣行の下で大企業を中心に解雇回避策がとられたため，失業者の発生は最低限に抑えられた。第2に，正社員の処遇（賃金や昇進）は，年齢と勤続年数を主たる基準として決定されることが一般的であった（年功的処遇）。第3に，労働組合は企業別に組織され，団体交渉や労使協議が企業レベルで行われた（企業別労働組合）。

　日本的雇用慣行には，労働者にとっては雇用の安定や経済的保障という利点があり，企業にとっても安心して長期的な人材育成を行いうる（教育訓練のコストを回収できる）というメリットがあった。しかし，日本の雇用システムは社会経済的な変化により大きく変容しつつある。とりわけ，1990年代にバブ

ル経済が崩壊した後は，非正規労働者の増加や成果主義に基づく処遇制度の発展により，長期雇用慣行や年功的処遇が適用される労働者の範囲は確実に縮小した。このような変化の中で，日本的雇用慣行の本質的な部分（正社員に対する強い拘束，男性中心主義，非正規労働者を低賃金・不安定雇用の周辺的労働者として利用することなど）が，雇用システムの重大な問題点として意識されるようになってきた。これを受けて，解雇規制をはじめ，日本的雇用慣行を前提とした法的なルールについても，その正当性や妥当性があらためて検討されはじめている。

(4)　労働法の変容と課題

　20世紀型の労働法システムは，ある「標準的な労働関係」を前提として成り立っていた。それは，期間の定めのない雇用・フルタイムの就労・使用者による直接雇用を兼ね備えた正社員の労働関係であり，家庭の主たる稼ぎ手である男性が標準的な労働者像とされた。そして，労働者が提供する労務の内容は，大企業における組織的・均質的な労働であること（典型的には，多数の労働者が工場で上司の指揮命令に従って労働に従事すること）が念頭に置かれていた。

　これらの前提は，製造業が主要産業であり，いわゆるフォードモデル（無駄なく計画された生産過程の下で労働者が単純な反復作業を行うこと等を特徴とする生産管理方式）の下で生産の合理化がめざされた高度経済成長期の雇用状況や，当時の社会の価値観にはよく合致していた。しかし，1970年代にはグローバリゼーションや技術の発展，人口変動などを背景として，労働市場の構造的な変化が始まり，20世紀末にかけて急速に進んでいった。

　主要な変化を挙げてみると，第1に，女性の職場進出や就労形態の多様化が進んだ結果として，「標準的な労働関係」の外に置かれる労働者が増加した。これらの労働者は，「標準的労働者」が享受する雇用保障と経済的な安定から排除されて周辺的な労働者グループを形成した。この集団が拡大するにつれ，20世紀型労働法システムの社会的公正さに対して重大な疑問がもたれるようになった。このような変化を受けて，雇用差別を禁止する法の範囲は拡大する傾向にある（⇨第6章）。とりわけ正規労働者と非正規労働者の処遇格差は日本の雇用システムの根幹に関わる問題であり，法規制のあり方についてさまざまな議論がなされてきたが，近年の立法や判例により一定の法的ルールが形成されつつある（⇨第15章）。

　第 2 に，産業構造の変化・ホワイトカラー化・IT 化などにより，労働者が提供する労務や使用者が行う指揮命令の性質・内容も大きく変化した。サービス業をはじめとして柔軟な業務運営を要する業種が多くなり，労務の遂行について相当の裁量を持つ専門職や零細の自営業者などが増加してきた。そのため，工場労働を念頭に置いてつくられた従来の画一的な法規制（たとえば労働時間規制）は，労働関係の実態に合わない点が増え，法規制の目的や趣旨に立ち返って制度のあり方を見直すべき時を迎えている（⇨第 10 章）。また，労働法の保護を受ける「労働者」と契約原理に委ねられる「非労働者」との境界線も不明確になり，中間的領域で働く人達に何らかの法的保護を及ぼす必要性が指摘されている（⇨第 2 章第 1 節 **1**）。

　第 3 に，就労形態が多様化し，個人主義的な価値観を持つ労働者が増加するなかで，労働組合の組織率も低下の一途をたどった。働き方や価値観の多様化により，労働者が望む労働条件の内容も多様化・個別化しており，もはや集団的・画一的な労働条件を保障するだけでなく，個々の労働者のライフスタイルや価値観に合った労働条件を実現することが求められている。そのため，労使の団体交渉を通して集団的なレベルで私的自治を実現することが難しくなり，この点でも 20 世紀型労働法システムの限界が意識されるようになった。

　これらの社会経済的な変化はいずれも構造的なものであり，かつての「標準的労働関係」を前提とした労働法は根本的な転換を迫られている。労働法の歴史をふりかえって気づくのは，労働法自体は人間が社会で労働する上で生じる根本的な問題に応えるものだが，現在の制度はある特定の社会経済的条件の下でそれに適合するように発展してきたものだということである。労働法は 20 世紀における人類の大きな発明であり，これからも労働が人間にとって重要である限り存在意義を失わないが，現在のままの形で存在し続けることは難しいかもしれない。私達は 21 世紀の労働関係にふさわしい労働法を構想するため，労働法における「個人と集団」「市場と法規制」「自由と平等」などの根源的な問題をあらためて問い直すべき時期にきているといえるであろう。

第 2 章

労働関係の当事者

第 1 節　「労働者」
第 2 節　「労働組合」
第 3 節　「使用者」

　現代社会において，人はさまざまな形で他人のために働いている。「労働」という言葉を広く理解するならば，そのなかには職業活動のほか，家事労働やボランティア活動なども含まれる。しかし，働く人々のうちで労働法の適用を受けるのは，一定の要件をみたす者に限られる。本章では，労働法の適用範囲を画する概念として，労働関係の基本的当事者である「労働者」「使用者」「労働組合」について学ぶ。

第 1 節　「労働者」

1 雇用関係法上の「労働者」

(1)　労基法の適用対象たる「労働者」

　労基法 9 条は，「この法律で『労働者』とは，職業の種類を問わず，事業又は事務所（以下『事業』という。）に使用される者で，賃金を支払われる者をいう」と定めている。すなわち，労基法の適用を受ける「労働者」とは，①「使用」されていること，②「賃金」を支払われていることの 2 つの要件をみたす者である。学説・判例は，このうち中心となる要件は前者であり，「使用」されるとは「他人の指揮命令ないし具体的指示の下に労務を提供すること（指揮監督下の労働）」を指すと解している。また「賃金」とは，名称の如何を問わ

ず，労働の対償として使用者が支払うすべてのものをいう（労基 11 条）。したがって，ボランティアなど無償で労働を提供する者は「労働者」には該当しない。

　なお，労基法には適用除外を定めた規定（116 条）があり，同居の親族のみを使用する事業もしくは事務所に使用される者および家事使用人は，9 条の要件をみたしていても労基法の適用を受けない（116 条 2 項）。また，船員についても総則規定を除く部分が適用除外とされている（同条 1 項）。さらに特別法により，公務員の一部について労基法の全部又は一部の適用が除外されている（国公附則 16 条，地公 58 条 3 項など）。

　この労働者概念は労基法の適用範囲を画するものであるが，最低賃金法や労働安全衛生法などの関連法規は明文で同じ労働者概念を採用しており，労災保険法には明示の規定はないものの，同法の「労働者」の範囲は労基法に一致すると解されている。均等法，育児介護休業法，労働者派遣法などの労働法規も，法律ごとに適用除外の範囲は異なるが，基本的な労働者概念は労基法と同じである。

(2)　労働契約の当事者たる「労働者」

　労基法上の労働者概念は，同法に基づき罰則や行政監督で担保された強行的な保護を及ぼすべき労働者の範囲を定めるものである。これは労働契約の当事者としての労働者概念と密接な関係にあるものの，両者の範囲は必然的には一致しない（労基法の適用を受けない労働契約があると考えることも論理的には可能である）。しかし，学説・判例の多くは両者を基本的に一致するものと考えている。労契法もこのような見解に立ち，「この法律で『労働者』とは，使用者に使用されて労働し，賃金を支払われる者をいう」（労契 2 条 1 項）とし，労基法上の「労働者」と基本的に一致する定義を採用している（ただし，労契法上の「労働者」は「事業」に使用されることを要しないため，大学教授の私設秘書なども該当しうる）。したがって，労基法上の「労働者」は原則として労働契約の当事者たる「労働者」であり，労契法および判例により形成された労働契約法理（たとえば配転法理や懲戒権濫用法理など）の適用を受ける。

　ただし，労基法の適用除外とされている者については注意が必要である。た

とえば，家事使用人が適用除外とされているのは，労基法に特有の国家的規制（行政監督や罰則の適用）が就労形態になじまないという理由によるものである。そのような規制の仕組みを持たない労契法では，家事使用人は適用除外の対象とされていない。したがって，家事使用人が「使用されて労働し，賃金を支払われる」者である限り，労契法や判例法理が適用されることになる。

(3) 労働者性の判断基準

　上に述べたように，労基法をはじめとする労働法規の適用を受け，労働契約の当事者となる「労働者」とは，他人の指揮監督下に労務を提供し，その対償として賃金を支払われる者である（労基9条，労契2条1項）。しかし，この定義は抽象的であるため，個々の事例において労働者性を判断するには，より具体的な基準が必要となる。

　判例は，労基法上の労働者性の判断にあたって「使用従属性」という基準を用いている。ここでいう「使用従属性」とは指揮監督関係と賃金支払の双方を含む概念であるが，重点は前者に置かれている。裁判所が，契約の形式にかかわらず，客観的な就労状態に着目し，さまざまな要素を総合的に考慮して「使用従属性」の有無や程度を判断している。労働基準法研究会報告「労働基準法の『労働者』の判断基準」（労働省労働基準局編『労働基準法の問題点と対策の方向』〔日本労働協会・1986年〕）は裁判例を整理し，「使用従属性」の判断要素として，①仕事の依頼，業務の指示等に対する諾否の自由の有無，②業務の内容および遂行方法に対する指揮命令の有無，③勤務場所・時間についての指定・管理の有無，④労務提供の代替可能性の有無，⑤報酬の労働対償性，⑥事業者性の有無（機械や器具の負担関係，報酬の額など），⑦専属性の程度，⑧その他の事情（給与所得としての源泉徴収や労働保険の適用の有無など）を挙げている。これらの要素のうち，①〜④は「指揮監督下の労働」，⑤は「報酬の労務対償性」に関する判断基準であり，⑥〜⑧は限界的事例において労働者性の判断を補強する要素と位置づけられている。使用従属性の判断基準として最も重視されるのは指揮監督関係の有無・程度を示す①〜③である。なお税法上の取扱い等は使用者が操作できる事項であり，あくまでも当事者の意思を推認させる要素にすぎないが，判断が難しい事例では考慮されることが多い（⇨図表2-1）。

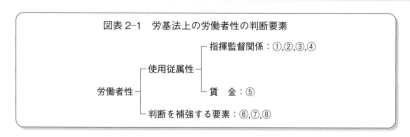

図表 2-1　労基法上の労働者性の判断要素

しかし,「使用従属性」自体もまた抽象的な概念であり, 限界的事例におい
て労働者性の有無を判断することは容易ではない。近年は就労形態が多様化し,
「労働者」であるのか, 自営業者または経営者であるのかが明確でないグレー
ゾーンが広がりつつある。以下で紹介する横浜南労基署長 (旭紙業) 事件は,
いわゆる傭車運転手の労働者性が争われた事件である。原告は, 上記の要素の
うち①⑤⑦については「労働者」に近く, 勤務時間等についても事実上は拘束
を受けていた (③) が, 最高裁は一般の従業員と比較して指揮命令 (②) や拘
束の程度 (③) が低いことを理由に労働者性を否定した。この判決からも, 否
定的要素と肯定的要素が混在するケースにおいては「使用従属性」の有無に関
する判断が微妙なものであることがわかる。

> **判例 2-1** **横浜南労基署長 (旭紙業) 事件**
> **最一小判平成 8・11・28 労判 714 号 14 頁**
> **【事案の概要】**運転手 X は, A 社の工場に自分の所有するトラックを持ち込み,
> 同社の運送係の指示に従って製品を運送する業務に従事していた。X は A 社
> の倉庫内で製品の積込作業中に負傷したので, Y 労基署長に労災保険法所定
> の給付を請求した。しかし, Y は X が労災法の適用を受ける「労働者」に当
> たらないという理由で不支給処分をしたため, X はこの処分の取消しを求め
> て Y を提訴した。第 1 審 (横浜地判平成 5・6・17 労判 643 号 71 頁) は X の請
> 求を認容したが, 原審 (東京高判平成 6・11・24 労判 714 号 16 頁) は X の労働
> 者性を否定したため, X が上告。最高裁は以下のように述べて原審を維持し,
> X の請求を棄却した。
> **【判旨】**「原審の適法に確定した事実関係によれば…… (1)A 社の X に対する
> 業務の遂行に関する指示は, 原則として, 運送物品, 運送先及び納入時刻に限
> られ, 運転経路, 出発時刻, 運転方法等には及ばず, また, 1 回の運送業務を
> 終えて次の運送業務の指示があるまでは, 運送以外の別の仕事が指示されると
> いうことはなかった, (2)勤務時間については, A 社の一般の従業員のように

始業時刻及び終業時刻が定められていたわけではなく，当日の運送業務を終えた後は，翌日の最初の運送業務の指示を受け，その荷積みを終えたならば帰宅することができ，翌日は，出社することなく，直接最初の運送先に対する運送業務を行うこととされていた，(3)報酬は，トラックの積載可能量と運送距離によって定まる運賃表により出来高が支払われていた，(4)Xの所有するトラックの購入代金はもとより，ガソリン代，修理費，運送の際の高速道路料金等も，すべてXが負担していた，(5)Xに対する報酬の支払に当たっては，所得税の源泉徴収並びに社会保険及び雇用保険の保険料の控除はされておらず，Xは，右報酬を事業所得として確定申告をしたというのである。

　右事実関係の下においては，Xは，業務用機材であるトラックを所有し，自己の危険と計算の下に運送業務に従事していたものである上，A社は，運送という業務の性質上当然に必要とされる運送物品，運送先及び納入時刻の指示をしていた以外には，Xの業務の遂行に関し，特段の指揮監督を行っていたとはいえず，時間的，場所的な拘束の程度も，一般の従業員と比較してはるかに緩やかであり，XがA社の指揮監督の下で労務を提供していたと評価するには足りないものといわざるを得ない。そして，報酬の支払方法，公租公課の負担等についてみても，Xが労働基準法上の労働者に該当すると解するのを相当とする事情はない。そうであれば，Xは，専属的にA社の製品の運送業務に携わっており，同社の運送係の指示を拒否する自由はなかったこと，毎日の始業時刻及び終業時刻は，右運送係の指示内容のいかんによって事実上決定されることになること，右運賃表に定められた運賃は，トラック協会が定める運賃表による運送料よりも1割5分低い額とされていたことなど……の事実関係を考慮しても，Xは，労働基準法上の労働者ということはできず，労働者災害補償保険法上の労働者にも該当しないものというべきである。」

　職業として労務を提供する者のうち，特に労働者性の有無が問題になりやすい類型としては，労務の遂行に関する裁量性の高い者（システムエンジニア，医師，研究者など），特殊な契約形態にある者（芸能人，プロスポーツ選手，在宅勤務者など），零細下請業者（一人親方，傭車運転手），会社役員などがある。裁判例には，建築現場で働く大工（一人親方）の労働者性を否定した事例（藤沢労基署長〔大工負傷〕事件・最一小判平成19・6・28労判940号11頁），映画撮影技師の労働者性を肯定した事例（新宿労基署長〔映画撮影技師〕事件・東京高判平成14・7・11労判832号13頁），研修医の労働者性を肯定した事例（関西医科大学研修医〔未払賃金〕事件・最二小判平成17・6・3民集59巻5号938頁），バイシクルメッセン

ジャーの労働者性を否定した事例（ソクハイ事件・東京地判平成 22・4・28 労判 1010 号 25 頁，ソクハイ〔契約更新拒絶〕事件・東京高判平成 26・5・21 労判 1123 号 83 頁），従業員兼執行役員の労働者性を肯定した事例（国・船橋労基署長〔マルカキカイ〕事件・東京地判平成 23・5・19 労判 1034 号 62 頁）などがある。

　学説上は，判例の立場を基本的に肯定する見解が多数であるが，諸般の要素を総合考慮して「使用従属性」の有無を決する方法は結果の予測可能性が低いため，労働者性が問題となる者を類型化し，より明確な判断基準を設ける必要があるとの指摘もなされている。また，統一的な労働者概念の下では，いったん「非労働者」とされた者は労働法の保護を一切受けられないことになり，「労働者」との均衡を失するという問題もある。そこで，「労働者」の範囲を問題となる法や規定の目的に従って相対的に決定すべきであるとする見解や，中間的な領域に属する「非労働者」に労働法的保護の一部を及ぼすべきであるという見解が主張されているが，いまだに統一的な結論は得られていない。

2　労働組合法上の「労働者」

　労働組合法 3 条は，「この法律で『労働者』とは，職業の種類を問わず，賃金，給料その他これに準ずる収入によって生活する者をいう」と定めている。これは，賃金等を得て生活している者であればよく，賃金等にのみ依存して生活する者という意味ではないと解されている。

　労基法 9 条と比較すると，労組法 3 条は「使用される」ことを「労働者」の要件としていない。労基法 9 条が同法の設定する労働条件の最低基準により保護される者の範囲を定めているのに対して，労組法 3 条は労働組合を結成して使用者と団体交渉を行う権利を保障すべき者の範囲を定めたものであるためである。労組法上の「労働者」の定義は，使用者から支払われる金銭によって生活するという経済的従属性（使用者の支払う金銭のみに依存して生活することまでを意味するものではない）に着目したものであり，労基法上の「労働者」よりも広い範囲に及ぶ。判例は，業務委託契約により製品の修理業務に従事するエンジニアや，1 年間の出演契約に基づいて公演に出演するオペラ歌手について，これらの者が不可欠な労働力として使用者の事業に組み入れられていることや使用者が契約内容を一方的に決定していること等を重視し，労組法上の労働者

に当たると判断している（国・中労委〔INAX メンテナンス〕事件⇨ ◁ 判例 2-2 ▷，国・中労委〔新国立劇場運営財団〕事件・最三小判平成 23・4・12 民集 65 巻 3 号 943 頁）。

◁ 判例 2-2 ▷ **国・中労委（INAX メンテナンス）事件**
最三小判平成 23・4・12 労判 1026 号 27 頁

【事案の概要】 住宅設備機器の修理補修等を業とする X 社は，カスタマーエンジニア（CE）約 590 名と業務委託契約を締結して修理補修等の業務に従事させていた。X 社は，CE が加入した A 労働組合から CE の労働条件の変更等に関する団体交渉の申入れを受けたが，CE は X 社の労働者に当たらないとして申入れを拒絶した。A 組合の申立てを受けた大阪府労働委員会は X 社が団体交渉に応じないことは不当労働行為に該当するとして団体交渉に応ずべきこと等を命じ，中央労働委員会も再審査申立てを棄却したため，X 社は救済命令の取消しを求めて訴えを起こした。原審（東京高判平成 21・9・16 労判 989 号 12 頁）は，本件 CE の基本的性格は X 社の受託業者であり，労組法上の労働者に当たらないとして上記命令を取り消したため，国・中労委側が上告した。

【判旨】 「前記事実関係等によれば……X 社は……CE をライセンス制度やランキング制度の下で管理し，全国の担当地域に配置を割り振って日常的な修理補修等の業務に対応させていたものである上，各 CE と調整しつつその業務日及び休日を指定し，日曜日及び祝日についても各 CE が交替で業務を担当するよう要請していたというのであるから，CE は，X 社の上記事業の遂行に不可欠な労働力として，その恒常的な確保のために X 社の組織に組み入れられていたものとみるのが相当である。また，CE と X 社との間の業務委託契約の内容は，X 社の定めた『業務委託に関する覚書』によって規律されており，個別の修理補修等の依頼内容を CE の側で変更する余地がなかったことも明らかであるから，X 社が CE との間の契約内容を一方的に決定していたものというべきである。さらに，CE の報酬は，CE が X 社による個別の業務委託に応じて修理補修等を行った場合に，X 社が商品や修理内容に従ってあらかじめ決定した顧客等に対する請求金額に，当該 CE につき X 社が決定した級ごとに定められた一定率を乗じ，これに時間外手当等に相当する金額を加算する方法で支払われていたのであるから，労務の提供の対価としての性質を有するものということができる。加えて，X 社から修理補修等の依頼を受けた場合，CE は業務を直ちに遂行するものとされ，原則的な依頼方法である修理依頼データの送信を受けた場合に CE が承諾拒否通知を行う割合は 1% 弱であったというのであって，業務委託契約の存続期間は 1 年間で X 社に異議があれば更新され

ないものとされていたこと，各 CE の報酬額は当該 CE につき X 社が毎年決定する級によって差が生じており，その担当地域も X 社が決定していたこと等にも照らすと，たとい CE が承諾拒否を理由に債務不履行責任を追及されることがなかったとしても，各当事者の認識や契約の実際の運用においては，CE は，基本的に X 社による個別の修理補修等の依頼に応ずべき関係にあったものとみるのが相当である。しかも，CE は，X 社が指定した担当地域内において，X 社からの依頼に係る顧客先で修理補修等の業務を行うものであり，原則として業務日の午前 8 時半から午後 7 時までは X 社から発注連絡を受けることになっていた上，顧客先に赴いて上記の業務を行う際，C の子会社による作業であることを示すため，X 社の制服を着用し，その名刺を携行しており，業務終了時には業務内容等に関する所定の様式のサービス報告書を X 社に送付するものとされていたほか，C のブランドイメージを損ねないよう，全国的な技術水準の確保のため，修理補修等の作業手順や X 社への報告方法に加え，CE としての心構えや役割，接客態度等までが記載された各種のマニュアルの配布を受け，これに基づく業務の遂行を求められていたというのであるから，CE は，X 社の指定する業務遂行方法に従い，その指揮監督の下に労務の提供を行っており，かつ，その業務について場所的にも時間的にも一定の拘束を受けていたものということができる。

　なお，原審は，CE は独自に営業活動を行って収益を上げることも認められていたともいうが，前記事実関係等によれば，平均的な CE にとって独自の営業活動を行う時間的余裕は乏しかったものと推認される上，記録によっても，CE が自ら営業主体となって修理補修を行っていた例はほとんど存在していなかったことがうかがわれるのであって，そのような例外的な事象を重視することは相当とはいえない。

　以上の諸事情を総合考慮すれば，CE は，X 社との関係において労働組合法上の労働者に当たると解するのが相当である。」

　これらの判決を踏まえ，厚生労働省「労使関係法研究会報告書」(2011 年 7 月）は，労組法上の労働者には「売り惜しみのきかない自らの労働力という特殊な財を提供して対価を得て生活するがゆえに，相手方との個別の交渉においては交渉力に格差が生じ……るため，労働組合を組織し集団的な交渉による保護が図られるべき者が幅広く含まれる」としている。そして，労組法上の労働者の判断基準について，基本的判断要素として①労務提供者が不可欠な労働力として事業組織に組み入れられているか，②契約内容（労働条件や提供する労務

の内容）を相手方が一方的・定型的に決定しているか，③報酬が労務の対価としての性質を持つか，補充的判断要素として④業務の依頼に対する諾否の自由があるか，⑤広い意味での指揮監督関係，一定の時間的場所的拘束が認められるか，消極的判断要素として⑥顕著な事業者性（自己の労働力を提供していない者や常に自己の才覚で利得する機会を有する者など）を挙げている。労組法上の労働者性の有無は上記の要素を総合的に考慮して判断され，基本的判断要素の一部がみたされない場合でも直ちに労働者性は否定されない。

　なお，コンビニエンスストアのチェーンを運営する会社とフランチャイズ契約を締結して店舗を経営するコンビニオーナー（店主）について，中央労働委員会は，上記の枠組みに照らして労組法上の労働者には当たらないとの判断を示している（ファミリーマート事件・中労委命令平成31・2・6判例集未登載，セブン－イレブンジャパン事件・中労委命令平成31・2・6判例集未登載）。

> **Column 2** プロスポーツ選手の労働者性
>
> 　野球，サッカー，相撲，ボクシング，テニスなど，個人の才能を発揮して活躍するプロスポーツ選手は，一見労働法とは縁のない存在のようにも思われる。しかし，プロスポーツの実態は多様であり，少なくとも野球やサッカーのように特定のチームに所属する選手については，労働法上の「労働者」として保護を及ぼすべき場合があると考えられている。
>
> 　日本では，プロ野球選手は労組法上の「労働者」に当たるとされ，日本プロ野球選手会は，労働委員会により労組法上の「労働組合」としての資格を認められている。選手会は，日本プロフェッショナル野球組織（NPB）と契約条件等について団体交渉を行っており，2004年9月には球団合併をめぐってストライキを実施した。他方，労基法上の労働者性については，報酬が高額であることや労務提供内容の特殊性ゆえに，同法の規制になじまないとして否定する見解が一般的である。
>
> 　これに対して，アメリカ，イギリス，ドイツなどでは，野球やサッカーなどチームに所属する選手は個別法・集団法を問わず労働法上の「労働者」としての地位を有するものとされている。
>
> 　たしかに，プロ野球選手・プロサッカー選手の労働条件や就労の実態は，一般の労働者と相当に異なっており，労基法の規制になじまない部分もある（たとえば労働時間規制）。しかし，これらの選手は球団の指示に従って練習や試合に出場する義務を負っており，とりわけ日本では移籍の自由が制約されているために，所属チームの拘束を強く受けている。労基法9条および判例法理によ

れば，労働者性の判断の中心となるのは指揮命令関係の有無・程度であり，報酬の額は決定的要素ではない。また，仮に高額の報酬を得ている選手の労働者性が否定されるとしても，一般の労働者と同等あるいは低い報酬でプレーする選手も少なからず存在している。そこで，諸外国にならってプロ野球やサッカーの選手の労働者性を認めたうえ，労働時間規制等については適用除外とする規定を設けることも提言されている（根本到「プロスポーツ選手と個別的労働法」日本労働法学会誌 108 号〔2006 年〕137 頁）。

第 2 節　「労働組合」

　現行法の下では，労働組合を設立するのに公的機関の許可や届出は必要なく，どんな組合でも自由に設立することができる（自由設立主義）。しかし，設立された労働組合が労組法上の「労働組合」としての権利保障や法的保護を受けるためには，同法が定める要件をみたすことが必要である。この要件をみたす組合を「法適合組合」という。「法適合組合」の要件は以下の通りである。

(1)　積極的要件
　労組法 2 条本文は，労働組合を「労働者が主体となって自主的に労働条件の維持改善その他経済的地位の向上を図ることを主たる目的として組織する団体又はその連合団体」と定義している。労組法の保護を受けるのは，この定義に該当する労働組合に限られる。すなわち，①労組法上の労働者（3 条）が主体となって組織するものであること，②労働者が自主的に組織するものであること（自主性），③労使自治を通して労働条件の維持改善その他経済的地位の向上を図ることを主たる目的としていること，④複数の組合員を有し，規約と組織を持つこと（団体性）の各要件をみたす必要がある。

(2)　消極的要件
　労組法 2 条但書各号に該当する組合は，労組法上の「労働組合」に当たらない。
　第 1 に，使用者の利益代表者の加入を許す組合（1 号）や組織運営のため使用者から経費の援助（労働時間中に有給で使用者と協議・交渉することを認めること，組合の福利厚生基金への寄付，最小限の広さの事務所の貸与を除く）を受けている組

合（2号）は，自主性の要件を欠く故に「法適合組合」と認められない。但書1号のいう使用者の利益代表者とは，役員，人事に関して直接の権限を持つ上位の管理職者，労働関係に関する機密に接するためその職責が組合員であることと直接抵触する者などであり，肩書にかかわらず，実質的に使用者の利益を代表する立場にある者に限定される（人事的権限を持たないスタッフ専門職が使用者の利益代表者に当たらないとした事例として，東京地労委〔日本アイ・ビー・エム（組合員資格）〕事件・東京高判平成17・2・24労判892号29頁）。したがって，そのような利益代表者の加入を許していない限り，管理職者を構成員とする組合（いわゆる管理職組合）も労組法上の労働組合でありうる。

　なお，但書1号・2号に該当する組合は労組法上の「労働組合」ではないが，実質的に2条本文の定める自主性（使用者からの独立性）を有する限りは憲法28条の対象となり，同条から導かれる法的保護（民刑事免責，団結権等の侵害に対する民事法上の救済など）を受けると解されている。このような組合を「憲法組合」とよぶこともある。

　第2に，福利事業のみを目的とする組合（3号）や主として政治運動・社会運動を目的とする組合（4号）は「法適合組合」に該当しない。但書3号・4号は，2条本文の要件（上記③）を確認したものと解されている。

(3) 規約上の要件と資格審査

　労組法5条2項は，労働組合の民主的な運営を確保するための事項（組合員の均等待遇や意思決定手続への参加など）を列挙し，組合規約への記載を義務づけている（「民主性」の要件）。

　労働組合が労組法の定める手続（労働委員会の労働者委員の推薦など）に参与し，あるいは同法の定める救済（不当労働行為の救済）を受けるためには，労働委員会に証拠を提出し，労組法2条および5条2項の要件をみたすことを立証する必要がある（5条1項）。なお，資格審査は上記の手続への参与や救済の付与を求めるための要件であり，それ以外の点では，審査を通過していない組合であっても2条の要件をみたす限り，労組法上の「労働組合」としての権利保障や保護の対象となる。

第3節　「使用者」

1 労働契約の当事者としての「使用者」

　労働契約上の「使用者」とは，労契法上の「労働者」を雇用している者であり，当該労働者を使用し賃金を支払う者である（労契2条2項）。通常は，「労働者」にとって労働契約の相手方たる「使用者」とは自分が入社した会社の事業主（法人または個人企業主）である。しかし，労働関係に複数の企業が関与する親子会社・グループ企業・社外労働者受入れなどの事例では，誰が労働契約上の「使用者」としての義務を負うのかが問題になり，以下で述べる2つの法理により，形式的には契約当事者でない者が「使用者」とされることがある。

(1)　法人格否認の法理

　いわゆる親子会社の関係では，親会社が子会社に対して大きな影響力を持つことが多い。しかし親会社と子会社は別法人である以上，子会社の従業員は親会社に対して労働契約の存在を主張できず，賃金や退職金の支払を求めることもできないのが原則である。ただし，子会社の法人格が完全に形骸化している場合（法人格の形骸化）や，親会社が団結権侵害などの違法な目的で子会社の法人格を利用している場合（法人格の濫用）には，判例は「法人格否認の法理」を適用して子会社の法人格を否認することにより，親会社に労働契約上の「使用者」としての責任を負わせている。

　もっとも，裁判所はこの法理の適用には慎重であり，法人格の形骸化が認められるのは，親会社が株式保有・役員派遣・土地や施設の管理などにより子会社を一事業部門として完全に支配しているような場合に限られる（黒川建設事件・東京地判平成13・7・25労判813号15頁）。また，法人格の濫用による法人格否認の法理の適用についても，「支配の要件」と「目的の要件（違法または不当な目的）」の双方をみたすことを必要とし，前者については，子会社の法人格が完全に形骸化しているといえるまでの支配は要求されないが，親会社が雇用主と同視できる程度に子会社の従業員の雇用およびその基本的な労働条件等に

ついて具体的に決定できる支配力を有していたことを要するとの判断枠組を示した高裁判決がある（大阪空港事業〔関西航業〕事件・大阪高判平成 15・1・30 労判 845 号 5 頁）。法人格の濫用が認められた例としては，親会社が実質的支配下にある子会社の労働組合を壊滅させる目的で子会社を偽装解散した場合に，同法理を適用して子会社の法人格を否認し，子会社従業員の労働契約が親会社に承継されるとした判決（第一交通産業ほか〔佐野第一交通〕事件・大阪高判平成 19・10・26 労判 975 号 50 頁）などが挙げられる。

(2) 黙示の労働契約の成立

　現代の企業ではアウト・ソーシングが進み，自ら雇用する従業員だけでなく，労働者派遣・業務処理請負などの形で他の会社の従業員を受け入れ，就労させる例が増えている。このような場合には，社外労働者と受入企業との間に労働契約に似た関係が発生するため，黙示の労働契約が成立しているか否かが問題となる（労働者派遣や業務処理請負の法律関係については⇨第 23 章第 2 節 **2** を参照）。具体的には，社外労働者が受入企業に対して未払賃金を請求できるか，派遣元企業が解散したときに受入企業の従業員としての地位を主張できるかなどである。

　社外労働者にとっての労働契約上の「使用者」は，原則として当該労働者を雇い入れた派遣元企業や請負企業である。社外労働者と受入企業との間に労働契約が成立しているというためには，両者間に黙示の意思の合致が認められなければならない。そのためには，事実上の指揮命令関係（当該労働者が受入企業の指揮命令の下で労務を提供していること）だけではなく，労働者が受入企業に労務を提供し，受入企業が労務提供の対価として賃金を支払っていると評価できることが必要である（大映映像ほか事件・東京高判平成 5・12・22 労判 664 号 81 頁，安田病院事件・大阪高判平成 10・2・18 労判 744 号 63 頁〔最三小判平成 10・9・8 労判 745 号 7 頁により支持〕）。黙示の労働契約の成立を認めた裁判例は少ないが，前掲の安田病院事件では，紹介所から病院に派遣された付添婦について，採用の経緯，労務提供や賃金支払の実態などから，紹介所は形式的な存在にすぎず，付添婦と病院との間に黙示の労働契約が成立していると判断された。

　上記の基準に照らすと，適法な労働者派遣や業務処理請負においては，労働

者と受入企業との間に黙示の労働契約が認められることはない。違法派遣（偽装請負）の事例においても，最高裁は，労働者派遣法に違反する派遣が行われたことから直ちに派遣元企業と労働者の間の契約が無効となることはないとし，派遣先企業との間の労働契約の成立を否定した（後掲・パナソニックプラズマディスプレイ〔パスコ〕事件⇨ 判例 23-1 ）。これを踏まえ，2012 年の労働者派遣法改正では，派遣先企業が違法派遣と知りつつ派遣労働者を受け入れていた場合に，派遣先が労働者に対して労働契約の申込みをしたものとみなす規定が導入され，2015 年 10 月 1 日から施行されている（⇨第 23 章第 2 節 **2** (9)）。

　なお，出向の場合にも，出向労働者と出向元企業，出向先企業の間で三者関係が生じるが，通常は一個の労働契約上の権利義務関係が出向元企業と出向先企業に分かれて存在すると解されている。すなわち，出向においては出向元と出向先の双方が労働契約上の「使用者」であることになるので，これを「二重の労働契約」と表現することもある（出向とその有効要件については⇨第 13 章第 2 節を参照）。

2　労基法の責任主体としての「使用者」

　労基法の大部分の規定は「使用者」に一定の行為を禁じたり，義務づけたりし，それに違反した「使用者」には罰則が科せられると定めている（労基 117 条〜 120 条。詳しくは⇨第 4 章を参照）。このような特別の構造に対応して，労基法は，同法上の責任主体として独自の使用者概念を設けている（均等法，育児介護休業法，労災保険法，労働者派遣法など多くの個別労働法規は「事業主」を義務の主体としている）。

　労基法 10 条は，「この法律で『使用者』とは，事業主又は事業の経営担当者その他その事業の労働者に関する事項について，事業主のために行為をするすべての者をいう」と定める。ここでいう「事業主」とは労働契約の当事者である個人企業主や法人，「事業の経営担当者」とは役員や支配人など，「事業主のために行為をする者」とは労基法が規制する事項（たとえば労働時間管理）について現実に使用者としての権限を行使する者，具体的には工場長や部課長などを指す。同条の使用者概念は事業主以外の者を含んでいる点で，労働契約上の使用者概念とは異なる。その趣旨は，現実に使用者として行為する者を規制の

対象とし，同法違反に対する責任の主体とすることにある。したがって，たとえば違法な時間外労働が行われた場合には，実際にそれを命じた者が処罰されることになる。

　法人企業の場合には，事業主はその法人自体であるから，現実の行為者となることはありえない。ただし，違反行為を行った者が事業主のために行為した代理人，使用人その他の従業者である場合には，事業主もいわゆる両罰規定（労基121条1項）により罰金刑に処せられる。また，違反の計画を知っていたのに防止措置をとらなかった場合，違反の教唆をした場合には，事業主も行為者として処罰されることになる（同条2項）。

3 労組法上の「使用者」

　労組法は，同法上の「使用者」について特別の定義を置いていない。労組法は労基法や労働契約法理とは異なる目的を持っているから，同法の定める事項について「使用者」としての責任を負うべき者の範囲もまた異なるものとなりうる。とりわけ，労組法7条については，「団結権の侵害に当たる一定の行為を不当労働行為として排除，是正して正常な労使関係を回復すること」を目的とする規定であることから，労働契約上の使用者でない者も「労働者の基本的な労働条件等について，雇用主と部分的とはいえ同視できる程度に現実的かつ具体的に支配，決定することができる地位にある場合には，その限りにおいて，右事業主は同条の『使用者』に当たる」と解されている（朝日放送事件・最三小判平成7・2・28民集49巻2号559頁。詳しくは⇨第22章 判例 22-1 を参照）。

第 *3* 章

労 働 契 約

第 1 節　労働契約の全体像
第 2 節　労働契約内容の決定・変更システム

> 労働者と使用者は労働契約を締結し，労働契約に基づいて権利義務を負う。労働契
> 約とはどのような契約なのだろうか。また，賃金や労働時間などの労働条件は，契約
> 締結の際に個別的に合意されるのではなく，あらかじめ就業規則や労働協約によって
> 集団的に定められていることが多い。労働契約の内容はどのように決定されるのだろ
> うか。本章では，これらの問題について基本的な事項を学ぶ。

第 1 節　労働契約の全体像

1　労働契約の特徴

　労働契約は，労務提供と賃金支払を主たる内容とする双務契約であり，当事
者である労働者と使用者の合意に基づいて締結される（労契 6 条）。
　労働契約の第 1 の特徴は，労働者が具体的な内容・方法・場所などについて
使用者の指示（指揮命令）に従って労働する義務を負うことである（他人決定
性）。労働契約は，この点で請負契約（民 632 条）や委任契約（643 条）とは区別
される。民法上の雇用契約（623 条）を労働契約と区別する学説もあるが，同
条のいう「労働に従事すること」とは指揮命令下の労務提供を指すものであり，
両者の概念は基本的に一致すると考えてよい。また，指揮命令関係があること
に加え，労働者は経済力や情報などの点で使用者よりも不利な地位にあり，当

事者の交渉力に大きな格差があるため，対等な立場での合意が難しいという特徴がある（非対等性）。したがって，労働契約の内容を当事者の合意のみに委ねず，法律によって交渉力の弱い当事者である労働者を保護することが必要になる。

　第2に，労働契約は，当事者間で労務提供と賃金支払が相当期間にわたって繰り返し行われていくという意味で，継続的な契約である（継続性）。とりわけ正社員の労働契約は期間の定めのない形で締結されることが多く，契約関係は数十年に及びうる。したがって，契約締結時に将来の労働条件を具体的に定めることは困難であり，労働関係の展開に応じて労働条件を柔軟に調整していくことが求められる。また，両当事者とも関係の長期継続を予定している場合が多いこと，解雇は労働者の生活に重大な影響を及ぼすこと等から雇用保障が重視され，使用者の解雇権は制限される。日本では，これらの特徴が，いわゆる日本的雇用慣行の影響により特に強調されてきたといえる（⇨第16章第1節）。

　第3に，労働契約において，労働者は使用者の指揮命令に従って自ら労務を提供する。労働契約に基づく労務提供を，人間である労働者の身体や精神から切り離すことはできない（人的性格）。したがって，使用者は労働者の心身の安全や職場環境，プライバシー等の人格的利益に配慮することを強く求められる。また，労働者は労務提供に多くの時間とエネルギーを費やすため，労働義務の内容は労働者の家庭生活・私生活にも重大な影響を及ぼす。そこで，労働者の生命や健康を守るために必要な最低限度の法的保護に加え，ワーク・ライフ・バランスの推進など社会状況に応じた法政策が求められる。

　第4に，労働契約は個々の労働者と使用者との間で締結されるものであるが，同時に労働者を集団の一員として扱う面を持っている。多数の従業員を雇用する企業において，労働契約の内容が個別交渉によって決まることは少なく，ほとんどの場合には労働協約や就業規則によって集団的に決定・変更される（集団性）。また，労働契約を締結することによって，労働者は従業員集団の一員として企業組織に組み込まれ，職場の秩序や規律を遵守するよう義務づけられることになる（組織性）。しかし，このような義務を無制限に認めると労働者が使用者に強く支配されることになるため，法により一定の限界を画することが必要となる。

2 労働契約上の主たる権利義務

(1)　労務提供をめぐる権利義務

(a)　**指揮命令権・業務命令権**　　使用者は，労働契約に基づき，労働契約の範囲内で労働者が提供すべき労務の具体的内容・方法・場所などを決定し指示する権利（指揮命令権）を有する。一般に，労働者は労働契約を締結したことにより使用者の指揮命令権を承認したものとみなされる。さらに，業務遂行に必要な事項について使用者の命令に服すべき旨が就業規則に定められているときは，それが合理的なものである限り，当該規定が労働契約の内容となり，使用者は労働者に対して業務命令権を有する（電電公社帯広局事件・最一小判昭和61・3・13労判470号6頁）。業務命令権は労務提供に直接関わる事項にとどまらず，教育訓練の受講や健康診断の受診，職場内での政治活動等の禁止など広い範囲に及びうる。労働者に本来の職務と異なる作業を命じることも，業務上の必要性や相当性が認められるならば，適法な業務命令権の行使とされる（国鉄鹿児島自動車営業所事件・最二小判平成5・6・11労判632号10頁は，組合バッジを着用して勤務した従業員を本務から外して屋外での火山灰除去作業を命じたことにつき，同作業は業務上必要なものであり，当該措置は職場規律維持のためにやむをえないものであった等として，適法と判断した）。

　もちろん使用者は業務命令権を無制限に行使できるわけではなく，命令が業務上の必要性に基づかない場合，嫌がらせなど不当な目的で発せられた場合，過酷な内容で労働者に肉体的・精神的な苦痛を与える場合などには，当該命令は権利の濫用（民1条3項，労契3条5項）に当たり無効となる（たとえば，JR東日本〔本荘保線区〕事件・仙台高秋田支判平成4・12・25労判690号13頁〔最二小判平成8・2・23労判690号12頁により支持〕では，組合のマークが入ったベルトを着用して勤務した従業員を本務から外し，別室で就業規則全文の書き写しを命じたことは業務命令としての必要性・相当性を欠き，懲罰的目的でなされたものであるとして，権利濫用に当たり，不法行為を構成すると判断された）。

> **Column 3** 労働契約と使用者の権利
> 　労働関係において，使用者は日常的な労務遂行に関し具体的な指示をする権利（指揮命令権）のほかに，労働者を企業組織の中に位置づけ，異動させ，評

価し，処遇する権利を有する。このような使用者の権利を表す概念として「業務命令権」「労務指揮権」「人事権」などがある。

　「業務命令権」とは，一般に，使用者が業務遂行のために労働者に対して指示または命令を行う権利を指し，労務提供に直接関連のない事項にも及びうる。これに対して「労務指揮権」とは労働義務の内容を一方的に決定・変更する権利とされることが多いが，企業秩序に従って労働者の行動を規律する権利を含めて使われることもあり，「指揮命令権」や「業務命令権」との関係は必ずしも明確でない。また「人事権」という言葉は，使用者が労働者を企業組織の中に位置づけ，活用し，処遇するためのさまざまな権限（たとえば人事考課権，昇進昇格命令権，配転命令権，懲戒権など）の総称として用いられている。

　上記のように使用者の権利を分類することには，それ自体として意味があるわけではない。重要なのは，問題となる使用者の権利が何を根拠として認められ，どのような法的制約に服するのかを明らかにすることである。

　たとえば，使用者は労働契約を締結することにより，当然に指揮命令権を取得すると説明されることが多い（東京大学労働法研究会編『注釈労働基準法（上）』〔有斐閣・2003 年〕195 ～ 196 頁〔和田肇〕，荒木尚志『労働法〈第 3 版〉』〔有斐閣・2016 年〕271 ～ 272 頁など）。この立場からは，指揮命令権は労働契約の本質をなすものであり，個々の命令が著しく合理性を欠く場合に権利濫用や公序違反に当たることはあるとしても，指揮命令権そのものを制約するような契約解釈をすべきではないということになりそうである。

　他方，指揮命令権も労働契約の締結により当然認められるものではなく，就業規則や労働協約を含めた契約上の根拠を要するとする説（水町勇一郎『労働法〈第 7 版〉』〔有斐閣・2018 年〕114 頁）もある。この見解に立てば，契約上の根拠がなければ労働者は使用者の指揮命令に当然服する義務があるとはいえず，指揮命令権といえども当該契約の解釈によって制約されうることになるだろう。

(b)　労務提供義務・職務専念義務・誠実労働義務　　労働者は，労働契約に基づいて使用者に労務を提供する義務を負っており，この義務を「債務の本旨に従って」履行しなければならない（民 493 条）。一般に「債務の本旨」に従った履行と認められるためには，労働者は労働義務の履行にあたって上司の指示に従い，職務に専念し（職務専念義務），誠実に労働しなければならない（誠実労働義務，労契 3 条 4 項参照）。ただし，具体的に何が「債務の本旨」に従った労務提供であるかは個々の労働契約の解釈によって定められる（⇨(2)）。すなわち，職務専念義務や誠実労働義務とは，当該労働契約の趣旨に合致した態様・

方法で支障なく労務提供を行う義務であるといえよう（大成観光〔ホテルオークラ〕事件・最三小判昭和57・4・13民集36巻4号659頁⇨ 判例 21-2 〔第21章〕における伊藤正己裁判官補足意見を参照）。判例は，職務専念義務を肉体的・精神的な活動力のすべてを職務にのみ集中し，職務以外のことに一切注意を向けてはならない義務と解する傾向がある（目黒電報電話局事件・最三小判昭和52・12・13民集31巻7号974頁）が，個々の労働契約の趣旨に照らしてそのような解釈をすべき場合はむしろ例外的であろう。

(2) 賃金支払をめぐる権利義務

使用者は，労務提供に対する報酬として賃金を支払う義務を負う。賃金の額・計算方法については，最低賃金法や労基法の規制に違反しない限り，契約により自由に定めることができる（⇨第9章）。実際には就業規則の賃金規程などにより定型的に定められることが多いが，最近は成果主義賃金制度の発達により個別合意の重要性が高まりつつある。

労働者が労務を提供しないときは，当事者間に別段の合意がない限り，その帰責事由が使用者にある場合を除いて（民536条2項，労基26条），賃金支払義務は発生しない（ノーワーク・ノーペイの原則。⇨第9章第1節 **2** 参照）。また，労働者の労務提供が業務上の指示に従わないなど債務の本旨に従ったものといえないときは，使用者はその受領を拒否して賃金の支払を免れることができる（水道機工事件・最一小判昭和60・3・7労判449号49頁）。何が「債務の本旨」に従った履行であるかは，先に述べたように当該労働契約の解釈により決まる。この点につき，最高裁は，職種を限定しない労働契約を締結した労働者が，私傷病により使用者に命じられた労務を提供できなくなった場合でも，同人が配置される現実的可能性のある他の業務について労務提供を申し出ているならば，なお債務の本旨に従った履行の提供があるものと解し，使用者がその受領を拒否した場合には賃金請求権が発生する（民536条2項）としている（⇨ 判例 3-1 ）。これは，このような事案における契約解釈のあり方を示したものといえる。

> 判例 3-1 **片山組事件**
> 　　最一小判平成10・4・9労判736号15頁
> 【事案の概要】XはY社の従業員としてビル建設工事の現場監督業務に従事し

ていたが，病気になったため現場作業に従事することはできないと申し出たので，Y 社は X に対して自宅治療を命じた。その後，X は事務作業を行うことはできると申し出たが，添付の診断書に現場作業に従事できる旨の記載がなかったので，Y 社は自宅治療命令を維持し，現場作業に復帰するまで X を欠勤扱いとした。X は不就労期間中の賃金と一時金減額分の支払を求めて提訴した。原審（東京高判平成 7・3・16 労判 684 号 92 頁）は Y 社の労務受領義務を否定し X の請求を棄却したため，X が上告した。最高裁は以下のように述べて原審を破棄し，高裁に差し戻した。

【判旨】「1　労働者が職種や業務内容を特定せずに労働契約を締結した場合においては，現に就業を命じられた特定の業務について労務の提供が十全にはできないとしても，その能力，経験，地位，当該企業の規模，業種，当該企業における労働者の配置・異動の実情及び難易等に照らして当該労働者が配置される現実的可能性があると認められる他の業務について労務の提供をすることができ，かつ，その提供を申し出ているならば，なお債務の本旨に従った履行の提供があると解するのが相当である。そのように解さないと，同一の企業における同様の労働契約を締結した労働者の提供し得る労務の範囲に同様の身体的原因による制約が生じた場合に，その能力，経験，地位等にかかわりなく，現に就業を命じられている業務によって，労務の提供が債務の本旨に従ったものになるか否か，また，その結果，賃金請求権を取得するか否かが左右されることになり，不合理である。

　2　前記事実関係によれば，X は，Y 社に雇用されて以来 21 年以上にわたり建築工事現場における現場監督業務に従事してきたものであるが，労働契約上その職種や業務内容が現場監督業務に限定されていたとは認定されておらず……本件自宅治療命令を受けた当時，事務作業に係る労務の提供は可能であり，かつ，その提供を申し出ていたというべきである。そうすると，右事実から直ちに X が債務の本旨に従った労務の提供をしなかったものと断定することはできず，X の能力，経験，地位，Y 社の規模，業種，Y 社における労働者の配置・異動の実情及び難易等に照らして X が配置される現実的可能性があると認められる業務が他にあったかどうかを検討すべきである。……これらの点について審理判断をしないまま，X の労務の提供が債務の本旨に従ったものではないとした原審の前記判断は，X と Y 社の労働契約の解釈を誤った違法があるものといわなければならない。」

(3)　就労請求権

使用者が正当な理由なく労務の受領を拒否した場合，賃金請求権とは別に，

労働者は就労させること自体を求めることができるだろうか。この点に関して，判例は労働契約に特別の合意がある場合や業務の性質上労働者が労務の提供について特別の利益を有する場合を除き，原則として就労請求権を認めない立場をとっている（読売新聞社事件・東京高決昭和33・8・2判タ83号74頁）。裁判上，労働者が労務の提供について特別の利益を有すると認められた例はほとんどない（希少な肯定例として，調理人の技能維持向上という利益を考慮して就労請求権を認めたレストラン・スイス事件・名古屋地判昭和45・9・7労判110号42頁がある）。学説上も就労請求権を原則として否定する見解が多数であったが，最近は，労働者にとって就労することは義務であると同時に職業能力を発展させる重要な機会であることや，雇用慣行の変化に伴って個々の労働者によるキャリア形成の重要性が増していることに着目し，就労請求権の保護に積極的な立場をとる学説もあらわれている。

3 労働契約に付随する権利義務

労働契約には，基本的な労務提供義務と賃金支払義務の他にもさまざまな内容の付随義務が含まれている。付随義務は，労働契約に当然伴うものとして就業規則や特約がなくても契約当事者間の信義則（民1条2項，労契3条4項）に基づいて認められることが多いが，退職後の競業避止義務のように契約上の具体的な根拠を要するものもある。

使用者の付随義務としては，まず安全配慮義務が挙げられる。労働契約における労務提供が使用者の指揮命令下になされ，かつ労働者の身体や精神と不可分であることから，使用者は労働者の生命や健康を危険から保護するよう配慮すべき義務を負う（⇨第12章）。使用者の安全配慮義務は判例法理によって確立され，労契法の中に明文化された（5条）。そのほか使用者の付随義務として，セクシュアル・ハラスメントとの関係で職場環境配慮義務（京都セクシュアル・ハラスメント〔呉服販売会社〕事件・京都地判平成9・4・17労判716号49頁），男女を能力に応じて平等に処遇する義務（芝信用金庫事件・東京高判平成12・12・22労判796号5頁），遠隔地配転に際して労働者が被る不利益を軽減するよう配慮する義務（帝国臓器〔単身赴任〕事件・東京高判平成8・5・29労判694号29頁）などを認めた裁判例がある。さらに学説上は公正・適正査定義務（⇨第13章第1

節**1**），職業能力尊重義務などが主張されており，近年使用者の付随義務は拡大する傾向にある。

　労働者の付随義務としては，まず企業秩序遵守義務がある。労働者は労働契約を締結することにより，企業組織に組み込まれ，従業員集団の一員として使用者が定める規律に従う義務を負うとされる（⇨第14章第1節）。また，労働者は信義則に基づき，使用者の利益を不当に侵害しないよう配慮する義務を負う（これを誠実義務とよぶこともある）。具体的には，職務上知りえた秘密を漏洩しない義務（秘密保持義務），使用者と競合する事業に従事しない義務（競業避止義務。⇨第17章第2節），使用者の名誉や信用を傷つけない義務などがこれに含まれる。

4 労働者の損害賠償責任

　労働者が職務を遂行する過程で，労務提供義務や付随義務に違反したことにより使用者に損害を与えた場合，使用者は債務不履行（民415条）または不法行為（709条）に基づいて労働者に損害賠償を請求できるだろうか。

　労働者が意図的に加害行為を行ったときは，賠償責任を認めることに大きな問題はないが，過失による事故やミスの場合には事情が異なる。労働は人間が行うものである以上，職務遂行の過程においてミスが発生することは避けられず，そのリスクは労働者を指揮命令する立場にあり，かつ労働者を使用することで大きな経済的利益を得ている使用者も負担すべきものと考えられるからである（危険責任・報償責任の法理）。また，使用者からの損害賠償責任を無制限に認めると，労働者に過酷な経済的負担を負わせることにもなる。

　そこで判例は，損害の公平な分担という見地から，労働契約上の信義則に照らし，「事業の性格，規模，施設の状況，被用者の業務の内容，労働条件，勤務態度，加害行為の態様，加害行為の予防若しくは損失の分散についての使用者の配慮の程度その他諸般の事情」を考慮して，労働者の賠償責任を制限している（茨城石炭商事事件・最一小判昭和51・7・8民集30巻7号689頁）。労働者が第三者に損害を与え，使用者が使用者責任（民715条）により被害者に損害賠償をした場合の求償権についても，同様に制限がなされる（前掲・茨城石炭商事事件）。

近年は使用者が労働者に対して損害賠償を請求するケースが増加しているが，裁判所は労働者に重過失が認められないケースでは労働者の賠償責任を否定するか，賠償額を大幅に減額し（エーディーディー事件・大阪高判平成24・7・27労判1062号63頁，K興業事件・大阪高判平成13・4・11労判825号79頁など），重過失がある場合にも使用者の責任（損害保険への加入，指示の適切さ，予防措置など）を考慮して賠償額を減額する傾向がある（大隈鐵工所事件・名古屋地判昭和62・7・27労判505号66頁，ガリバーインターナショナル事件・東京地判平成15・12・12労判870号42頁など）。学説上も，軽過失によるミスについては，使用者は人事上の評価や懲戒処分によって対応すべきであり，労働者の賠償責任を問うことはできないとする見解が有力である。

第2節　労働契約内容の決定・変更システム

1 労働契約内容の決定

労働契約は，上に述べた基本的な権利義務のほかに，賃金や労働時間，休暇，人事異動，福利厚生，退職などさまざまな労働条件に関する権利義務を含んでいる。労働契約の内容は，当事者である労働者と使用者の合意により決定されるのが原則である（合意の原則。労契1条・3条1項）。しかし，労働契約においては当事者の交渉力に格差があるため（⇨第1節），私的自治に委ねるのみでは労働者が使用者と対等な立場で労働条件の決定に関与するという労働法の基本理念（労働条件対等決定の原則。労基2条1項）を実現することができない。また，労働契約は継続性や集団性等の特徴をもっているので（⇨第1節），それらの特性に合った契約内容の決定・変更の方法を整える必要がある。それゆえ，「合意の原則」はさまざまな形で修正されている。労働契約の内容は，労働法規や判例法理が定める強行的なルールによって規制され，労働協約や就業規則によって集団的に規律されているのである。

(1)　労働法規と判例法理

個別労働関係に適用される労働法規には，労働基準法をはじめとして，最低

賃金法，労働安全衛生法，男女雇用機会均等法，育児介護休業法，労働契約法
など多くのものがあり，行政による指導監督と罰則を備えた取締法規タイプの
もの（労基法，最賃法など）と，法の遵守を労働者の権利行使に委ねる民事法タ
イプのもの（労契法など）に分けられる。いずれのタイプの法律も，その規定
の多くは強行法規であり，当事者の意思や合意にかかわらず当事者を拘束し，
これに違反する労働契約の部分を無効とする。なお，労基法は労働条件の最低
基準を強行的に定める法律であるが，過半数組合または過半数代表者との労使
協定により法の規制を逸脱する仕組みが設けられている（労基法，労契法の構造
や効力については⇨第4章を参照）。

　労働法規と並んで重要なのは判例法理である。日本ではかなり長期にわたっ
て，解雇，就業規則の効力，配転や出向，懲戒，賃金以外の男女差別などの重
要な問題について労働法規に定めがなく，権利濫用の禁止（民1条3項）や公
序（90条）などを根拠とする強行的な労働契約法理によって補充されてきた
（採用内定や試用に関する法理のように任意的な性格を持つ判例法理も存在する）。現在
は労契法や均等法が制定されたことにより，重要な判例法理の一部は労働法規
として明文化されている。

(2) 労 働 協 約

　労働協約は，労働組合（労組2条。⇨第2章第2節）と使用者の合意に基づき，
書面化など一定の様式をみたすことにより成立する（労組14条）。労働協約に
は，労組法16条に基づいて組合員の労働契約を直接に規律する効力（規範的効
力）が付与されている。これにより，労働契約の定める労働条件が協約に反し
ているときは，その契約部分は無効となり，協約の定める労働条件が契約の内
容となる。したがって，組合員である労働者と使用者が個別に合意をしても協
約に違反していれば無効であり，協約に拘束されることになる。労働契約に定
めがない労働条件についても，協約の定めが契約の内容となる。労働協約の規
範的効力は，協約を締結した組合の組合員のみに及ぶのが原則である（例外と
して，労組17条・18条。労働協約の詳細は⇨第20章を参照）。

(3)　就 業 規 則

　常時 10 人以上の労働者を使用する使用者は，職場における統一的な労働条件や懲戒制度などに関して，就業規則の作成を義務づけられている（労基 89 条）。就業規則は使用者が一方的に作成したものなので，規範としては協約よりも下位に位置づけられ，労働協約に反してはならないとされている（労基 92 条 1 項，労契 13 条）。就業規則は当該事業場における労働条件の最低基準としての効力を持ち，就業規則を下回る労働条件を定めた労働契約は，その部分が無効となり，就業規則が契約の内容となる（労契 12 条）。したがって，労働者と使用者は就業規則を下回る労働条件を個別に合意することはできない。また，労働者と使用者が労働契約を締結する場合において，就業規則はその内容が合理的であり，労働者に周知されている限り，労働契約の内容になる効力を付与されている（労契 7 条）。このように，就業規則は労働条件を決定する上できわめて重要な役割を果たしている（就業規則については⇨第 8 章を参照）。

(4)　当事者間の合意，労働慣行

　労働者と使用者の個別合意は，強行法規，労働協約，就業規則に反しない限りで，労働契約の内容として両当事者を拘束する。賃金や労働時間などの労働条件は就業規則や労働協約によって集団的に決められることが多いが，最近は成果主義人事制度の発展や雇用形態の多様化により，個別合意の果たす役割が増す傾向にあるといわれている。

　労働者の処遇等に関して，協約・就業規則の規定や特段の合意に基づかず，職場で反復継続して行われてきた取扱いを労働慣行（労使慣行）という。労働慣行は常に法的効力を持つわけではないが，当該慣行について当事者間に黙示の合意が成立していたと認めうる場合，または当該慣行が事実たる慣習（民 92 条）と認められる場合には労働契約の内容になっているから，一方的に廃止することは許されない。判例は，①同種の行為が長期間反復継続され，②労使双方が明示にこれを排除せず，かつ③労使双方の規範意識に支えられている（特に，使用者側においては，当該労働条件についてその内容を決定しうる権限を有している者か，又はその取扱いについて一定の裁量権を有する者が規範意識を有している）場合には，当該慣行には事実たる慣習としての法的拘束力が認められるとしてい

る（商大八戸ノ里ドライビングスクール事件・大阪高判平成5・6・25労判679号32頁。最一小判平成7・3・9労判679号30頁により維持）。

2 労働契約内容の変更

　一般に，労働関係は長期にわたって継続するため，契約締結時に具体的な内容を特定することが難しく，その後の労働関係の展開や経営状況の変化に応じて労働条件を柔軟に調整する必要性が高い。このように，労働契約に要求される柔軟性は継続性と表裏一体の関係にある。そこで，労働契約は当該労働者の職種や勤務場所を特定せず，就業規則の一般条項により，その決定を使用者の包括的な命令権（人事権）に委ねる形で締結されることが多い（⇨第13章）。配転や昇進などの人事異動は，労働者が提供すべき労務の内容や方法を大きく変更するが，締結時に合意されていた命令権の範囲内であれば，労働契約の内容自体を変更するものではない。

　これに対して，労働契約内容の変更は，労働者と使用者の合意に基づいてなされることが原則である（合意の原則。労契1条・3条1項・8条）。契約法の基本原理からすれば，両当事者は自分の意思により締結した契約を尊重すべきであり，その内容を一方的に変更することは許されない。また，労働契約の変更に関する合意は，労働者と使用者との交渉力格差を考慮して慎重に認定されるべきである。たとえば，使用者からの提案（労働契約変更の申込み）に対して，労働者が明確に異議を述べずに就労を継続していたことのみをもって黙示の合意の成立を認めるべきではない。とりわけ当該変更が労働者にとって不利益なものである場合には，労働者が変更内容を十分に理解した上で，自由な意思に基づいて合意したものと認めうるか否かを慎重に判断すべきである（就業規則で定められた賃金・退職金の不利益変更に関する個別合意の成否につき，山梨県民信用組合事件・最二小判平成28・2・19民集70巻2号123頁⇨ 判例 8-3 〔第8章〕）。

　このように合意による変更を原則とする一方で，労働法は，労働契約の集団性・継続性とバランスをとるために「合意の原則」の例外ルールを設け，使用者が労働者との合意によらず労働契約内容を変更する方法を認めている。

　第1に，使用者は，就業規則を変更することによって従業員の労働契約の内容を変更することができる。使用者は労働者との合意によらず一方的に就業規

則を変更しうるが，判例は「就業規則の変更が合理的なものである場合には，変更に反対する労働者をも拘束する」という法理を確立し，この法理は労契法の中に明文化された（10条。⇨第8章第2節 **3** を参照）。したがって，就業規則の変更が不利益なものであっても，労契法の定める要件をみたしていれば，当該就業規則の適用を受ける全従業員について，合意の有無にかかわらず労働契約の内容が変更される。

　第2に，使用者は，労働組合と集団的な合意をして労働協約を締結することにより，協約の規範的効力を通して組合員の労働契約内容を変更することができる（労組16条参照）。原則として，協約が従来の労働条件を引き下げるものであっても規範的効力は認められるから，契約内容は不利益に変更されることになる（⇨第20章第2節 **2** ）。

　第3に，上の2つが集団的な変更方法であるのに対し，個別的に労働契約の内容を変更する方法として変更解約告知が挙げられる。変更解約告知とは，労働条件の変更に労働者が同意しない場合には労働契約を解約するという使用者の意思表示である。労働者は，労働契約の変更に同意するか，解雇されるかの選択を求められることになる。変更解約告知については現段階では裁判例が少なく，学説上は制度のあり方が議論されているが，必要性自体を疑問視する見解もあり，いまだ定着した法理とはいえない（⇨第16章第1節 **7** ）。

第 **2** 編

雇用関係法

　労働者という人間は，労働契約の主体（sujet）であると同時に客体（ob-jet）である。……労働者は，労働契約の主体という点では意思（volonté）として捉えられ，客体という点では肉体（corps physique）として捉えられる。労働者は，単に無気力な肉体であるのではなく，多様で変化に富んだ肉体的・知性的な源が統合した存在であり，それがまさに労働者そのものなのである。

──── ALAIN SUPIOT, *critique du droit du travail*, Paris, PUF, 1994, p. 63

労働基準法・労働契約法の基本構造

第 1 節　労働基準法
第 2 節　労働契約法

　　日本には統一的な労働法典が存在しない。労働関係に適用される法律は，労働基準法，労働組合法，労働契約法，男女雇用機会均等法，育児介護休業法，労働安全衛生法，労働者派遣法など数多く，法改正も頻繁になされている。また，労働法規には，私法上の強行法規，行政的な取締法規，その両方の性質を併せ持つものなどがある。労働法を学ぶには，重要な法改正をフォローするとともに，それぞれの労働法規の法的性質を正しく理解することが必要である。本章では，労働基準法と労働契約法の基本構造について学ぶ。

第 1 節　労働基準法

1 労基法の位置づけ，基本理念

　憲法は，「賃金，就業時間，休息その他の勤労条件に関する基準は，法律でこれを定める」と規定している（27条2項）。これは，私的自治の原則の下で多くの労働者が低劣な条件で労働を強いられたという歴史的事実を踏まえ（⇨第1章），労働条件の決定を自由契約に委ねるのではなく，国家が立法という形で契約内容に直接介入することを宣言したものである。これを受けて，多くの労働法規が制定されているが，労基法はその中核をなす法律である。

　労基法は，憲法上の生存権（憲25条）の趣旨を受け，「労働条件は，労働者

が人たるに値する生活を営むための必要を充たすべきものでなければならない」（労基1条1項）と定めている。そして，同法の定める労働条件の基準は最低のものであり，当事者はさらなる労働条件の向上に努めなければならないとする（同条2項）。すなわち，労基法は契約自由の原則を排除する趣旨ではなく，同法の定める最低基準が守られる限り，当事者の合意に基づいて労働条件が設定されることを認めているのである。

　また，労基法2条1項は「労働条件は，労働者と使用者が，対等の立場において決定すべきものである」と定めている（労働条件対等決定の原則）。しかし現実には，労働者は資力や情報において使用者よりも弱い立場にあり，使用者の指揮命令に従って働く義務を負っているため，使用者と対等の立場で労働条件を決定することは難しい。そこに，労基法をはじめとするさまざまな労働法規制の根本的な存在理由がある。すなわち，労働者と使用者の実質的な対等を実現することは労基法にとどまらず労働法全体の目標でもあり，その意味で「労働条件対等決定の原則」は労働法の基本理念の1つだといえる。

2　労基法の構造

　労基法の各条文の内容については各章で詳しく述べられるので，ここでは労基法の全体を概観しておくことにしよう。労基法の基本構造は，①同法の定義する「労働者」について一律に，②労働契約の基本原則や労働条件の最低基準を強行的に定め，③私法上の効力だけでなく，行政監督・刑罰法規によってその遵守を担保する，というものである。

(1)　「労働者」の定義：適用範囲の画定

　労基法9条は，「この法律で『労働者』とは，職業の種類を問わず，事業又は事務所……に使用される者で，賃金を支払われる者をいう」と定める。この要件をみたす「労働者」は，雇用形態や職種を問わず，同法により一律に保護される（明文で適用が除外されている場合を除く。労基116条参照）。労基法上の労働者概念は，他の多くの労働法規や労働契約における「労働者」の範囲とも基本的に一致する。したがって，労基法9条は同法の適用範囲を設定するだけでなく，個別労働関係に適用される法の全体（雇用関係法）について適用範囲を

画するという重要な機能を担っている（⇨第2章第1節 **1** ）。

(2)　労働者の基本的人権保障・封建的な労働慣行の排除

　労基法は，労働契約の基本原則として，国籍・信条・社会的身分を理由とする差別の禁止（3条），男女賃金差別の禁止（4条），強制労働の禁止（5条），中間搾取の排除（6条），公民権行使の保障（7条）を掲げている。また，封建的な雇用慣行を排除し労働者の不当な拘束を防止する趣旨で，賠償予定の禁止（16条），前借金相殺の禁止（17条），強制貯金の禁止（18条）が設けられている。これらの規定は憲法の基本的人権規定（憲13条・14条・18条・22条1項・29条など）の趣旨を受け，使用者との関係で労働者の基本的な人権を保障したものであり，これらを総称して「労働憲章」とよぶこともある（⇨第5章）。

(3)　労働条件の最低基準の設定

　労基法は，労働契約の基本原則を定めるだけでなく，具体的な労働条件について最低基準や使用者の遵守すべき事項を設定している。主なものとしては，契約期間（14条），労働条件の明示（15条），解雇（19条〜21条），賃金の支払（24条〜27条），労働時間・休日・休暇（32条〜41条の2），年少者・女性の保護（56条〜68条），技能者の養成（69条〜73条）などが挙げられる。
　労基法は労働者保護法の中心となる法律であるが，労働条件全般について基準を設定しているわけではない。最低賃金や安全衛生に関しては規定が削除され，それぞれ最賃法と労安衛法に委ねられている。労働災害の補償も労災保険法に基づいて行われることが多く，労基法の災害補償規定（75条〜88条）の役割は限られたものになっている。さらに，近年は均等法・育児介護休業法・労働契約法など多くの労働法規が制定され，これらの法律によって規制される労働条件の範囲が広がっている。他方，配転のように法律上の規定がなく，判例法理に委ねられている領域もある。

(4)　就業規則の作成義務

　労基法は，常時10名以上の従業員を雇用する使用者に対して，重要な労働条件について就業規則を作成する義務を課し（89条），その手続を定めている

(90 条・106 条。就業規則の詳細は⇨第 8 章)。

(5)　実効性の確保

　労基法上の規定は原則として強行法規であり，これに違反する労働契約，就業規則，労働協約は無効である。労基法が定める最低基準を下回る契約が無効とされたときは，法定の基準が当該労働契約の内容となる（労基 13 条）。また，労働基準監督署および労働基準監督官は同法が遵守されるよう使用者を監督し（97 条〜105 条），刑罰により遵守を強制する権限を有する（117 条〜121 条）。

　このように，労基法は私法上の強行法規であると同時に公法的な取締法規としての性格を併せ持ち，その両面から法の実効性確保が担保されている（⇨ **3** ）。

3　労基法の効力

(1)　私法上の強行法規としての効力

　労基法 13 条は，「この法律で定める基準に達しない労働条件を定める労働契約は，その部分については無効とする。この場合において，無効となった部分は，この法律で定める基準による」と定める。つまり，労基法の定める労働条件基準は「労働者」（労基 9 条）に一律に適用される最低基準として機能し，これを下回る労働契約部分を無効にする（強行的効力）とともに，無効となった部分を埋める形で労働契約の内容になる（直律的効力）。就業規則や労働協約で定められた労働条件も，労基法の基準を下回るときは無効となり，労基法の定める基準が労働契約の内容となる。労基法の定める事項（たとえば年休の付与や休業手当の支給など）について労働契約に定めがないときも，同様に法定基準が労働契約の内容になる。いずれの場合にも，個々の労働者は，労基法の強行的直律的効力により修正された労働契約に基づいて法定労働条件の実現を請求する権利を与えられる。

　労基法の中には，労働契約の内容規制だけでなく，労働契約の基本原則を示す規定（強制労働の禁止〔5 条〕など）や使用者の一方的な行為を規制する規定（一定の場合における解雇禁止〔19 条〕など）も含まれている。これらの規定は直律的効力を有しないが，その趣旨や文言から強行性を有しないことが明らかな

場合（1 条・2 条 1 項，附則 136 条など）を除いて，強行的効力を有すると解されている。したがって，これらの規定に違反する解雇や業務命令は違法無効であり，場合によっては不法行為に該当する。

(2)　付加金の支払

使用者が，解雇予告手当（労基 20 条），休業手当（26 条），時間外・休日・深夜労働の割増賃金（37 条）または年休手当（39 条 9 項）について，労基法上の支払義務に違反した場合には，裁判所は労働者の請求により，本来払わなければならない未払金とは別に，これと同一額の付加金の支払を使用者に命じることができる（114 条）。付加金の請求は，違反のあった時から 2 年以内にしなければならない。裁判所は，労働者の請求を受けて，使用者の義務違反の態様や労働者の受けた不利益の性質や内容，労基法違反にいたる経緯や使用者の対応などの諸事情を考慮し，付加金支払命令の可否や金額を決定する。

付加金は，上記の手当や賃金の支払につき，使用者に労基法を遵守させるための民事的なサンクションとして設けられた制度であり，次に述べる刑事罰とは区別する必要がある。

(3)　公法的な取締法規としての効力

労基法は私法上の強行法規であるから，同法に違反する合意や使用者の行為は違法無効となり，労働者の私法上の権利が基礎づけられる。労働者は労働審判（⇨第 24 章第 2 節 **3**）や民事裁判において自らの権利を主張することができるが，この場合，労基法の規制の実現は労働者の権利行使に委ねられる。

それとは別に，労基法には，行政官庁による監督制度（97 条以下）と罰則（117 条以下）による実効性確保の仕組みが設けられている。これは，国家が監督行政と刑罰によって使用者に法を遵守させ，労働者を保護する仕組みであり，労働者の意思にかかわらず労基法の実効性が確保されることになる。このような公法的な側面を持つ法律としては，労基法の他に最賃法や労安衛法がある。特に労安衛法については，私法上の効力を持たず，もっぱら行政監督によってその実効性が確保されるという解釈が有力である。

労基法の監督機関には，労働基準主管局・都道府県労働局・労働基準監督署

があり，これらは国の直属機関として厚生労働大臣の管理下に置かれている（97条）。このうち，第一線で監督行政を担当するのは全国の労働基準監督署と，そこに配置される労働基準監督官である。労働基準監督署長は，臨検，尋問，許可，認定，審査，仲裁を行う権限を有し，労働基準監督官を指揮監督する（99条3項）。労働基準監督官は，事業場などに立ち入り，帳簿や書類の提出を要求し，使用者・労働者を尋問する権限をもつ（101条）。また，労基法違反の罪について刑事訴訟法が定める司法警察官の職務（逮捕，逮捕の際の差押え・捜査・検証など）を行うことができる（102条）。このほか，行政官庁や労働基準監督官は，労基法を施行するために必要な場合には，使用者または労働者に対して必要事項の報告や出頭を求めることができる（104条の2）。

　労働者は，労基法違反の事実を行政官庁または労働基準監督官に申告することができ（労基104条1項），使用者は，申告したことを理由として労働者を不利益に取り扱ってはならない（同条2項）。ただし，労働基準監督官は申告に対して何らかの措置をとるべき法的義務（作為義務）を負うわけではないと解されている（東京労基局長事件・東京高判昭和56・3・26労経速1088号17頁）。近年は個別労働紛争の増加を反映して，賃金不払や解雇に関するものを中心に，1年間に数万件の申告がなされている。

　労基法に違反した使用者には，罰則（労基117条〜120条）が適用される。適用対象となる「使用者」とは，当該事項について実質的に責任を有する者である（10条）が，一定の場合には両罰規定（121条）により事業主も処罰の対象とされる（⇨第2章第3節 **2**）。実際には，ほとんどの事例が行政指導や是正勧告によって処理され，罰則に基づいて刑事訴追がなされるのは法違反の態様が特に悪質な場合などに限られている。

(4) 労使協定による規制の解除

　以上のように，労基法は強行法規および取締法規として，労働者や事業場の特性や実情にかかわらず画一的に労働条件を規制している。しかし，そこには重大な例外がある。使用者が当該事業場における過半数組合，そのような組合がないときは従業員の過半数を代表する者（過半数代表者）と書面による協定（労使協定）を結んだ場合には，法規制が解除される仕組みが設けられているの

である。

(a) **労使協定により規制が解除される事項** 近年の法改正によって労使協定に基づく解除が許される範囲は拡大しており，現行法の下では貯蓄金の管理（18条），賃金の一部控除（24条），変形労働時間制やフレックスタイム制の実施（32条の2〜32条の5），休憩時間の付与方法（34条），時間外・休日労働（36条），みなし労働時間制（38条の2・38条の3），計画年休（39条6項），年休手当の算定（39条9項）について認められている。

なお，企画業務型裁量労働制や高度プロフェッショナル制度の実施に関しては，労使委員会（労使同数で構成され，事業場における労働条件に関する事項を調査審議することを目的とする委員会）において関連事項について委員の5分の4以上の賛成により決議がなされることが要求されている（労基38条の4・41条の2。⇨第10章第3節 **3**，第4節 **2**）。また，労使委員会は，このほか，労働時間に関する労使協定に代替する決議を行うことができる（38条の4第5項）。

(b) **労使協定の効力** 労使協定が締結されると，当該事項について法規制が解除されるので，労基法違反の効果が消滅する。すなわち，労基法違反を理由に使用者の行為に罰則が適用されることはなく（免罰的効力），法定基準に抵触する契約や就業規則等が無効になることもない。この規制を解除する効力は当該事業場に雇用されるすべての労働者に及ぶ。したがって，協定の締結主体が過半数組合である場合には非組合員にも協定の効力が及ぶことになる。

このように，労使協定は労基法の規制を解除する効力をもつが，労働者と使用者の間に権利義務を設定する効力は有しない（ただし，計画年休協定は例外とされる。⇨第11章第1節 **4**）。したがって，労使協定が締結されても労働契約の内容に直接の影響はなく，協定に基づいて当該事項に関する使用者の命令権や労働者の義務（たとえば時間外労働命令権や時間外労働義務）が生じることはない。このように労基法上の労使協定は労組法上の労働協約とは異なるものであり，両者を明確に区別する必要がある。ただし，労使協定が過半数組合との間に締結され，協約の成立要件（労組14条）を備えている場合は，当該協定は労働協約としての効力も併せもつことになる（⇨第20章）。

(c) **過半数代表者** 労使協定制度の趣旨は，一定の事項について労基法の画一的規制を柔軟化し，各事業場の実情に応じた取扱いを可能にする選択肢を

使用者に与えつつ，労働者側の意思を反映させることによって民主的にその決定を行うことにある。したがって，過半数組合がない場合に協定の締結当事者となる過半数代表者は，使用者に立場が近い管理監督者（労基 41 条 2 号）であってはならず（労基則 6 条の 2 第 1 項 1 号），従業員の投票や挙手など民主的な方法により選出された者であって，使用者の意向に基づき選出されたものでないことが必要である（同項 2 号）。また，使用者は，代表者であることを理由として不利益取扱いをしないようにしなければならず（同条 3 項），代表者が協定等に関する事務を円滑に遂行できるよう必要な配慮をしなければならない（同条 4 項）。

　次に掲げる裁判例は，労基法 36 条に基づく時間外労働協定（36 協定）につき，親睦団体の役員が自動的に過半数代表者となって締結された協定を無効と判断したものである。

<hr>

　判例 4-1　トーコロ事件
　東京高判平成 9・11・17 労判 729 号 44 頁

【事案の概要】 卒業アルバムの製造を業とする Y 社では，11 月から 3 月までは業務繁忙期のため恒常的に長時間残業が行われていた。従業員 X は眼精疲労を理由に残業命令を拒否したところ，Y 社は X を解雇した。Y 社は友の会役員である A を過半数代表者として 36 協定を締結しており，X はこのような協定は無効であり，解雇は無効である等として提訴した。第 1 審（東京地判平成 6・10・25 労判 662 号 43 頁）は本件 36 協定は無効であるとして X の請求を一部認容したため，Y 社が控訴した。原審は以下のように述べて控訴を棄却し，最高裁も高裁判決を維持した。

【判旨】「『労働者の過半数を代表する者』は当該事業場の労働者により適法に選出されなければならないが，適法な選出といえるためには，当該事業場の労働者にとって，選出される者が労働者の過半数を代表して 36 協定を締結することの適否を判断する機会が与えられ，かつ，当該事業場の過半数の労働者がその候補者を支持していると認められる民主的な手続がとられていることが必要というべきである（昭和 63 年 1 月 1 日基発第 1 号参照）。」

　「『友の会』は……役員を含めた Y 社の全従業員によって構成され（規約 1 条），『会員相互の親睦と生活の向上，福利の増進を計り，融和団結の実をあげる』（規約 2 条）ことを目的とする親睦団体であるから，労働組合でないことは明らかであり……A が『友の会』の代表者として自動的に本件 36 協定を締結したにすぎないときには，A は労働組合の代表者でもなく，『労働者の過半

数を代表する者』でもないから，本件 36 協定は無効というべきである。」

　「本件 36 協定の締結に際して，労働者にその事実を知らせ，締結の適否を判断させる趣旨のための社内報が配付されたり集会が開催されたりした形跡はなく，A が『労働者の過半数を代表する者』として民主的に選出されたことを認めるに足りる証拠はない。」

　「以上によると，本件 36 協定が有効であるとは認められないから，その余の点について判断するまでもなく，それを前提とする本件残業命令も有効であるとは認められず，X にこれに従う義務があったとはいえない。」

（最二小判平成 13・6・22 労判 808 号 11 頁により支持）

第 2 節　労働契約法

1 労働契約法制定の経緯

　わが国では，憲法の定める勤労条件法定の原則（27 条 2 項）を受けて，労基法をはじめ多くの労働法規が制定されてきた。しかし，労働契約の成立・展開・終了を規律するルールを定める法律はなく，この分野におけるルール形成は裁判所に委ねられてきた。その結果，採用，採用内定，試用，配転，出向，転籍，昇進，降格，懲戒，安全配慮義務，就業規則の効力，解雇など非常に多くの事項について判例法理が確立され，労働紛争の解決に重要な役割を果たしてきた。

　ところが，1990 年代の半ば頃になると，就業形態の多様化や経営環境の急激な変化を背景として個別労働紛争が増加するなかで，判例法理を知らない使用者や労働者が多数存在すること，判例法理は個々の事例に柔軟に対応できる利点があるが，判例の展開によって変更されうる不安定なルールであり，その内容も曖昧になりうることが問題とされるようになった。そして判例法理を立法化し，雇用関係の契約ルールを法律の形で明確に示すことが政策課題として浮上した。そこでまず，2003 年に解雇権濫用法理が労基法 18 条の 2（現在は労契法 16 条）として立法化され，国会の付帯決議で労働契約に関する包括的な法律の制定に取り組むよう要請がなされた。

　これを受けて，厚生労働省に「今後の労働契約法制の在り方に関する研究会」が設置され，2005年9月に報告書が提出された。この報告書は，「労使当事者の自主的な決定を促進する公正かつ透明なルールの必要性」と「労使自治の尊重と労使の実質的対等決定の確保」を基本理念として，各事業場に常設の労使委員会を設立することを含め，労働契約の成立から終了までのルール全般を定める包括的な立法の提言を行った。しかし，労働政策審議会において労使双方の強い反対を受け，報告書が行った提案の多くは採用されずに終わった。審議会で労使が合意した事項に基づいて政府が作成した労働契約法案は，衆議院で一部修正された上で，2007年11月に成立した。その後，2012年8月の法改正では，有期労働契約に関する新たなルールが導入された。

② 労働契約法の構造と特徴

　上記のように，労契法は当初の構想よりも限定された内容の法律として制定され，その後の法改正により発展していく過程にある。現行の労契法の特徴は，次のように整理できよう。

　第1に，労基法が私法と公法の両面をもつのに対して，労契法は民事的な効力のみを有する。労契法は法の運用や実効性の確保に行政機関が関与することを予定していない点で純粋な民事法であり，労働契約（雇用契約）に関する民法の特別法として，雇用契約に関する民法上のルールを補充・修正するものと位置づけられる。なお，労契法の多くの規定は強行法規であるが，労働契約の基本原則（3条）や契約内容の理解促進や書面確認（4条）のように，それ自体としては私法上の効力をもたない理念規定や訓示規定も含まれている。

　第2に，労契法は，労働契約は「合意により成立し，又は変更される」という「合意の原則」を基本原理として示している（1条）。そして，労働契約の基本原則として，契約の締結や変更は，労働者と使用者が対等の立場でなした合意に基づき（3条1項），就業の実態に応じて均衡を考慮し（同条2項），仕事と家庭生活の調和に配慮して行うべきことを定めている（同条3項）。これらの規定はそれ自体として具体的な権利義務を定めたものではないが，労働契約や就業規則等の解釈において考慮されるべきものである。

　第3に，労契法は，労働契約の当事者である「労働者」と「使用者」の定義

を示している（2条）。同法が適用される労働契約の範囲は，基本的に労働基準法上の適用範囲（労基9条）と一致する（⇨第2章）。

　第4に，労契法の中には，重要な判例法理を明文化した規定が多く含まれている。具体的には，安全配慮義務（5条），就業規則の効力（7条・9条〜13条），出向（14条），懲戒（15条），解雇（16条），有期労働契約の雇止め（19条）であり，これらは基本的に判例により確立された法理を立法化したものと理解される。このうち最も重要なのは，労働契約と就業規則の関係を定めた諸規定である。就業規則の定める労働条件が合理性と周知を要件として労働契約の内容となること（7条），就業規則の定める労働条件が不利益に変更された場合には，当該変更の合理性と労働者への周知を要件として，変更後の労働条件が労働契約の内容となること（10条）が明文で定められたことにより，就業規則の法的性質や効力をめぐる理論的な対立は，実務的なレベルでは一応解決されたといえよう（⇨第8章）。

　第5に，労契法の中には，立法によって新たに設けられた重要なルールも存在する。具体的には，就業規則変更により変更されない労働条件に関する合意（不変更の合意）の効力（10条但書），有期雇用契約の無期雇用契約への転換（18条）などが挙げられる。なお，2018年7月の法改正により，有期雇用労働者と無期雇用労働者との処遇に関する不合理な相違の禁止を定めた労契法20条は廃止され，改正されたパートタイム労働法（「短時間労働者及び有期雇用労働者の雇用管理の改善等に関する法律」）の8条に統合された（⇨第15章）。

第 **5** 章

労働者の人権保障

第 1 節　労 働 憲 章
第 2 節　労働契約に関する規制
第 3 節　プライバシーと人格権
第 4 節　女性・年少者の保護

　労基法には，かつて支配的であった封建的な労働関係を除去し，不当な人身拘束を防ぐための規定が置かれている。「人身拘束」とはいかにも時代遅れな感じだが，海外留学費用の返還請求など，きわめて現代的な紛争においてもそれらの規定の解釈が問題となっている。また最近では，電子メールの内容や健康情報などの労働者のプライバシーをめぐる紛争，そしてハラスメントなど労働者の人権に関わる紛争が増加しており，労働法上一定のルールが確立しつつある。なお，労基法上の女性・年少者の保護に関わる規定も本章で取り上げる。

第 1 節　労 働 憲 章

　労基法 1 条から 7 条は労働者の権利に関する基本原則を定めており，しばしば「労働憲章」と称される。このうち 1 条，2 条は宣言的な規定であるが，3 条以下は罰則付きでより具体的な規制を行っている（3 条，4 条については⇨第 6 章第 2 節，第 3 節 **1**）。

1 強制労働の禁止

　使用者は，暴行，脅迫，監禁その他精神または身体の自由を不当に拘束する手段によって，労働者の意思に反して労働を強制してはならない（労基 5 条）。

かつて封建的な労働関係の下で実際にみられた強制労働の悪習を排除するための規定である。違反に対しては労基法上最も重い刑罰（1年以上10年以下の懲役または20万円以上300万円以下の罰金）が科される（117条）。

② 中間搾取の排除

　何人も，法律で許される場合のほかは，業として他人の就業に介入して利益を得てはならない（労基6条）。手配師などによる賃金の「ピンハネ」を防止するための規定である。職業紹介ビジネス（⇨第23章第2節 ❶）も「業として他人の就業に介入して利益を得て」いることになるが，職業安定法上の許可を得ていれば「法律で許される場合」に当たることになる。逆に，職安法上の許可なく業として職業紹介を行い報酬を得た場合は，職安法違反（職安30条1項など）と労基法6条違反が同時に成立することになる（いわゆる観念的競合）。

③ 公民権行使の保障

　使用者は，労働者が労働時間中に，選挙権その他公民としての権利を行使し，または公の職務を執行するために必要な時間を請求した場合においては，原則としてそれを拒んではならない（労基7条）。労働者が市民としての基本的権利を自由に行使できるようにするための規定である。ただしこの時間に対して賃金が支払われることまで義務づける趣旨の規定ではない。

　「公民としての権利」とは，選挙権・被選挙権，最高裁判事の国民審査投票権，住民投票権などを指す。裁判を提起する権利（訴権）は含まれない。「公の職務」とは，国会議員・地方議員としての職務，裁判の証人としての出廷などをいう。裁判員制度における裁判員の職務もこれに含まれる（裁判員100条も参照）。

　判例は，会社の承認なしに公職に就いた場合には懲戒解雇にするという就業規則の定めにつき，労基法7条の趣旨に反して無効であると判断している（十和田観光電鉄事件・最二小判昭和38・6・21民集17巻5号754頁）。ただし，公職に就いたことで現実に会社の業務を遂行できなくなったのであれば，普通解雇の対象となる可能性はある。

第 2 節　労働契約に関する規制

　労基法は，不当な人身拘束を防ぐという観点から，労働契約の期間や内容について規制を行っている。

1　契約期間の制限

(1)　原　　則

　労働契約の期間は原則として 3 年を超えてはならない（労基 14 条 1 項本文）。労働者が使用者に言われるがまま長期間の労働契約を締結し，その意に反して長期間拘束されることがないようにするための規定である。期間の定めのある契約の下にある労働者は「やむを得ない事由」がなければ期間の途中で辞職できない（民 628 条。⇨第 16 章第 2 節 *3* (1)）。そのことを前提に，本条は契約期間の長さ自体を規制することとした。ただし契約を更新することは妨げられない。

　かつてこの期間制限は原則「1 年」であったが，2003 年の改正で「3 年」に延長された。ただし改正時の経過的措置により，労働者側（ただし労基 14 条 1 項各号に規定された者，および一定の事業の完了に必要な期間を定める契約の下にある者は除く）は，2 年契約や 3 年契約であっても 1 年が経過すればそれ以降は期間の定めに拘束されず，使用者に申し出ればいつでも退職することが可能となっている（附則 137 条）。

(2)　例　　外

　第 1 に，「一定の事業の完了に必要な期間」を定める労働契約については 3 年を超える期間を付すことができる（労基 14 条 1 項本文）。たとえば工場の建設に 4 年間かかることが予定されているような場合であれば 4 年契約も可能となる。一定の事業の完了に必要であれば 5 年契約や 6 年契約でもよいが，就労期間が 5 年を超えると民法の規定により一方的な解約が可能となる（民 626 条）ため，契約期間の拘束力は弱くなる。

　第 2 に，①高度の専門的知識等を必要とする業務に従事する労働者の労働契約，および②満 60 歳以上の労働者との間に締結される労働契約，以上 2 つの

場合には3年ではなく5年契約まで可能である（労基14条1項各号）。①は，一般に高度の専門知識を持つ労働者は使用者に対抗できる交渉力を有しており，その多様な雇用形態へのニーズに応えても大きな問題は生じないと考えられることから認められた例外である。また②は高齢者の雇用促進に配慮した措置である。

2 賠償予定の禁止

　使用者は，労働契約の不履行について違約金を定め，または損害賠償額を予定する契約をしてはならない（労基16条）。一般の契約においては，たとえばツアー旅行の「キャンセル料」などのように，あらかじめ違約金を定めておくことはよくある。しかしかつての封建的な労働関係においては，契約期間の途中で労働者が転職した場合に支払う違約金，あるいは労働者に労働契約上の義務違反があった場合の賠償予定が不当に高い金額に設定され，労働者の足止め策として機能していた。本条は，これらの約定を禁止することにより，労働者が不当な人身拘束の下に置かれることを防ぐための規定である。

　裁判例では，美容室の従業員が会社の意向に反して退職した場合に採用時に遡って月4万円の「美容指導料」を支払うという約定が，労働者の自由意思を拘束し退職の自由を不当に制限するものとして労基法16条違反で無効とされている（サロン・ド・リリー事件・浦和地判昭和61・5・30労判489号85頁）。なお，同条が禁止するのは違約金や賠償予定に関する事前の合意であり，労働者が現実に使用者に損害を与えた場合に，使用者が労働者に対して損害賠償請求を行うこと自体が禁止されるわけではない（⇨第3章第1節 **4**）。また，労基法91条が許容する範囲内で懲戒処分としての減給（⇨第14章第3節 **2**）を行うことも妨げられない。

　本条に関連して大きく注目を浴びたのが，海外留学・派遣制度の下で使用者が負担した労働者の留学費用の返還をめぐる事件である。使用者としては，高額の学費などの留学費用を負担し，留学期間中も給与を支払っていたにもかかわらず，労働者に帰国後すぐ退職されてはたまらない。そこで実務では，海外派遣に際して，労働者に対し帰国後一定期間の勤務を経ずに退職した場合には留学費用を返還する旨の約定をさせるという手法が一般化した。このような約

定は労基法 16 条違反に当たらないのだろうか。

野村證券（留学費用返還請求）事件
東京地判平成 14・4・16 労判 827 号 40 頁

【事案の概要】 被告 Y は勤務先の原告 X 社の海外留学制度により約 2 年間フランスに留学したが，帰国後 1 年 10 か月経過した時点で同社を退職した。これに対し X 社が，Y に対し，留学費用は留学を終え帰任後 5 年間 X 社において就業した場合に債務を免除するという免除特約付で貸与されたものであるとして，その一部（受験・渡航手続に必要な費用，授業料および図書費の合計を，3 年 2 か月／5 年の割合で按分計算した金額）の返還を求めた。裁判所は X 社の請求を認容した。

【判旨】 「会社が負担した海外留学費用を労働者の退社時に返還を求めるとすることが労働基準法 16 条違反となるか否かは，それが労働契約の不履行に関する違約金ないし損害賠償額の予定であるのか，それとも費用の負担が会社から労働者に対する貸付であり，本来労働契約とは独立して返済すべきもので，一定期間労働した場合に返還義務を免除する特約を付したものかの問題である。」

「具体的事案が上記のいずれであるのかは，単に契約条項の定め方だけではなく，労働基準法 16 条の趣旨を踏まえて当該海外留学の実態等を考慮し，当該海外留学が業務性を有しその費用を会社が負担すべきものか，当該合意が労働者の自由意思を不当に拘束し労働関係の継続を強要するものかを判断すべきである。」

①本件留学は Y が自身の健康状態，本件誓約書の内容，将来の見通しを勘案して決定したものと推認できること，②留学先での科目の選択や留学中の生活については Y の自由に任せられ，その間の行動に関してはすべて Y 自身が個人として利益を享受する関係にあったこと，③本件留学が業務と直接の関連性がなく労働者個人の一般的な能力を高める性質のものであったこと，「〔そして〕費用債務免除までの期間などを考慮すると，本件合意は X から Y に対する貸付たる実質を有し，Y の自由意思を不当に拘束し労働関係の継続を強要するものではなく，労働基準法 16 条に違反しないといえる。」

　このように裁判所は，個々の事案に応じて，留学制度が業務性を有し当然にその費用を使用者が負担すべきものかどうか，問題となっている約定（留学費用返還契約）が労働者の自由意思を不当に拘束し労働関係の継続を強要するものであるかどうかなどの観点から労基法 16 条違反の有無を判断している。事案によっては，参考判例とは逆に労基法 16 条違反が成立するとされることも

ある（新日本証券事件・東京地判平成10・9・25労判746号7頁）。

3 前借金相殺の禁止

　使用者は，前借金その他労働することを条件とする前貸しの債権と賃金を相殺してはならない（労基17条）。かつての封建的な労働関係の下でみられた，労働することを条件に金銭を貸し付け，その借金を働きながら賃金と相殺して返していくという約定は，労働者の退職の自由を不当に制限することになる。これを禁止しようというのが本条の立法趣旨である。このような立法趣旨から，会社から借り入れた住宅購入資金の返済を給与天引きで行うというような制度については，不当な人身拘束を伴うものではないので本条違反ではないというのが一般的な解釈である。

　なお判例は，使用者が労働者との合意に基づいてその賃金債権を受働債権とする相殺を行うことを許容している（日新製鋼事件・最二小判平成2・11・26民集44巻8号1085頁⇨第9章第2節 **2** (3)〈判例 9-1〉）が，前借金相殺はたとえ合意に基づくものであっても違法となる。

4 強制貯金の禁止

　使用者は，労働契約に附随して貯蓄の契約をさせ，または貯蓄金を管理する契約をしてはならない（労基18条1項）。封建的な労働関係の下で，強制貯金が労働者の不当な人身拘束手段として利用されてきたことに鑑み，これを禁止する趣旨で制定された規定である。使用者が労働者の貯蓄金を不当に利用することを防ぐ目的もある。

　労働者が任意に参加する社内預金制度を実施することはできるが，その場合にも過半数組合または過半数代表者との労使協定の締結と届出，省令で定める率以上の利息の付与など，一定の法的規制に従う必要がある（同条2項以下）。

第3節　プライバシーと人格権

　近年，労基法の人権保障規定ではカバーされない労働者の人格的利益をめぐる紛争が増加している。

59

1 労働者のプライバシー

　職場において労働者のプライバシーが最大限尊重されなければならないことはいうまでもない。しかし労働関係が人的な契約関係であり，労働者が自らの頭脳と肉体という本来きわめてプライベートな部分を使用者のために稼働させることを前提とする以上，業務上の必要性等から意図的に，あるいは意図せずとも結果として，労働者のプライバシーに関わる行為がなされることは大いにありうる。特に以下のような場面で紛争が生じうる。

(1)　健 康 情 報

　労働者の病歴などの健康情報に関し，これまでの裁判例では，①使用者が労働者の採用に際して健康情報を調査することができるか，②労働者の雇入れ後，使用者は定期健康診断時などにおいて健康情報に関する調査やそれに基づく告知をどこまでなしうるのか，③労働者に自らの健康情報に接する医師を選択する自由が認められるか，などの点が問題となっている。なお，現行法上「病歴」は個人情報保護法にいう「要配慮個人情報」に該当し（個人情報 2 条 3 項），所定の例外を除き本人同意のない取得は禁じられる（17 条 2 項）。また労働安全衛生法も労働者の健康情報の収集等につき一定の規制を行っている（労安衛 104 条）。

(a)　採用時における調査

使用者の採用の自由と調査の自由を広範に認める判例の立場（⇨第 7 章第 1 節 *1*, *2*）を前提とするなら，使用者が特定の疾病を採用の基準として考慮し，それについて調査をするのも自由ということになりそうである。しかし裁判例は，プライバシーとして保護されるような病歴については，使用者の調査の自由を事実上制限する判断を示している。B 型肝炎ウイルス感染の有無のようなプライバシー権として保護されるべき健康情報については，応募者の適性判断に必要であるなどの特段の事情がない限り，使用者の調査の自由が制限される（B 金融公庫〔B 型肝炎ウイルス感染検査〕事件・東京地判平成 15・6・20 労判 854 号 5 頁）。

　たとえば医師や看護師など，周囲への感染拡大の危険が具体的に存するような業務の場合には「特段の事情」があるといえよう。特段の事情がある場合で

あっても，その調査目的や必要性について告知し，同意を得なければ調査はなしえない。以上のルールに反してなされた健康情報の調査は，プライバシー権を侵害する違法な行為と評価されることになる（HIV 抗体検査についてほぼ同様の判断枠組みを用いた裁判例として，東京都〔警察学校・警察病院 HIV 検査〕事件・東京地判平成 15・5・28 労判 852 号 11 頁）。

なお，（厚生）労働省「職場におけるエイズ問題に関するガイドラインについて」（平7・2・20 基発 75 号，職発 97 号）も，事業者に対し採用選考にあたり HIV 検査を行わないよう要請している。

　(b) 雇入れ後の調査など　　使用者は労働者の健康に配慮する義務を負っており（⇨第3章第1節 **3**），また労働安全衛生法は使用者に対し年1回の健康診断の実施，およびその結果に基づく医師への意見聴取，就業場所の変更や労働時間短縮など就業上必要な措置の実施，医師による保健指導や面接指導の実施などを義務づけている（労安衛 66 条以下）。したがって，使用者が労働者の健康状態の把握に努め，疾病に罹患した者に対してそれを告知することも特段の事情がない限りは許される。特段の事情が認められるのは，そこで問題となっている健康情報が社会的偏見につながりうるようなものである場合であろう。裁判例でも，HIV への罹患について，その難治性，社会的偏見と差別意識の存在，被告知者の受ける衝撃の大きさなどが「特段の事情」に該当するので，その感染告知を医療者ではなく使用者が行ったことは著しく社会的相当性を逸脱する違法な行為として不法行為を構成するとされた（HIV 感染者解雇事件・東京地判平成 7・3・30 労判 667 号 14 頁）。就業上必要な措置の実施にあたっても，関係者への健康情報の提供は最小限にとどめる，医療者以外に提供する情報は必要に応じて加工するなど，労働者のプライバシーへの配慮がなされるべきである（「健康診断結果に基づき事業者が講ずべき措置に関する指針」〔平 29・4・14 健康診断結果措置指針公示 9 号〕）。

定期健康診断時において特段の必要性がないのに労働者の同意なく HIV 検査を行うこともプライバシー権侵害の不法行為となる（T 工業〔HIV 解雇〕事件・千葉地判平成 12・6・12 労判 785 号 10 頁）。上記の（厚生）労働省のガイドラインも，HIV 検査は労働衛生管理上の必要性に乏しく，職場に不安を招くおそれがあるとの理由から，職場での HIV 検査を控えるよう要請している。ま

た以下の裁判例では，診療目的で取得した労働者の HIV 感染に関する情報を
労務管理目的で職場において共有したことが違法とされ，不法行為に基づく損
害賠償請求が認容された。

＜判例 5-2＞ 社会医療法人 A 会事件
福岡高判平成 27・1・29 労判 1112 号 5 頁

【事案の概要】原告・被控訴人 X は被告・控訴人 Y 経営の A 病院で働く看護
師であった。X は A 病院の紹介で受診した B 病院で HIV 陽性および梅毒罹患
と診断されたが，この情報を B 病院の医師から取得した A 病院の医師および
職員は，院内感染防止のために必要であるとして X の同意なくこれを他の職
員らに伝達し情報を共有した。X は，この情報共有が個人情報保護法違反の
プライバシー侵害たる不法行為であるなどとして，Y に対し民法 715 条に基
づき損害賠償を求めた。

【判旨】本件情報は X が A 病院を患者として受診した結果として診療目的で
取得されたものであり，院内感染対策として X の就労に関する方針を話し合
うという「労務管理を目的として用いることは，目的外利用に当たり，事前の
本人の同意がない限り，許されない」。よって目的外利用として個人情報保護
法 16 条 1 項違反が成立する。

「本件情報共有が行われた当時において，HIV 感染者に対する偏見・差別が
なお存在していたことが認められ，HIV 感染症に罹患しているという情報は，
他人に知られたくない個人情報であるといえる。したがって，本件情報を本人
の同意を得ないまま法に違反して取り扱った場合には，特段の事情のない限り，
プライバシー侵害の不法行為が成立する。」

仮に「何らかの労務管理上の措置をとる必要があったとしても，HIV 感染
の情報をそうした目的に利用することについて事前に X の同意を得ることは
十分に可能であったにもかかわらず，同意を得る努力もしないまま本件情報共
有をしたことが違法であることに変わりはない。……上記特段の事情は認めら
れず，本件情報共有は，X のプライバシーを侵害する不法行為に当たる。」

(c)　**医師選択の自由**　　労働者は労働安全衛生法上健康診断の受診義務を負
うが，使用者の指定した医師とは別の医師の診断を受けることもできる（労安
衛 66 条 5 項）。つまり法定健康診断については医師選択の自由が保障されてい
ることになる。なお法定外健康診断について判例は，就業規則に根拠があり，
内容と方法が合理的であれば，使用者は指定した病院での健康診断受診を業務
命令によって労働者に義務づけられるとする（電電公社帯広局事件・最一小判昭

和61・3・13労判470号6頁）が，法定診断についてさえ保障される医師選択の
自由が法定外診断の場合に保障されないとすれば問題であろう。

(2)　服装・身だしなみの自由

　使用者は，労働者のひげや長髪，ピアス着用などを禁止することはできるか。
服装や身だしなみは労働者の個人的自由に属する事柄であり，またその規制は
勤務時間以外の過ごし方にも影響を及ぼしうる。したがって使用者は，職場の
安全衛生の観点から，あるいは企業イメージや信用維持のために，業務遂行上
必要な範囲かつ労働者の利益や自由を過度に侵害しない限度においてのみ，労
働者の服装や身だしなみを規制しうる（長髪およびひげを不可とする身だしなみ基
準の合理性を否定したものとして郵便事業〔身だしなみ基準〕事件・大阪高判平成22・
10・27労判1020号87頁，茶髪を染め戻さないことを理由とする諭旨解雇を無効とした
ものとして東谷山家事件・福岡地小倉支決平成9・12・25労判732号53頁）。このよ
うな観点から，身だしなみを規制する服務規程等は限定解釈される傾向にある
（勤務要領における「ヒゲをそる」とは顧客等に不快感を与えないひげであれば許容す
る趣旨であると解釈したものとして，イースタン・エアポートモータース事件・東京地
判昭和55・12・15労判354号46頁）。

(3)　所持品検査等

　労働者の所持品や専用の備品・ロッカーなどは労働者のプライベートな領域
といえる。無断でロッカーを点検する行為はプライバシーや人格的利益の侵害
として不法行為を構成する（関西電力事件・最三小判平成7・9・5労判680号28
頁）。所持品検査は，金品の不正隠匿の摘発・防止などの合理的な目的の下で，
一般的に妥当な方法と程度で，制度として従業員に対して画一的に実施される
必要がある（西日本鉄道事件・最二小判昭和43・8・2民集22巻8号1603頁。違法な
検査がなされたと認めた事例として，日立物流事件・浦和地判平成3・11・22労判624
号78頁）。

(4)　職場のIT化とプライバシー

　近年のIT技術の進展により，労働者のプライバシーをめぐって新しいタイ

プの問題が生じることとなった。電子メールのモニタリングをめぐる紛争がその例である。一般論としていえば，電子メールシステムはあくまでも業務を遂行するためのツールであり，使用者はその私的利用を禁止することができる。労働者が就業時間中に無断で私用メールを送信する行為は，職務専念義務（⇨第3章第1節 **2** (1)(b)）と抵触しうる。ただし，裁判例では，職務遂行の支障とならず，使用者に過度の経済的負担をかけないなど，社会通念上相当と認められる限度の私用メール送受信であれば，就業規則上に明確な禁止規定などがない限り，職務専念義務違反とはならないとされている（グレイワールドワイド事件・東京地判平成15・9・22労判870号83頁）。

　電子メール送受信記録のモニタリングについては，所持品検査に関する判例に準じて考えればよいだろう。すなわち，合理的な目的の下で，一般的に妥当な方法と程度で，制度として画一的に実施される必要がある（誹謗中傷メールの送信者を突き止めるためになされた通信データの調査を適法であるとしたものとして，日経クイック情報〔電子メール〕事件・東京地判平成14・2・26労判825号50頁）。責任ある立場にない者によってなされたり，職務上の必要性なしに個人的好奇心からのみ行われるなど，社会通念上相当な範囲を逸脱した電子メールのモニタリングは，プライバシー権の侵害となりうる（F社Z事業部〔電子メール〕事件・東京地判平成13・12・3労判826号76頁）。

　また，ビデオカメラやオンラインでの労働者の作業状況等の監視やモニタリングの是非という問題もある。裁判例の中には，勤務時間外にまで及ぶGPSナビシステムによる居場所確認を不法行為に該当するとしたものがある（東起業事件・東京地判平成24・5・31労判1056号19頁）。（厚生）労働省の「労働者の個人情報保護に関する行動指針」（平12・12・20。ただし個人情報保護法施行前のもの）は，モニタリングに際しては原則としてその実施理由，実施時間帯，収集される情報内容等を事前に労働者に通知すること，常時のモニタリングは労働者の健康および安全の確保又は業務上の財産の保全に必要な場合に限定して実施すること，モニタリングの導入に際しては原則として労働組合等に対し事前に通知し，必要に応じ協議を行うことなどを要求している。

(5)　業務命令と思想信条の自由

　式典において国旗の前で起立し国歌を斉唱する行為などは，特定の思想信条を有する者にとっては簡単に従うことのできないものである。ではこのような行為を内容とする業務命令が発せられた場合，労働者が自らの思想信条に反するとしてこれを拒否することはできるか。判例は，業務命令によって個人の歴史観・世界観と異なる外部的行為を求められる場合，思想信条の自由が間接的に制約されることとなるが，そのような間接的制約が許容されるか否かは，業務命令の目的・内容並びに上記の制限を介して生ずる制約の態様等を総合的に較量して，上記の制約を許容しうる程度の必要性および合理性が認められるか否かという観点から判断するとした上で，公立学校教諭に対する起立斉唱命令の正当性を認めた（東京都・都教委事件・最二小判平成 23・5・30 民集 65 巻 4 号 1780 頁）。教育上の行事にふさわしい秩序の確保，式典の円滑な進行などの要請の下では，思想信条に対する間接的制約もある程度許容されるという考え方である。

2　ハラスメントからの保護

　かつてはハラスメントを直接規制の対象とする法令は存在せず，その責任追及は不法行為や職場環境配慮義務違反の債務不履行に基づく損害賠償請求に委ねられていた。しかし近年，人権意識の高まりやハラスメントの社会問題化を背景に，ハラスメントに関する立法が相次いでいる。セクシュアル・ハラスメントに関する規定が男女雇用機会均等法に設けられた（1997 年。2006 年に改正あり）のを皮切りに，2016 年には言動によるマタニティ・ハラスメント防止のための規定が男女雇用機会均等法及び育児介護休業法に新設された（⇨第 6 章第 3 節　**2**(2)(b)）。さらに 2019 年には，労働施策総合推進法の改正によりパワー・ハラスメントを規制対象とする条文が誕生した（2020 年 6 月施行。中小企業については 2022 年 3 月末までは努力義務）。またこの改正に併せて，上記すべての類型のハラスメントに共通するルールとして，労働者から相談を受けたことなどを理由とする，事業主による不利益取扱いを禁止する規定も定められた（雇均 11 条 2 項・11 条の 3 第 2 項，育児介護 25 条 2 項，労施 30 条の 2 第 2 項）。

　後述するように，上記の規定はいずれもハラスメント行為を直接禁止するも

のではないが，各規定の定める措置義務の不履行は民事訴訟において事業主に不利な要素として考慮されうる。またハラスメントをめぐる紛争が生じた場合には，各法に基づく助言，指導，勧告などの行政上の措置，さらには紛争調整委員会による調停の対象となる（雇均 16 条以下，育児介護 52 条の 3 以下，労施 30 条の 4 以下）。

(1)　セクシュアル・ハラスメント

(a)　対価型と環境型　　職場における性的嫌がらせ，いわゆるセクシュアル・ハラスメントは，大きく対価型と環境型に分類される。対価型（quid-pro-quo）とは，たとえば上司が部下に対し，雇用上の有利な取扱いをすること，あるいは不利な取扱いをしないことと引換えに，なんらかの性的な関係を要求するというものである。また（敵対的）環境型（hostile environment）とは，対価としてなにかを要求するというわけではないが，性的な言動によって居心地の悪い職場環境を作りだすことである。たとえば，胸や尻などを触る，卑猥な言葉をかける，いわゆる「猥談」がおおっぴらになされる，ヌードポスターが職場の壁に貼られている，性的な噂を流布されるなどの状況がこれに当たる（東京セクハラ〔破産出版会社 D 社〕事件・東京地判平成 15・7・7 労判 860 号 64 頁，福岡セクシャル・ハラスメント事件・福岡地判平成 4・4・16 労判 607 号 6 頁など）。

　なお，大半のケースでは男性が加害者で女性が被害者であるが，その逆のケースや同性間の行為もセクシュアル・ハラスメントと評価されうる（女性によるセクハラ行為を認定した事例として，日本郵政公社〔近畿郵政局〕事件・大阪地判平成 16・9・3 労判 884 号 56 頁〔ただし第 2 審・大阪高判平成 17・6・7 労判 908 号 72 頁では結論が覆っている〕）。後述する均等法 11 条も加害者の性別を限定していない。

　(b)　民事上の救済　　対価型の場合，雇用上の有利・不利な扱いが解雇や降格などの法律行為であれば，それは法的に無効となる。ただ実際に多いのは，対価型においても環境型においても，行為者個人あるいは使用者に対する，慰謝料あるいは退職に追い込まれたことによる損害の賠償請求である。

　加害者たるセクハラの行為者個人に対しては，不法行為（民 709 条）に基づく損害賠償請求が可能である。社会通念上許容される限度を超えた行為によって，労働者の性的自由，名誉感情，プライバシーなどの人格権が侵害されると

いう構成である。前掲・福岡セクシャル・ハラスメント事件では，上司が部下について性的な噂を流したことなどが「働きやすい職場環境の中で働く利益」を侵害したと認められた。

　使用者に対しては，セクハラ行為についての使用者責任（民 715 条），あるいは加害者が理事・取締役の場合の法人・会社の責任（一般法人 78 条，会社 350 条）を追及することができる。その場合には，セクハラ行為が「事業の執行につき」なされたものであることが必要となる（業務関連性）。職場で就業時間内に上司の権限を行使してなされた行為がこれに当たるのはもちろんだが，職場外で終業後に同僚からなされた行為であっても，その内容によってはなお業務関連性が認められることもあるだろう。実際の裁判例でも，ほとんどのケースで業務関連性の存在が肯定されている（同僚による更衣室での「隠し撮り」行為につき業務関連性の存在を否定した例として，京都セクシュアル・ハラスメント〔呉服販売会社〕事件・京都地判平成 9・4・17 労判 716 号 49 頁）。

　また，使用者責任という間接的なルートではなく，より直接的に使用者自身の行為を捉えてその責任を追及する方法もある。

◁ 判例 5-3 ▷ **沼津セクハラ（F 鉄道土木工業）事件**
静岡地沼津支判平成 11・2・26 労判 760 号 38 頁

【事案の概要】原告 X は，被告 Y_1 社入社の直後から，上司である Y_2 および Y_3 から，交際や性的交渉の強要，性的な噂の流布，侮辱的な発言など数々のセクハラ行為を受けた。X と訴外 A 支店長とが特別な関係にあるという噂を Y_2 および Y_3 から知らされた Y_1 社の幹部は，X の言い分をほとんど聞くことなく，経費節減の名目で X を解雇した（のちに撤回）。これに対し X が Y_1 社および Y_2, Y_3 に対して損害賠償を請求したところ，裁判所は以下のように判示してこれを一部認容した。

【判旨】「Y_1 社は，Y_2 及び Y_3 の使用者であり，Y_2・Y_3 らの前記不法行為は Y_2・Y_3 らの職務と密接な関連性があり，Y_1 社の事業の執行につき行われたものと認めるのが相当であるから，使用者として不法行為責任を負う。

　また，Y_1 社は，X や A 支店長に機会を与えてその言い分を聴取するなどして X と A 支店長とが特別な関係にあるかどうかを慎重に調査し，人間関係がぎくしゃくすることを防止するなどの職場環境を調整すべき義務があったのに，十分な調査を怠り，Y_3 らの報告のみで判断して適切な措置を執らず，しかも，本件解雇撤回後も，Y_2 の下で勤務させ，仕事の内容を制限するなどしたもの

であり，職場環境を調整する配慮を怠ったものであり，この点に不法行為があるというべきである。」

　この判例は使用者が職場環境配慮義務を怠ったとして使用者自身の不法行為責任を認めたものである。このほか，職場環境配慮義務を労働契約上の付随義務と位置づけ，使用者の債務不履行責任を問うこともできる（三重セクシュアル・ハラスメント〔厚生農協連合会〕事件・津地判平成 9・11・5 労判 729 号 54 頁）。これらの構成には，使用者責任による場合とは異なり，加害者が特定されなくても，あるいは業務関連性が認定できなくても責任追及が可能というメリットがある。業務関連性を否定した前掲・京都セクシュアル・ハラスメント事件でも，盗撮行為防止のために十分な措置を講じなかったとして会社の職場環境配慮義務違反が認定されている。

　なお，グループ会社の中核である親会社が，グループ全体につき法令遵守体制を整備し，相談窓口を設けているような場合には，具体的状況に応じ子会社の労働者のハラスメント被害などに関する相談に適切に対応すべき信義則上の義務を負う可能性がある（イビデン事件・最一小判平成 30・2・15 労判 1181 号 5 頁。ただし結論的には義務違反はないとした）。

　(c)　**均等法上の取扱い**　　男女雇用機会均等法は，事業主に対し，対価型および環境型セクシュアル・ハラスメントが行われることがないように，労働者からの相談に応じ，適切に対応するために必要な体制の整備その他の雇用管理上必要な措置を講じることを義務づけている（11 条 1 項）。具体的には，セクシュアル・ハラスメントに関する事業主の方針の明確化，啓発研修の実施，相談体制の整備などの対応が必要となる（「事業主が職場における性的な言動に起因する問題に関して雇用管理上講ずべき措置についての指針」〔平 18・10・11 厚労告 615 号〕参照）。これらの対応策が講じられたか否かは，使用者の不法行為責任または使用者責任（⇨(b)）の有無，あるいは職場環境配慮義務違反の有無を判断するための重要な要素となるだろう（上記指針の策定により使用者がセクハラ防止のための適切な措置を講じることが「いっそう強く要請される」こととなったとするものとして，下関セクハラ〔食品会社営業所〕事件・広島高判平成 16・9・2 労判 881 号 29 頁）。

　労働者がセクシュアル・ハラスメントに関する相談を行ったことなどを理由とする解雇その他の不利益取扱いは禁止される（雇均 11 条 2 項）。均等法 11 条

に違反している事業主は，厚生労働大臣の指導・監督（29条）や企業名公表制度（30条）など，行政的な措置の対象ともなる。

(d) 業務災害の認定　職場でのセクハラ行為による強度の心理的負荷が原因で精神障害等の発病に至った場合には，業務上の災害として労災保険給付の支給対象となりうる（「心理的負荷による精神障害の認定基準について」〔平23・12・26基発1226第1号〕，「セクシュアルハラスメントによる精神障害等の業務上外の認定について」〔平17・12・1基労補発1201001号〕参照）。

(2) パワー・ハラスメント

(a) 民事法上の取扱い　上司や同僚からのいじめなどいわゆるパワー・ハラスメントの事件も近年目立つようになってきている。一般的にいえば，使用者は，セクハラの場合と同様に，労働契約上の信義則に基づき，ハラスメントのない快適な職場環境を整備する義務を負っており，したがってパワハラに関しても，基本的にはセクハラと同様の民事上の救済が可能である（⇨(1)）。すなわち，パワハラの行為者個人に対しては不法行為に基づき，そして使用者に対しては，パワハラ行為についての使用者責任，使用者自身の不法行為責任，あるいは職場環境配慮義務違反の債務不履行に基づき損害賠償請求が可能となる。

上司から部下への注意や指示であっても，社会通念上許容される限度を超えれば，人格的利益を侵害する違法な行為と評価される（面談の際に大声を出し人間性を否定するような表現で叱責したことを違法としたものとして三洋電機コンシューマエレクトロニクス事件・広島高松江支判平成21・5・22労判987号29頁，執拗に始末書の提出を求めるなどの態様から指導監督権の行使としては裁量を逸脱し違法であるとしたものとして東芝府中工場事件・東京地八王子支判平成2・2・1労判558号68頁）。

いじめやパワハラが始まるきっかけは，被害者の組合活動や政治活動などであることもある（別組合への加入からいじめが始まったケースとして，U福祉会事件・名古屋地判平成17・4・27労判895号24頁）。行きすぎた退職勧奨というパターンもある（⇨第16章第2節 **2**）。

いじめが原因で労働者が自殺に追い込まれるというケースも少なくない。上司らによる執拗ないじめが原因で精神疾患を発症，自殺に至ったというケース

では，いじめの制止や事実関係の調査，いじめ防止策等の善後策が講じられなかったことについて使用者の安全配慮義務違反があったとされた（川崎市水道局〔いじめ自殺〕事件・東京高判平成15・3・25労判849号87頁）。なおいじめによる自殺を業務上の死亡と認定し労災保険の遺族補償給付の支給を認めた裁判例もある（国・静岡労基署長〔日研化学〕事件・東京地判平成19・10・15労判950号5頁。前掲「心理的負荷による精神障害の認定基準について」〔平23・12・26基発1226第1号〕も参照）。

(b)　労働施策総合推進法上の取扱い　　2019年の法改正により（2020年6月施行，中小企業については2022年3月末まで努力義務），パワハラについてもセクハラと同様事業主に対し防止措置義務が課されることとなった。すなわち，事業主は，職場において行われる優越的な関係を背景とした言動であって，業務上必要かつ相当な範囲を超えたものにより労働者の就業環境が害されることのないように，労働者からの相談に応じ，適切に対応するために必要な体制の整備その他の雇用管理上必要な措置を講じなければならない（労施30条の2第1項）。およそ業務に関係のないいじめはもちろんのこと，業務に関連してなされた指導や叱責であっても，「業務上必要かつ相当な範囲」を超える場合にはパワハラとして事業主の措置義務の対象となるということである。

　セクハラ同様，労働者がパワハラに関する相談を行ったことなどを理由とする解雇その他の不利益取扱いは禁止されている（労施30条の2第2項）。紛争が生じた場合には，都道府県労働局長による助言・指導・監督（30条の5第1項），および紛争調整委員会の調停（30条の6以下）による処理がなされうる。

(3)　マタニティ・ハラスメント

　マタニティ・ハラスメント（女性労働者の妊娠，出産，産休や育休の取得等に関する言動により当該女性労働者の就業環境を害すること）についても，男女雇用機会均等法および育児介護休業法が事業主に対しその防止措置を義務づけている（⇨第6章第3節 **2** (2) (b)，第11章第2節 **4**）。これらマタハラについても，2019年改正により，セクハラやパワハラと同様に，不利益取扱いの禁止規定が新設された（雇均11条の3第2項，育児介護25条2項）。

第 4 節　女性・年少者の保護

⒈ 女性の母性保護

　かつての労基法は，女性を年少者と同様の生理的・体力的に弱い存在と位置づけ，さまざまな保護の対象としていた。しかし，女子差別撤廃条約の批准を受けた男女雇用機会均等法の制定（⇨第 6 章第 1 節 ❸(1)），その後の同法の改正などを背景に，現在では労基法上の一般的な女性保護規定はほぼすべて撤廃されている。現在も残っている女性のみに関わる規定は，基本的には女性の母性保護のための規定，すなわち女性が妊娠・出産・哺育という男性には果たしえない役割を果たす点に着目しその機能を保護しようとするものである。

(1)　坑内労働・危険有害業務への就業禁止
　妊産婦（妊娠中の女性及び産後 1 年を経過しない女性。労基 64 条の 3 第 1 項）等については，坑内（トンネル内や炭坑など）労働や一定の危険有害業務への従事が原則として禁止される（64 条の 2・64 条の 3）。

(2)　産前産後期間についての保護
　(a)　**産前産後休業**　　使用者は，6 週間（多胎妊娠の場合 14 週間）以内に出産予定の女性が休業を請求した場合は，その者を就業させてはならない（労基 65 条 1 項）。産後 8 週間を経過しない女性は（休業を請求しなくても）原則として就業させてはならないが，産後 6 週間を経過した女性が請求した場合において，その者について医師が支障がないと認めた業務に就かせることはできる（同条 2 項）。
　産前産後休業期間について給与を支払う義務はない。ただし健康保険制度から給与の 6 割相当の出産手当金が支給される（健保 102 条）。
　産前産後休業の取得を理由とする不利益取扱いの問題については後述する（⇨第 6 章第 3 節 ❷(2)(a)，第 11 章第 3 節 ❷）。
　(b)　**軽易業務への転換**　　使用者は，妊娠中の女性が請求した場合は，他の軽易な業務に転換させなければならない（労基 65 条 3 項）。

(c)　**変形労働時間制の適用制限，時間外・休日・深夜労働の禁止**　　使用者は，妊産婦である労働者が請求した場合は，変形労働時間制の実施はできず，36協定に基づく時間外・休日労働や深夜業もさせられない（労基66条）。

(d)　**男女雇用機会均等法上の母性健康管理措置**　　事業主は，妊産婦である労働者については，保健指導や健康診査を受けるために必要な時間を確保し，またその指導や診査に基づく指導事項を守ることができるように，妊娠中は時差通勤を認めるなど必要な措置を講じなければならない（雇均12条・13条）。

(3)　育 児 時 間

生後満1年に達しない生児を育てる女性労働者は，労基法34条の休憩以外に，哺乳・搾乳などのため1日2回それぞれ少なくとも30分，その生児を育てるための時間を請求することができる（労基67条1項）。

(4)　生理日の就業が著しく困難な女性に対する措置

使用者は，生理日の就業が著しく困難な女性が休暇を請求したときは，その者を生理日に就業させてはならない（労基68条）。いわゆる生理休暇であるが，文言からわかるように生理日であれば当然休めるという規定ではない。産前産後休業同様，法律上は無給でよい。

本条の休暇を取得したことを理由とする不利益取扱いの可否については後述する（⇨第11章第3節 **2**）。

2 年少者の保護

労基法は，満18歳未満あるいは未成年の労働者について，その者たちがまだ発育途上にあること，かつての封建的な労働関係の下で親が借金返済のために子を強制的に働かせるなどの例があったことなどに鑑み，①最低年齢（満15歳に達した年度の終了までは原則就労禁止。56条1項），②労働契約の締結と賃金請求（未成年者も独立して賃金請求可。59条），③労働時間規制（変形労働時間制，フレックスタイム制，時間外・休日労働，深夜業の禁止。60条・61条），④危険・有害業務等への就業禁止（62条・63条）など，一般の労働者にはない特別の保護規定を置いている。

雇 用 平 等

　雇用における平等の確保は，労働法上の重要な課題の 1 つである。現在の日本には包括的な雇用平等法は存在せず，国籍・信条・社会的身分に基づく差別を禁止する労基法 3 条，性差別を禁止する男女雇用機会均等法など，差別事由ごとに別々の差別禁止立法がなされている。そして近年では，年齢差別，障害者差別，そして雇用形態に基づく処遇格差など，伝統的な雇用平等法制の射程外であった領域も立法措置の対象となりつつある（雇用形態に基づく格差規制については⇨第 15 章）。

第 1 節　概説：雇用平等法の全体像

1 憲法との関係

　憲法 14 条は，国民が法の下に平等であること，人種，信条，性別，社会的身分または門地によって差別されないことを定めている。判例は，この規定は私人の行為を直接禁止するものではない（私人間効力がない）としている（三菱樹脂本採用拒否事件・最大判昭和 48・12・12 民集 27 巻 11 号 1536 頁⇨ 判例 7-1 ）。つまり，この規定が直接なんらかの私法上の請求権を根拠づけるわけではない。労基法は，憲法 14 条の理念に則り，その 3 条において国籍，信条，社会的身

分に関する均等待遇を定め，4条において賃金に関する男女差別を禁止することとした（⇨第2節，第3節 **1**）。

　ただし判例は，憲法14条が民法90条を媒介として私的契約関係における公序となりうることは否定していない（日産自動車事件・最三小判昭和56・3・24民集35巻2号300頁）。さらに判例・通説によれば憲法14条は例示列挙の規定である（最大判昭和48・4・4刑集27巻3号265頁など）ので，同項が列挙していない事由（たとえば年齢，障害など）による異別取扱いであっても，合理的理由がなければ同条の禁止する差別に該当することになる。以上をまとめると，人種，信条，性別その他の事由に基づく，合理的理由のない差別は，公序違反と評価される可能性があるということになる。

2　男女平等取扱い法理

　判例が具体的に発展させてきたのは，労基法4条の射程外である，賃金以外の労働条件に関する男女差別についての救済法理（男女平等取扱い法理）であった。たとえば女性労働者についての結婚退職制（住友セメント事件・東京地判昭和41・12・20判時467号26頁）や男女差別定年制（前掲・日産自動車事件）など，労基法上禁止されていないタイプの差別的取扱いについて，公序違反などの理由により違法・無効という評価がなされた。昇格差別についても，公序法理を根拠に不法行為の成立を認め，差別なしに昇格していれば得られたであろう賃金との差額や慰謝料の損害賠償請求を認容する裁判例が登場した（社会保険診療報酬支払基金事件・東京地判平成2・7・4労判565号7頁）。

　このように，男女平等取扱い法理によって，男女雇用機会均等法の成立前の段階においても，賃金以外の男女差別が違法と判断されていた。この法理は，均等法が成立した現在においても，確立した判例法理として，均等法の規制が直接及ばない問題（たとえば再就職のあっせんにおける差別）を処理するための基準としての意義を持つことになる。

3　均等法制定とその後の改正

(1)　均等法の制定

　このように，雇用における男女差別は労基法4条と判例法理によって救済さ

れてきたが，女性の社会進出を背景に，1980年代に入ると立法による対処の
必要性を説く声が強まってきた。さらに「外圧」がその流れを後押しする。
1979年に国連が採択した「女子に対するあらゆる形態の差別の撤廃に関する
条約」を，日本も批准することになったのである。そのため国内法を早急に整
備する必要性が生じ，すでに存在した勤労婦人福祉法を改正するという形で，
1985年に男女雇用機会均等法が成立した。

　制定当時の均等法は，定年・解雇，教育訓練の一部，福利厚生についての男
女差別を禁止したが，募集・採用，配置・昇進に関する差別については「しな
いよう努めなければならない」と定めるにとどまった。いわゆる努力義務規定
である。また均等法は女性に対する差別を禁止する法律であり，男性を差別す
る措置，すなわち女性を優遇する措置には関知しないとされた（いわゆる「片
面性」）。女性労働者が「性別により差別されることなく……充実した職業生活
を営むことができるようにする」（かつての均等法2条）ことが法の目的であり，
禁止されていたのは「女性労働者に対する差別」（かつての均等法第2章第1節の
タイトル）のみだったのである。このような中途半端な形での立法となった背
景には，男女の勤続年数の差異を前提とする男女別人事管理の仕組みを急激に
変えることへの躊躇が立法者にあったこと，労基法上の女性保護規定の撤廃が
困難と考えられたことなどがあった。

　ちなみに，「総合職」と「一般職」を区別する，いわゆる「コース別雇用制」
は，均等法の制定によって誕生した仕組みである。均等法以前に多くの大企業
で用いていた「男性」「女性」という採用区分は，基幹業務コース（総合職）と
補助業務コース（一般職）に取って代わられた。そして総合職にも女性が（当
初はごく少人数ではあったが）採用されるようになった。

(2)　1997年以降の改正

　その後1997年の改正により，募集・採用，配置・昇進に関する規定は強行
規定——文言は「与えなければならない」「してはならない」——となった。
この改正では，いわゆる「ポジティブ・アクション」についての根拠規定やセ
クシュアル・ハラスメントの防止に関わる規定（⇨第5章第3節 **2** (1)）なども
新設された。改正後に新たに男女別採用や配置を行うことが均等法違反となる

ことはいうまでもないが，近年の裁判例の多くは，この改正以降もなお過去の男女別の雇用管理に起因する格差を放置していた場合も均等法違反および公序違反が成立するとしている（野村證券〔男女差別〕事件・東京地判平成14・2・20労判822号13頁など）。均等法改正を受け，男女別採用の時代に入社した女性を一般職に，男性を総合職に形式的に位置づけ直したような場合も，一般職から総合職への合理的なコース転換制度が用意されていなければ，実質的には男女差別が継続していると評価される（兼松〔男女差別〕事件・東京高判平成20・1・31労判959号85頁）。

　そして2006年の改正により，均等法はさらに強化されることになった。「女性のための法律」であった均等法から基本的には片面性が排除され，「労働者が性別により差別されることなく，また，女性労働者にあっては母性を尊重されつつ，充実した職業生活を営むことができるようにする」（現行2条1項）ことを目指す法律へと修正がなされた。つまり「母性保護」の局面を除き，女性差別も男性差別も等しく禁止されることになったのである。そのほかこの改正では，差別が禁止される局面の拡大（降格，職種・雇用形態の変更などを付加），間接差別禁止規定の導入，セクシュアル・ハラスメントに関する規定の強化なども行われた。2016年にはいわゆるマタハラ防止措置に関する規定も新設されている。

Column 4 　**雇用平等法の新展開**

　差別禁止法の外延は日々広がり続けている。たとえば，差別「事由」の拡大という傾向がみられる。法で禁止される差別といえば，伝統的には人種・信条差別や性差別のことであった。実際，現行法でも，労基法や均等法がこれらの差別を明文で禁止する。しかし近年，これまでは必ずしも法で禁止されるべきとは考えられていなかった事由──均等法成立までは「性別」もその1つであった──が，差別禁止法の対象となりつつある。「年齢」「障害」「雇用形態」についてはすでに立法化がなされた（⇨第4節以下）。また2002年に国会に提出された人権擁護法案（最終的には廃案）は，疾病や性的指向を理由とする差別もその規制対象としていた。

　差別が禁止される「局面」も拡大しつつある。米国の差別禁止法は，採用・昇進・解雇など雇用の場における差別だけでなく，入学・卒業など教育の場における差別，住宅入居時の差別などもその対象としている。日本でもこれら雇

用以外の局面における差別を一定の法的規制の下におくべきではないかという声がある。

　このような差別概念の広がりは，人権意識の高まりを示すものともいえるが，実際上また理論上さまざまな混乱と軋轢をもたらしうる。年齢，障害，性的指向，そして雇用形態に基づく差別がいけないなら，人の「見た目」「頭の良し悪し」あるいは「地方出身」を理由とする差別も禁止すべきではないのか。アパートへの入居時や学校への入学時の差別がいけないのなら，地域の合唱サークルや野球チームへの参加に際しても差別はよくないということにならないか——たとえその理由が「音痴」や「運動神経ゼロ」であっても。

　ばかげた例ばかり挙げているようだが，これらの問いに対する答えを示すのは実はそれほど簡単ではない。そもそも「差別」とは何か，なぜ禁止されなければならないのか，違法な差別と合理的な区別の境界線はどこに引かれるべきなのか——その答えが示されることのないまま，差別概念はその「事由」と「局面」においてどんどんと拡大を続ける。そのうち，あらゆる場面でのあらゆる区別が違法な差別と評価される時代がやってくるかもしれない。そこまで差別が「希釈化」すれば，今度は逆に差別される事由の1つや2つ備えていないと逆に差別されてしまう社会ができあがるのだろうか。ちなみにアメリカ法では，不可変（immutable）の属性，あるいは市民としての基本的権利といえるものについての差別は許されない，というのが基本的な枠組みとなっているが，それについてもさらなる批判は可能だろう（森戸英幸＝水町勇一郎編『差別禁止法の新展開——ダイヴァーシティの実現を目指して』〔日本評論社・2008年〕での議論を参照）。

第2節　均等待遇の原則

　使用者は，労働者の国籍，信条，社会的身分を理由として，賃金，労働時間その他の労働条件について，差別的取扱いをしてはならない（労基3条）。

1　「労働条件」

　「労働条件」とは，賃金，労働時間，休暇，福利厚生給付などである。解雇の基準も「労働条件」に含まれる。アメリカ人だから解雇する，キリスト教徒だから休暇は与えない，というのは本条違反である。これに対し，採用の基準

は本条にいう「労働条件」ではないというのが判例の立場である（前掲・三菱樹脂本採用拒否事件）。アメリカ人だから，あるいはキリスト教徒だから雇わない，というのは少なくとも本条違反ではない。「労働条件」とは「雇入れ後における労働条件」のことであり，労基法3条は「雇入れそのものを制約する規定ではない」というのが三菱樹脂本採用拒否事件の説明である。「労働条件」という言葉の意味を狭く解釈したわけだが，ではなぜ狭く解釈したかといえば，それは結局企業の「採用の自由」を最大限尊重する立場を貫いたからであろう（⇨第7章第1節 **1**）。

2 差別の理由

「国籍」は「人種」も含むという解釈が有力だが，文言上無理のある解釈である。「信条」は宗教的信条だけでなく政治的信条をも含む。「社会的身分」とは，先天的あるいは自分の意思では選択できない身分などのことであり，門地・出身地や，非嫡出子であることなどがこれに該当する。「人種」はこちらに含めるべきであるという説もある。パートタイマーや有期契約労働者であること，すなわち雇用形態の差異がこれに該当するという見解もあるが，裁判所では認められていない（丸子警報器事件・長野地上田支判平成8・3・15労判690号32頁）。

禁止されているのは国籍・信条・社会的身分を理由とする差別，すなわち差別意思（故意）に基づく不利益取扱いである。たとえば労働者の信条も差別の理由の1つではあるが，しかし勤務成績不良など別の理由も同時に存在するという場合（理由の競合）には，信条が決定的動機であることが必要であるというのが多数説の立場である。ただし裁判例の中にはこれよりも緩い基準を採用するものもある（政治的信条が「理由の1つ」であれば本条違反が成立するとしたものとして，東京電力〔千葉〕事件・千葉地判平成6・5・23労判661号22頁）。

3 差別に対する救済と立証責任

本条違反の行為は，刑罰の対象となる可能性がある（労基119条1号）ほか，不法行為にも該当し，損害賠償として精神的苦痛に対する慰謝料，あるいは差別がなかったら得られたであろう賃金との差額請求などを基礎づける。また違

反行為が解雇や配転命令などの法律行為であればその行為は無効となる。

　本条違反の行為があったことの立証責任は原告が負うのが民事訴訟法上の原則となるが，差別意思の立証が現実には困難であることに鑑み，裁判所は立証責任の一部を被告会社側に転換している。たとえば信条を理由とする賃金差別の事案では，労働者側が使用者の差別意思を推認させる事実を大量観察的にある程度立証できれば賃金格差が信条を理由とするものであると一応推定し，使用者側は信条以外の理由の存在を具体的に立証してその推定を覆すという枠組みが用いられている（中部電力事件・名古屋地判平成 8・3・13 判時 1579 号 3 頁，東京電力〔長野〕事件・長野地判平成 6・3・31 労判 660 号 73 頁，福井鉄道事件・福井地武生支判平成 5・5・25 労判 634 号 35 頁）。

第 3 節　性差別——男女平等法

1 男女同一賃金の原則

　使用者は，労働者が女性であることを理由として，賃金について，男性と差別的取扱いをしてはならない（労基 4 条）。

(1) 「賃　金」

　いわゆる月給だけでなく，労基法上の「賃金」（11 条）に該当する退職金や福利厚生給付などを含む（⇨第 9 章第 2 節 **1**）。つまり家族手当や住宅手当に関する差別も本条の問題となる。職能資格制度上の格付けにおける差別も，資格の付与が賃金額の増加に連動しているような場合であれば賃金についての差別に当たる（芝信用金庫事件・東京高判平成 12・12・22 労判 796 号 5 頁，昭和シェル石油〔賃金差別〕事件・東京高判平成 19・6・28 労判 946 号 76 頁）。

(2) 差別の理由

　禁止されているのは「女性であること」を理由とする差別である。性別以外の理由，たとえば職務能力，仕事内容，勤続年数，職種区分（総合職か一般職か）などに応じて賃金に差をつけることは禁じられていない。なお学説では男

性差別も本条違反となるという立場が有力だが，文言上無理があるといわざる
をえない。

本条違反が成立するためには，女性であることを理由とする差別であること，
すなわち差別意思（故意）があることが必要である（労基法3条の場合と同様）。
これまでの裁判例では，男女別に異なる給与表を適用する（秋田相互銀行事件・
秋田地判昭和50・4・10判時778号27頁，内山工業事件・広島高岡山支判平成16・
10・28労判884号13頁），男性従業員と同等の業務に従事する女性従業員の賃金
を低く設定する（日ソ図書事件・東京地判平成4・8・27労判611号10頁）などのケ
ースで差別意思が認定されている。家族手当の受給資格を世帯主に限定するな
ど，表面的には中立的な基準だがそれを実際に適用すると差別的な結果が生じ
るというような場合も，実際に家族を扶養しているかどうかに関係なく，常に
夫を世帯主とみなすというような制度運用がなされていれば，女性であること
を理由とする差別に該当する（岩手銀行事件・仙台高判平成4・1・10労判605号98
頁）。しかし，実際に一家の生計の主たる担い手である者を手当の支給対象と
するという運用がなされていれば本条違反とはならない（日産自動車〔家族手
当〕事件・東京地判平成元・1・26労判533号45頁）。また，住民票上世帯主でな
い労働者については基本給を25歳の時点で頭打ちにするという措置について，
それが女性の賃金を著しく低く抑える結果につながることを認識した上で講じ
られたものであるとして，女性であることを理由とする差別であるとした裁判
例もある（三陽物産事件・東京地判平成6・6・16労判651号15頁）。

(3) 差別に対する救済と立証責任

労基法3条違反の場合と同様に，本条違反の行為は刑罰の対象となりうる
（労基119条1号）ほか，不法行為にも該当しうる。違反行為が法律行為であれ
ばその行為は無効となる。

これまでの裁判例上，男女差別による違法な賃金格差に対する救済は大きく
2つの方法で行われてきた。まず，男女差別がなかったとした場合に女性に支
給されるべき賃金額が客観的に明らかである場合には，女性差別的な賃金規定
が本条違反で違法・無効となり，男性の賃金額がそれに代わって労働契約の内
容となる（労基13条）。女性労働者は，使用者に対し労働契約上の権利として

男性との差額の賃金請求をする権利を有することになる。男女別の賃金表が定められている場合，家族手当が男性世帯主にのみ支給されている場合などは，差別がなかった場合に支給されるべき金額が客観的に明らかなケースといえる。

　これに対し，賃金の決定に使用者の査定が介在し，その差別的な査定の長期的な積み重ねによって賃金格差が生じた場合などのように，差別がなかったとした場合に支給されるべき賃金額の算定基準が明確でないケースでは，差額賃金請求権を認めることは困難であり，不法行為に基づく損害賠償請求のみが許容されることになる。このような場合に，明確な賃金算定基準が存しないとして慰謝料のみの損害賠償を命じる裁判例（昭和シェル石油〔男女差別〕事件・東京地判平成 21・6・29 労判 992 号 39 頁）もあるが，差額賃金請求権は認めないとしつつ，同僚の男性社員 4 名の平均基本給を基準に計算した賃金と実際の賃金額との差額についての損害賠償請求を認容するものもある（前掲・日ソ図書事件）。このほか，慰謝料および賃金格差の一定割合の賠償を命じる裁判例も存する（塩野義製薬事件・大阪地判平成 11・7・28 労判 770 号 81 頁など）。

　なお，裁判所は本条についても立証責任の転換を行っている。男女で異なる給与表を適用するなど，男女別の制度が実施されている場合には，その制度に基づき格差が生じていることの立証を労働者が行えば，女性であることを理由とする差別の存在が推定され，使用者はそれを覆す義務を負う（前掲・秋田相互銀行事件）。

2　男女雇用機会均等法

(1)　性別による差別の禁止

(a)　**募集・採用**　　事業主（「使用者」との差異につき⇨第 2 章第 3 節 2 参照）は，労働者の募集及び採用について，その性別にかかわりなく均等な機会を与えなければならない（雇均 5 条）。厚生労働省の指針（「労働者に対する性別を理由とする差別の禁止等に関する規定に定める事項に関し，事業主が適切に対処するための指針」〔平 18・10・11 厚労告 614 号〕）によれば，「総合職」「一般職」「パートタイム労働者」など一定の職種について募集・採用の対象を男女いずれかのみとすること，募集・採用の条件を男女で異なるものとすること，筆記試験や面接試験の合格基準を男女で異なるものとすること，男女別の採用予定人数を設定

して募集を行うことなどが本条違反に当たるとされる。ただし，芸術・芸能の分野における表現の真実性等の要請，防犯上の要請，スポーツにおける競技の性質などからやむをえない場合については男性のみあるいは女性のみの募集が可能である（同指針）。また8条のポジティブ・アクション（⇨(3)）に該当する場合にも本条違反とはならない。

性別を理由とする採用拒否は本条違反の違法な行為であり，不法行為に基づく損害賠償の対象となる。ただし事業主がその労働者との労働契約締結を強制されるわけではない（⇨第7章第1節 **1**）。

(b) **配置・昇進・教育訓練・定年・解雇・雇止めなど**　事業主は，労働者の配置（業務の配分及び権限の付与を含む），昇進，降格及び教育訓練，住宅資金の貸付けその他これに準ずる福利厚生の措置，労働者の職種及び雇用形態の変更，退職の勧奨，定年および解雇ならびに労働契約の更新について，労働者の性別を理由として，差別的取扱いをしてはならない（雇均6条）。2006年改正により，「配置」が業務の配分等を含むこととされ，降格，職種変更，労働契約の更新などが新たに加わった。正社員からパートタイマーへの雇用形態変更，有期契約労働者の雇止めなども含め，雇用のあらゆる局面における性差別が禁止されることとなった。

本条違反の行為は，不法行為に基づく損害賠償の対象となるほか，それが法律行為であれば無効となる。昇進・昇格差別に対する救済として，差別がなければ就いていたであろう地位の確認請求を認められるかどうかについては議論がある。裁判例および学説の多数は，昇進・昇格は通常使用者の意思表示によって行われるものであるので，たとえ違法な昇進・昇格差別がなされたとしてもそれだけで当然に昇進・昇格請求権を認めることはできないとする。ただし，たとえば男性については一定の客観的条件（勤続年数・年齢など）をみたせば機械的に昇進・昇格がなされていたというような事情があれば，女性についてもその地位への昇進・昇格請求権を認めてよいだろう（芝信用金庫事件・東京地判平成8・11・27労判704号21頁参照）。

(c) **間接差別**　(a), (b)のように，性別が直接的に差別の根拠となるものを直接差別という。これに対し，一見中立的な基準による区別にみえるが，実際にその基準を用いると差別的な結果が生じるものを間接差別とよぶ。たとえば

「身長175センチ以上」という基準は一見中立的だが，これを採用条件とした場合には多くの女性が応募できなくなってしまう。かつての均等法には直接差別の禁止規定しかなかったが，欧米諸国の法制にならい，2006年改正により間接差別も新たにその規制対象となった。

　ただし，現行法はすべての間接差別を禁止してはいない。事業主は，募集・採用や配置・昇進など均等法5条および6条に掲げる事項に関する措置であって労働者の性別以外の事由を要件とするもののうち，「実質的に性別を理由とする差別となるおそれがある」一定の措置については，業務遂行上あるいは雇用管理上特に必要であるなど合理的な理由がある場合でなければこれを講じることができない（7条）。「一定の措置」とは，①募集・採用にあたり一定の身長・体重・体力を要件とすること，②募集・採用・昇進・職種の変更にあたり，住居の移転を伴う配置転換に応じることを要件とすること，または③昇進にあたり別の事業場への配置転換の経験があることを要件とすることである（雇均則2条）。当該措置の必要性その他合理的理由の存在を立証する責任は使用者側が負う。

(2)　女性労働者に関する規定

　均等法はその片面性を完全に消し去ったわけではない。主として母性保護の観点から，妊産婦等女性労働者のみに関わる規定も置かれている。少子化の進展を背景に，近年これらの規定はむしろ強化されている。

　(a)　**妊娠，出産等に対する不利益取扱いの禁止**　　事業主は，女性労働者が妊娠または出産したことを退職理由として予定する定めをしてはならない（雇均9条1項）。また，女性労働者の妊娠，出産，産前産後休業（労基65条1項・2項）の請求・取得，その他妊娠・出産に関する事由を理由として解雇その他の不利益取扱いをしてはならない（雇均9条3項）。妊娠・出産等を理由とする不利益な取扱いは強行規定たる均等法9条3項違反として違法無効となる。さらに，妊娠中または出産後1年未満の女性労働者の解雇は，事業主がその解雇が上記の妊娠・出産等に関する事由を理由とするものでないことを立証しない限り，原則無効となる（同条4項）。

　労基法に基づく産前産後休業による不就労期間について，労基法は使用者に

賃金支払を義務付けておらず，賃金支払の有無や金額は労働契約に委ねられる。ただし，休業中は健康保険法に基づき，出産手当金として標準報酬日額の3分の2に相当する額が支給される〔健保102条〕）。また，指針（平18・10・11厚労告614号，平27・11・30厚労告458号）によれば，賞与や退職金の算定にあたって，妊娠・出産等による休業期間を，疾病など他の理由による不就労期間よりも不利益に扱うこと，あるいは実際の休業期間が算定基礎期間に占める割合以上に不利益に扱うこと（たとえば算定基礎期間の20パーセントしか休業していないのに賞与は30パーセント減額されたような場合）は均等法9条3項違反となる（育児休業の取得などを理由とする不利益取扱いについては，⇨第11章第3節 **2**）。

　均等法9条3項にいう「その他の妊娠又は出産に関する事由」には，軽易業務転換の請求（労基65条3項）をしたこと，労基法上の母性保護措置（66条・67条など。⇨第5章第4節 **1**）や均等法上の母性健康管理措置（雇均12条・13条。⇨(d)）の適用を受けたこと，妊娠・出産に起因する症状により労務の提供ができないこと，できなかったこと，あるいはそれにより労働能率が低下したことなどが含まれる（雇均則2条の2）。最高裁は，軽易業務転換を契機としてなされた降格の適法性が問題となった事例において，以下のように均等法9条3項違反の成立要件を明らかにした。

> ◁ **判例 6-1** ▷ **広島中央保健生協（C生協病院）事件**
> **最一小判平成26・10・23民集68巻8号1270頁**
> 【事案の概要】Y法人運営の介護施設において訪問リハビリ業務を取りまとめる副主任であった理学療法士のXは，第二子妊娠を機に労基法65条3項に基づく軽易業務転換として病院リハビリ科への異動を請求した。Y法人はXを病院リハビリ科に異動させたが，同科には病院リハビリ業務を取りまとめる主任がすでに存在したため，Xの副主任を免ずることとし，Xも渋々それを了解した。Xはその後産前産後休業および育児休業を取得，復帰後は異動前に配属されていた介護施設に異動となったが，その時にはXの後輩が副主任になっていたため，Xは副主任に戻れずその者の下で勤務することとなった。これを不服とするXは，副主任を免じたことは均等法9条3項に違反し違法無効である等として，管理職手当の支払や損害賠償を求め訴訟を提起した。第1審および原審はともに請求を棄却したが，最高裁は原判決を破棄し高裁に差し戻した。
> 【判旨】「女性労働者につき妊娠中の軽易業務への転換を契機として降格させる

> 事業主の措置は，原則として同項〔雇均9条3項〕の禁止する取扱いに当たる
> ものと解されるが，当該労働者が軽易業務への転換及び上記措置により受ける
> 有利な影響並びに上記措置により受ける不利な影響の内容や程度，上記措置に
> 係る事業主による説明の内容その他の経緯や当該労働者の意向等に照らして，
> 当該労働者につき自由な意思に基づいて降格を承諾したものと認めるに足りる
> 合理的な理由が客観的に存在するとき，又は事業主において当該労働者につき
> 降格の措置を執ることなく軽易業務への転換をさせることに円滑な業務運営や
> 人員の適正配置の確保などの業務上の必要性から支障がある場合であって，そ
> の業務上の必要性の内容や程度及び上記の有利又は不利な影響の内容や程度に
> 照らして，上記措置につき同項の趣旨及び目的に実質的に反しないものと認め
> られる特段の事情が存在するときは，同項の禁止する取扱いに当たらない」。

　この判決によれば，軽易業務転換を「契機として」なされた降格は原則とし
て均等法違反となり，事業主側は労働者の自由な意思に基づく同意や業務上の
必要性に関わる特段の事情を具体的に立証しなければこれを覆せないこととな
る。最高裁は，Xが自由な意思に基づいて降格を承諾したとはいえないとし
た上で，特段の事情の存否を判断させるため高裁に審理を差し戻した（差戻審
〔広島高判平成27・11・17労判1127号5頁〕は特段の事情を認めず，Xの降格は均等
法9条3項に反すると判断した）。なお，この判決を受けて改正された解釈通達
（平18・10・11雇児発1011002号，平28・8・2雇児発0802-1号）では，軽易業務転
換以外の妊娠・出産等に関する事由を契機とする不利益取扱いについても原則
として均等法9条3項違反となるという立場が示されている。

　(b) マタハラ防止措置　2016年改正により，いわゆるマタハラ防止措置義
務に関する規定が新設された。事業主は，職場において行われる，女性労働者
の妊娠・出産等に関する言動により当該女性労働者の就業環境が害されること
のないよう，当該女性労働者からの相談に応じ，適切に対応するために必要な
体制の整備その他の雇用管理上必要な措置を講じなければならない（雇均11条
の2第1項）。マタハラ（マタニティ・ハラスメント）とは，たとえば不利益な措
置を示唆して産前休業や軽易業務転換の利用を妨げるような言動，妊娠したこ
とに対する反復的・継続的な嫌がらせなどである。また2019年の法改正では，
マタハラの相談をしたことなどを理由とする解雇その他の不利益取扱いの禁止
が定められた（雇均11条の3第2項。施行は2020年6月1日）。なお育児介護休業

にかかわるマタハラについても同種の規定が置かれている（育児介護25条1項・2項。⇨第11章第2節 **4**）。

(c)　**婚姻による差別の禁止**　事業主は，女性労働者が婚姻したことを退職理由として予定する定めをしてはならない（雇均9条1項）。また，女性労働者が婚姻したことを理由として解雇してはならない（同条2項）。

(d)　**母性健康管理措置**　これについてはすでに述べた（雇均12条・13条。⇨第5章第4節 **1** (2)(d)）。

(3)　ポジティブ・アクション

「男女の均等な機会及び待遇の確保の支障となっている事情を改善することを目的として女性労働者に関して行う措置」については，事業主がこれを講じても性別を理由とする差別には当たらない（雇均8条）。男女間格差解消のための積極措置，いわゆる「ポジティブ・アクション」が，男性を不利益に扱うものであるにもかかわらず，均等法違反にならないことを定めた規定である。

具体的にどのような措置が許容されるかは指針（平18・10・11厚労告614号，平27・11・30厚労告458号）に定められている。たとえば，女性の数が相当程度少ない（4割を下回る場合をいう。平18・10・11雇児発1011002，平28・8・2雇児発0802-1）職種について，同じ基準をみたす者であれば男性よりも女性を優先的に採用・配置すること，女性管理職の数が相当程度少ない場合に，管理職への昇進・昇格試験の受験を女性にのみ奨励し，あるいは基準をみたす者の中から女性を優先的に登用することなどがこれに当たるとされる。

また，2015年には女性活躍推進法（「女性の職業生活における活躍の推進に関する法律」）が成立し，常時300人を超える労働者を雇用する事業主に対して「ポジティブ・アクション」に関する計画の策定と届出，労働者への周知，公表が義務付けられた（女性活躍8条）。なお，2019年の法改正により，上記の義務の対象が常時100人を超える労働者を雇用する事業主に拡大された（改正法の施行は2022年4月1日）。

(4)　セクシュアル・ハラスメント

これについてはすでに述べた（⇨第5章第3節 **2** (1)参照）。

(5)　均等法違反の効果

違反行為が私法上違法・無効と評価されるほか，行政上の措置が発動される可能性もある。厚生労働大臣（実際にはその委任を受けた都道府県労働局長）は，均等法の施行に関し必要がある場合には，事業主に対して報告を求め，または助言，指導，勧告をすることができる（雇均29条）。均等法5条から7条，9条1項から3項，11条1項，11条の2第1項，12条，13条1項に違反する事業主に勧告がなされたにもかかわらず，その事業主がそれに従わなかった場合には，その旨が公表されることがある（30条）。

なお均等法上の紛争解決の枠組みについては後述する（⇨第24章第2節 **2** (1)参照）。

第4節　年齢差別

現行法は，募集・採用の局面においてのみ年齢差別を禁止している（⇨第7章第1節 **3** (4)）。事業主は，厚生労働省令で定める例外（労働者の能力発揮のために必要と認められるとき）に当たる場合を除き，労働者の募集および採用について，その年齢にかかわりなく均等な機会を与えなければならない（労働施策総合推進法9条〔平成30年法改正により雇用対策法を改称〕）。

例外として認められるのは，①定年年齢未満であることを条件として募集・採用を行う場合（期間の定めのない労働契約に限る），②労基法等による制限のある場合（労基62条参照），③長期勤続によるキャリア形成の観点から若年者等を期間の定めのない労働契約で募集・採用する場合（いわゆる新卒採用など），④技能・ノウハウの継承の観点から，特定の職種においてある一定の年齢層が相当程度少ない場合にその年齢層の労働者を期間の定めのない労働契約で募集・採用する場合，⑤芸術・芸能の分野における表現の真実性等の要請がある場合，⑥60歳以上の高年齢者または国による特定の年齢層の雇用促進施策の対象となる者に限定して募集・採用を行う場合である（労施則1条の3第1項）。①③④の例外は，長期雇用制を構成する定年制，新卒採用，年功制という慣行の維持を許容するものといえる。

第5節　障害者差別

　2013年の法改正により，障害者雇用促進法も雇用平等法の「仲間入り」を
した。従来は，事業主に法定雇用率以上の障害者を雇用することを義務付ける
ことにより雇用を促進する政策（⇨ **2**）がとられてきたが，国連で採択された
「障害者の権利に関する条約」を批准するため，雇用率制度に加えて，雇用に
おける障害者差別が明文で禁止されることとなったのである。人種や性別等の
属性とは異なり，障害は個人の職務遂行能力に支障を生じさせることが多い。
そのため，障害者を障害のない者と形式的に平等に扱うことは，かえって障害
者の排除につながる恐れがある。そこで，この改正では，「合理的配慮」の提
供義務という，他の差別禁止法にはない新たな措置も導入された。

1　差別禁止と合理的配慮

(1)　対象となる「障害者」

　障害者雇用促進法上の「障害者」とは，身体障害，知的障害，精神障害（発
達障害を含む）その他の心身の機能の障害により，長期にわたり職業生活に相
当の制限を受け，または職業生活を営むことが著しく困難な者をいう（2条1
号）。法定雇用率制度の対象となるのは障害者手帳（身体障害者手帳，精神障害者
保健福祉手帳など）を持つ者に限定されているのに対し，差別禁止と合理的配慮
義務に関する規定はすべての「障害者」に適用される。

(2)　障害者であることを理由とする差別の禁止

　事業主は，労働者の募集および採用について，障害者に対し，障害者でない
者と均等な機会を与えなければならない（障雇34条）。また，労働者が障害者
であることを理由として，賃金の決定，教育訓練の実施，福利厚生施設の利用
その他の待遇について不当な差別的取扱いをしてはならない（35条）。指針
（36条1項，平27・3・25厚労告116号）によれば，障害者を有利に扱うこと（ポ
ジティブ・アクション）や，合理的配慮を提供し，労働能力等を適正に評価した
結果としての異別取扱いは，障害者であることを理由とする差別に当たらない。

(3)　合理的配慮の提供義務

　事業主は，募集・採用に際し障害者である求職者が申し出た場合には，「合理的配慮」を提供しなければならない（障雇 36 条の 2）。合理的配慮とは，障害者と非障害者の均等な機会の確保の支障となっている事情を改善するための，障害者の特性に配慮した必要な措置である（同条）。事業主が行うべき合理的配慮の具体的内容について定めた指針（36 条の 5 第 1 項，平 27・3・25 厚労告 117号。以下「合理的配慮指針」とする）には，たとえば視覚障害者のために採用試験を点字や音声で行う，精神障害者や知的障害者のために面接試験において就労支援機関の職員の同席を認めるなどの措置が挙げられている（合理的配慮指針別表参照）。求職活動において，障害者を非障害者と同じスタートラインに立たせるための規定である。

　募集・採用以外の局面では，申出がなくても，事業主は障害者たる労働者に対し合理的配慮の提供義務を負う（障雇 36 条の 3）。ここでの合理的配慮とは，障害者と非障害者の均等な機会の確保または障害者である労働者の有する能力の有効な発揮の支障となっている事情を改善するため，その雇用する労働者の特性に配慮した職務の円滑な遂行に必要な施設の整備，援助を行う者の配置その他の必要な措置である（同条）。肢体不自由で車椅子を使用する労働者のために手すりやスロープを設置すること，高次脳機能障害を有する労働者のために仕事内容等をメモにしたり写真や図を多用して作業手順を示したりすることなどがその具体例である（合理的配慮指針別表参照）。

　いかなる措置が合理的配慮たりうるかは，障害の種類や程度，障害者の意向（障雇 36 条の 4 第 1 項参照），職務の内容によって変わってくることはいうまでもない。基本的には，事業主と労働者との話合いによって措置の具体的な中身が決まることとなる（同条 2 項参照）。

　ただし，事業主は障害者の要望にすべて応えなければならないわけではない。職務遂行と無関係な，「合理的」とはいえない配慮までする義務はもちろんないが，事業主にとって「過重な負担」となる措置も合理的配慮提供義務の対象外となる（障雇 36 条の 2 但書・36 条の 3 但書）。過重な負担か否かは，事業活動への影響の程度，費用・負担の程度，企業の規模，公的支援の有無などの観点から判断すべきものとされている（合理的配慮指針）。

(4) 私法上の効力

改正法の立法過程における議論によれば，上記の差別禁止や合理的配慮義務に関する規定はそれ自体として私法上の効果を有しない。しかし，これらの規定に違反する事業主の行為は公序違反や権利濫用に当たり違法無効とされうるほか，不法行為（民709条）を構成する場合もある。最近の裁判例には，視覚障害を持つ大学教員に対して，使用者が配慮措置を検討することなく授業担当から外しキャリア支援室に異動させたことが，配転命令権の濫用に当たると判断したものがある（学校法人原田学園事件・広島高岡山支判平成30・3・29労判1185号27頁）。

② 法定雇用率による雇用促進

障害者雇用促進法は，一定規模以上（2018年4月1日から従業員45.5人以上）の企業に対し，障害者を一定割合（＝法定雇用率。民間企業の場合2.2パーセント）以上雇用することを義務づけている（障雇43条1項）。法定雇用率未達成の企業は，いわば「ペナルティ」として障害者雇用納付金を支払わなければならない（53条以下）。逆に法定雇用率以上の障害者を雇っている場合は「ご褒美」として障害者雇用調整金（50条）などの支給がなされる。納付金と調整金という「アメとムチ」により障害者雇用の促進を図る仕組みである。

労働関係の成立

　労働者と使用者の関係は一連の採用プロセスを通して始まる。本章では，使用者は採用を自由に行えるのか，また採用プロセスのどの時点で労働契約が成立し，それぞれの過程における法律関係はどのようになっているのかなどについてみていこう。

第 1 節　採用の自由

1 採用の自由

　使用者が労働者を採用することは，その労働者と労働契約を締結することである。したがって，契約法（民法）の基本原則である「契約締結の自由」として，使用者には「採用の自由」が認められる。具体的には，どのような募集方法で（たとえば縁故でも公募でも），どれだけの人数を採用するか，またどのような基準で誰を選択して採用するかなどについて，使用者は原則として自由に決定できる。

> 判例 7-1 三菱樹脂本採用拒否事件
> 　　　　最大判昭和 48・12・12 民集 27 巻 11 号 1536 頁
> 【事案の概要】X は，大学卒業と同時に，合成樹脂のパイプ，板等製造販売会

社であるＹ社に採用されたが，3か月の試用期間の満了直前に，Ｙ社から本
採用を拒否する旨の告知を受けた。Ｙ社が主張する採用拒否理由は，Ｘが，
政治的信条に関する事実，具体的には，学生時代に学生運動に関与したことや
大学生協の役員歴があることなどを秘匿し，採用試験の際に提出を求められた
身上書に虚偽の記載をし，また面接試験における質問に対しても虚偽の回答を
したことなどが管理職要員として不適格であるということであった。そこで
Ｘは，この本採用拒否を無効として，Ｙ社との間に労働契約関係があること
の確認等を求めて提訴した。最高裁は，採用試験に際して思想・信条に関係す
る事項について申告を求めることは公序良俗に反して許されず，またＸがそ
れについて虚偽の回答をしたとしてもそれを理由に本採用を拒否することはで
きないとした原審の破棄・差戻しを命じたが，その判断のなかで採用の自由等
について次のような見解を述べている。

【判旨】「憲法は，思想，信条の自由や法の下の平等を保障すると同時に，他方，
22条，29条等において，財産権の行使，営業その他広く経済活動の自由をも
基本的人権として保障している。それゆえ，企業者は，かような経済活動の一
環としてする契約締結の自由を有し，自己の営業のために労働者を雇傭するに
あたり，いかなる者を雇い入れるか，いかなる条件でこれを雇うかについて，
法律その他による特別の制限がない限り，原則として自由にこれを決定するこ
とができるのであって，企業者が特定の思想，信条を有する者をそのゆえをも
って雇い入れることを拒んでも，それを当然に違法とすることはできないので
ある。憲法14条の規定が私人のこのような行為を直接禁止するものでないこ
とは前記のとおりであり，また，労働基準法3条は労働者の信条によって賃金
その他の労働条件につき差別することを禁じているが，これは，雇入れ後にお
ける労働条件についての制限であって，雇入れそのものを制約する規定ではな
い。また，思想，信条を理由とする雇入れの拒否を直ちに民法上の不法行為と
することができないことは明らかであり，その他これを公序良俗違反と解すべ
き根拠も見出すことはできない。」

　「企業者が雇傭の自由を有し，思想，信条を理由として雇入れを拒んでもこ
れを目して違法とすることができない以上，企業者が，労働者の採否決定にあ
たり，労働者の思想，信条を調査し，そのためその者からこれに関連する事項
についての申告を求めることも，これを法律上禁止された違法行為とすべき理
由はない。」

　このように最高裁は，使用者には「採用の自由」があることを確認し，また
それは憲法で認められている企業の経済活動の自由（22条・29条）の一環であ

ると位置づけた。しかし同時に最高裁は，採用の自由にも「法律その他による特別の制限」がありうるとし，無制約に認められるものではないことを明らかにしている。具体的には，法律上明確な制限規定があればその制約を受けることとなる。

　問題は，そのような規定がない場合に，使用者にまったく無制約に採用の自由が認められるか（たとえば，思想・信条，健康状態，性的指向などを理由とした採用拒否が認められるか）である。理論的には，法律上明確な禁止規定がない場合にも，公序違反（民90条）として採用拒否は違法と判断される可能性はある。しかし，前掲・三菱樹脂本採用拒否事件最高裁判決（⇨ 判例 7-1 ）では，思想・信条を理由とする採用拒否について，公序違反の成立を否定し適法と判断している。思想・信条の自由は，私人同士である使用者と労働者の間には直接適用できないにせよ，憲法上保障されているものである（憲19条・14条参照）が，このような事項を理由とする採用拒否をも公序違反と認めない最高裁の判断は，使用者の採用の自由を幅広く尊重する立場であるといえる。

　最高裁のこうした判断は，日本企業の長期雇用慣行の下では，継続的な人間関係としての相互関係がより強く要請されるため，職務関連性を問わずおよそ人物一般に関わる諸事情を考慮して採用を行うことも許されるとの考えに基づくものといえる。今日では長期雇用慣行自体一般的でなくなりつつあるが，最高裁は，最近の判決でも，採用の自由を幅広く尊重する立場を維持している（JR北海道・日本貨物鉄道〔国労北海道〕事件・最一小判平成15・12・22民集57巻11号2335頁）。しかし，このような判例の立場に対しては学説上の批判が強い。

　なお，採用拒否が違法となる場合でも，使用者に特定の者との契約締結（実際に採用すること）を強制することは私的自治の原則の根幹に反するので，その救済は一般的には不法行為（民709条）による損害賠償にとどまると解されている。

⎿2⏌ 調査の自由

　使用者には採用の決定にあたり，一定の範囲で応募者の能力や適性について調査（質問）する必要がある。この調査がどこまで認められるかについて，前掲・三菱樹脂本採用拒否事件最高裁判決は，思想・信条を理由とする採用拒否

が違法でない以上，使用者が採用の決定にあたり，必要な思想・信条を調査し，そのために関連事項について申告を求めることも違法ではないとして，採用の自由の一環として調査の自由をも幅広く認める立場をとっている。

　しかし，理論的には，採用の自由が広く認められていることから当然に調査の自由が広く認められるわけではない。また，特に現在では，前掲・三菱樹脂本採用拒否事件最高裁判決が出された当時には必ずしも認識されていなかった労働者のプライバシー保護に対する要請が高まっており，政府も，一定事項についての調査を禁止するガイドラインを作成・公表している（たとえば，職安法指針〔平成11年労働省告示141号，最終改正平成31年厚生労働省告示第122号〕では①人種，民族，社会的身分，門地，本籍，出生地その他社会的差別の原因となるおそれのある事項，②思想・信条および信仰，③労働組合への加入・活動，④医療に関する個人情報の収集を原則として禁止し，また「職場におけるエイズ問題に関するガイドラインについて」〔平7・2・20基発75・職発97，平22・4・30基発0430-2・職発0430-7〕でも採用選考にあたりHIV検査を行わないこととされている）。こうしたガイドライン自体は直接的に法的拘束力をもつものではないが，ここで禁止されている調査事項については，調査方法いかんによっては，プライバシー侵害の違法行為として不法行為（民709条）に基づく損害賠償が認められる可能性が高いであろう（⇨第5章第3節 **1**）。

3 採用の自由への法律上の制約

　1 で述べたように，前掲・三菱樹脂本採用拒否事件最高裁判決では「法律その他による特別の制限」がある場合には，採用の自由が制約されるとしていた。現在では，法律による明確な制限規定も増え，判決が出された当時に比べ，使用者の採用の自由に対する法律上の制約が増加する傾向にある。

（1）労働組合

　労組法により，労働組合に加入しないことや労働組合を脱退することを採用条件とすること（いわゆる黄犬契約）は不当労働行為として禁止されている（7条1号後段）。問題は，黄犬契約以外に，組合所属や正当な組合活動を理由とする採用拒否が不当労働行為として禁止されるかである。最高裁は，このような

採用拒否は原則として違法ではないとの立場をとっている（前掲・JR北海道・日本貨物鉄道〔国労北海道〕事件）。ただし，学説上はこれに反対するものが多い（⇨第22章第2節 **3**）。

(2) 性　　別

男女雇用機会均等法により，性別を理由とする募集・採用差別は，男女双方について禁止されており（5条），この規定に違反する採用拒否は，不法行為（民709条）に基づく損害賠償の対象となる。また，募集・採用にあたり一定の身長・体重・体力を要件とすること，転居を伴う配転に応じることを要件とすることも，間接差別として原則禁止されている（雇均7条。⇨第6章第3節 **2**）。

(3) 障　　害

2013年の障害者雇用促進法改正（2016年4月施行）により，募集・採用時における障害者の差別が新たに禁止された（障雇34条）。また同改正では，差別禁止だけでなく，いわゆる合理的配慮の提供義務も定められた（36条の2。⇨第6章第5節 **1**）。これに加え，一定規模以上の使用者については，障害者を一定率以上雇用することが義務づけられ（43条以下），雇用率未達成の場合には納付金の徴収が行われることとなっており（53条以下），採用の自由に対する間接的な制約となっている（⇨第6章第5節 **2**）。

(4) 年　　齢

労働施策総合推進法により，労働者の能力発揮のために必要と認められるときとして厚生労働省令で定めるときは，使用者は労働者の募集・採用について，厚生労働省令で定めるところにより，その年齢に関わりなく働ける均等な機会を与えなければならないとされている（労施9条。⇨第6章第4節）。この規定に違反する採用拒否は不法行為（民709条）として損害賠償の対象となりうる。

第 2 節　採用内定

1 採用内定の法的性質

　採用プロセスの実態は個々の事例ごとに多様である。しかし新規学卒者については 4 月入社を想定した一括採用の慣行が定着している。これによれば，学生は在学中から就職活動を開始し，使用者は採用を決定した学生に対して「採用内定」を通知する。これに対し学生側が入社誓約書等を提出，その後内定期間を経て学校卒業と同時に入社する。ここでいう「採用内定」とは，正式な内定通知のことを指し，大卒採用者の場合，10 月 1 日以降に出されることが多い。この「採用内定」通知よりも前になされる採用担当者からの口頭などによる採用が決まった旨の簡単な通知を「内定」と俗称することもあるが，法的議論においては，「内々定」といって区別するのが一般的である。

　内定者は内定によって他企業への就職の機会を放棄するのが一般的とされる。そのため，内定取消しは内定者に大きな不利益をもたらしうる。そこでそのような内定取消しに対して内定者はどのような法的救済を求めうるか，その前提としてそもそも採用内定は法的にどのような意味をもつのかが問題となる。

　かつて学説では，採用内定は単なる労働契約の締結過程あるいは卒業後に労働契約を締結する旨の予約であるとし，内定取消しに対しては，不法行為（期待権侵害）あるいは債務不履行（予約違反）による損害賠償請求ができるにとどまると解するのが主流であった。しかし，その法的救済の不十分さから，その後の学説・裁判例は，採用内定によって労働契約が成立すると解するようになった。この見方によれば，内定取消しは労働契約の解約（解雇）を意味するので，社会的に相当な理由がなければ内定取消しはできない（労契 16 条参照）。したがって，内定者は内定取消しの無効を主張することで労働契約上（従業員として）の地位の確認を請求することが可能となる。

＜ 判例 7-2 ＞　**大日本印刷事件**

最二小判昭和 54・7・20 民集 33 巻 5 号 582 頁

【事案の概要】 X は，大学の推薦を受けて総合印刷業を営む Y 社に応募し，筆記・面接試験等を受け，Y 社より文書で採用内定の通知を受けた。採用内定通知書には，卒業後に入社する旨と採用内定の取消事由を明記した誓約書用紙が同封され，X は所要事項を記入して Y 社に送付した。X は Y 社による内定通知後，大学に報告するとともに，大学の推薦を受けていたもうひとつの会社への応募を辞退した。その後，入社式の約 1 か月半前に，Y 社は，X に理由を示さずに採用内定を取り消す旨の通知をした。そこで，X は，この内定取消しは無効であり，Y 社との間に労働契約関係があることの確認等を求めて提訴した。最高裁は，次のように述べて，X の請求を認容した。

【判旨】「いわゆる採用内定……の実態は多様であるため，採用内定の法的性質について一義的に論断することは困難というべきである。したがって，具体的事案につき，採用内定の法的性質を判断するにあたっては，当該企業の当該年度における採用内定の事実関係に即してこれを検討する必要がある。」

　「以上の事実関係のもとにおいて，本件採用内定通知のほかには労働契約締結のための特段の意思表示をすることが予定されていなかったことを考慮するとき，Y 社からの募集（申込みの誘引）に対し，X が応募したのは，労働契約の申込みであり，これに対する Y 社からの採用内定通知は，右申込みに対する承諾であって，X の本件誓約書の提出とあいまって，これにより，X と Y 社との間に，X の就労の始期を……大学卒業直後とし，それまでの間，本件誓約書記載の 5 項目の採用内定取消事由に基づく解約権を留保した労働契約が成立したと解するのを相当とした原審の判断は正当であ」る。

　「採用内定の取消事由は，採用内定当時知ることができず，また知ることが期待できないような事実であって，これを理由として採用内定を取消すことが解約権留保の趣旨，目的に照らして客観的に合理的と認められ社会通念上相当として是認することができるものに限られると解するのが相当である。」

　本件で Y 社は，X はグルーミーな印象なので当初から不適格と思いつつ採用を内定し，その後，不適格性を打ち消す材料が出なかったことを理由に内定取消しを行っているが，X の印象は当初からわかっていたことであるから，その段階で調査を尽くせば，従業員としてその適格性の有無を判断することができたのであり，本件内定取消しは解約権の濫用に当たる。

　最高裁も，この判決により，採用内定の法的性質は採用の実態が多様であるため個別に判断されるべきものであるとの限定を付しつつ，新規学卒者の一般

的な採用プロセスにおける採用内定について，労働契約の成立を認める見解を
採用するに至った。この事案では，採用内定以外に労働契約を成立させるため
の特別の手続（意思表示）が予定されていなかったことから，労働者の応募は
労働契約の「申込み」に当たり，また企業の採用内定通知はこの労働契約の申
込みに対する「承諾」に当たるゆえ，この「申込み」と「承諾」の意思表示の
合致した採用内定通知の時点で労働契約が成立したものと解されている。この
ように採用内定の時点で労働契約が成立したとする判断は，新規学卒者のみな
らず，中途採用者のケースでもみられるようになっている（インフォミックス
〔採用内定取消〕事件・東京地決平成 9・10・31 労判 726 号 37 頁，オプトエレクトロニ
クス事件・東京地判平成 16・6・23 労判 877 号 13 頁など）。

　もっとも，どの時点で労働契約が成立した（「申込み」と「承諾」の意思表示の
合致があった）かは，あくまで個々の事案ごとに個別に判断すべきものであり
（前掲・大日本印刷事件⇨ 判例 7-2 ），およそ採用内定とよばれるものであれば
必ず労働契約が成立するわけではない。したがって，採用内定の法的性質の決
定にあたっては，契約書の文言，採用内定以外に労働契約成立のための手続が
別途予定されていたかといった点をはじめ当該事案における事実関係に即しな
がら，契約締結過程や予約にすぎないのか，あるいは労働契約を成立させるも
のなのかについて判断していく必要がある。

　なお「内々定」の法的性質もやはり個々の事案ごとに事実関係に即して個別
に判断する必要がある。しかし，新規学卒者の一般的なケースを想定する限り，
「内々定」の後に「内定」という労働契約の成立のための手続の機会が予定さ
れていること，また当事者も内々定の時点では確定的な労働契約関係に入った
との認識を持っていないことが多いこと（特に学生側は複数の内々定を受け，内定
時に 1 社に絞るのが実態である）を考慮すると，この時点では労働契約は成立し
ていないと解されることが多いであろう（コーセーアールイー〔第 2〕事件・福岡
高判平成 23・3・10 労判 1020 号 82 頁）。ただしその場合でも内々定の取消しが期
待権侵害等の不法行為と評価される可能性はある（コーセーアールイー〔第 2〕
事件では 50 万円の慰謝料が認容された）。

2 採用内定取消しの可否

内定通知により労働契約が成立していることになれば，内定取消しは労働契約の解約（解雇）ということになり，内定取消しにも解雇権濫用法理（労契16条）が適用されることとなる。問題はどのような場合に内定取消しが認められるかである。

通常，内定期間中の労働契約は，内定者側において不確定要素が少なくない（たとえば，卒業できない可能性があることや実際に就労を開始していないゆえ能力の欠如等が判明しづらいことなどがある）ため，通常の労働契約の解約（解雇）の場合とは異なり，特別な事由に基づく解約権が留保されていると解されることが多い。前掲・大日本印刷事件（⇨ 判例7-2 ）でも，採用内定通知書や誓約書に記載されている取消事由に基づく解約権が留保された始期付「解約権留保付」労働契約が成立していると解された。このように解される場合には，内定取消しの可否は，この留保解約権の行使の適法性によって判断することになる。

判例によれば，第1に，採用内定通知書等に記載される内定取消事由がそのまま留保解約権の内容となって是認されるわけではない（前掲・大日本印刷事件 ⇨ 判例7-2 ）。第2に，明記された内定取消事由以外の事由であっても，留保解約権の趣旨からして，なお留保された解約権の範囲内であると解される場合もある（電電公社近畿電通局事件・最二小判昭和55・5・30民集34巻3号464頁）。したがって，結局，留保解約権の行使の適法性は，内定取消事由が「採用内定当時知ることができず，また知ることが期待できないような事実」であって，内定取消しが「解約権留保の趣旨，目的に照らして客観的に合理的と認められ社会通念上相当として是認することができる場合」に当たるかどうかという点に帰着することになる（前掲・大日本印刷事件⇨ 判例7-2 ，電電公社近畿電通局事件）。

内定取消しが認められる典型例としては卒業できなかった場合が挙げられる。虚偽申告の判明，健康状態の悪化，非違行為などを理由とする内定取消しは，客観的合理性と社会通念上の相当性が認められれば有効となる（前掲・電電公社近畿電通局事件〔逮捕・起訴処分を受けた者への採用内定取消しを有効と判断〕）。ただし，内定時に判明していた事情は内定取消事由にはなりえない（前掲・大日

本印刷事件⇨ ◁ 判例 7-2 ▷）。また，経営悪化を理由とする内定取消しについては
整理解雇（⇨第16章第1節 **5**）に準じた判断がなされるであろう。

　なお，内定者側からの解約（内定辞退）については，期間の定めのない労働
契約の解約として，2週間前の予告期間をおけば自由になしうるというのが原
則となろう（民627条1項。⇨第16章第1節 **1** (1))。

3 内定期間中の法律関係

　採用内定によってすでに労働契約が成立したと解される場合でも，内定期間
中は，通常，労務の提供や賃金の支払という関係がただちに開始されるわけで
はない。したがって，内定期間中の労働契約は，一般的に「始期付」解約権留
保付労働契約と解される（前掲・大日本印刷事件⇨ ◁ 判例 7-2 ▷，電電公社近畿電通
局事件）。

　問題は，内定期間中に両当事者はいかなる権利義務を負うのかである。これ
は，個々のケースごとに当事者間にどのような合意があったかという契約の解
釈によって確定される。したがって，たとえば，内定期間中に研修の参加やレ
ポート提出に関する義務を負うかについても，当事者間でそのような明示また
は黙示の合意があれば，内定者は，学業に支障が及ばないなど合理的な範囲で，
そのような義務を負うことになる（宣伝会議事件・東京地判平成17・1・28労判
890号5頁参照）。

　労基法の適用に関しても，各条文の趣旨や性質に照らし，個別にその適用の
可否が判断されるべきであろう。

第3節　試 用 期 間

1 試用期間の法的性質

　入社後，正社員として本（正式）採用する前に，試用期間（1か月から6か月
ほど）が設けられることも少なくない。この試用期間は，実際に就労をさせな
がら，採用した労働者が職業能力や企業適応性を有しているかの最終チェック
を行うことを目的としている。もっとも実際の試用期間はこのような適格性の

判定期間としての目的にとどまらず，実地による研修・教育期間としての目的をあわせもつことも少なくない。特に新卒採用の場合は，むしろ後者の意味合いのほうが強いこともある。とはいえ，適格性の判定期間としての性格がそれによって喪失されるわけではなく，また能力主義型雇用制度がとられている場合や即戦力として雇用される中途採用者の場合は，試用期間の適格性判定期間としての性格がより強くなってくると思われる。そこで，試用期間終了時に（あるいはその途中でも），使用者は適格性の欠如を理由に本採用を自由に拒否できるのか，その前提として，そもそも試用期間は法的にどのような意味をもつのかが問題となる。

　最高裁は，試用期間の法的性質もやはり個々のケースにより異なりうるとしつつも，新規学卒社員の一般的な試用期間について，従業員として不適格であると認めたときは解約できるという特別の解約権が留保された労働契約であると判断している（前掲・三菱樹脂本採用拒否事件）。また裁判例には中途採用社員の試用期間についても解約権留保付労働契約であると判断をしたものがある（オープンタイドジャパン事件・東京地判平成14・8・9労判836号94頁など）。

2 本採用拒否の可否

　このように試用期間の法的性質を解約権留保付労働契約と解する場合には，試用期間中は，特別の解約権が留保されているだけで，すでに期間の定めのない労働契約が成立しており，留保解約権が行使（本採用拒否）されなければ，そのまま労働契約が存続することになる。また留保解約権が行使されても，それが無効であれば，労働者は使用者に対し本採用後の労働契約上の地位確認をなしうる。問題は本採用拒否の可否であるが，これは留保解約権の行使の適法性によって判断されることになる。

　判例は，新規学卒社員の一般的な試用期間において解約権が留保されている趣旨について，採否決定の当初においては，従業員としての適格性の有無に関連する事項について必要な調査を行い適切な判定資料を十分に収集することができないため，後日の調査や観察に基づく最終的決定を留保するためのものと解したうえで，それゆえに留保解約権の行使（本採用拒否）は通常の解雇よりは広い範囲で認められるとしている。しかし，それは「解約権留保の趣旨，目

的に照らして，客観的に合理的な理由が存し社会通念上相当として是認されうる場合」にのみ許されるとする（前掲・三菱樹脂本採用拒否事件）。具体的には，使用者が労働者に関し，①採用決定後の調査の結果または試用期間中の勤務状態等により，当初知ることができず，また知ることが期待できないような事実を知るに至った場合で，かつ②その者を引き続き雇用するのが適当でないと判断することが客観的に相当である場合に，本採用拒否が可能とされる（前掲・三菱樹脂本採用拒否事件）。この見解によれば，試用期間中の身元調査によって新たに判明した事実に基づく本採用拒否も許されうることになる。しかし学説上は，試用期間の趣旨（実地による適格性判定期間であること）からすれば，調査自体は内定期間中に済ませておくべきであり，試用期間の段階まで延長することは労働者の地位を不安定にするので，試用期間中の身元調査によって判明した新たな事実に基づく本採用拒否については否定的に解すべきであるという見解も有力である。

3 期間の定めのある労働契約と試用期間の法理

　本来，期間の定めのある労働契約であれば，使用者が適格性がないと判断した場合には，期間満了によって当然に労働契約を終了させることができるのが原則である。しかし，判例によれば，期間の定めのある労働契約の形式をとっている場合でも，職務内容が正社員と変わりがなく，その契約期間の設定の趣旨が労働者の適格性を判断する（適格性を判断した上で特に問題がなければ正社員として雇用する）というものである場合には，期間の定めは，期間満了により当然に終了するという明確な合意があるなどの特段の事情が認められる場合を除き，契約の存続期間ではなく，期間の定めのない労働契約における試用期間と解すべきとされている（神戸弘陵学園事件・最三小判平成2・6・5民集44巻4号668頁）。その場合，期間満了を理由とする契約の打切りは，期間の定めのない労働契約における留保解約権の行使（本採用拒否）と理解されることになり，客観的に合理的な理由が存し社会通念上相当として是認されうる場合でなければ許されないことになる。

　もっとも，現行法が有期契約の利用目的を制限していない以上，判例の上記判断枠組みは，そもそも有期契約か無期契約かがはっきりしないようなケース

にのみ適用されるものと考えるべきであろう。当事者の認識などからも無期契約ではなく有期契約であることが明らかな場合には，適格性判断のために契約期間が設定されていたとしても，本採用拒否の保護法理は適用されないと解すべきである（福原学園〔九州女子短期大学〕事件・最一小判平成28・12・1労判1156号5頁）。

第4節 労働条件の明示義務

使用者は，労働契約の締結に際し，労働条件の明示をしなければならない（労基15条1項）。労働条件の明示によってそれが明確化され，これにより労働契約締結後の労働条件をめぐる紛争の回避にもつながりうる。明示すべき労働条件のうち，特に契約期間，就業場所，従事すべき業務，労働時間，賃金，退職に関する事項（解雇事由を含む），および更新可能性のある有期労働契約締結時における契約更新の基準に関する事項については，書面による交付が義務づけられている（同項，労基則5条2項・3項）。

労働契約締結時の明示義務であるので，採用内定時に労働契約が成立していると解される場合（⇨第2節 **1**）には，内定時点で労働条件を明示しなければならないことになる。しかし，内定時点では，特に賃金については確定した条件を明示することは難しいこともあり，こうした場合は，その時点で具体化できる程度（見込額）の明示でよいと解される（八州事件・東京高判昭和58・12・19労判421号33頁参照）。

また職安法においても，公共職業安定所，職業紹介事業者，労働者の募集を行う者は，職業紹介，労働者の募集等にあたり，求職者等に対し，その者が従事すべき業務の内容および賃金，労働時間その他の労働条件を明示しなければならず（職安5条の3第1項），求人者は求人の申込みにあたり公共職業安定所，職業紹介事業者等に，求職者等が従事すべき業務の内容および賃金，労働時間その他の労働条件を明示しなければならない（同条2項）旨が規定されている。裁判例には，求人票記載の労働条件は，当事者間においてこれと異なる別段の合意をするなどの特段の事情がない限り，雇用契約の内容となると解するのが相当である，としたものがある（福祉事業者A苑事件・京都地判平成29・3・30労

判 1164 号 44 頁）。

　なお，労働契約法 4 条は，使用者は，労働者に提示する労働条件および労働契約の内容について労働者の理解を深めるようにすること（1 項），また労働者および使用者は，労働契約の内容について，できる限り書面により確認をすることとしている（2 項）。

就 業 規 則

就業規則とは，個々の事業場において適用される労働条件や従業員が守るべき規律（服務規律）について，使用者が作成した文書をいう。労働条件や服務規律は労働契約の内容であるから，契約原理によれば当事者たる労働者と使用者の合意により決定されるはずである。しかし現実の労働関係においては，ほとんどの場合に労働契約の内容は個別的合意ではなく，使用者が作成した就業規則によって決まっている。

このような現実の機能を反映して，法的にも就業規則には労働契約の内容を統一的に決定・変更する効力が認められている。しかし，労働関係は契約であるのに，なぜ使用者が一方的に作成・変更した文書が労働者を法的に拘束するのだろうか。その拘束力の及ぶ範囲はどこまでなのだろうか。この問題を理論的に解明することは労働法上の重要な課題であり，多くの学説・判例が積み重ねられてきたが，労契法制定の際に，基本的に判例法理を明文化する形で，就業規則の効力に関する規定が設けられた。

第 1 節　就業規則の作成・変更

　労基法は使用者に就業規則の作成を義務づけ，作成・変更にあたって一定の手続を遵守するよう定めている。その趣旨は，就業規則の重要性に鑑みて，使用者に内容を明文化して労働者に周知させ，その内容が適法なものとなるよう行政監督によりコントロールすることにある。

1 使用者の作成義務

　常時 10 人以上の労働者を使用する使用者は，就業規則を作成しなければならない（労基 89 条）。就業規則は，使用者に雇用され当該事業場で就労するすべての「労働者」について，同条所定の事項（⇨ *2* 参照）を定めたものであることが要求される。したがって，たとえばパートやアルバイトなどの非正規従業員を就業規則の適用から排除することは，労基法 89 条に違反し許されない。ただし，これらの者を対象として正社員とは別個に就業規則を作成することは差し支えないとされている。

2 記 載 事 項

　就業規則には一定の事項を記載しなければならない。必ず記載しなければならないのは，始業終業の時刻，休憩時間，休日，休暇など（労基 89 条 1 号），賃金の決定・計算・支払の方法，賃金の締切や支払の時期，昇給（同条 2 号），退職，解雇事由（同条 3 号）に関する事項である（絶対的必要記載事項）。また，退職手当（同条 3 号の 2），臨時の賃金や最低賃金額（同条 4 号），労働者に食費等を負担させること（同条 5 号），安全衛生（同条 6 号），職業訓練（同条 7 号），災害補償と私傷病の扶助（同条 8 号），表彰と制裁（同条 9 号），その他当該事業場の労働者のすべてに適用されること（同条 10 号）に関する制度を実施する場合には，各号に掲げられた事項を記載する必要がある（相対的必要記載事項）。それ以外の事項は就業規則に記載してもしなくてもよい（任意的記載事項）。

3 作成・変更手続

(1)　意見聴取義務
　使用者は，就業規則の作成・変更について，当該事業場の過半数組合，そのような組合がない場合には労働者の過半数代表者の意見を聴かなければならない（労基 90 条 1 項）。労働者側に発言の機会を与える趣旨であるが，使用者は意見を聴けば足り，同意を得たり協議をしたりする義務まではない。

(2) 周知義務

使用者は，就業規則を，各作業場の見やすい場所に常時掲示するか備え付けること，書面を交付すること，コンピューターを使って公開すること等，労基法施行規則の定める方法によって労働者に周知させなければならない（労基106条1項，労基則52条の2）。

(3) 届出義務

使用者は，就業規則を行政官庁に届け出なければならない。届出の際には，過半数組合または過半数代表者の意見（⇨(1)参照）を記した書面を添付しなければならない（労基90条2項）。

(4) 手続を欠く就業規則の効力

使用者が上記の手続のいずれか，あるいは全部を怠っている場合，作成・変更された就業規則の効力は認められるのだろうか。

就業規則の効力のうち最低基準効（労働条件の最低基準を設定する効力。⇨第2節 **1**）については，労働者保護の観点から，上記の手続を欠いていても実質的周知（労基法および同施行規則が定める方法に限らず，就業規則を労働者が知ろうと思えば知りうる状態に置くこと）がなされていれば，効力が発生すると解すべきである。また，労働契約の内容を定型的に定める効力（⇨第2節 **2**）や契約内容を変更する効力（⇨第2節 **3**）については，労契法により実質的周知が要件とされている（7条・10条）ことから，労基法上の手続は効力発生要件ではないと解すべきであろう。ただし，これらの手続を遵守したか否かは，労契法10条が定める就業規則変更の合理性審査の一要素（「その他の就業規則の変更に係る事情」）として考慮されうる（労契11条参照。⇨第2節 **3**）。

第2節　就業規則の効力

1 労働条件の最低基準の設定（最低基準効）

(1)　法令，労働協約との関係

就業規則は，法令または当該事業場について適用される労働協約に反しては
ならない（労基92条1項。就業規則と労基法，協約の関係については⇨第3章第2節
を参照）。就業規則中の，法令または協約に違反する部分は，当該法令または
協約が適用される労働者の労働契約に対しては，以下に述べる最低基準効（労
契12条），定型契約としての効力（7条），契約内容を変更する効力（10条）を
有しない（13条）。労働基準監督署長は，法令または協約に抵触する就業規則
の内容の変更を使用者に命じることができる（労基92条2項）。

(2)　強行的直律的効力

労契法12条は，「就業規則に定める基準に達しない労働条件を定める労働契
約は，その部分については無効とする。この場合において，無効となった部分
は，就業規則で定める基準による」と定めている。同条の文言は，労基法の強
行的直律的効力（⇨第4章第1節 *3* を参照）を定めた労基法13条とほぼ同じも
のである。労契法12条により，就業規則は，当該事業場において（法令や協約
に反しない範囲で）労基法と同質の効力，すなわち労働条件の最低基準を強行的
に設定する効力を付与されたものと解される。

したがって使用者は，いったん就業規則に定めた労働条件を，就業規則を変
更することなしに，労働者との個別的合意や労働慣行によって引き下げること
はできない。

2 労働条件・服務規律の統一的決定（契約補充効）

(1)　就業規則の法的性質をめぐる議論と労契法7条

現実の労働関係においては，個々の労働者に適用される労働条件や服務規律
の内容は，当該労働者と使用者との個別的合意ではなく，就業規則によって決

められることが多い。すなわち，就業規則は労働条件の最低基準を設定するだけでなく，職場で現実に適用される労働条件等を定型的に定める機能を果たしている。これは，多数の労働者を雇用する企業では，雇用管理の効率性や従業員の公平な取扱いなどの観点から，労働条件や職場の規律を統一する必要があるためである。

　それでは，法的にも，就業規則は労働契約の内容を定型的に定める効力を有するのだろうか。2007年に労働契約法が制定されるまで，この点を明らかにする法規定は存在しなかったが，判例・学説はほぼ一致して，就業規則が一定の限度で労働者を法的に拘束することを認めてきた。しかし，理論的には「なぜ使用者が一方的に作成・変更した就業規則が，契約の相手方である労働者を拘束するのか」という問題があり，これをめぐって学説上さまざまな議論がなされてきた。

　学説は，就業規則の法的性質をいかに理解するかという点に関して，就業規則を当該事業場において適用される法規範の一種と理解する説（法規説）と，就業規則自体は契約のひな形にすぎず，労働者の同意に基づいて労働契約の内容となることにより法的拘束力を生じるとする説（契約説）に大別される。法規説によれば就業規則は使用者が制定した法規範なので（法規制定権の根拠を使用者の経営権に求める説や労基法93条に求める説などがある），本人の意思にかかわらず労働者を拘束する。他方，契約説によれば，なんらかの形での労働者の同意が不可欠であり，少なくとも明確に反対の意思を表明している者には拘束力が及ばないことになる。しかし，どちらの説にも説得力に欠ける部分があり，学説の対立は収束しないままであった。

　一方，最高裁は，後掲・秋北バス事件最高裁判決（⇨ 判例 8-1 ）において，「就業規則は，合理的な内容を定めたものである限り，個別的同意の有無を問わずに労働者を拘束する」との判断を示し，判例法理として確立した。同判決が就業規則の法的性質について述べた部分は難解であり，学説の批判を受けたが，やがて契約説の立場から判例の立場を就業規則に約款類似の効力を認めたものと理解する定型契約説が現れ，有力となった。この見解によると，労働者が採用時に反対の意思を表示しない限り，就業規則を契約内容とすることに包括的に同意したことになり，就業規則は「合理性」を要件として白地の契約内

容を補充する形で労働契約の内容となり，契約当事者を拘束する。秋北バス事件以降の最高裁判決も「就業規則の内容が合理的なものであるかぎり，労働契約の内容になる」という表現を用いて，定型契約説による理解を肯定してきた（電電公社帯広局事件・最一小判昭和 61・3・13 労判 470 号 6 頁参照）。

◁ 判例 8-1 ▷ **秋北バス事件**
最大判昭和 43・12・25 民集 22 巻 13 号 3459 頁

【事案の概要】 Y 社は，従来，主任以上の職にある従業員に対して定年制を適用していなかったが，就業規則を改正して，これらの従業員の定年を満 55 歳とする旨の規定を新たに設けた。Y 社従業員で主任以上の職にあった X は，新就業規則に基づき，定年に達していることを理由として解雇された。X は，就業規則の新規定には同意しておらず，同規定の適用はないとして，就業規則改正の無効確認等を求め，訴えを提起した。第 1 審（秋田地判昭 37・4・16 労民集 13 巻 2 号 459 頁）は X の請求を認容したが，原審（仙台高秋田支判昭和 39・10・26 労民集 15 巻 5 号 1137 頁）は就業規則の変更には労働者の同意を要しないとして X の請求を棄却したため，X が上告。最高裁は次のように述べて原審を維持した。

【判旨】（一）「元来，『労働条件は，労働者と使用者が，対等の立場において決定すべきものである』（労働基準法 2 条 1 項）が，多数の労働者を使用する近代企業においては，労働条件は，経営上の要請に基づき，統一的かつ画一的に決定され，労働者は，経営主体が定める契約内容の定型に従って，附従的に契約を締結せざるを得ない立場に立たされるのが実情であり，この労働条件を定型的に定めた就業規則は，一種の社会的規範としての性質を有するだけでなく，それが合理的な労働条件を定めているものであるかぎり……労働条件は，その就業規則によるという事実たる慣習が成立しているものとして，その法的規範性が認められるに至っている（民法 92 条参照）。」

「〔労基法上の就業規則の規制と監督に関する〕定めは，いずれも……法的規範としての拘束力を有するに至っている就業規則の実態に鑑み，その内容を合理的なものとするために必要な監督的規制にほかならない。このように，就業規則の合理性を保障するための措置を講じておればこそ，同法は，さらに進んで……就業規則のいわゆる直律的効力まで是認しているのである。」

「右に説示したように，就業規則は……法的規範としての性質を認められるに至っているものと解すべきであるから，当該事業場の労働者は，就業規則の存在および内容を現実に知っていると否とにかかわらず，また，これに対して個別的に同意を与えたかどうかを問わず，当然に，その適用を受けるものとい

うべきである。」

　（二）「新たな就業規則の作成又は変更によって，既得の権利を奪い，労働者に不利益な労働条件を一方的に課することは，原則として，許されないと解すべきであるが，労働条件の集合的処理，特にその統一的かつ画一的な決定を建前とする就業規則の性質からいって，当該規則条項が合理的なものであるかぎり，個々の労働者において，これに同意しないことを理由として，その適用を拒否することは許されない」。

　このような判例・学説の状況を受けて，労働契約法は判例法理を明文化すべく，「労働者及び使用者が労働契約を締結する場合において，使用者が合理的な労働条件が定められている就業規則を労働者に周知させていた場合には，労働契約の内容は，その就業規則で定める労働条件によるものとする」（労契 7 条）と規定した。これにより，就業規則が一定の要件の下で労働契約の内容を定型的に決定する効力（契約補充効）を有することが，法律上明確にされた。

(2)　契約補充効の発生要件

　労契法 7 条は，①労働契約を締結する際に，②合理的な労働条件を定めた就業規則が，③労働者に周知されていた場合に，当該就業規則が労働契約の内容となると定めている。

　第 1 の要件（①）は，労契法の制定過程で，就業規則が作成されていなかった事業場において新たに就業規則が作成された場合に同条が適用されることを防ぐ趣旨で付加されたものである。したがって，労働契約締結後に新たに作成された就業規則には同条に基づく契約補充効は認められず，契約内容変更の問題（労契 8 条～10 条）として処理される。

　第 2 の要件（②）である就業規則が定める労働条件（賃金・労働時間などはもちろん，服務規律・福利厚生など労働契約上の権利義務となりうる処遇を広く含む）の「合理性」は，契約変更において問題となる「合理性」（労契 10 条）よりも緩やかに判断される。企業経営や人事管理上の必要性があり，労働者の権利・利益を不相当に制限するものでなければ，合理性は肯定されよう。判例も，契約補充効の要件としての就業規則の合理性を広く認めている（前掲・電電公社帯広局事件，日立製作所武蔵工場事件・最一小判平成 3・11・28 民集 45 巻 8 号 1270 頁，日本

郵便〔期間雇用社員ら・雇止め〕事件・最二小判平成 30・9・14 労判 1194 号 5 頁）。

第 3 の要件（③）の「周知」は，前記のように（⇨第 1 節 **3**）労基法所定の周知義務とは異なり，実質的周知を意味する。すなわち，労働者が就業規則の内容を知ろうと思えばいつでも知り得る状態に置いていたことを要し，そのような状態に置いている限り，労働者が現実に就業規則の存在や内容を認識しているかどうかは問題とならない。裁判例では，事業場内の従業員が出入りする場所に自由に見ることができる形で就業規則のコピーを常置している場合には，周知要件を満たすと判断されている（メッセ事件・東京地判平成 22・11・10 労判 1019 号 13 頁など）。これに対し，同じグループ会社に属する中核企業の就業規則を従業員控室に備え付けていたが，当該規則を自社の就業規則として用いることを労働者に知らせていなかった事例では，実質的周知を欠くと判断されている（河口湖チーズケーキガーデン事件・甲府地判平成 29・3・14 労働判例ジャーナル 65 号 47 頁）。

(3) 個別合意との関係

就業規則は労働契約の内容を定型的に定める効力を有するが，個々の労働者が使用者と交渉し，個別合意によって労働条件を決定する余地は残されている。就業規則に定めがない事項についてはもちろんのこと，就業規則の規定があっても，労働者にとってより有利な内容であれば個別合意が就業規則に優先する（労契 7 条但書）。たとえば，配置転換に関して職種や勤務地を限定する合意（⇨第 13 章第 2 節 **2** を参照）や，高い能力を有する労働者に特別ボーナスを支給する合意などがこれに当たる。

3 労働条件の集団的不利益変更（契約変更効）

(1) 就業規則による労働条件変更をめぐる議論

現代のように変化の激しい社会では，使用者が就業規則によって労働条件を定めても，事後的にそれを変更する必要がしばしば生じる。使用者は労基法所定の手続（⇨第 1 節 **3** 参照）により就業規則を変更できるが，個々の労働者は当然にその変更に拘束されるわけではない。とりわけ労働者にとって不利益な内容の変更がなされた場合には，新たな就業規則がいかなる根拠によりいかな

る範囲で労働者を拘束するのかが問題となる。

　この点につき，法規説の立場をとれば，労基法上の手続により変更された就業規則は当該事業場における法規範としての効力を持つから（⇨ **2**(1)），従業員はその意思にかかわらず拘束されることになる。他方，契約説からみると，これは採用時に締結した労働契約の内容を新たな就業規則に基づいて事後的に変更できるかという問題である。同説によれば，新就業規則は労働契約の内容になることによってはじめて労働者を拘束しうるのであり，いったん締結した契約の内容を合意によらず変更することはできないから，労働者がなんらかの形で変更に同意しない限り契約は変更されない。したがって，就業規則の変更に反対の意思を表示した労働者は新就業規則に拘束されないことになる。このことは，判例の立場と解されている定型契約説をとっても同様である。

　ところが，前掲・秋北バス事件判決（⇨ 〈**判例 8-1**〉）において，最高裁は就業規則の労働条件統一機能を重視し，変更後の就業規則が合理的な内容のものであれば，これに合意していない労働者をも拘束する，という判断を示した。この法理は「契約内容は当事者の合意により定められる」という契約原理から逸脱したものであるが，後続の判決は一貫して同判決を踏襲し，この法理は判例法理として確立された。これを受けて，学説上は判例法理への批判が続けられる一方で，集団的な労働条件変更法理の必要性に鑑み，判例法理を肯定して理論的整合性のある説明を試みる立場も有力になっていった。判例法理を支持する学説の多くは，日本では解雇規制により労働条件の変更に同意しない労働者を解雇することはできないため，反対労働者を拘束する変更法理がなければ使用者は労働条件を統一的に変更することができないことから，契約法理の修正が正当化されると主張した。

　このような状況を踏まえて，労働契約法は，基本的に判例法理を明文化する形で，就業規則による労働契約変更に関するルールを明文で定めた。同法は，合意による契約内容の変更を基本原則とし（労契8条），「使用者は，労働者と合意することなく，就業規則を変更することにより，労働者の不利益に労働契約の内容である労働条件を変更することはできない」（9条）とする。そして，上記原則の例外として，①使用者が変更された就業規則を労働者に周知させ，かつ②当該就業規則の変更が合理的なものであるときは，労働契約の内容は新

就業規則による（10条）旨を規定し，合意によらない労働契約変更の余地を認めている。

このように，労契法の制定により，就業規則による不利益変更の拘束力をめぐる学説上の論争は，ひとまず立法的に解決されたといえよう。

(2)　労働者への周知

労働者への周知は，労契法 10 条に基づく契約変更効の発生要件である。ここにいう「周知」とは，労契法 7 条と同様に実質的周知を意味するが，周知すべき情報の具体的内容は変更される労働条件の性質や内容により異なりうる。裁判例には，退職金制度に関する就業規則の変更を朝礼等で従業員に告げたが，説明文書の配布や変更後の退職金額に関する具体的説明をしなかったこと，また変更後の就業規則は休憩室の壁に掛けてあったが退職金額の計算方法に関する規定が添付されていなかったことから，実質的周知はなされていないとして，変更後の就業規則の拘束力を否定したものがある（中部カラー事件・東京高判平成 19・10・30 労判 964 号 72 頁）。

(3)　就業規則変更の合理性

契約変更効の第 2 の発生要件は，就業規則の変更が合理的なものであることである。労契法 10 条は，合理性の審査において考慮されるべき要素として，労働者の受ける不利益の程度，労働条件の変更の必要性，変更後の就業規則の内容の相当性，労働組合等との交渉の状況，その他の就業規則の変更に係る事情を挙げている。

この合理性判断の基準は，基本的に，裁判例の蓄積により形成された判例法理を明文化したものである。秋北バス事件判決以降，裁判所は，就業規則変更の合理性を当該変更に関する使用者側の必要性の程度，労働者が被る不利益の程度，変更後の就業規則の内容の相当性，代償措置の有無や内容，労働組合との交渉経過，他の従業員らの対応，わが国社会における一般的状況などの諸要素を総合的に勘案して判断する枠組みをつくりあげてきた。その基準によれば，賃金や退職金など重要な労働条件について労働者に不利益を及ぼす変更は「高度の必要性」に基づくものであることを要する（大曲市農協事件・最三小判昭和

63・2・16 民集 42 巻 2 号 60 頁）。また，使用者が多数組合との合意に基づいて就
業規則を変更したことは合理性を一応推測させる要素として考慮されうる（第
一小型ハイヤー事件・最二小判平成 4・7・13 労判 630 号 6 頁，後掲・第四銀行事件
⇨ 判例 8-2 ）。ただし，多数組合との合意があれば常に合理性が肯定される
わけではなく，当該変更によって労働者が被る不利益が著しく大きく，かつ特
定の労働者に集中している事例において，変更の合理性を判断する際に多数労
組の同意を重要な考慮要素とすることは相当でないとして合理性を否定した最
高裁判決もある（みちのく銀行事件・最一小判平成 12・9・7 民集 54 巻 7 号 2075 頁）。

判例 8-2　第四銀行事件
最二小判平成 9・2・28 民集 51 巻 2 号 705 頁

【事案の概要】 Y 銀行では 55 歳定年制（健康な男性は 58 歳まで同じ水準の賃金
での再雇用が確実）をとってきたが，就業規則の変更により，定年を 60 歳に延
長するとともに 55 歳以降の給与を 54 歳時の 65 パーセント前後に引き下げた。
当時 53 歳であった X は，新就業規則の適用を受けないと主張し，従前の基準
による賃金との差額の支給を求めて訴えを起こした。第 1 審（新潟地判昭和
63・6・6 労判 519 号 41 頁）・第 2 審（東京高判平成 4・8・28 労判 615 号 18 頁）
ともに X の請求を棄却したため，X が上告した。最高裁は次のように述べて
原審を維持した。

【判旨】（一）「〔変更された就業規則の〕条項が合理的なものであるとは，当該
就業規則の作成又は変更が，その必要性及び内容の両面からみて，それによっ
て労働者が被ることになる不利益の程度を考慮しても，なお当該労使関係にお
ける当該条項の法的規範性を是認することができるだけの合理性を有するもの
であることをいい，特に，賃金，退職金など労働者にとって重要な権利，労働
条件に関し実質的な不利益を及ぼす就業規則の作成又は変更については，当該
条項が，そのような不利益を労働者に法的に受忍させることを許容することが
できるだけの高度の必要性に基づいた合理的な内容のものである場合において，
その効力を生ずるものというべきである。右の合理性の有無は，具体的には，
就業規則の変更によって労働者が被る不利益の程度，使用者側の変更の必要性
の内容・程度，変更後の就業規則の内容自体の相当性，代償措置その他関連す
る他の労働条件の改善状況，労働組合等との交渉の経緯，他の労働組合又は他
の従業員の対応，同種事項に関する我が国社会における一般的状況等を総合考
慮して判断すべきである。」
　　（二）本件就業規則の変更により労働者が被る不利益はかなり大きなもので

あり，特に従来の定年である 55 歳を間近に控えた行員にとっては相当の不利益とみざるを得ない。しかし，当時は 60 歳定年制の実現が国家的な政策課題とされ，Y 銀行に対しても労働大臣や県知事から定年延長の早期実施の要請があったことからすると，定年延長には高度の必要性があったことを肯定することができる。一方，定年延長に伴う人件費の増大等を抑えることは経営上必要であり，特に Y 銀行においては従前の定年である 55 歳以降の賃金水準等を変更する必要性も高度なものであったといえる。

　変更後の就業規則に基づく 55 歳以降の労働条件の内容は，多くの地方銀行とほぼ同様であり，賃金水準も他行の賃金水準や社会一般の賃金水準と比較してかなり高い。定年が 55 歳から 60 歳まで延長されたことは，女子行員や健康上支障のある男子行員にとっては労働条件の改善であり，健康上支障のない男子行員にとっても，60 歳まで安定した雇用が確保されるという利益は小さいものではない。また，福利厚生制度の適用延長や拡充，特別融資制度の新設等の措置は直接的な代償措置とはいえないが，本件定年制導入による不利益を緩和するものということができる。

　「さらに，本件就業規則の変更は，行員の約 90 パーセントで組織されている組合……との交渉，合意を経て労働協約を締結した上で行われたものであるから，変更後の就業規則の内容は労使間の利益調整がされた結果としての合理的なものであると一応推測することができ，また，その内容が統一的かつ画一的に処理すべき労働条件に係るものであることを考え合わせると，Y 銀行において就業規則による一体的な変更を図ることの必要性及び相当性を肯定することができる。X は，当時部長補佐であり……組合を通じてその意思を反映させることのできない状況にあった旨主張するが，本件就業規則の変更が……非組合員である役職者のみに著しい不利益を及ぼすような労働条件を定めたものであるとは認められ……ない」。

　「以上によれば，本件就業規則の変更は……55 歳まで 1 年半に迫っていた X にとって，いささか酷な事態を生じさせたことは想像するに難くないが，……そのような不利益を法的に受忍させることもやむを得ない程度の高度の必要性に基づいた合理的な内容のものであると認めることができないものではない。」

　上に挙げた判例にみられるように，裁判所は個々の事例における就業規則の変更内容や変更の経緯を詳細に認定し，多様な要素を総合考慮することによって「合理性」の有無を判断している。このような方法には実質的に妥当な結論を導きやすいという長所があるが，裁判官によって判断が異なりやすく結果の予測可能性が低いという問題点も指摘されている。そこで，一部の学説により，

多数組合との合意に基づく変更であれば合理性を推定し，裁判所が内容審査を
行う範囲を限定することが主張されてきた。労働契約法の立法過程では，上記
の見解の影響を受けた合理性推定ルールの導入が提案されたが，結果としては
基本的に判例法理に沿う形で就業規則の不利益変更のルールが立法化された。

(4)　不変更の合意

　労契法の就業規則変更に関する規定は基本的に判例法理を明文化したもので
あるが，従来にない新しいルールを定めた部分もある。

　労契法10条但書は，労働契約において，労働者及び使用者が就業規則の変
更によっては変更されない労働条件として合意していた部分については不利益
変更の効力が及ばないと定め，新就業規則の拘束力が及ぶ範囲に制限を加えて
いる。ここでいう「合意」とは，労働者にとって就業規則よりも有利な内容の
合意（たとえば勤務地を限定する特約や就業規則上の定年を適用しない特約）で，就
業規則による変更が予定されていないものを指す。このような「不変更の合
意」は必ずしも個別的になされた明示の合意に限定されず，黙示の合意や集団
的な労働慣行に基づいて認められる場合もありうる。

(5)　合意に基づく変更

　労契法は当事者の合意によって労働契約内容を変更しうることを原則とし
（8条・9条），就業規則による変更（合意によらない変更）をその例外として位置
づけている（10条）。そうすると，理論的には，就業規則変更が合理性や周知
を欠く場合であっても，当該変更について労働者が同意している場合には，労
契法8条により合意に基づく労働契約の変更が生じることになる。ただし，労
働契約の特質（⇨第3章第1節 **1**）に鑑みて，このような合意の認定は，労働
者が変更内容を十分に理解した上で自由な意思に基づいて同意をしたものと認
められるかを慎重に見極めた上で行う必要がある。とりわけ黙示の同意の認定
は慎重かつ厳格に行われるべきであり，労働者が就業規則変更に異議を唱えず
に就労を続けていたことから安易に同意を認定すべきではない（⇨第3章第2
節 **2**）。以下に掲げる最高裁判決（⇨ **判例 8-3**）は，合併に伴って退職金を
大幅に引き下げる就業規則の変更が行われた事案において，労働者が同意書に

記名押印していても当然に同意があったとはいえないとし，当該事案において自由意思に基づく同意を認めるには，就業規則変更がもたらす具体的な不利益の内容や程度に関して事前に情報提供や説明がなされたことを要すると判示している（なお，労働者の自由意思に基づく同意の認定については，⇨第9章第2節 **2** も参照）。

<判例 8-3> **山梨県民信用組合事件**
最二小判平成 28・2・19 民集 70 巻 2 号 123 頁

【事案の概要】 A 信用組合は経営破綻を避けるため Y 信用組合に合併されることになり，両組合の理事が構成する合併協議会は，合併後の退職金支給基準について新たな退職金規程を作成した。新規程は，退職金額を2分の1とした上で，厚生年金給付額に加え新たに企業年金還付額を控除するよう変更したもので，A 組合の旧規程より著しく不利益であった。X ら A 組合の管理職員は，当該変更は合併を実現するために必要である等との説明を受け，変更内容と新支給基準の概要を記載した同意書に署名押印した。なお，これに先立って開催された職員説明会では，Y の従前からの職員と同一水準の退職金額を保障する旨が記載された同意書案が各職員に配布されていた。

上記合併により X らの雇用は Y 組合に承継され，新規程が施行された。Y 組合は合併後さらに退職金算定方法を不利益に変更し，X らは同意書に署名した。その後，X らは Y 組合を退職したが，変更後の支給基準によると退職金額は0円になった。X らは，A 組合の旧退職金規程に基づく退職金の支払を求めて提訴した。原審（東京高判平成 25・8・29 労判 1136 号 15 頁）は，X らは同意書の内容を理解して署名したのであるから，退職金支給基準の変更に同意したと認められるとして請求を棄却したため，X らが上告受理申立て。最高裁は以下のように述べて，原判決を破棄し，高裁に差し戻した。

【判旨】「労働契約の内容である労働条件は，労働者と使用者との個別の合意によって変更することができるものであり，このことは，就業規則に定められている労働条件を労働者の不利益に変更する場合であっても，その合意に際して就業規則の変更が必要とされることを除き，異なるものではない……（労働契約法8条，9条本文参照）。もっとも，使用者が提示した労働条件の変更が賃金や退職金に関するものである場合には，当該変更を受け入れる旨の労働者の行為があるとしても，労働者が使用者に使用されてその指揮命令に服すべき立場に置かれており，自らの意思決定の基礎となる情報を収集する能力にも限界があることに照らせば，当該行為をもって直ちに労働者の同意があったものとみるのは相当でなく，当該変更に対する労働者の同意の有無についての判断は

慎重にされるべきである。そうすると，就業規則に定められた賃金や退職金に関する労働条件の変更に対する労働者の同意の有無については，当該変更を受け入れる旨の労働者の行為の有無だけでなく，当該変更により労働者にもたらされる不利益の内容及び程度，労働者により当該行為がされるに至った経緯及びその態様，当該行為に先立つ労働者への情報提供又は説明の内容等に照らして，当該行為が労働者の自由な意思に基づいてされたものと認めるに足りる合理的な理由が客観的に存在するか否かという観点からも，判断されるべきものと解するのが相当である」。

「……本件基準変更による不利益の内容等及び本件同意書への署名押印に至った経緯等を踏まえると，管理職Xらが本件基準変更への同意をするか否かについて自ら検討し判断するために必要十分な情報を与えられていたというためには，同人らに対し，旧規程の支給基準を変更する必要性等についての情報提供や説明がされるだけでは足りず，自己都合退職の場合には支給される退職金額が0円となる可能性が高くなることや，Yの従前からの職員に係る支給基準との関係でも上記の同意書案の記載と異なり著しく均衡を欠く結果となることなど，本件基準変更により管理職Xらに対する退職金の支給につき生ずる具体的な不利益の内容や程度についても，情報提供や説明がされる必要があったというべきである」。

第 9 章

賃　　金

> 労働の対価として支払われる賃金は最も重要な労働条件の 1 つであり，労働者の生活を支える重要な役目を担っている。本章では，賃金の請求権はいかなる場合に発生するのか，また労働者の生活保障のため賃金についてどのような法的規制が行われているのかなどについてみていこう。

第 1 節　賃金請求権

1 賃金請求権の発生根拠

　労働者が賃金を請求する法的根拠は，それを支払う旨の当事者の合意に求められる。この合意は，就業規則，労働協約の定めのほか，労使間の明示・黙示の合意，労働慣行などによって形成される。いつ，いかなる条件でどのような賃金を請求できるか（賃金請求権の具体的な発生時期・内容）についても，合意の内容がどうなっているか（労働契約の解釈）によって決まる。

　しかし，具体的な契約内容が確定できない場合には，賃金の支払時期に関する民法の規定（任意規定）に従い，①労務の提供（労働義務の履行）がなされた後，あるいは②報酬支払の対象となる期間が経過した（たとえば，月給制であれ

ば月が終了した）後に賃金請求権が発生すると解することになる（民624条）。こ
こでいう労務の提供は「債務の本旨」に従ったものでなければならない（民
493条。⇨第3章第1節 **2** (1))。

2 不就労時の賃金請求権

　不就労時に賃金請求権が発生するかについても，賃金請求権の根拠が賃金を
支払う旨の当事者間の合意に求められる以上（⇨ **1**)，不就労時には賃金を支
払わないという合意があったか，あるいは逆に賃金（の一部あるいは全額）を支
払う合意があったかなど，労働契約の解釈によって決定されることになる（三
菱重工長崎造船所事件・最二小判昭和56・9・18民集35巻6号1028頁参照。⇨第21章
第2節 **3**)。しかし，具体的な合意内容が確定できない場合には，民法の規定
（任意規定）に沿った処理がなされることになる。不就労の主な類型としては次
の3つがある。

　第1に，労使双方の責めに帰することができない事由によって就労不能とな
った場合は，使用者は労働者の賃金請求を拒否できる（民536条1項）。たとえ
ば，天災地変により就労できなかった場合などがこれに当たる。第2に，使用
者の責めに帰すべき事由によって就労不能となった場合は，労働者は賃金請求
できる（同条2項）。具体的には，使用者の過失によって工場が焼失し就労でき
なかった場合や，使用者が解雇を行ったとして就労拒否したため労働できなか
ったが，解雇が解雇権濫用で無効であり使用者に帰責性が認められる場合（⇨
第16章第1節 **6**）などがこれに当たる。第3に，労働者の責めに帰すべき事由
により労働義務が履行されなかった場合（遅刻や早退，スト参加による不就労）に
は，労務の提供がない以上（民624条。⇨ **1**)，賃金請求権は発生しないと解さ
れることになる（宝運輸事件・最三小判昭和63・3・15民集42巻3号170頁参照）。

3 賞与（一時金・ボーナス）

　日本企業では，夏と冬の年2回，賞与が支給されることが多い。こうした賞
与の請求権の存否や発生時期も，労働契約上の合意内容によって確定される。
通常，就業規則に賞与の支給に関し抽象的な規定（「毎年6月と12月に2回，会
社の業績等に応じて賞与を支給する」など）が置かれ，労使交渉や使用者の決定に

より算定方式や支給率が確定し，さらに使用者の査定などを経て具体的な額が決定されていく。その場合，就業規則上の抽象的な規定の存在だけでは賞与の具体的な額が確定せず，賞与請求権も具体的には発生しない。具体的な支給率や額についての使用者の決定や労使の合意・慣行があってはじめて，それらに基づく具体的な賞与請求権が発生していると解されることになる（福岡雙葉学園事件・最三小判平成19・12・18労判951号5頁など参照）。

　賞与については，就業規則などで支給日に在籍している者を支給対象者とする支給日在籍要件が設けられていることも少なくない。その場合，当該賞与の査定対象期間（たとえば，6月から11月）には勤務していたが，支給日（たとえば12月15日）前に退職したという労働者には賞与が支給されないことになる。そこで，こうした支給日在籍要件を定める規定の合理性やその適用の可否が問題となる。

　判例では，支給日在籍要件は一般的に合理性があり有効と判断している（大和銀行事件・最一小判昭和57・10・7労判399号11頁〔自発的退職者の事案〕，京都新聞社事件・最一小判昭和60・11・28労判469号6頁〔嘱託期間満了による退職者の事案〕など）。しかし，賞与を不支給とする取扱いの有効性は，あくまで，個々の事例ごとに，当該賞与の具体的性格や当該労働者の退職事由などを考慮しながら，個別具体的に判断していくべきであろう。

4　退職金

　退職金制度も日本企業では広く普及しているが，その請求権の存否はやはり労働契約上の合意内容によって確定される。使用者が退職金の支給を制度化する場合は，就業規則にその支払に関する規定を置かなければならないとされており（労基89条3号の2），制度の適用対象となっている労働者には一般に当該規定に基づき退職金請求権が認められる。労働者が制度の適用対象外である場合，あるいはそもそも就業規則の定めなど明文の規定がない場合には，労働慣行や黙示の合意の有無などから退職金請求権の存否が判断される（労働慣行に基づく退職金請求権の肯定事例として，学校法人石川学園事件・横浜地判平成9・11・14労判728号44頁など。否定事例として三菱自動車工業〔執行役員退職金〕事件・最二小判平成19・11・16労判952号5頁など）。

　退職金の額は，退職時の基本給などの算定基礎賃金に勤続年数や退職事由別に設定された支給率を乗じて算定されることが多い。その場合，退職金請求権は，具体的な退職金額が確定する退職時に発生すると解される（ハクスイテック事件・大阪高判平成 13・8・30 労判 816 号 23 頁参照）。

　退職金については，就業規則などで，懲戒解雇またはそれに相当する事由が存在する場合あるいは同業他社に転職した場合に，退職金の一部または全部を支給しない旨の条項が設けられることが多く，こうした取扱いの有効性（具体的には減額・不支給条項の合理性やその適用の当否）が問題となる（⇨第 17 章第 3 節 **1**）。

第 2 節　労基法上の賃金に関する規制

1 労基法上の賃金とは

　労基法は賃金についてさまざまな規制（たとえば，4 条・17 条・24 条・25 条など）を置いている。このような労基法上の賃金規制は，労基法 11 条に定める労基法上の賃金の定義に該当するものに及ぶ。また労基法上の賃金に該当するものには，労基法だけでなく，最低賃金法や賃確法（⇨第 3 節，第 4 節）による規制も及ぶ。

　労基法 11 条はこのような労基法上の賃金を「賃金，給料，手当，賞与その他名称の如何を問わず，労働の対償として使用者が労働者に支払うすべてのもの」と定義している。

(1)　労働の対償性

　日本企業では，基本給のほか，必ずしも労務の提供に直接対応しない家族手当，通勤手当といった諸手当も賃金として支払われていることが少なくない。このような実態を考慮し，労基法 11 条にいう労働の対償性はかなり広く解釈されている。具体的には，①その支払の可否や額の決定がもっぱら使用者の裁量に委ねられている任意・恩恵的給付，②資金貸付けや住宅貸出しなど使用者が従業員の福利厚生のために負担する福利厚生給付，③制服，出張旅費など業

務遂行のために使用者が本来負担すべき業務費用のいずれかに該当しない限り，原則として労働の対償性が肯定される。したがって，もともとは任意・恩恵的性格をもつとされていた家族手当，退職金，賞与なども，労働協約，就業規則，労働契約で支給基準が明確化され，それにより使用者に支払が義務づけられ，その支払の有無等についての裁量が認められないのであれば，労基法上の賃金に当たると解されることになる（昭22・9・13発基17号参照）。通勤手当についても，業務費用とはいえず，支給基準が定まっているのであれば，労基法上の賃金に当たると解される（昭25・1・8基収130号等参照）。

　いわゆるストックオプションについては，その権利行使の時期等について労働者に委ねられているから労働の対償としての性格を欠くものとして労基法上の賃金には当たらないと解されている（平9・6・1基発412号）。

(2)　使用者が労働者に支払うもの

　労基法上の賃金は使用者が支払うものであるから，労働者が顧客から直接受け取るチップや社外積立ての退職年金等で外部の金融機関や基金などから支払われるものは該当しない。

> **Column 5** 職務発明と「相当の対価」「相当の利益」
> 　かつて，職務上発明を行った労働者が使用者に対し多額の「相当の対価」の支払を求める訴訟が相次いだ。有名な青色発光ダイオードに関する日亜化学工業〔終局判決〕事件（東京地判平成16・1・30労判870号10頁）では，その認容額は200億円であった（ただしその後の控訴審ではこれを下回る額で和解）。職務発明がなされた場合，特許を受ける権利は発明者である労働者に帰属するが，職務発明が企業の設備・資金等を利用してなされるものであるため，使用者には通常実施権の取得が認められ，さらに契約や勤務規則に基づいて特許を受ける権利を使用者に承継させたりその発生時から取得させたりすることができる（特許35条1項～3項）。この権利の取得・承継が行われた場合，労働者が使用者に対して請求できるとされているのがかつての「相当の対価」，現行法での「相当の利益」である（同条4項）。この「相当の利益」はあくまで権利承継の対価であり，職務上発明を行う労働者の労働に対する対価ではない。したがって労基法上の賃金には当たらないと解されている。
> 　かつて頻発した訴訟は，いずれも使用者が支払った対価額が「相当の対価」に満たないとして提起されたものであった（オリンパス光学工業事件・最三小判

平成 15・4・22 民集 57 巻 4 号 477 頁など）。その背景には，従来であれば，使用者から支払われるその対価額が低額であっても，長期雇用慣行の下での人事・賃金上の処遇によってある程度カバーされることが期待できたが，雇用の流動化や労働者自身の意識の変化もあって必ずしもそうでなくなってきたという事情があったともいわれている。

　2015 年の法改正（2016 年施行）により，「相当の対価」は「相当の利益」と改められた。留学の機会の付与やストックオプションの付与など，金銭以外の経済上の利益の付与を含むものであることを明確にする趣旨であったとされる。現行法上，職務発明を行った労働者が正当な「相当な利益」を得られていないと考えて訴訟を提起した場合，裁判所は発明のもたらした利益や使用者の負担・貢献度，労働者の処遇等を考慮して「相当の利益」を算定する（特許 35 条 7 項）。ただし，契約や勤務規則により相当の利益を定めている場合には，その決定基準の策定に際しての使用者と労働者との協議の状況，当該基準の開示の状況，労働者からの意見の聴取の状況等を考慮して，その相当の利益を与えることが不合理と認められるものでなければ，その定めが尊重される（同条 5 項）。

　なお労働者が職務上作成する著作物（職務著作）については，使用者の名義の下で公表するものであれば，作成時に契約や就業規則等に特段の定めがない限り，使用者が著作者となる（著作 15 条 1 項）。

2　賃金の支払方法に関する原則

　労基法上の賃金については，前述のようにさまざまな法規制が及ぶ。とりわけ重要なのは，労基法 24 条による賃金の支払方法に関する規制である。賃金の全額が確実に労働者に支払われ，その経済的生活の安定が図られるように，使用者には次の 4 つの原則に従った賃金支払が罰則付きで義務づけられている。

(1)　通貨払原則

　賃金は，「通貨」により支払わなければならない（労基 24 条 1 項）。ここでいう通貨は日本で強制的に適用される通貨（円）であり，外国通貨は入らない。現物給付のほか，小切手による支払もこの原則に反する。

　しかし，例外として，①法令で別段の定めがある場合（ただし現在，このような法令は存在しない），②労働協約で別段の定めがある場合，③命令で定める賃

金について確実な支払方法で命令で定めるものによる場合には，通貨以外の支払も認められている（労基24条1項但書）。③については，一定の要件の下で，賃金の口座振込みおよび退職金の自己宛小切手等による支払が認められている（労基則7条の2）。

(2)　直接払原則

賃金は，使用者から労働者に「直接」支払わなければならない（労基24条1項）。親権者その他法定代理人や労働者から委任を受けた代理人に支払う場合でもこの原則に違反する。また労働者が賃金債権を第三者に譲渡した場合でも，譲受人に対して賃金を支払うことはできず，労働者本人に直接支払う必要があると解釈されている（電電公社小倉電話局事件・最三小判昭和43・3・12民集22巻3号562頁）。他方，国税徴収法や民事執行法に基づいて賃金が差し押さえられた場合に，使用者が行政官庁や債権者に賃金の一部を（差押えには限度額が設定されている。民執152条，税徴76条参照）支払うことはこの原則に違反しないと解釈されている。

(3)　全額払原則

賃金は，その全額を支払わなければならない（労基24条1項）。使用者が賃金の一部を控除して支払うことはできない。しかし，例外として，①法令に別段の定めがある場合（社会保険料の控除や所得税の源泉徴収がこれに当たる），②事業場の過半数組合または過半数代表者との労使協定が締結されている場合には，賃金の一部を控除して支払うことができる（同条但書）。

全額払原則をめぐっては，使用者が労働者に対して損害賠償請求権などの債権を有する場合に，これを賃金債権と相殺することにより賃金を控除することも同原則の禁止の対象となるのかが問題となる。この点について最高裁は，労働者の経済生活を安定させるための基盤たる賃金を確実に受領させるという同原則の趣旨からすると，このような相殺も同原則に違反すると解釈している（関西精機事件・最二小判昭和31・11・2民集10巻11号1413頁，日本勧業経済会事件・最大判昭和36・5・31民集15巻5号1482頁）。したがって，労使協定の締結がない限り，賃金との相殺も，全額払原則違反として禁止されることになる。も

っとも最高裁は，次のような例外を許容している。いずれも労働者の経済生活の安定を脅かすおそれがないものといえる。

第 1 に，賃金に過払が生じ，この過払賃金の精算をするための調整的相殺についてである。たとえば，賃金の締切日の関係で控除できなかった欠勤日の賃金等を別の時期に支払われるべき賃金から控除する場合などであり，法的には過払賃金の不当利得返還請求権と賃金債権との相殺に当たる。賃金と関係のない他の債権との相殺の場合と異なり，本来支払われるべき賃金が実質的には全額支払われているという点に着目し，最高裁は，①過払の時期と賃金の清算調整の実を失わない程度に合理的に接着した時期において，②額が多額にわたらず，③労働者への予告もなされるなど，労働者の経済生活の安定を脅かすおそれがない場合であれば，こうした調整的相殺は労使協定の締結なしに認めてよいとした（福島県教組事件・最一小判昭和 44・12・18 民集 23 巻 12 号 2495 頁など）。

第 2 に，労働者の同意を得てなす合意相殺についてである。これについては，たとえ労働者との合意があっても使用者は労基法違反を免れ得ないという労基法の強行法規性に矛盾しうるため，学説上は，あくまで集団的同意たる労使協定の締結がなければ相殺を行えないとする考え方が有力である。しかし最高裁は，以下の判決（⇨ 判例 9-1 ）で，賃金全額払原則による相殺禁止の 1 つの例外として，一定の場合には合意相殺を労使協定の締結なしに行うことができるとした。

 判例 9-1 ▶ 日新製鋼事件
最二小判平成 2・11・26 民集 44 巻 8 号 1085 頁
【事案の概要】Z は，Y 社に在職中，低利かつ長期分割弁済，退職の場合には退職金等による残金一括弁済という約定で，Y 社から住宅資金を借り入れた（また Z は，金融機関からも借入れを行い，Y 社に対しては，退職の際の残債務の金融機関への一括返済を委任した）。その後 Z は借財を重ね，破産申立てするほかない状態となったため，Y 社に退職を申し出るとともに，借入金の残債務を退職金等で返済する手続をとってくれるように依頼し，Y 社が返済手続を行うことに異存がない旨の委任状を提出，それを受けて Y 社は Z の退職金等による残債務の清算処理を行った。その後，Z に対する破産宣告により破産管財人に選任された X が，退職金等による債務の返済（相殺処理）は労基法 24 条 1 項の全額払原則に違反するなどと主張して，Y 社に対し Z の退職金の支

払を求め，提訴した。最高裁は，次のように述べて，Xの請求を棄却した。

【判旨】「労働基準法……24条1項本文の定めるいわゆる賃金全額払の原則の趣旨とするところは，使用者が一方的に賃金を控除することを禁止し，もって労働者に賃金の全額を確実に受領させ，労働者の経済生活を脅かすことのないようにしてその保護を図ろうとするものというべきであるから，使用者が労働者に対して有する債権をもって労働者の賃金債権と相殺することを禁止する趣旨をも包含するものであるが，労働者がその自由な意思に基づき右相殺に同意した場合においては，右同意が労働者の自由な意思に基づいてされたものであると認めるに足りる合理的な理由が客観的に存在するときは，右同意を得てした相殺は右規定に違反するものとはいえないものと解するのが相当である……。もっとも，右全額払の原則の趣旨にかんがみると，右同意が労働者の自由な意思に基づくものであるとの認定判断は，厳格かつ慎重に行われなければならないことはいうまでもないところである。」

　本件では，Zが同意する過程においてY社から強要されたなどの事情はなかったことのほか，借入金はZの利益となっており，Zは借入金の性質および退職金との相殺手続について十分意識していたという事情があり，Zの自由意思に基づいて合意がなされたものと認めるに足りる合理的な理由が客観的に存在していたと判断できる。

　この判決は，会社等から住宅資金を借り入れていた労働者の借入金の弁済が退職金との合意相殺により行われた事案において，厳格かつ慎重な判断の下でもなお労働者の自由意思に基づくと認めうる合理的な理由が客観的に存在する限り，合意相殺は全額払原則に違反しないと判示したものである。合意相殺が認められるためには労働者の自由意思の認定が厳格になされるということであるが，その際には，同意の態様のほか，労働者の利益となっている債務かという反対債務の性質なども重要な判断要素となりうる（前掲・日新製鋼事件⇨ 判例 9-1 ）。

　第3に，解雇無効期間中の賃金からの中間収入の控除についても，平均賃金（⇨ 4 ）の6割を超える部分の相殺であれば全額払原則に違反しない（⇨第16章第1節 6 (3)）。

　なお，労働者が賃金債権を放棄する場合についても，最高裁は，それが自由意思に基づいてなされる限り，使用者がその賃金を支払わなくても全額払原則には違反しないと解釈している（退職金請求権放棄の意思表示は自由意思に基づく

として効力が認められた例として，シンガー・ソーイング・メシーン事件・最二小判昭和 48・1・19 民集 27 巻 1 号 27 頁，賃金請求権放棄の意思表示はあったものの自由意思に基づくとは認められなかった例として，北海道国際航空事件・最一小判平成 15・12・18 労判 866 号 14 頁）。

(4)　毎月 1 回以上・一定期日払原則

賃金は，毎月 1 回以上，一定の期日を定めて支払われなければならない（労基 24 条 2 項）。年俸制による場合もこの原則が適用される。ただし，「臨時に支払われる賃金，賞与」のほか，1 か月を超える期間についての精勤手当等についてはこの原則は及ばない（労基則 8 条）。したがって，退職金が労基法上の賃金と解される場合（⇨ **1**）でも，この原則は適用されない。

3　賃金の非常時払

使用者は，労働者が出産，疾病，災害など非常の場合の費用に充てるために請求する場合においては，支払期日前であっても，既往の労働に対する賃金を支払わなければならない（労基 25 条）。この規制は，不測の事態が生じたのに支払期日前に賃金を請求しえない不便を解消するためのものである。

4　休 業 手 当

使用者は，「使用者の責に帰すべき事由」による休業の場合，休業期間中，平均賃金の 60 パーセント以上の休業手当を支払わなければならない（労基 26 条）。この休業手当の算定基礎となる平均賃金は，それを算定すべき事由が発生した日以前 3 か月間に支払われた賃金（臨時に支払われた賃金などを除く）の総額をその期間の総日数で割った金額をいう（12 条）。

ここで問題となるのは，労基法 26 条と，同じく使用者の責に帰すべき事由による不就労について賃金を請求できるとする民法 536 条 2 項（⇨第 1 節 **2**）との関係である。判例によれば，労基法 26 条は，労働者の生活保障のために使用者の帰責事由の範囲をより広く定めたものであるとされている（ノースウエスト航空事件・最二小判昭和 62・7・17 民集 41 巻 5 号 1283 頁）。具体的には，労基法 26 条の帰責事由は，①民法 536 条 2 項の帰責事由（故意・過失または信義

則上これと同視すべき事由）が認められる場合のみならず，②使用者側に起因する経営，管理上の障害による場合をも含むと解されている。つまり，不可抗力は含まれないが，親会社の経営難による資材・資金不足などを理由とする不就労の場合にも帰責性が認められることになる。

　したがって，民法上は帰責性が認められず賃金（100 パーセント）を請求できない場合でも，労基法 26 条によって休業手当（60 パーセント）は請求できる場合（②）があるということになる。民法上も帰責性が認められる場合（①）は，労基法 26 条と民法 536 条 2 項に基づく請求権が競合することになる。この場合，前者は後者の適用を排除するものではないと解されており（前掲・ノースウエスト航空事件），賃金全額（100 パーセント）を請求できることになる。ただし，民法 536 条 2 項は任意規定であり，当事者の合意によって賃金請求権は排除されうる。しかし，その場合でも，使用者は，強行法規たる労基法 26 条に基づき，少なくとも休業手当（60 パーセント）の支払は罰則付きで義務づけられることとなる。

5 出来高払制の保障給

　使用者は，出来高払制で使用する労働者について，労働時間に応じて一定額の賃金の保障をしなければならない（労基 27 条）。仕事の出来高（製造した物の量や売上額など）で賃金が決定されると，現実に労働をしていても得られる賃金が非常に低くなる可能性があるからである。この「一定額」について労基法上の具体的定めはないが，通常の実収賃金とあまり隔たらない程度の収入を保障する必要があるとされている（昭 22・9・13 発基 17 号，昭 63・3・14 基発 150 号）。

6 時 効

　賃金請求権の時効は 2 年，退職金については 5 年とされている（労基 115 条）。

第3節 最低賃金

　賃金の額については，最低賃金法が賃金の最低額を保障している。もともと

賃金の額は（民間企業については）労使で自由に決められるというのが原則であるが，これをつらぬくと，労使の力関係から，きわめて低い賃金額が定められ労働者の生活が不安定になったり，あるいは企業間で社会的に不公正な競争が行われる可能性もあるため，そのような状況を回避するために規制が設けられている。

　最低賃金法が規定する最低賃金には都道府県ごとの地域別最低賃金（9条以下）と特定の産業についての特定最低賃金（15条以下）がある。地域別最低賃金は地域における労働者の生活費等を考慮して定められることになっている（9条2項）が，その際には生活保護との整合性も考慮に入れることとされている（同条3項）（すなわち，最低賃金が生活保護水準を下回らないように配慮されることとなる）。

　最低賃金法によれば，使用者は最低賃金法の適用対象である労働者（2条1号。労基9条参照）に同法に定める最低賃金額以上の賃金を支払う義務を負う（4条1項）。最低賃金額を下回る賃金額を定める労働契約はその部分について無効となり，無効となった部分は最低賃金額に修正される（同条2項）。さらに地域別最低賃金に関しては，支払義務に違反した者および法人等に対しての罰則も用意されている（40条・42条）。

　なお，最低賃金を下回っているかどうかの判断の対象となる賃金は毎月支払われる通常の労働時間に対する賃金であり，一時金や所定外労働に対する賃金は含まれない（最賃4条3項）。

第4節　賃金債権の履行確保

　使用者が経営危機や倒産などのために賃金や退職金を支払うことが困難となった場合，その支払を他の債務に優先させられれば労働者の生活の安定が図られる。

　この点について，民法上は，賃金・退職金（ただし労基法上の賃金に該当するもの）に先取特権が認められており（民306条・308条），使用者の総財産につき優先弁済を受けられることになる。しかしこれは一般先取特権であり，特別の先取特権や抵当権等の担保物権には劣るため（335条参照），常に優遇されるわ

けではない。

　また企業倒産時の賃金債権についても，法定の倒産手続の種類ごとに，一定の範囲の賃金等について優先弁済を受けることが定められている（破産法，会社更生法，民事再生法参照）が，実際上，倒産時には法的手続によらずに私的整理がなされることも少なくなく，その結果賃金債権が十分に保護されない結果になることもありうる。

　こうした不十分さについては，賃金の支払の確保等に関する法律（賃確法）によって一定の範囲ではカバーされている。具体的には，使用者が倒産した場合や，中小企業につき事業活動が停止して再開の見込みがなく支払能力がないことが労働基準監督署長により認定された場合には，退職労働者のうち一定の要件をみたす者の請求により，政府が未払賃金・退職金の一定部分について立替払を行うこととされている（賃確7条，施行令2条，施行規則8条）。

第 *10* 章

労 働 時 間

第 1 節　労働時間・休憩・休日の原則
第 2 節　時間外・休日労働・深夜労働
第 3 節　労働時間規制の特則
第 4 節　労働時間規制の適用除外

　　労働時間は賃金と並ぶ重要な労働条件の 1 つであり，特にその長時間化を防ぎ，労働者に身体的健康と精神的ゆとりを確保することが重要な課題となる。本章では，労働時間についてどのような法的規制があるのか，また働き方の多様化にあわせて法規制に際しどのような工夫がなされているのかについてみていこう。

第 1 節　労働時間・休憩・休日の原則

1 労 働 時 間

(1)　法定労働時間

　使用者は，労働者に，休憩時間を除き，1 週 40 時間を超えて，かつ，1 日 8 時間を超えて労働させてはならない（労基 32 条 1 項・2 項）。この 1 週 40 時間・1 日 8 時間を法定労働時間という。法定労働時間のもつ具体的意味としては，第 1 に，就業規則などで定められる所定労働時間は法定労働時間内におさまっている必要があり，法定労働時間を超えて定めても，その部分は無効となり，法定労働時間に修正される（13 条）。第 2 に，法定労働時間を超える労働をさせる場合には労基法の定める要件をみたす必要があり，また法定の割増賃金を

支払わなければならない（⇨第 2 節）。

　なお，常時 10 人未満の商業やサービス業等においては，法定労働時間は週 44 時間とされている（労基 40 条，労基則 25 条の 2）。

(2)　労基法上の労働時間とは

　所定労働時間が法定労働時間内であっても，実際に働かせた時間が法定労働時間を超える場合には，労基法上割増賃金の支払が必要となり，また処罰の対象ともなりうる。このため，労基法上どのような時間が労働時間と評価されるのかが問題となる。

　学説上は，労基法上の労働時間は，①どのような時間であれ，一定の判断基準に従って客観的に判断されるべきとする客観説，②労働力の提供そのものである中核的時間とそれ以外の周辺的時間に二分し，前者は客観的に判断されるべきであるが，後者は労働時間性の判断が困難であるため当事者の合意（就業規則，労働協約，労使慣行を含む）の内容いかんで判断されるとする二分説などがある。かつての裁判例のなかには，二分説（②）に立つものもみられた（日野自動車工業事件・東京高判昭和 56・7・16 労民集 32 巻 3 = 4 号 437 頁など）。しかし二分説によると，部分的であれ，当事者の合意に基づいて労基法上の労働時間を決めることにより法定労働時間の規制を免れる余地を認めることになり，労基法の強行法規性との整合性を欠くという問題が生じる。そのため現在では学説上の通説も，また最高裁も客観説（①）の立場にたっている（三菱重工業長崎造船所〔一次訴訟・組合側上告〕事件・最一小判平成 12・3・9 民集 54 巻 3 号 801 頁）。

　最高裁によれば，労基法上の労働時間は「指揮命令下に置かれている時間」であると客観的に評価できるかによって判断される（前掲・三菱重工業長崎造船所事件）。学説上は，労基法上の労働時間は使用者が「労働」「させ」た時間である（労基 32 条参照）から，指揮命令性の基準（「させ」たといえるか）に加えて，その時間が職務に従事していると評価できるかという職務性の基準（「労働」といえるか）をも考慮して判断すべきとの見解も有力である。裁判例でも，具体的判断の場面においては実質的にこの 2 つの点を考慮しながら判断されていることが少なくない。

　労基法上の労働時間性が問題となる例としては，次のようなものがある。第

1に，始業前・終業後に行われる業務の準備行為等（保護具や作業服の着脱など）の時間については，それが事業所内で行われることが使用者によって義務づけられているものであれば，労基法上の労働時間に当たる（前掲・三菱重工業長崎造船所事件）。また一見労働者が自発的に業務を遂行しているようにみえる場合（自発的残業など）でも，使用者の黙認や許容があるときには，黙示の義務づけがあったものとして労働時間と解される（京都銀行事件・大阪高判平成13・6・28労判811号5頁）。第2に，現実に実作業に従事していない不活動時間であっても，実作業と実作業との間に生じる待機時間（たとえば，小売店の従業員が顧客を待っている時間）は労基法上の労働時間に当たる。またビル警備員等に与えられる仮眠時間についても，最高裁は，下記の判決により，仮眠室での滞在と警報等への対応が労働契約上義務づけられていることをもって，労基法上の労働時間に当たると判断している。ただし，現実に実作業に従事することが皆無に等しいなど，実質的に上記のような義務づけがされていないと認めることができるような事情が存在する場合には，労働時間に当たらないと判断される可能性もある（そのような判断を行った事例として，ビル代行〔宿直勤務〕事件・東京高判平成17・7・20労判899号13頁〔同・最三小決平成18・6・13労経速1948号12頁も上告棄却・不受理〕）。

⟨判例 10-1⟩ **大星ビル管理事件**
最一小判平成 14・2・28 民集 56 巻 2 号 361 頁

【事案の概要】 X らは，ビル管理会社 Y 社の従業員で，Y 社が受託した各ビルでビル内の巡回監視，ビルテナントの苦情処理等の業務に従事している。X らは毎月数回午前 9 時から翌日午前 9 時までの 24 時間勤務につくが，その間，2 時間の休憩時間以外に，連続 8 時間の仮眠時間が付与されていた。仮眠時間中は仮眠室で待機し，警報が鳴る等した場合は直ちに所定の作業を行うこととされているが，そのようなことがなければ睡眠をとってよいとされていた。X らは月給制であったが，Y 社では，この仮眠時間を所定労働時間に算入せず，泊り勤務手当（2300 円）を支給するだけで，就業規則・労働協約所定の時間外手当（125 パーセント）および深夜就業手当（30 パーセント）の支給の対象となるのは，仮眠時間中実作業に従事した時間のみであった。X らは，仮眠時間全体が労働時間に当たるとして，時間外手当・深夜就業手当の支払を求めて本訴を提起した。最高裁は，次のように述べて X らの主張を一部認めた（ただし，原審は法定時間外労働時間数および割増賃金の基礎となる通常の賃金を正しく

算定していないとして破棄差戻ししている）。

【判旨】「実作業に従事していない仮眠時間……が労基法上の労働時間に該当するか否かは，労働者が不活動仮眠時間において使用者の指揮命令下に置かれていたものと評価することができるか否かにより客観的に定まるものというべきである」。

　「不活動仮眠時間において，労働者が実作業に従事していないというだけでは，使用者の指揮命令下から離脱しているということはできず，当該時間に労働者が労働から離れることを保障されていて初めて，労働者が使用者の指揮命令下に置かれていないものと評価することができる。したがって，不活動仮眠時間であっても労働からの解放が保障されていない場合には労基法上の労働時間に当たるというべきである。そして，当該時間において労働契約上の役務の提供が義務付けられていると評価される場合には，労働からの解放が保障されているとはいえず，労働者は使用者の指揮命令下に置かれているというのが相当である。」

　本件では，「本件仮眠時間中，労働契約に基づく義務として，仮眠室における待機と警報や電話等に対して直ちに相当の対応をすることを義務付けられているのであり，実作業への従事がその必要が生じた場合に限られるとしても，その必要が生じることが皆無に等しいなど実質的に上記のような義務付けがされていないと認めることができるような事情も存しないから，本件仮眠時間は全体として労働からの解放が保障されているとはいえず」，「指揮命令下に置かれているものであり，本件仮眠時間は労基法上の労働時間に当たる」。

　「労基法上の労働時間であるからといって，当然に労働契約所定の賃金請求権が発生するものではなく，当該労働契約において仮眠時間に対していかなる賃金を支払うものと合意されているかによって定まる」ところ，本件では，不活動仮眠時間に対しては泊り勤務手当以外に賃金を支給しないものとされていたと解釈するのが相当であり，X らは就業規則等所定の時間外勤務・深夜就業手当の請求をすることはできない。ただし，本件仮眠時間が労基法上の労働時間と評価され，全体の労働時間が法定労働時間を超え，また深夜労働に当たる以上，Y 社は労基法 13 条・37 条に基づいて労基法所定の時間外・深夜割増賃金を支払うべき義務がある。

　なお，最高裁は，マンション住込み管理人が住民や外来者からの要望に随時対応しなければならず，そのため管理人居室で待機せざるを得ない状態に置かれていた時間についても，労基法上の労働時間に当たると判断している（大林ファシリティーズ〔オークビルサービス〕事件・最二小判平成 19・10・19 民集 61 巻 7

号 2555 頁）。

(3)　労働時間の状況の把握

事業主は，医師による面接指導（労安衛法 66 条の 8 第 1 項または 66 条の 8 の 2 第 1 項に基づくもの）を実施するために，パーソナルコンピュータ等の電子計算機の使用時間の記録等の客観的な方法その他の適切な方法により，労働者の労働時間の状況を把握しなければならない（労安衛 66 条の 8 の 3，労安衛則 52 条の 7 の 3）。この労働時間の状況の把握は，労働者の健康確保措置を適切に実施するためのものであり，対象労働者は，高度プロフェッショナル制度対象者を除くすべての労働者（管理監督者や裁量労働制適用者を含む）である（高度プロフェッショナル制度対象者については，労基法 41 条の 2 第 1 項 3 号の規制に服する。⇨第 4 節 **2** 参照。2018 年の「働き方改革関連法」成立による，産業医・産業保健機能の強化等については，⇨第 12 章）。

(4)　労働時間の算定

労働時間の算定は，上記のような労基法上の労働時間と判断された時間がその対象となる。労働者が異なる事業場で労働をしたときは，労働時間が通算される（労基 38 条 1 項）。この通算は，同一使用者の下で異なる事業場で働く場合のみならず，使用者が異なる場合にも妥当すると一般に解されてきた（昭 23・5・14 基発 769 号）。なお，坑内労働については，その場所の特殊性から，坑口に入った時刻から出た時刻までの時間が労働時間とみなされる（同条 2 項）。

2　休 憩 時 間

使用者は 6 時間を超え 8 時間以内の労働をさせる場合は少なくとも 45 分，8 時間を超えて労働させる場合は少なくとも 1 時間の休憩時間を労働時間の途中に与えなければならない（労基 34 条 1 項）。休憩時間は，その効果を上げるために，第 1 に，事業場単位で一斉に付与しなければならない（一斉休憩の原則）。しかし，個別に休憩をとる事情にも配慮して労使協定による例外が認められる（同条 2 項）。またそもそも坑内労働（38 条 2 項）や商業・サービス業など一定の事業（40 条）にはこの原則は適用されない。第 2 に，休憩時間は自由に利用さ

せなければならない（自由利用の原則）。ただし，休憩は労働時間の途中で与えられ，かつ，事業場内で過ごすことが多いため，その利用については，職場の規律保持や施設管理の観点から合理的な制約を受ける場合もある（⇨第 14 章第4 節 **3**）。

3 休　　日

　使用者は，労働者に毎週少なくとも 1 回の休日を与えなければならない（週休制の原則。労基 35 条 1 項）。ただし，特定の 4 週間につき 4 日以上の休日を与えることでも足りる（変形週休制。同条 2 項）。このように労基法上の休日規制は比較的緩やかなものであるが，1 日 8 時間・週 40 時間という法定労働時間の規制（⇨ **1**）により自然に週休 2 日制が促されるという側面もある。

　休日を事前に特定しておくことは労基法上要求されていないが，就業規則等で特定するのが望ましいとの行政指導がなされている（昭 63・3・14 基発 150号）。休日の特定に関しては，いったん特定された休日を労働日に変更したうえでその日に労働をさせ，代わりに前後の労働日とされていた日を休日に変更すること（いわゆる休日振替）の可否が問題となる。この点については，事前の休日振替は，①就業規則などに業務上の必要性によって休日振替を行うことがある旨の規定が設けられるなど労働契約上の根拠があり，かつ，②休日振替後，週休制の原則（あるいは変形週休制）が維持される限りは，使用者は休日振替を適法に命じることができる（ただし，週 40 時間を超える時間外労働が発生する場合には，36 協定の締結〔⇨第 2 節 **2**〕と割増賃金の支払〔⇨第 2 節 **4**〕が必要となる）ものと解されている（三菱重工業横浜造船所事件・横浜地判昭和 55・3・28 労判 339号 20 頁）。なお，ある休日について労働日への変更をしないまま労働させた上で，事後的に別の労働日を休日とした（代休を与えた）場合は，上に述べた事前の休日振替と異なり，労働させた日はあくまで休日労働に当たるので，割増賃金の支払（労基 37 条。⇨第 2 節 **4**）が必要である。また 36 協定の締結など法定の要件をみたさない限り，労基法 35 条違反も成立する。

4 勤務間インターバル制度

　2018 年の「働き方改革関連法」により，労働時間等設定改善法が改正され，

事業主は，前日の終業時刻と翌日の始業時刻との間に一定時間の休息を確保するよう努めなければならないこととされた（2条1項）。これは，EUにおける休息時間付与の義務づけ（勤務間インターバル制度）を参照して制度化されたものである。政府は，「過労死等の防止のための対策に関する大綱」（2018年7月24日）において，2020年までに勤務間インターバル制度を導入している企業割合を10%以上にする等の数値目標を定めている。

第2節　時間外・休日労働・深夜労働

1　時間外・休日労働が許される場合

　法定労働時間（労基32条）を超える労働を時間外労働，法定休日（35条）における労働を休日労働という。使用者はこうした時間外・休日労働をさせることができないのが労基法上の原則である（⇨第1節）。しかし，その例外として，労基法は，①災害その他の臨時の必要がある場合で，行政官庁の許可を受けた（許可を受ける時間的余裕がなかった場合は事後に遅滞なく届出をした）場合（33条1項・2項），②官公署の事業に従事する公務員については，公務のために臨時の必要がある場合（33条3項），③労使協定（いわゆる36協定）の締結・届出がなされた場合（36条）については，適法に時間外・休日労働させることができるとしている。このうち日常的な業務上の必要に応じて行われる時間外・休日労働に対応しうるのは36協定（③）によるものである。

2　36協定による時間外・休日労働

　使用者は事業場の過半数組合または過半数代表者との労使協定を締結しこれを行政官庁に届け出た場合には，その定めに従って時間外・休日労働をさせることができる（労基36条本文）。

　従来，時間外労働の上限については厚生労働大臣にその基準を定める権限が付与され，時間外労働の限度基準が定められていた。そして，労使協定の当事者は，労使協定の内容を基準に適合したものとなるようにしなければならないとされていた（労基旧36条3項）が，この基準は法的に強行的な効力をもつも

のとは位置づけられておらず，行政による助言・指導の根拠となるものにとどまっていた。すなわち，労働時間の「絶対的上限規制」は定められていなかったのである。

2018年の労基法改正により，従来のこうした労働時間規制の内容が大きく転換され，罰則付きの「絶対的上限規制」が設けられることになった。

時間外労働（休日労働を含まない）の上限は，原則として月45時間・年360時間となり，臨時的な特別な事情がなければこれ（「限度時間」）を超えることはできなくなった（労基36条3項〜5項）。臨時的な特別の事情があり労使が合意する場合でも，時間外労働は720時間以内，時間外労働と休日労働をあわせて月100時間未満，2〜6か月平均で月80時間以内としなければならず，時間外労働が月45時間を超えることができるのは年6か月までである（同条5項・6項）。時間外労働と休日労働をあわせて月100時間以上，2〜6か月平均80時間を超える場合には，労基法32条違反となり，それによる罰則の適用がある（119条1号）。

36協定には，①時間外・休日労働をさせる労働者の範囲，②対象期間（1年間に限る），③時間外・休日労働をさせることができる場合，④対象期間における1日，1か月および1年のそれぞれの期間における時間外労働の時間または休日労働の日数，⑤時間外労働および休日労働を適正なものとするための必要な事項として厚生労働省令で定める事項を定めなければならない（36条2項）。

3 時間外・休日労働義務の法的根拠

36協定の締結・届出がなされても，労働者は当然に時間外・休日労働すべき義務を負うわけではない。36協定自体は，①時間外・休日労働をさせても労基法違反として罰せられないという免罰的効力，および，②法定労働時間・休日に関する労基法上の強行的な規制を解除する（36協定の範囲内で時間外・休日労働に関する労働契約上の定めをした場合にはそれを無効としない）効力をもつにすぎない。したがって，使用者が労働者に具体的な時間外・休日労働を命じるためには，36協定の締結・届出に加え，別途，法的根拠が必要となる。問題は，この法的根拠がいかなる場合に認められるかである。

学説上は，①あくまで労働者の（その都度あるいは事前の）個別の同意が必要

であるとする個別的同意説，②就業規則や労働協約などの包括的規定で足りる
とする包括的同意説などがみられた。最高裁は次のように判断している。

◁判例 10-2▷ 日立製作所武蔵工場事件
最一小判平成 3・11・28 民集 45 巻 8 号 1270 頁

【事案の概要】 X は，Y 社の工場でトランジスターの品質と歩留り率の向上を
管理する業務に従事していたが，手抜き作業が発覚したため，上司から歩留り
が低下した原因究明と推定のやり直しをするよう残業命令を受けた。しかし
X はこれを拒否し，命じられた作業は翌日に行った。Y 社の就業規則には，
業務上やむを得ない場合には，36 協定により労働時間を延長することがある
旨の規定が存在し，36 協定には，残業事由と延長可能時間が定められていた。
X は残業拒否につき出勤停止 14 日間の懲戒処分を受けたが，その後も残業命
令に従う義務はないとの態度を変えず，また過去 4 回の懲戒処分歴があったこ
ともあり，最終的には懲戒解雇された。これに対し X が，懲戒解雇の無効を
主張して本訴を提起した。最高裁は，次のように述べて，X の請求を棄却し
た。

【判旨】「労働基準法……32 条の労働時間を延長して労働させることにつき，
使用者が，当該事業場の労働者の過半数で組織する労働組合等と書面による協
定（いわゆる 36 協定）を締結し，これを所轄労働基準監督署長に届け出た場
合において，使用者が当該事業場に適用される就業規則に当該 36 協定の範囲
内で一定の業務上の事由があれば労働契約に定める労働時間を延長して労働者
を労働させることができる旨定めているときは，当該就業規則の規定の内容が
合理的なものである限り，それが具体的労働契約の内容をなすから，右就業規
則の規定の適用を受ける労働者は，その定めるところに従い，労働契約に定め
る労働時間を超えて労働する義務を負うものと解する」。

　本件における Y 社の就業規則（具体的にはそれが依拠する 36 協定）は時間外
労働の上限と事由を限定しており，かつその事由も概括的・網羅的ではあるが
相当性が認められる合理的なものであり，また Y 社による残業命令も所定の
残業事由に基づくものであるから，X は時間外労働をする義務を負う。

　この判決は，36 協定が締結・届出され，就業規則に 36 協定の範囲内で一定
の業務上の必要性があれば時間外労働を命じうる旨の規定がある事案において，
就業規則の規定が合理的なものである限り，労働者はその定めるところにより
時間外労働する義務を負うと判示しており，就業規則上の規定は合理的なもの
であれば労働契約の内容になるとの判例（現在では，労契 7 条）に従い（⇨第 8

章第2節 **2**），基本的には包括的同意説（②）の立場に立ったものといえる。

もっとも，就業規則の合理的規定により使用者が時間外労働命令権を有するとしても，労働者にはこうした時間外・休日労働を拒否すべき私生活上あるいは身体上のさまざまな事情を抱えているのが通常であり，労働者に著しい不利益を負わせるような時間外労働命令は，権利濫用として無効となるものと解釈されうる。また前述の限度時間を超えて時間外労働命令が発せられた場合には，その具体的事情などが権利濫用の判断において考慮されるであろう。なお，そもそも業務上の必要性がないなど就業規則上の時間外・休日労働事由に該当する事実が存在しない場合には，契約上の根拠を欠くものとして当該時間外労働命令は無効になるものと解される。

4 割 増 賃 金

(1) 割 増 率

使用者は，時間外労働および休日労働をさせた場合には，通常の労働時間または労働日の賃金の2割5分以上5割以下の範囲内で政令の定める率以上の率で計算した割増賃金を支払わなければならない（労基37条1項）。現在，割増率は時間外労働については2割5分（月60時間を超える時間外労働部分については5割），休日労働については3割5分と定められている（割増賃金令）。また午後10時から午前5時までの時間帯に労働（深夜労働）させた場合には通常の労働時間の賃金の2割5分以上の率で計算した割増賃金を支払われなければならない（労基37条4項）。深夜労働と時間外労働または休日労働が重複する場合には，割増率は合算され，それぞれ5割以上，6割以上の割増賃金が支払われなければならない（労基則20条1項・2項）。

月60時間を超える時間外労働部分については割増率が5割に引き上げられた部分については，労使協定により有給の休暇を与えることで代えることができる（労基37条3項，労基則19条の2）。

(2) 割増賃金の算定基礎

割増賃金の算定基礎となる通常の労働時間または通常の労働日の賃金（通常の賃金）とは，時給制の場合はその時給額，月給・週給・日給の場合は，それ

それの金額をそれぞれ1か月，1週，1日の所定労働時間数で除した額とされている（労基則 19 条 1 項）。ただし，①家族手当，②通勤手当，③別居手当，④子女教育手当，⑤住宅手当，⑥臨時に支払われた賃金，⑦1か月を超える期間ごとに支払われる賃金は除外した上で計算がなされる（労基 37 条 5 項）。①～⑤については労働と無関係の個人的事情によって割増賃金額が変わるのは妥当ではないとの理由で，⑥・⑦についてはそもそも通常の賃金には当たらないとの理由で，算定基礎から除外されている。

(3)　割増賃金の支払

　割増賃金の支払にあたり，法所定の計算方法（時間外労働時間数×通常の労働日または労働時間の賃金×割増率）によることが難しい場合には，①定額の手当を支給したり，②基本給等に割増賃金相当分を含ませて定額の総賃金を支払うことによって，割増賃金の支払に代えるという取扱いもみられる。こうした取扱いも，結果として，法所定の計算方法で算定される割増賃金額を下回らないのであれば，その限りにおいて適法と解されている。ただし，①については，当該手当が契約上時間外労働の対価として記載・説明され，実際の時間外労働等の実態と大きなかい離がないなど，時間外労働等に対する対価として支払われるものといえることが必要である（日本ケミカル事件・最一小判平成 30・7・19 労判 1186 号 5 頁参照）。②については，労基法上義務づけられている割増賃金額が支払われているかを判断できるように，通常の賃金部分と割増賃金部分とが明確に区別されていることを要すると解されている（高知県観光事件・最二小判平成 6・6・13 労判 653 号 12 頁。テックジャパン事件・最一小判平成 24・3・8 労判 1060 号 5 頁，医療法人社団康心会事件・最二小判平成 29・7・7 労判 1168 号 49 頁も参照）。このことは総賃金がいくら高額であっても変わらない（反対の結論をとる裁判例としてモルガンスタンレージャパン〔超過勤務手当〕事件・東京地判平成 17・10・19 労判 905 号 5 頁）。

　なお，割増賃金（労基 37 条）の支払が必要となるのは，あくまで時間外労働，休日労働，深夜労働に該当する労働がなされた場合のみである。逆にいえば，時間外労働，休日労働，深夜労働に該当しない場合であれば，労基法上の労働時間であっても，その時間についていかなる賃金を請求できるかは，当事者の

合意がどうなっていたか（労働契約の解釈）によって決まる（前掲・大星ビル管理事件参照⇨ 判例 10-1 ）。

　したがって，たとえば，所定労働時間外に労働がなされたものの，いまだ全体の労働時間は法定労働時間を超えない所定時間外労働（たとえば，所定労働時間が 7 時間と設定されていた場合に終業後 1 時間労働した場合。いわゆる法内超勤）についても，法定労働時間に達するまでの時間（上記の例では終業後の 1 時間）の賃金請求権の存否等は労働契約の解釈に委ねられることとなる。また週 1 日の法定休日以外における休日（いわゆる法定外休日）における労働についてもこれと同様のことがあてはまる。

第 3 節　労働時間規制の特則

1 変形労働時間制

　変形労働時間制度とは，一定の期間を単位として，その単位期間内の所定労働時間数の平均が週の法定労働時間（40 時間）に収まっていれば，週または 1 日の法定労働時間を超える週や日があっても法定労働時間を超えたものとして扱わないことを認める制度である。

　この制度の下では，忙しい週の所定労働時間を法定労働時間を超えて設定しても，その他の暇な週の所定労働時間を短くして単位期間内の週あたりの平均労働時間を法定労働時間内に収まるようすれば，法定労働時間の規制（労基 32条）に違反したり，割増賃金の支払（37 条）が必要となることもない。したがって，時期により業務に繁閑のある場合や交替制労働のような特殊な勤務形態の場合に，より柔軟な所定労働時間の設定が可能となる。また暇な時期の所定労働時間が短く設定されることにより，総労働時間の短縮にもつながりうる。

　労基法は，一定の要件の下で，次の 3 種類の変形労働時間制を認めている。

(1)　1 か月以内の変形労働時間制

　使用者は，事業場の過半数組合または過半数代表者との労使協定または就業規則その他これに準ずるものにより，1 か月以内の一定期間を平均して週あた

りの労働時間が 40 時間を超えない定めをした場合には，その定めにより，特
定された週または日において 1 週 40 時間・1 日 8 時間を超えて労働させるこ
とができる（労基 32 条の 2）。

　この場合，単位期間における各週・各日の所定労働時間を具体的に特定して
おく必要がある。これは，変形労働時間制の下では，日や週により所定労働時
間が異なるため，労働者の生活設計に与える不利益を最小限におさえる必要性
に基づくものである。

　また，いったん特定をした所定労働時間の変更は，例外的・限定的事由を具
体的に定めた変更条項に基づく場合に限って認められる（JR 西日本〔広島支社〕
事件・広島高判平成 14・6・25 労判 835 号 43 頁）。

(2)　1 年以内の変形労働時間制

　使用者は，事業場の過半数組合または過半数代表者との労使協定により，1
か月を超え 1 年以内の一定期間を平均して週あたりの労働時間が 40 時間を超
えない定めをした場合には，その定めにより，特定された週または日において
1 週 40 時間・1 日 8 時間を超えて労働させることができる（労基 32 条の 4 第 1
項）。この制度においても単位期間内の労働日・各日の所定労働時間をあらか
じめ特定しておく必要があるが，最大 1 年にわたる制度であるため，単位期間
を 1 か月ごとに区分し，最初の 1 か月を除いては，あらかじめ各期間内の労働
日数と総労働時間を定めておけば，労働時間の特定は各期間の初日の 30 日前
でよいとされている（同条 1 項・2 項）。

　協定で定める労働時間の限度は，原則として，1 日 10 時間，1 週 52 時間
（労基則 12 条の 4 第 4 項），連続して労働させることができる日数は 6 日（同条 5
項），所定労働日数の上限は単位期間 1 年の場合 280 日（同条 3 項）である。

(3)　1 週間単位の変形労働時間制

　労働者 30 人未満の小売業，旅館，料理店，飲食店においては，事業場の過
半数組合または過半数代表者との労使協定により，使用者は，1 週間単位で週
の労働時間が法定労働時間内におさまっている限り，1 日 10 時間まで労働さ
せることができる（労基 32 条の 5 第 1 項，労基則 12 条の 5）。日ごとの業務の繁

閑が著しく労働時間の特定が困難な零細事業に関して認められる変形労働時間制であり，労働時間の特定は必要でない。ただし各週の始まる前に労働者に労働時間を通知しなければならない（労基 32 条の 5 第 2 項）。

2 フレックスタイム制

　フレックスタイム制とは，各日の始業・終業時刻の決定を労働者の自由な決定に委ねるものである。勤務するか否かの選択が可能な時間帯（フレキシブルタイム）のほか，必ず勤務すべき時間帯（コアタイム）が設定されることも多いが，こうした設定をしなくてもかまわない。

　この制度の下では，労働者が各日の始業・終業時刻を決定することにより，各日・各週の労働時間の長さも労働者の決定に委ねられることになるが，その結果，1 週・1 日の法定労働時間を超える労働がなされることがあっても，変形労働時間制と同様，一定の期間（清算期間。2018 年改正により 1 か月以内から 3 か月以内に延長された）における週あたりの平均労働時間が週の法定労働時間（40 時間）に収まっていれば，法定労働時間を超えたものとして扱わないことが認められている（ただし，清算期間が 1 か月を超える場合には，清算期間開始の日以後 1 か月ごとに区別した各期間ごとに週平均労働時間は 50 時間以内でなければならない。労基 32 条の 3 第 2 項）。

　このようなフレックスタイム制を実施するには，事業場の過半数組合または過半数代表者との労使協定において，清算期間（3 か月以内の期間）とその期間における週あたりの平均が 40 時間を超えない範囲での総労働時間など一定の事項を定め，かつ，就業規則その他これに準ずるものに始業・終業時刻の決定を労働者に委ねる旨を定めなければならない（労基 32 条の 3）。

3 みなし労働時間制

　みなし労働時間制とは，実際に何時間労働したかにかかわらず，一定時間労働したものとみなすというものである。労働時間の算定は実労働時間によるのが原則であるが，労基法は，一定の要件の下で，こうした特別な算定方法を認めている。ただし，この制度はあくまで実労働時間数を問題としないという労働時間の算定に関する特例であり，休憩，休日，深夜労働の規制はもちろん，

みなし労働時間が法定労働時間を超える場合には時間外労働の規制も及ぶ。

(1)　事業場外労働のみなし労働時間制

　外回りの営業，出張などで労働者が主として事業場外で働いている場合，使用者にとってはその労働時間の算定が困難となる。そこで，労働者が労働時間の全部または一部において事業場外で業務に従事し，かつ，労働時間の算定が困難な場合には，所定労働時間だけ労働したものとみなされる（労基38条の2第1項）。この「労働時間の算定が困難な場合」とは，使用者が主観的に算定困難と認識したり，労使が算定困難と合意すれば足りるというものではなく，就労の実態等の具体的事情から客観的にみて労働時間を算定しがたい場合であることが必要とされる（阪急トラベルサポート事件・最二小判平成26・1・24労判1088号5頁）。この制度でのみなし労働時間は現実の労働時間とできるだけ合致していることが要請されており，所定労働時間を超えて労働することが通常必要となる場合には，その業務の遂行に通常必要とされる時間労働したものとみなされる（同項但書）。この業務の遂行に通常必要とされる時間は，事業場の過半数組合または過半数代表者との労使協定によって定めることもできる（同条2項）。

(2)　裁量労働のみなし労働時間制

　裁量労働とは，業務の性質上，その遂行方法を大幅に労働者の裁量に委ねる必要があるため，当該業務の遂行の手段や時間配分の決定等に関し具体的な指示をすることが困難あるいは不適切なものをいう。このような裁量労働に従事する労働者は広い裁量をもって自律的に仕事をしており，使用者による厳格な実労働時間による管理がなじみにくい。そこで，労基法はこのような裁量労働につき，使用者が業務の遂行手段や時間配分等について具体的な指示をしないことなどを要件として，次の2種類のものについて，みなし労働時間制度の適用を認めている。

　(a)　**専門業務型裁量労働制**　　これは専門的業務に従事する労働者について認められているもので，この制度を導入するためには，厚生労働省令で定められる一定の業務について，事業場の過半数組合または過半数代表者との労使協

定により，対象業務，みなし時間数，業務遂行の手段や時間配分につき具体的指示をしないこと，対象労働者の健康福祉確保・苦情処理措置に関することなどについて定めなければならない（労基 38 条の 3）。

厚生労働省令では，研究開発，情報処理システムの分析・設計，取材・編集，デザイナー，プロデューサー，その他厚生労働大臣が指定する業務が列挙されている（労基則 24 条の 2 の 2 第 2 項）。

(b) 企画業務型裁量労働制 これは事業の運営に関する事項についての企画・立案・調査・分析の業務に従事する労働者に認められているものであり，(a)に比べて，より一般的なホワイトカラー労働者を対象としている。その関係で，この制度の導入にはより厳格な要件が設けられている。具体的には，労使委員会を設置し，対象業務，対象労働者，みなし時間数，対象労働者の健康福祉確保・苦情処理措置に関することのほか，適用にあたり対象労働者から同意を得るべきこと，および同意をしなかったことを理由に不利益取扱いをしてはならないこと等について 5 分の 4 以上の賛成をもって決議をし，それを行政官庁に届け出なければならない（労基 38 条の 4）。

なお，この制度を利用できる労働者は，対象業務を適切に遂行するための知識・経験を有する労働者に限られる（平 11・12・27 労告 149 号，平 15・10・22 労告 353 号参照）。

第 4 節 労働時間規制の適用除外

1 労基法 41 条

労基法 41 条により，①農業・畜産・水産業に従事する労働者（1 号），②管理監督者および機密事務取扱者（同条 2 号），③監視・断続的労働従事者（同条 3 号）については，労働時間，休憩，休日に関する規制が適用されない（なお③については行政官庁の許可を要する）。これらの者が適用除外とされているのは，その従事する業務の性質や勤務形態から労働時間規制を及ぼすことが適当でない，あるいは実質的に意味をもたないと考えられたことによる。ただし，これらの者についても深夜労働の規制は適用除外されない（ことぶき事件・最二小判

平成21・12・18労判1000号5頁）。

　実務上特に問題となるのは，管理監督者（②）の範囲である。行政解釈によれば，労務管理について経営者と一体的な立場にあり，厳格な時間管理を受けず，基本給や手当面でその地位にふさわしい処遇を受けているか否かを，名称・肩書にとらわれず，その実態に即して判断すべきものとされている（昭22・9・13発基17号，昭63・3・14基発150号）。裁判所も行政解釈の基準を比較的厳格に適用しており，支店長代理（静岡銀行事件・静岡地判昭和53・3・28労判297号39頁），部長（神代学園ミューズ音楽院事件・東京高判平成17・3・30労判905号72頁），課長（東建ジオテック事件・東京地判平成14・3・28労判827号74頁），ファストフード店の店長（日本マクドナルド事件・東京地判平成20・1・28労判953号10頁）などにつき管理監督者性を否定したものがある（肯定例としては，姪浜タクシー事件・福岡地判平成19・4・26労判948号41頁〔労務管理の実質的権限を有していた営業部次長〕，セントラルスポーツ事件・京都地判平成24・4・17労判1058号69頁〔6つの店舗を統括するエリアディレクター〕などがある）。なお，上下の指揮命令系統（ライン）に直属しないスタッフ管理職も，経営上の重要な事項に関する企画・立案・調査等の業務を担当し，ライン管理職と同格の位置づけをされていれば，管理監督者に該当しうる。

２　労基法41条の2（高度プロフェッショナル制度）

　2018年の労基法改正により，特定高度専門業務・成果型労働制（高度プロフェッショナル制度）が導入された。高度プロフェッショナル制度は，(a)対象業務につく，(b)対象労働者につき，(c)所定の手続や条件のもとで，労働基準法所定の労働時間，休憩，休日及び深夜の割増賃金に関する規定の適用を除外する制度である。

　(a)対象業務は，「高度の専門的知識等を必要とし，その性質上従事した時間と従事して得た成果との関連性が通常高くないと認められるものとして厚生労働省令で定める業務」（労基41条の2第1項1号）であり，具体的には，①金融商品の開発業務，②金融商品のディーリング業務，③アナリストの業務，④コンサルタントの業務，⑤研究開発の業務，である（労基則34条の2第3項）。

　(b)対象労働者については，使用者との間の合意に基づき職務が明確に定めら

れていることが必要であり（41条の2第1項2号イ），年収要件として，厚生労働省令で定める額（1075万円）以上であることが課される（同号ロ，労基則34条の2第6項）。

(c)制度導入にあたって必要とされる手続として，労使委員会における委員の5分の4以上の多数による決議と届出が必要となる（41条の2第1項）。決議事項は，①対象業務，②対象労働者の範囲，③対象労働者の健康管理時間を把握することおよびその方法，④休日の確保，⑤対象労働者への健康・福祉確保措置，⑥対象労働者の同意の撤回手続，⑦苦情処理措置の実施とその具体的内容，⑧同意しなかった労働者への不利益取扱いの禁止，等である。

また，使用者は，「書面その他の厚生労働省令で定める方法により」，対象労働者から同意を得なければならない（41条の2第1項）。具体的には，①対象労働者が同意をした場合には，労働基準法で定める労働時間，休憩，休日および深夜の割増賃金に関する規定が適用されないこと，②同意の対象となる期間，③当該期間中に支払われると見込まれる賃金の額，を明らかにした書面に対象労働者の署名を受け，当該書面の交付がなされなければならない（労基則34条の2第2項）。

さらに，対象労働者の健康を確保するため，使用者は対象労働者に対して，①健康管理時間（事業場にいた時間＋事業場外で労働した時間）の把握，②休日の確保（年間104日以上かつ4週間を通じ4日以上），③選択的措置（(a)勤務間インターバル〔11時間以上〕の確保＋深夜業の回数制限〔1か月に4回以内〕，(b)健康管理時間の上限措置〔1週当たり40時間を超えた時間につき，1か月について100時間以内又は3か月について240時間以内〕，(c)1年に1回以上の連続2週間の休日付与〔対象労働者が請求した場合は連続1週間×2回以上〕，(d)臨時の健康診断，のいずれかに該当する措置を決議で定め実施する），④健康管理時間の状況に応じた健康・福祉確保措置（③のいずれかの措置〔③で決議されたもの以外〕，医師による面接指導，代償休日または特別な休暇の付与，心とからだの健康問題についての相談窓口の設置，適切な部署への配置転換，産業医等による助言指導または保健指導のうちから決議で定め実施する）を実施しなければならない（労基41条の2第1項3号・4号・5号・6号，労基則34条の2第7項～14項）。

第 11 章

休暇・休業

第 1 節　年次有給休暇
第 2 節　育児・介護休業
第 3 節　休暇・休業等の取得と不利益取扱い

休暇・休業は，本来労働日である日について労働義務を免除し，労働者の生活上の
さまざまなニーズに応えるものとして重要な意義をもっている。法律上も労働者は一
定の休暇・休業を取得する権利を保障されている。本章では，こうした法律上の休
暇・休業制度のうち，主に年次有給休暇と育児・介護休業を取り上げ，その保障内容
および法的問題についてみていくこととしよう。

第 1 節　年次有給休暇

1　年次有給休暇とは

　年次有給休暇（いわゆる「年休」）とは，毎年一定日数，賃金を受けながら取
得できる休暇のことをいう。年休を取得した日については，その日の労働義務
が消滅するというだけでなく，賃金（年休手当）を請求できるという効果も発
生する。この年休制度は労働者が労働から離れて心身のリフレッシュを図るこ
となどを目的としている。しかし日本の年休取得率は低く（厚生労働省「就労条
件総合調査」によると 2018 年は 52.4 パーセント，取得日数 9.4 日），長時間労働の
一因になっている。これを受けて，2018 年には「働き方改革」の一環として，
年休取得促進のための法改正がなされた（法改正の内容については，⇨ **4** (3)）。

②　年休権の構造

　労基法によれば，使用者は，所定の要件をみたした労働者に対して，所定の日数分の年休を与えなければならず（39条1項），またそれを労働者の請求する時季に与えなければならない（同条5項）。この規定につき，学説上は，年休権は労働者の請求により発生するのか，また労働者の請求に対して使用者の承認がなければ年休の効果（年休日における労働義務の消滅と年休手当請求権の発生）は生じないのかなどという点が問題となった。これは労基法で保障される年休の権利の法的性質をどのように理解するかという問題にも関わる。

　最高裁は，この点について，年休の権利は，労基法所定の要件（39条1項・2項）をみたすことにより当然に労働者に発生する（労働者の請求を待って生じるものではない）としたうえで，労働者が年休の時期を特定して時季指定を行うこと（同条5項にいう「請求」はこの時季指定のことを意味する）によって年休の効果が発生する（したがって使用者の承認は要しない）との判断を行っている（白石営林署事件・最二小判昭和48・3・2民集27巻2号191頁）。

　この考え方によれば，労基法により労働者に保障される年休の権利とは，法所定の要件をみたすことにより法律上当然に発生する年休権（年休を取得できる権利）と，その年休の具体的時期を特定して年休の効果を発生させる時季指定権の2つの権利から構成されていることになる（これを「二分説」という）。

　なお，年休権のうち一定の範囲のものについては労使協定（計画年休協定）によって具体的時期を特定できる制度も整備されている。その場合，計画年休の対象となっている部分については，その限りにおいて労働者の時季指定権は排除される（⇨ ④(2)）。

③　年休権の発生要件

　使用者は，雇入れの日から起算して6か月継続勤務し，全労働日の8割以上出勤した労働者に対して，10労働日以上の年休を与えなければならない（労基39条1項）。つまり，6か月継続勤務・8割以上出勤するという要件をみたす者に10日の年休権が発生する。さらにその後も，毎年全労働日の8割以上出勤するという要件をみたせば，法所定の日数の年休を取得する権利が発生する。

図表11-1　年次有給休暇の付与日数

勤続年数	6か月	1年6か月	2年6か月	3年6か月	4年6か月	5年6か月	6年6か月以上
付与日数	10日	11日	12日	14日	16日	18日	20日

図表11-2　所定労働日数が少ない労働者への比例付与

週所定労働日数	年間所定労働日数	勤続年数						
		6か月	1年6か月	2年6か月	3年6か月	4年6か月	5年6か月	6年6か月以上
4日	169〜216日	7日	8日	9日	10日	12日	13日	15日
3日	121〜168日	5日	6日	6日	8日	9日	10日	11日
2日	73〜120日	3日	4日	4日	5日	6日	6日	7日
1日	48〜72日	1日	2日	2日	2日	3日	3日	3日

　この毎年付与される年休日数は，勤続年数とともに増加し，勤続6年6か月の時点で最高限度の20日となり，それ以降付与される年休日数は増加しない（同条2項。⇨図表11-1）。また，週の所定労働時間が30時間未満で，かつ所定労働日数が少ない労働者については，所定労働日数に比例して算定された日数の年休が付与される（同条3項，労基則24条の3。⇨図表11-2）。

　年休権の発生要件のうち，8割出勤という要件は，労働者の責めに帰すべき事由による欠勤が多い者を年休権保障の対象から除外する趣旨で設けられたものである。最高裁は，その立法趣旨に照らし，労働者の帰責事由によらない不就労日の取扱いについて，出勤率の算定にあたり，①不可抗力や使用者側に起因する経営・管理上の障害による休業日などは，当事者間の衡平等の観点から，出勤日数に算入せず「全労働日」の日数から除外する，②それ以外のもの（違法解雇による不就労日など）は出勤日として算定するとの基準を示した（八千代交通〔年休権〕事件・最一小判平成25・6・6民集67巻5号1187頁）。また，出勤率算定にあたり，業務上の傷病による休業や産前産後休業，育児・介護休業取得による休業期間は出勤したものとみなされる（労基39条10項）。

　こうして付与された日数分の年休は，まとめて取得することも分割して取得することもできるが，取得の単位は1日が原則である。したがって，労働者が半日単位での取得を希望した場合に，使用者はそれに応じる義務はない。もっとも，任意にこれに応じることは差支えないと解されている（昭63・3・14基発150号等）。なお，2008年には，例外として5日分に限り，労使協定により，

時間単位での付与を認める内容の労基法改正がなされた（労基 39 条 4 項。2010年 4 月施行）。

4 年休の取得時期の特定

3 で述べた要件をみたした労働者には年休権が発生する。そして，その年休の具体的時期が特定されれば，年休の効果（労働義務の消滅・年休手当請求権の発生）が生じる。年休の具体的時期は，(1)労働者の時季指定権の行使（労基39 条 5 項），(2)労使協定（同条 6 項），または(3)使用者による時季指定（同条 7 項）によって特定される。

(1) 時季指定権の行使と時季変更権

労働者が時季指定する場合，その方法としては，①具体的時期（年休の始期と終期）を指定する場合と②季節の指定にとどまる場合がある（ゆえに「時季」という概念が用いられている）。②の場合は，さらにその後の労使間での調整を通じて具体的時期が特定されることが想定されるが，そのような調整がうまくいかなければ，あらためて①によって特定されることとなろう。いずれにせよ，具体的時期を指定する方法での時季指定（①）がなされれば，当該指定した日について年休の効果が発生する。

もっとも，労働者の時季指定に対し，使用者は，労働者の請求した時季に年休を与えることが事業の正常な運営を妨げる場合には，他の時季に与えることができる（労基 39 条 5 項但書）。これを時季変更権といい，労働者の年休の権利と業務上の必要性との調和を図るために，使用者に認められている。この権利が適法に行使されると，労働者の時季指定による年休の効果は発生しない（つまりその日の労働義務は消滅せず，年休手当を請求することもできない）。その場合，年休は別の時季に付与されることとなるが，年休の時季を特定する権利が労働者にある以上，労働者が改めて別の時季を指定すればよく，使用者が代わりに付与する時季を指定する必要はない。したがって，時季変更権の行使の方法は，年休を承認しない旨を労働者に告げることだけで足りる（電電公社此花局事件・最一小判昭和 57・3・18 民集 36 巻 3 号 366 頁）。なお，別の時季に労働者に年休を付与できる可能性が現実にない場合（具体的には退職前や年度末に時季指定がなさ

れた場合に起こりうる）には，使用者は原則として時季変更権を行使できないと解されている（昭 49・1・11 基収 5554 号参照）。

使用者が時季変更権を適法に行使するための要件は，労働者の指定した時季の年休取得が客観的にみて「事業の正常な運営を妨げる」場合に当たることである。この判断は，単に業務上の支障が生じるという点だけでなく，その前提として，使用者が適切な人員配置や代替要員確保の努力を行っているかなど，労働者が指定した時季に年休が取得できるよう状況に応じた配慮を尽くしているかどうかも踏まえてなされる（弘前電報電話局事件・最二小判昭和 62・7・10 民集 41 巻 5 号 1229 頁）。したがって，恒常的な人員不足から代替要員の確保が常に困難である場合など，そもそも人員配置の適正さを欠くような場合には，このような配慮が尽くされていないものとして，時季変更権の行使が違法と判断されやすくなる（西日本ジェイアールバス事件・名古屋高金沢支判平成 10・3・16 労判 738 号 32 頁参照）。

労働者が取得しようとする年休が長期にわたる場合は，時季指定の時点で業務上の支障の程度などを正確に予測することが困難となり，また代替要員の確保などの関係でも事前の調整を図る必要性がより高くなる。

そこで最高裁も，下記の判決により，年休取得が長期にわたる場合は，労働者は使用者と事前の調整を図ることが求められ，それを経ずに具体的時期を特定して長期かつ連続の年休の時季指定をした場合は，事業運営への支障の発生や休暇の時期・期間の変更の必要性等の判断について使用者側の裁量の余地を認めざるをえないとしている。もっとも，ここで使用者に認められる裁量的判断は，労基法 39 条の趣旨に沿う合理的なものでなければならず，使用者が年休取得のための相当の配慮を行っていなければ，時季変更権も違法と判断されうる。

> **判例 11-1**　**時事通信社事件**
>
> **最三小判平成 4・6・23 民集 46 巻 4 号 306 頁**
>
> 【事案の概要】通信社 Y 社の社会部勤務で科学技術庁の科学技術記者クラブに所属し，科学分野での専門的知識・経験を有する記者であった X は，上司に対し，約 2 か月後に，約 1 か月の年休をとって欧州の原子力問題を取材したい旨申し出たうえで休暇・欠勤届を提出し，年休の時季指定を行った。その当時，

Xは原子力関係の取材を多く担当していた。これに対し上司は，科学技術記者クラブの常駐記者はX1人であり，1か月も専門記者が不在では取材報道に支障をきたすおそれがある，代替記者を配置する人員の余裕もないとの理由を挙げ，2週間ずつ2回に分けて休暇をとってほしいと回答したうえで，前半2週間の年休取得は認めたが，後半部分については時季変更権を行使した。しかしXがこれを無視して渡欧したため，Y社はけん責処分と賞与減額を行った。そこでXは，時季変更権の行使が不適法であるとして，当該処分の無効確認等を求めて提訴した。原審はXの請求を認容したが，最高裁は，次のように述べて，原判決を破棄し，高裁に差し戻した。

【判旨】「労働者が長期かつ連続の年次有給休暇を取得しようとする場合においては，……使用者の業務計画，他の労働者の休暇予定等との事前の調整を図る必要が生ずるのが通常である。しかも，使用者にとっては，労働者が時季指定をした時点において，その長期休暇期間間中の当該労働者の所属する事業場において予想される業務量の程度，代替勤務者確保の可能性の有無，同じ時季に休暇を指定する他の労働者の人数等の事業活動の正常な運営の確保にかかわる諸般の事情について，これを正確に予測することは困難であり，当該労働者の休暇の取得がもたらす事業運営への支障の有無，程度につき，蓋然性に基づく判断をせざるを得ないことを考えると，労働者が，……調整を経ることなく，……始期と終期を特定して長期かつ連続の年次有給休暇の時季指定をした場合には，これに対する使用者の時季変更権の行使については，……休暇が事業運営にどのような支障をもたらすか，……休暇の時期，期間につきどの程度の修正，変更を行うかに関し，使用者にある程度の裁量的判断の余地を認めざるを得ない。もとより，使用者の時季変更権の行使に関する右裁量的判断は，労働者の年次有給休暇の権利を保障している労働基準法39条の趣旨に沿う，合理的なものでなければならないのであって，……裁量的判断が，同条の趣旨に反し，使用者が労働者に休暇を取得させるための状況に応じた配慮を欠くなど不合理であると認められるときは，……時季変更権行使の要件を欠くものとして，その行使を違法と判断すべきである。」

本件では，Y社による時季変更権の行使は，代替案の提案などの配慮がなされ，また業務上の支障の判断も不合理ではなく，適法と判断できる。

(2)　計 画 年 休

使用者は，事業場の過半数組合または過半数代表と，労使協定により，年休を与える時季に関する定めをしたときには，その定めに従って，年休を与えることができる（労基39条6項）。これを計画年休という。計画年休は，年休の

計画的付与による取得率の向上のみならず，長期にわたる年休の円滑な取得を可能にする制度としても活用されることを期待して導入された。

　計画年休にかかる労使協定が締結されると，その定めに従って年休日が特定される。したがって，その協定の適用対象とされている労働者である限りは，反対の者（すなわち，その日に年休を取りたくない者）も含め，当該協定で特定された日が年休日となる。

　このように計画年休の対象となると，個々の労働者の時季指定権はその限りで排除される。しかし，労働者がその個人的事情に応じていつでも年休を取得できる余地を残すことも必要であるので，個々の労働者の年休日数のうち少なくとも5日分は計画年休の対象とすることはできないとされている（労基39条6項）。したがって，計画年休の下でも，少なくとも5日については，労働者は時季指定（⇨(1)）によって年休日を特定することができる。

(3)　使用者による時季指定

　(1)で述べたように，労基法は，労働者に年休の時季指定権を付与し，個々の労働者が時季指定権を行使して年休を取得するという仕組みを基本としている。しかし，実際には労働者が年休をとりづらいと感じて時季指定権の行使を控えることも多く，年休取得率は50％前後と国際的にみても非常に低い水準にとどまっている。

　この状況を改善し，労働者に確実に年休を取得させるため，「働き方改革関連法」（2018年7月公布）の一環として，一定日数の年休につき使用者が時季を指定して付与する仕組みが導入された（改正法の施行は2019年4月1日）。

　使用者は，労働者（10日以上の年休を付与すべき者に限られる）に対し，5日の年休を，年休権が発生した日（基準日）から1年以内に，時季を定めて付与しなければならない（労基39条7項）。年休の時季を定めるにあたり，使用者は労働者の意見を聴取し，その意見を尊重するよう努めなければならない（労基則24条の6）。ただし，労働者の時季指定や計画年休により年休を付与した場合，その分の日数は5日から控除されるため，5日以上の年休を付与した場合は，使用者は時季を定めて年休を付与する義務を負わない（労基39条8項）。なお，就業規則などに基づき，法定の基準日より前（入社日など）に10日以上

の年休を付与する場合は，年休を付与した日から 1 年以内に 5 日を指定して取得させなければならないこととされている（労基則 24 条の 5 第 1 項）。

　この年休付与義務は，他の労基法上の義務と同様に私法的効果を有し（労基13 条参照），同義務違反は罰則の適用対象となる（120 条 1 号）。

5 年休の自由利用

　労働者は取得した年休を自由に利用できる（前掲・白石営林署事件）。この年休自由利用の原則との関係で問題となったのは，所属する事業場の正常な事業運営の阻害を目的として労働者が一斉に年休を取得する，いわゆる一斉休暇闘争が行われた場合に，それが年休と認められるかである。最高裁は，はじめから使用者の時季変更権を無視して行う態様のものであればそれは年休権の行使とはいえず，実質的にはストライキであるとして，年休の成立を否定する判断を行っている（前掲・白石営林署事件参照）。また，年休を取得し自己の所属する事業場での争議行為に参加する場合についても，最高裁は，正常な勤務体制を前提とする年休制度の趣旨に反するとして，やはり年休権の行使とは認められないと判断している（国鉄津田沼電車区事件・最三小判平成 3・11・19 民集 45 巻 8号 1236 頁）。他方で，他の事業場で実施される争議行為に参加する場合については，上記の一斉休暇闘争に当たらない限り，自由利用の原則が妥当するとして年休の成立が認められている（前掲・白石営林署事件，徳島県職組事件・最二小判昭和 53・12・8 労判 312 号 49 頁）。

6 未消化年休の取扱い

　労働者が付与された日数分の年休をすべて消化していない場合，年度の終了によって消滅するのかが問題となる。この点については，年休の権利は労基法115 条の 2 年の消滅時効にかかると解されており（昭 22・12・15 基発 501 号），翌年度末までの繰越しが認められることとなる（労基法上の消滅時効については⇨第 9 章第 2 節 6）。

　なお，未消化のまま時効により消滅することとなった年休に対し一定の手当を支払うこと（年休の買上げ）は違法ではないと解されている。しかし，かかる年休の買上げの予約をし，予約があることを理由に年休日数を減らしたり，

年休の取得を認めないことは，労基法 39 条違反になると解されている（昭
30・11・20 基収 4718 号）。

第2節　育児・介護休業

　育児介護休業法は，1991 年に，男女労働者を対象に育児休業の保障などを
定めた育児休業法として制定された。その後，少子高齢化の進展を背景として，
1995 年の改正により，現在のような介護休業の保障などを含めた育児介護休
業法として再編された。その後も法改正が重ねられ，育児・介護休業の充実化
（対象者の拡大や育児休業期間の延長など）が図られるとともに，育児や介護のた
めの勤務時間短縮措置や子の看護のための休暇，パパ・ママ育休プラスの導入
（⇨ **1**(1)）や育児支援措置の強化（⇨ **4**）などが行われた。さらに，2016 年に
は介護休業の分割取得を可能にする制度や有期雇用労働者の育休取得要件の緩
和などを含む法改正が（2017 年 1 月 1 日施行），2017 年には育児休業期間の再延
長を可能にする制度などを含む法改正（2017 年 10 月 1 日施行）がそれぞれ行わ
れた。育児介護休業法は，育児・介護を行う労働者の職業生活と家庭生活の両
立（いわゆるワーク・ライフ・バランス）を図る法律として，その重要性を増して
きている。

1 育児休業

(1)　取得要件・期間

　1 歳未満の子を養育する労働者は，その申出により，子が 1 歳に達するまで
の期間，育児休業を取得することができる（育児介護 5 条）。ただし，1 歳の時
点で保育所等への入所ができないなど特別の事情がある場合には，労働者の申
出により 1 歳 6 か月までの期間に延長することができる（同条 3 項，育児介護則
6 条）。さらに 2017 年の法改正では，年度途中の保育所入所が困難であること
が多いという実情を踏まえ，子が 2 歳に達するまでの再延長が可能になった
（育児介護 5 条 4 項）。

　育児休業は労働者の雇用継続を可能にするための制度と位置づけられている
（育児介護 1 条）ことから，有期契約で雇用される者については，①申出時点で

1 年以上継続して雇用されていることに加え，②子が 1 歳に達した後も雇用継続の見込みがあること等が育児休業の取得要件とされていたが，育児休業申出の時点では雇用継続の見込みがあるか否かが明らかでないことが多く，有期雇用労働者の育休取得を妨げる原因の一つとなっていた。そこで，2016 年の法改正では，①は残しつつ，②を廃止するとともに，子が 1 歳 6 か月になるまでの間に労働契約が満了する（かつ更新されない）ことが明らかでない限り，育児休業を取得しうることとした（5 条 1 項但書）。

　育児休業の権利は男女を問わず保障されるが，現実に休業を取得するのはほとんどが女性である。そこで，父親の育休取得を促すため，2009 年改正により，父母ともに育児休業を取得する場合は子が 1 歳 2 か月に達するまで育休を取得できるという制度（パパ・ママ育休プラス）が導入された（育児介護 9 条の 2）。ただし，父母それぞれが取得できる休業期間の上限は 1 年間のままである。また，妻の出産後 8 週間以内に父親が育児休業を取得した場合には，いったん職場に復帰してから再び育児休業を取得できることになった。さらに，すべての父親が育児休業を取得できるように，労使協定によって専業主婦の夫を育児休業の対象から除外できるという規定が廃止された。

　事業主は労働者からの育児休業の申出を拒否できない（育児介護 6 条）。ただし，事業場の過半数組合または過半数代表との労使協定により，①継続雇用期間が 1 年未満の者，②休業の申出から 1 年以内に雇用関係が終了することが明らかな者，③週の労働日数が 2 日以下の者については休業の申出を拒むことができる（同条 1 項但書，育児介護則 8 条）。

(2)　休業中の賃金保障

　育児介護休業法は，事業主に，育児休業期間中に賃金を支払うことを義務づけていない。他方，雇用保険法に基づく雇用継続給付の一つとして育児休業給付制度が設けられており（雇保 61 条の 4），一定の要件（休業開始日前の 2 年間に賃金支払基礎日数が 11 日以上の月が 12 か月以上あることなど）を満たす被保険者に対して，休業後 6 か月間は休業前賃金の 67 パーセント，その後は 50 パーセントが支給される（雇保 61 条の 4，雇保附則 12 条）。

2 介護休業

(1) 取得要件・期間

　要介護状態の家族（負傷・疾病または身体もしくは精神上の障害により，2週間以上にわたって常時介護を必要とする状態にある配偶者，父母，子，配偶者の父母，祖父母，兄弟姉妹，孫〔育児介護2条3号〜5号，育児介護則2条・3条〕）をもつ労働者は，その申出により，その家族を介護するための休業を取得することができる（育児介護11条）。従来，介護休業の取得は対象家族1人について，通算93日の範囲内で要介護状態ごとに1回とされていたが，当事者のニーズに合わず取得率が低いという問題があった。そこで，2016年の法改正では，介護休業の柔軟な利用を促すため，通算93日の範囲内で3回まで分割して取得できる制度が導入された（同条2項1号・2号）。また，有期契約で雇用される者については，育児休業にならって取得要件が緩和され，①申出時点で1年以上継続して雇用されていること，②介護休業開始から9か月（93日を経過する日から6か月）を経過する日までの間に労働契約が満了し更新されないことが明らかでないことをみたす者は，介護休業の申出をすることが認められる（同条1項）。

　事業主は労働者からの介護休業の申出を拒否できない（育児介護12条）。ただし，事業場の過半数組合または過半数代表との労使協定により，①継続雇用期間が1年未満の者，②休業の申出から93日以内に雇用関係が終了することが明らかな者，③週の労働日数が2日以下の者については休業の申出を拒むことができる（育児介護12条2項，育児介護則24条）。

(2) 休業中の賃金保障

　育児休業の場合と同様，事業主には介護休業期間中の賃金支払義務はないが，一定の要件を満たす者に対しては，雇用保険法に基づく介護休業給付が支給される（雇保61条の6）。支給額は休業前賃金の40パーセントであったが，育児休業とのバランスをとるため，2016年8月以降に開始した介護休業については67パーセントに引き上げられた（雇保附則12条の2）。

③ 子の看護休暇, 介護休暇

　小学校の就学始期に達するまでの子を養育する労働者は, その申出により, 年間 5 労働日（小学校就学前の子が 2 人以上いる場合には 10 日）を限度として, 傷病にかかった子の世話をしたり, 子に予防接種や健康診断を受けさせるために看護休暇を取得することができる（育児介護 16 条の 2）。また, 要介護状態の対象家族をもつ労働者は, その申出により, 年間 5 労働日（対象者が 2 人以上であれば 10 日）を限度として, その家族の世話（通院のつきそいや介護サービスを受けるために必要な手続の代行を含む）をするために介護休暇を取得することができる（16 条の 5）。2016 年法改正により, 子の看護休暇と介護休暇を半日単位で取得することが可能になった（16 条の 2 第 2 項・16 条の 5 第 2 項）が, 2019 年の規則改正により, 2021 年 1 月からは時間単位の取得が可能になる（育児介護則 34 条・40 条）。

　事業主は, これらの休暇の申出を拒むことはできない（育児介護 16 条の 3 第 1 項・16 条の 6 第 1 項）。ただし, 事業場の過半数組合または過半数代表との労使協定により, ①継続雇用期間が 6 か月未満の者, ②週の労働日数が 2 日以下の者（育児介護則 36 条）については, 休暇の申出を拒むことができる（育児介護 16 条の 3 第 2 項・16 条の 6 第 2 項）。

④ その他の育児・介護支援措置等

　育児介護休業法は仕事と家庭を両立させられるような柔軟な働き方を可能にするために, さまざまな措置を講じるよう事業主に求めている。

　事業主は, 小学校就学前の子を養育する労働者または要介護状態にある対象家族を介護する労働者が請求した場合, 事業の正常な運営を妨げる場合を除き, 1 か月 24 時間, 1 年 150 時間を超える時間外労働をさせてはならない（17 条・18 条）。またこれらの労働者が請求した場合, 同様に午後 10 時から午後 5 時までの深夜業をさせてはならない（19 条・20 条）。さらに, 3 歳までの子を養育する労働者を対象として所定外労働の制限（残業免除）と短時間勤務制度（勤務時間を 1 日 6 時間程度とする措置を含む）を設けることが義務づけられている（16 条の 8・23 条 1 項）。

　その他の育児支援措置として，事業主は，育児休業を取得せずに 1 歳までの子を養育する労働者が申し出た場合には，フレックスタイム制，始業終業時刻の繰上げ・繰下げ，託児施設等の措置（以下，「始業時刻変更等の措置」という）を，また，1 歳から 3 歳に達するまでの子を養育する労働者については，上記の始業時刻変更等の措置または育児休業に準ずる措置を講じるよう努めなければならない（24 条 1 項 1 号・2 号）。さらに，子が 3 歳から小学校就学始期年齢に達するまでの期間については，短時間勤務制度，所定時間外労働の免除，上記の始業時刻変更等の措置，育児休業に準ずる措置を講じるよう努めなければならない（同項 3 号）。また，2017 年の法改正では，男性の育児参加を促進する目的で，小学校就学前の子を養育する労働者に対し，育児に関する目的（配偶者の出産，子どもの学校行事への参加など）のために利用することができる休暇（育児目的休暇）を付与することが努力義務として新たに定められた（同項柱書）。

　介護支援措置については，2016 年の法改正により事業主に義務づけられる措置の範囲が大幅に拡充された。事業主は，要介護状態にある家族を介護する労働者が申し出た場合には，介護休業とは別に，①所定労働時間の短縮措置，②フレックスタイム制，③始業・終業時刻の繰上げ・繰下げ，④介護サービス費用の助成その他これに準ずる措置のいずれかを選択し，3 年以上講じなければならない（育児介護 23 条 3 項，育児介護則 74 条 3 項）。また，介護を行う労働者は，対象家族 1 人につき，介護が終了するまで所定外労働の免除を受けることができる（育児介護 16 条の 9）。

　そのほか，事業主は就業場所の変更を伴う配転を行おうとする場合，労働者の子の養育や家族の介護の状況に配慮しなければならない（育児介護 26 条。⇨第 13 章第 2 節 **2**）。また，セクハラや妊娠・出産等に関するマタハラと同様に，育児介護休業法に基づく制度や措置の申出や利用に関するハラスメントについても，その防止措置を講じることが義務づけられている（25 条。均等法に基づく妊娠・出産等に関するハラスメント防止については，⇨第 6 章第 3 節 **2** を参照）。さらに 2019 年の法改正により，ハラスメントに関する相談を行ったことなどを理由とする不利益取扱いの禁止が定められた（25 条 2 項。2020 年 6 月 1 日施行）。

　事業主は，育児休業・介護休業に関して，休業中の待遇や休業後の賃金その他の労働条件に関する事項を定め，これを労働者に周知するよう努めなければ

ならない（育児介護21条1項）。2017年の法改正では，育児休業・介護休業の取得を促進するため，事業主が，労働者（またはその配偶者）が妊娠・出産したこと，または労働者が対象家族を介護していることを知った場合に，当該労働者に対して個別に上記の事項を知らせる措置をとることが努力義務の内容として追加された。

第3節　休暇・休業等の取得と不利益取扱い

　年休，育児介護休業，子の看護休暇など法律で保障される休暇・休業を取得した労働者について，職場復帰後の配置や賞与の算定などの点で不利益な取扱いがなされることがある。このような不利益取扱いは法が休暇・休業の権利を保障した趣旨に反する可能性があるため，その適法性が問題となる。その適法性の判断は，以下のような形でなされる。

1 法律の明文で禁止されている不利益取扱い

　上記の育児・介護休業，看護・介護休暇および事業主に義務づけられている短時間勤務制度等の措置に関しては，事業主は，これらの休業等の申出や取得をしたことを理由として，解雇その他の不利益な取扱いをしてはならないとの明文の規定が置かれている（育児介護10条・16条・16条の4・16条の7・16条の10・18条の2・20条の2・23条の2。産休取得等を理由とする不利益取扱いの禁止については，⇨第6章第3節 **2**(2)(a)）。したがって，問題となる取扱いがこれらの規定で禁止された「不利益取扱い」に当たれば，強行法規に違反するため違法・無効とされる。

　これらの規定が禁止する不利益取扱いは，当該休暇・休業の申請・取得を理由としてなされたものである。たとえば，育児休業を取得した者について，その休業からの復帰に際して，その者を解雇すること，退職や非正社員への転換を強要すること，降格や不利益な配置転換を行うことは，それを正当化する合理的理由がない限り，休業・休暇の取得を理由とした不利益取扱いに該当するものと推定されよう（指針〔平21・12・28厚労告509号〕参照）。なお，当事者間の合意に基づく退職や非正社員への転換は，それ自体としては育児介護休業法

の禁止する「不利益な取扱い」には当たらないと考えられるが，同法の趣旨や労働関係の性質にかんがみると，そのような合意を容易に認定すべきではない。退職や非正社員への転換等が労働者にもたらす不利益の内容や程度，使用者が行った説明の内容，退職や転換等に至った経緯などを総合的に考慮して，労働者の自由な意思に基づいてなされた合意であるか否かを厳格かつ慎重に判断すべきである（合意の成立を否定した裁判例として，フーズシステム事件・東京地判平成 30・7・5 労判 1200 号 48 頁〔育介休法に基づく時短勤務を申し出た労働者のパート社員への転換〕）。

　他方，育児介護休業法は，同法に基づく休暇・休業等による不就労期間について，使用者に賃金支払を義務づけておらず，不就労期間における賃金支払の有無や金額は労働契約にゆだねられている。したがって，休暇・休業日を賃金等の支給・算定上「欠勤」として取り扱うことについては，それがあくまで不就労期間に応じた賃金の不支給や減額と評価できる場合であれば，休業の申請・取得そのものを理由とするものではないので，同条が禁止する不利益取扱いには当たらないこととなる（ただしその場合においても⇨ **2** を参照）。これに対して，実際に休業した期間に対応する不支給・減額を超える不利益を課すこと（たとえば算定基礎期間の途中で職場復帰したにもかかわらず賞与を全額不支給とすること），育休などによる不就労を他の理由による不就労（たとえば私傷病休職）よりも不利益に扱うことは，不利益の大小にかかわらず，禁止された不利益取扱いに当たると解される（医療法人稲門会〔いわくら病院〕事件・大阪高判平成 26・7・18 労判 1104 号 71 頁〔最二小決平成 27・12・16（上告棄却，不受理）により確定〕，社会福祉法人全国重症心身障害児（者）を守る会事件・東京地判平成 27・10・2 労判 1138 号 57 頁，学校法人近畿大学〔講師・昇給等〕事件・大阪地判平成 31・4・24 労判 1202 号 39 頁）。

　なお，年休に関しては，年休を取得した労働者に対して賃金減額など不利益な取扱いをしないようにしなければならないとの規定が置かれている（労基附則 136 条）。判例および行政解釈は，この規定は単なる努力義務規定にすぎず，これに違反する不利益取扱いをただちに違法・無効とさせる効果はもちえないと解している（昭 63・1・1 基発 1 号，沼津交通事件・最二小判平成 5・6・25 民集 47 巻 6 号 4585 頁）。ただし，学説上はこのような解釈に否定的な立場をとるもの

が多い。

2　その他の不利益取扱い

1 でみた法律が禁止する不利益取扱いには当たらない場合であっても，その取扱いの適法性はなお問題となりうる。従来から，賞与や皆勤手当等の算定において，法律で保障されている休業・休暇を取得した日を欠勤したものと取り扱うことの適法性が問題となってきたが，判例は，このような取扱いが，休暇・休業の権利の行使を抑制し，これらの権利を保障した趣旨を実質的に失わせるものである場合には，公序（民 90 条）に反し無効になるとの判断枠組みを示している（エヌ・ビー・シー工業事件・最三小判昭和 60・7・16 民集 39 巻 5 号 1023 頁，日本シェーリング事件・最一小判平成元・12・14 民集 43 巻 12 号 1895 頁，前掲・沼津交通事件など）。したがって，たとえ法律の明文で禁止される不利益取扱いには当たらないものであっても，権利行使に対する抑制力が強い不利益取扱いについては，なお権利保障の趣旨を没却するものとして，違法・無効と判断されることになる（⇨ 判例 11-2 ）。

> 判例 11-2 　東朋学園事件
> **最一小判平成 15・12・4 労判 862 号 14 頁**

【事案の概要】 私立学校法人 Y 学園に勤務する女性職員 X は，平成 6 年 7 月に男児を出産し，8 週間の産後休業を取得した後，同年 10 月から子供が 1 歳になるまでの間，Y 学園の育児休職規程に基づき，1 日につき 1 時間 15 分の勤務時間短縮措置の適用を受けた。Y 学園の給与規程では，賞与を出勤率が 90 パーセント以上の者に支給する旨定められていた（以下「本件 90 パーセント条項」）ところ，①平成 6 年度末の期末賞与の支給基準等を具体的に定める回覧文書には，産前産後休業および生理日の休業は欠勤日数に加算する旨の規定が，さらに②平成 7 年度夏季賞与に関する回覧文書には，育児のための勤務時間の短縮を受けた場合，その短縮分を欠勤日数に加算する旨の規定が追加され，X はいずれにおいても賞与の支給要件たる本件 90 パーセント条項をみたせなかった。そこで，X は，各賞与の不支給は，労基法上の産後休業の取得および育児介護休業法上の勤務時間短縮措置の適用を理由とする不利益取扱いであり，公序（民 90 条）に違反して無効であると主張して，その支払を求めて提訴した。第 1 審および原審は X の請求を認容したが，最高裁は，次のように述べて，原判決を破棄し，高裁に差し戻した。

【判旨】「産前産後休業を取得し，又は勤務時間の短縮措置を受けた労働者は，その間就労していないのであるから，労使間に特段の合意がない限り，その不就労期間に対応する賃金請求権を有しておらず，当該不就労期間を出勤として取り扱うかどうかは原則として労使間の合意にゆだねられているというべきである。」

「従業員の出勤率の低下防止等の観点から，出勤率の低い者につきある種の経済的利益を得られないこととする措置ないし制度を設けることは，一応の経済的合理性を有する〔が，〕……労働基準法65条で認められた産前産後休業を取る権利及び育児休業法10条を受けて育児休職規程で定められた勤務時間の短縮措置を請求し得る法的利益に基づく不就労を含めて出勤率を算定するものであるが……労働基準法65条及び育児休業法10条の趣旨に照らすと，これにより上記権利等の行使を抑制し，ひいては労働基準法等が上記権利等を保障した趣旨を実質的に失わせるものと認められる場合に限り，公序に反するものとして無効となると解するのが相当である。」

本件90パーセント条項は，以下の理由により，公序に反し無効である。すなわち，①単に労務が提供されなかった期間に対応して賞与の減額を行うにとどまらず，産前産後休業を取得するなどした従業員に対し，その期間を欠勤日数に含めて算定した出勤率が90パーセント未満の場合には，一切賞与が支給されないという不利益を被らせるものである，②Y学園での従業員の年間総収入額に占める賞与の比重は相当大きく，その不支給の経済的不利益は大きい，③90パーセントという基準も，産前産後休業等を取得すればそれだけで賞与が不支給となる可能性が高い。他方，賞与額の算定にあたり，産前産後休業の日数および勤務時間短縮措置による短縮部分は本件回覧文書の定めるところに従い欠勤日数にカウントされそれに応じた減額の対象となるが，90パーセント条項とは異なり，欠勤日数に応じた減額にとどまる，また法律上これらの不就労期間に対応する賃金請求権はなく，Y学園の就業規則上も無給としている。以上のことからすると，この部分については直ちに公序に反し無効であるとはいえない。

この判決では，産休や育児のための勤務時間短縮措置を取得・利用した労働者に対する不利益取扱いの適法性が争われているが，均等法や育児介護休業法に不利益取扱禁止規定が設けられる以前の事件であったため，公序違反の有無のみが問題とされている。判決は，それまでの判例により形成された枠組みの下，賞与の支給に関し産前産後休業や勤務時間短縮措置にかかる短縮時間分を欠勤日として取り扱うことについて，それによって賞与の支給要件たる一定の

出勤率（90パーセント）をみたしていないとして全額不支給とすることは公序違反になるが，欠勤日数に応じて賞与の額を減額することは公序違反にはならないとの判断を行っている。そのほかの判例でも，昇給要件としての出勤率（80パーセント）の算定につき，産前産後休業，育児休業などの期間を欠勤日として取り扱うことを公序違反に当たるとするもの（前掲・日本シェーリング事件），皆勤手当の支給に関し，生理休暇を欠勤日として取り扱うこと（前掲・エヌ・ビー・シー工業事件），同じく皆勤手当の支給に関し，年休日を欠勤日として取り扱うこと（前掲・沼津交通事件）は公序違反に当たらないと判断したものなどがある。

　このように，判例は，当該不利益取扱いが公序違反として違法・無効となるかについて，当該休暇の権利保障の趣旨，当該不利益取扱いの趣旨・程度（減額される額の相対的な大きさ等）などを考慮しながら，権利行使に対する抑制力が強いかどうかを基準として判断を下している。

第 12 章

安全衛生・労働災害

第 1 節　労働安全衛生
第 2 節　労 災 補 償

　　労働者の安全や健康を確保することは，労働法の最も重要な課題の 1 つである。
そのための法政策には，労働者のけがや病気（労働災害）の発生を事前に防止する
「労働安全衛生」，そして，予防措置を尽くしても不幸にして生じてしまった労働災害
に対して事後的に救済を講じる「労災補償」の 2 つの柱がある。

第 1 節　労働安全衛生

　かつては，労基法のなかに「安全及び衛生」という章（第 5 章）が設けられ，
労働安全衛生に関する規定が定められていた（労基旧 42 条以下）。しかし，技術
の高度化や生産過程の複雑化のなかで労働災害が増加してきたことに伴い，よ
り総合的・多角的に労働安全衛生政策を推進すべき必要性が高まったことから，
1972 年に労基法とは独立して労働安全衛生法が制定された。

　労働安全衛生法は，職場における労働者の安全と健康の確保とともに，快適
な職場環境の形成を促すことを目的とした法律である（1 条）。この目的を実現
するため，同法は，事業者その他の関係者に対して，①職場における安全衛生
管理体制の整備（10 条以下），②危険・健康障害の防止措置の実施（20 条以下），
③機械・有害物などに関する規制（37 条以下），④安全衛生教育・健康診断な
どの実施（59 条以下）を義務づけている。

　これらの法規制の実効性を確保するために，労働安全衛生法は，罰則（116

条以下）や労働基準監督制度による監督・取締り（90 条以下）を行うほか，行政による労働災害防止計画の策定（6 条以下）や事業者の自主的取組み（労働安全衛生マネジメントシステム）の推進（71 条の 2 以下）など，総合的・多面的な法規制システムを採用している。

　さらに，深刻化している過重労働・メンタルヘルス問題に対する対策として，事業者に，時間外・休日労働が月 80 時間を超え疲労の蓄積が認められる労働者等について医師による面談指導（労安衛 66 条の 8 第 1 項，労安衛則 52 条の 2 以下），面接指導実施のためのタイムカード，パソコンの記録等の客観的な方法等によるすべての労働者の労働時間の状況の適正把握（労安衛 66 条の 8 の 3，労安衛則 52 条の 7 の 3。⇨第 10 章第 1 節 **1** (3)），面接指導に基づく医師の意見を勘案した作業転換，労働時間短縮等の措置の実施（労安衛 66 条の 8 第 4 項・5 項），労働者の心理的な負担の程度を把握するための医師・保健師等による検査（ストレスチェック）の実施（66 条の 10。従業員 50 人未満の事業場については当分の間努力義務）が義務づけられている。

第 2 節　労 災 補 償

1 労災補償制度の背景と枠組み

　労働者が働いていてけがや病気などの労働災害が発生した場合，市民法の世界では，不法行為（日本では民法 709 条）として使用者に損害賠償を請求することが考えられる。この場合，請求をする被災労働者側が，行為の違法性に加え，使用者の故意・過失，損害の発生，使用者の行為と損害の間の因果関係の存在を立証すべき責任を負うことになる。しかし実際には，①十分な情報をもたない労働者側がこれらの点を立証することは困難であり，また，②仮に立証に成功したとしても使用者に十分な資力がない場合には労働者は損害の賠償を受けられないおそれがある。このような状況のなか，労働災害に苦しむ労働者を救済する法制度として，各国で労災補償制度（特にその一形態として労災保険制度）が設けられていった。

　日本では，1947 年に，労基法（第 8 章「災害補償」〔75 条以下〕）と労働者災害

補償保険法（労災保険法）が同時に制定され，労災補償に関する2つの制度が
設けられている。これらはいずれも，使用者の過失の有無を問わず労働災害に
対する定型的な補償・給付を定めている点で，被災労働者側の立証の困難さ
（①）を克服するものとなっている。さらに，労災保険法に基づく制度（労災保
険制度）は，使用者の無資力の危険（②）をも克服するために，政府が管掌す
る社会保険制度の形をとり，全事業主から保険料を徴収して被災労働者・遺族
に政府が直接保険給付を行う方法をとっている。

　実際には，労災保険法による給付内容が労基法の補償内容よりも多くの点で
大幅に上回っており，また，労災保険法により給付が行われるべき場合には使
用者はそれに相当する労基法上の補償責任を免れるとされている（労基84条1
項）ため，労基法上の災害補償制度が適用される余地はほとんどなくなってい
る（災害補償が適用される場面として休業の最初の3日間がある〔労基76条1項・労
災14条参照〕ぐらいである）。以下では，日本の労災補償制度の中心をなしてい
る労災保険制度についてみていく。

② 労災保険制度——労災保険法による給付

(1)　制度の概要

　労災保険制度は，労働者を使用するすべての事業主に強制的に適用される
（労災3条1項）。また，中小企業主や一人親方など「労働者」以外の者につい
ても任意的に加入を認める特別加入制度が設けられている（33条以下）。保険
料は，賃金総額に保険料率を乗じた額とされる（労保徴11条）。保険料率は，
事業の種類ごとに，過去3年間の災害率などを考慮して0.25パーセントから
8.8パーセントの間で定められている（12条2項，労保徴則別表第1）。また，一
定規模以上の事業については，過去3年間の保険給付額に応じて保険料率を
40パーセントの範囲内で増減させる（災害発生を防げば保険料率を低くしてもらえ
る）いわゆるメリット制がとられている（労保徴12条3項）。

　労働災害が発生した場合，被災した労働者またはその遺族などが政府に請求
することにより，保険給付が行われる（労災12条の8第2項参照）。具体的には，
被災労働者・遺族が労働基準監督署長に保険給付の申請を行い，これに対し労
働基準監督署長が支給または不支給の決定を下す。労働基準監督署長の決定に

不服がある場合には，各都道府県の労災保険審査官に審査請求，さらに労災保険審査官の決定に不服があれば労働保険審査会に再審査請求をすることができる（38条1項）。労災保険審査官の決定を経た後，または，労災保険審査官への審査請求後3か月を経過しても決定がなされない場合には，労働基準監督署長の決定の取消しを求める行政訴訟を提起することができる（40条・38条2項）。

　労働基準監督署長は，傷病や死亡が「業務災害」または「通勤災害」に該当すると認められる場合に，保険給付の支給を決定する。保険給付の内容としては，①傷病の療養のための療養（補償）給付（労災13条・22条），②療養のための休業補償としての休業（補償）給付（14条・22条の2），③治癒しても障害が残った場合の補償としての障害（補償）給付（15条・15条の2・22条の3），④被災者が死亡した場合の遺族（補償）給付（16条以下・22条の4），⑤死亡した場合の葬祭費用としての葬祭料（葬祭給付）（17条・22条の5），⑥療養開始後1年6か月を経過しても治癒していない場合の補償としての傷病（補償）年金（12条の8第3項・18条以下・23条），⑦障害（補償）年金（③）または傷病（補償）年金（⑥）を受ける者の介護費用としての介護（補償）給付（12条の8第4項・19条の2・24条）がある。

(2)　「業務災害」の認定

　労災保険給付は，「業務災害」または「通勤災害」に対して支給される。これらのうち，「業務災害」については，「労働者の業務上の負傷，疾病，障害又は死亡」と定義されている（労災7条1項1号）。

　これらのうち，「業務上の負傷・死亡」の認定については，具体的には，①「業務」といえるか（業務遂行性），②業務「上の」災害といえるか（業務起因性）の2点から判断される。第1の業務遂行性については，実労働時間中に起こった災害はもちろん，親睦のための宴会や運動会であっても参加が事実上強制されている場合には業務遂行性が認められる。事業と関連して開催された研修生らの歓送迎会に上司の意向で参加し，終了後研修生らをアパートまで送り工場に戻って業務を行うために車を運転している途中で交通事故にあって労働者が死亡した事件で，業務遂行性を肯定した判例がある（国・行橋労基署長〔テイクロ九州〕事件・最二小判平成28・7・8労判1145号6頁）。また，事業場外労働

や出張中の災害については，移動中や宿泊中など職務を遂行していない時間であっても，業務上の都合からそのような状態に置かれているため，業務遂行性が広く認められている（大分労基署長〔大分放送〕事件・福岡高判平成5・4・28労判648号82頁）。第2に，仮に業務遂行中（①）の災害であっても，それが業務ではなく，地震・竜巻などの自然現象や犯罪行為などの外部の力に起因して生じた場合には，業務起因性（②）が否定され「業務災害」と認められないことがある。もっとも，これらの場合でも，たとえば地震による被害を受けやすい場所で働いていて地震災害を受けた場合など，業務に内在する危険が現実化したといえるときには業務起因性が肯定されうる。

　「業務上の疾病」（職業病）の認定については，たとえば長年有害物質にさらされた職場で働いた後にある病気が発症した場合など，業務遂行性は当然の前提とされることが多いため，業務起因性の判断が重要なポイントとなる。そして，この点の立証には専門的な医学的知識を必要とすることが多いため，労基法施行規則は，別表第1の2において，医学的にみて業務に起因して発生する可能性が高い疾病を業務の種類ごとに類型的に列挙している（たとえば石綿にさらされる業務による肺がん・中皮腫〔別表第1の2第7号8〕）。2010年には同表が改正され，従来は例示されていなかった過重負担による脳・心臓疾患（8号），心理的負荷による精神障害（9号）などが明示的に列挙された。これらに該当することが立証された場合には，特段の反証がない限り，業務上の疾病と認められる（労基75条，労基則35条参照）。なお，上記別表の第11号には「その他業務に起因することの明らかな疾病」との定めが置かれており，第10号までに列挙された疾病に当たらなくても，個別に業務起因性が立証されれば業務上の疾病と認められることになる。

　この業務上の疾病（業務起因性）の判断が問題となる典型的なケースとして，脳・心臓疾患による労働者の死亡（いわゆる「過労死」）がある。過労死のケースでは，高血圧や動脈硬化など基礎疾患をもつ労働者に発症することが多いため，業務（過労）に起因して発症したのか，基礎疾患に起因して発症したのかが問題になることが多い。この点について，最高裁は，次の判例において，業務による過重な負荷が労働者の基礎疾患をその自然の経過を超えて増悪させ，発症に至ったと認められるときには，相当因果関係（業務起因性）の存在を肯

定できるとの判断基準を提示している。

> <u>判例 12-1</u>　**横浜南労基署長（東京海上横浜支店）事件**
> **最一小判平成 12・7・17 労判 785 号 6 頁**
>
> **【事案の概要】** X は支店長付きの運転手として自動車運転の業務に従事していたが，運転業務中にくも膜下出血を発症し，休業した。X は Y（労働基準監督署長）に対し労災保険法に基づく休業補償給付の請求をしたところ，Y は同病の発症は業務上の疾病に当たらないとして不支給決定をした。そこで X は，この決定の取消しを求めて訴えを提起した。なお X は，同病発症の約半年前から 1 日平均 7 時間を超える時間外労働を行っていた。X の健康面では，高血圧症が進行していたがなお治療の必要のない程度のものであり，酒・たばこ等健康に悪影響を及ぼすと認められる嗜好はなかった。最高裁は，次のような理由から，X の請求を認めた。
>
> **【判旨】**「X の基礎疾患の内容，程度，X が本件くも膜下出血発症前に従事していた業務の内容，態様，遂行状況等に加えて，脳動脈りゅうの血管病変は慢性の高血圧症，動脈硬化により増悪するものと考えられており，慢性の疲労や過度のストレスの持続が慢性の高血圧症，動脈硬化の原因の一つとなり得るものであることを併せ考えれば，X の右基礎疾患が右発症当時その自然の経過によって一過性の血圧上昇があれば直ちに破裂を来す程度にまで増悪していたとみることは困難というべきであり，他に確たる増悪要因を見いだせない本件においては，X が右発症前に従事した業務による過重な精神的，身体的負荷が X の右基礎疾患をその自然の経過を超えて増悪させ，右発症に至ったものとみるのが相当であって，その間に相当因果関係の存在を肯定することができる。したがって，X の発症した本件くも膜下出血は労働基準法施行規則 35 条，別表第 1 の 2 第 9 号にいう『その他業務に起因することの明らかな疾病』に該当するというべきである。」

　この最高裁判決を受けて，厚生労働省は，発症に近い時期の過重負荷のほか長期間にわたる疲労の蓄積も考慮されるとし，たとえば，①発症前 1 か月間に時間外労働が 100 時間を超える，または，②発症前 2 ないし 6 か月間に時間外労働が 1 か月あたり 80 時間を超える場合には，業務と発症の関連性が強いとし，この労働時間の目安に加えて，勤務の不規則性，交替制勤務・深夜勤務，作業環境，精神的緊張の程度なども総合的に考慮して，業務の過重性（過労死等の業務起因性）を総合的に判断するものとする行政認定基準を定めている（平13・12・12 基発 1063 号）。

　近年深刻化している業務に関連するうつ病等の精神障害による自殺（いわゆる「過労自殺」）については，業務に起因した死亡なのか，「政府」が「保険給付を行わない」労働者の選択（故意）による死亡（労災12条の2の2参照）なのかが問題となりうる。この点について，近時の裁判例では，自殺による死亡であっても，業務（過労）とうつ病との間に因果関係があり，それに起因して死亡（自殺）したと認められる場合には，業務起因性が肯定されている（豊田労基署長〔トヨタ自動車〕事件・名古屋高判平成15・7・8労判856号14頁，加古川労基署長〔東加古川幼児園〕事件・東京地判平成18・9・4労判924号32頁など）。業務とうつ病との間の因果関係の有無については，平均的な労働者（またはなんらかの個体的脆弱性をもちながらも勤務軽減を必要とせず通常の業務を遂行できる者）を基準として業務による心理的負荷の強度が判断されることが多い（新宿労基署長〔佼成病院〕事件・東京地判平成19・3・14労判941号57頁，平23・12・26基発1226第1号など）。2011年には，職場でのいじめなどによってうつ病（自殺）に至る事案が増加していることを受けて，いじめやセクハラのように出来事が繰り返されるものについては，その開始時から一体のものとして心理的負荷を評価することなどを定めた通達が出された（前掲・基発1226第1号「心理的負荷による精神障害の認定基準について」）。

(3) 「通勤災害」の認定

　労災保険給付は，「通勤災害」に対しても行われる。労災保険法によると，「通勤災害」とは，「労働者の通勤による負傷，疾病，障害又は死亡」と定義されており（7条1項2号），たとえば，通勤途中の交通事故，駅の階段での転倒，落下物による負傷などがそれに該当しうる。この「通勤」とは，住居と就業場所間の往復だけでなく，兼業労働者の就業場所間の移動や，単身赴任者の住居間移動等も含まれ，これらの場所の間を合理的な経路と方法で移動することをいう（同条2項，労災則6条・7条）。たとえば運動会や宴会などに参加した場合であっても，参加が強制され，それ自体が業務（就業場所）と認められる場合には，そこから自宅に帰る途中で起こった事故は「通勤災害」に該当しうる（大河原労基署長〔JR東日本白石電力区〕事件・仙台地判平成9・2・25労判714号35頁）。

　ただし，移動経路からの「逸脱」や移動の「中断」があった場合には，それ以降は「通勤」とは認められない（労災 7 条 3 項）。もっとも，この逸脱・中断が，日常生活上必要な行為（日用品の購入，職業訓練・教育訓練，選挙権の行使，病院・診療所における診察・治療，家族の介護など）をやむを得ない事由のために最小限度で行うものである場合には，これらの逸脱・中断後の移動は「通勤」に当たるとされている（同項但書，労災則 8 条）。

　なお，通勤途中の災害であったとしても，自然現象や外部の力などによって生じた災害（たとえば通勤の途中でカルト教団に毒をかけられて死亡した）については，通勤に内在する危険が現実化したものといえない限り，「通勤災害」には当たらない（大阪南労基署長〔オウム通勤災害〕事件・大阪高判平成 12・6・28 労判 798 号 7 頁）。

3　労災民訴──使用者への損害賠償請求

　労災保険制度による給付は，精神的損害（慰謝料）をカバーしておらず，給付額も現実の損害の大きさにかかわらず定型的に定められているため，労働者が被った損害をすべて補償するものではない。また，そもそも労災保険給付の対象とならない災害であっても，民法上の損害賠償請求が認められることがある。そこでわが国では，政府に対する労災保険給付の請求とは別に，使用者に対し民事訴訟により損害賠償請求をすることが認められている。この両方の請求が行われた場合，労災保険給付で補償された損害については，使用者はその限りで民法上の損害賠償請求を免れるものとされている（労基 84 条 1 項・2 項参照）。

　被災労働者が使用者に対し損害賠償を請求する法的根拠としては，まず，不法行為責任（民 709 条・715 条・717 条など）の追及が考えられる。しかし，不法行為による損害賠償請求権の消滅時効は 3 年（724 条〔当時〕）と短期であり，また，被災労働者側が使用者の過失の存在を立証する責任を負うことなどが救済を困難にしていると考えられていた。そこで判例は，使用者は労働契約上の信義則（1 条 2 項）に基づき労働者の生命や健康を危険から保護するよう配慮すべき義務（安全配慮義務）を負うとして，使用者に債務不履行責任（415 条）を問うことを認めた（陸上自衛隊八戸車両整備工場事件・最三小判昭和 50・2・25 民

集 29 巻 2 号 143 頁，川義事件・最三小判昭和 59・4・10 民集 38 巻 6 号 557 頁など）。労働契約法は，これを，「使用者は，労働契約に伴い，労働者がその生命，身体等の安全を確保しつつ労働することができるよう，必要な配慮をするものとする」という形で，法律上明文化している（5 条）。被災労働者が債務不履行として責任を追及する場合，被災労働者側が安全配慮義務の内容を特定し，義務違反の存在を基礎づける事実を，使用者側が自らに帰責事由がないことを立証する責任を負う。なお，消滅時効については，2017 年民法（債権法）改正（施行は 2020 年 4 月）により，人の生命・身体の侵害による損害賠償請求権については，債務不履行の場合（民 166 条・167 条）も不法行為の場合（724 条・724 条の 2）も，権利行使できることを知った時または損害・加害者を知った時から 5 年，権利行使できる時または不法行為時から 20 年とされ，両者の違いが基本的に解消されることとなった。

　この安全配慮義務は，労働契約上の義務であると同時に，不法行為法上の注意義務をも構成する（注意義務違反は使用者の過失による利益侵害として不法行為となる）と解されている（後掲・電通事件参照⇨ 〈判例 12-2〉）。

　安全配慮義務は，単に労働契約上の義務であるだけでなく，広く「特別の社会的接触関係」にある当事者間における付随義務であると構成されている（前掲・陸上自衛隊八戸車両整備工場事件）。したがって，たとえば，元請企業と下請企業従業員，派遣先企業と派遣労働者など，直接の労働契約関係がない当事者間であっても，労働者に指揮命令や管理監督を行っている場合には，当該使用者（元請企業，派遣先企業）は労働者（下請企業従業員，派遣労働者）に対し安全配慮義務を負うことになる（鹿島建設・大石塗装事件・最一小判昭和 55・12・18 民集 34 巻 7 号 888 頁など）。

　安全配慮義務違反は，過労死や過労自殺等の事案でも認められている。次の判例をみてみよう。

> 〈判例 12-2〉 **電通事件**
> **最二小判平成 12・3・24 民集 54 巻 3 号 1155 頁**
> 【事案の概要】Y 社に勤務していた A は，過重な業務による慢性的な長時間労働に従事し，次第に健康状態が悪化していった。A の上司は A の勤務ぶりや異変を知り十分睡眠をとるよう指導したが，人員を補充するなどの措置を講じ

ることはなかった。A は勤務中に上司も気づく異常な言動を示して帰宅し，翌朝自宅で自殺した。A の両親である X らは，Y 社に対し損害賠償を請求した。最高裁は，次のような理由から，X らの請求を認めた。

【判旨】「労働者が労働日に長時間にわたり業務に従事する状況が継続するなどして，疲労や心理的負荷等が過度に蓄積すると，労働者の心身の健康を損なう危険のあることは，周知のところである。労働基準法は，労働時間に関する制限を定め，労働安全衛生法 65 条の 3 は，作業の内容等を特に限定することなく，同法所定の事業者は労働者の健康に配慮して労働者の従事する作業を適切に管理するように努めるべき旨を定めているが，それは，右のような危険が発生するのを防止することをも目的とするものと解される。これらのことからすれば，使用者は，その雇用する労働者に従事させる業務を定めてこれを管理するに際し，業務の遂行に伴う疲労や心理的負荷等が過度に蓄積して労働者の心身の健康を損なうことがないよう注意する義務を負うと解するのが相当であり，使用者に代わって労働者に対し業務上の指揮監督を行う権限を有する者は，使用者の右注意義務の内容に従って，その権限を行使すべきである。」

　……A の業務遂行とうつ病り患による自殺との間には相当因果関係があるとし，A の上司には A が恒常的に著しく長時間にわたり業務に従事していること及びその健康状態が悪化していることを認識しながらその負担を軽減させるための措置を採らなかったことにつき過失があるとして，Y 社の民法 715条に基づく損害賠償責任を肯定した原審の判断は正当として是認することができる。……また，労働者の性格が，ある業務に従事する労働者の個性の多様さとして通常想定される範囲を外れるものでない限り，裁判所は，労働者の性格等を心因的要因として斟酌し過失相殺の対象とすることはできない。

　この判例が明らかにしているように，使用者は労働者が過重労働により心身の健康を損なわないよう注意する義務を負う（この義務は健康配慮義務ともよばれている）。具体的には，使用者が健康診断などを実施し労働者の健康状態を把握し，それに応じて業務の軽減など適切な措置を講じなかった場合には，安全配慮義務（健康配慮義務）に違反するものと解釈されている（川崎製鉄〔水島製鉄所〕事件・岡山地倉敷支判平成 10・2・23 労判 733 号 13 頁，システムコンサルタント事件・東京高判平成 11・7・28 労判 770 号 58 頁など）。

　労働者が自らの病気に関する情報を使用者に申告していない場合に，使用者に安全配慮義務違反が成立するか，成立するとしても損害賠償の額を定めるにあたって労働者の過失として斟酌できるかも問題となりうる。次の判例をみて

みよう。

<判例 12-3> 東芝（うつ病）事件
最二小判平成 26・3・24 労判 1094 号 22 頁

【事案の概要】 Y 社でプロジェクトリーダーとして働いていた X は，うつ病にり患して休職し，休職期間満了後に Y 社から解雇された。X は，うつ病は過重な業務に起因するものであって解雇は違法・無効であるとして，Y 社に対し安全配慮義務違反を理由とする損害賠償等を請求した。

【判旨】「X が Y 社に申告しなかった自らの精神的健康（いわゆるメンタルヘルス）に関する情報は，神経科の医院への通院，その診断に係る病名，神経症に適応のある薬剤の処方等を内容とするもので，労働者にとって，自己のプライバシーに属する情報であり，人事考課等に影響し得る事柄として通常は職場において知られることなく就労を継続しようとすることが想定される性質の情報であったといえる。使用者は，必ずしも労働者からの申告がなくても，その健康に関わる労働環境等に十分な注意を払うべき安全配慮義務を負っているところ，……労働者にとって過重な業務が続く中でその体調の悪化が看取される場合には，上記のような情報については労働者本人からの積極的な申告が期待し難いことを前提とした上で，必要に応じてその業務を軽減するなど労働者の心身の健康への配慮に努める必要があるものというべきである。……Y 社が安全配慮義務違反等に基づく損害賠償として X に対し賠償すべき額を定めるに当たっては，X が上記の情報を Y 社に申告しなかったことをもって，民法 418 条又は 722 条 2 項の規定による過失相殺をすることはできないというべきである。」

　このように，最高裁は，労働者がメンタルヘルスに関する情報を使用者に申告していないとしても，使用者は安全配慮義務を免れず，その損害賠償額の算定において，労働者が申告しなかったことを過失相殺として斟酌することもできないと判断した。

　同僚による悪質ないじめや上司による執拗な叱責・誹謗などにより労働者が自殺するに至った場合にも，使用者の安全配慮義務（職場環境配慮義務）違反が肯定されている（川崎市水道局〔いじめ自殺〕事件・東京高判平成 15・3・25 労判 849 号 87 頁など）。また，裁量労働制（⇨第 10 章第 3 節 **3** (2)）の下などで，労働者が仕事の遂行方法や労働時間の配分について自ら裁量的に判断して働いている場合であっても，仕事の量や締切りの設定が使用者によって行われている限り，労働者は自らの判断のみで過重労働を解消することができないため，使用

者は安全配慮義務（健康配慮義務）を免れない（労基 38 条の 3 第 1 項 4 号・38 条の4 第 1 項 4 号，前掲・システムコンサルタント事件参照）。近年では，業務中に石綿粉じんにばく露し中皮腫等を発症した労働者について，使用者の安全配慮義務違反による損害賠償責任を問う裁判例が増えている（札幌国際観光〔石綿曝露〕事件・札幌高判平成 20・8・29 労判 972 号 19 頁など）。

第 *13* 章

人　　事

> 　日本企業は人事に関して広範な決定権限（人事権）をもち，これを柔軟に運用することによって企業組織の柔軟性や効率性を確保している。本章では，それが具体的にどのように運用され，どのような法的問題を生じさせているのかについてみていこう。

第1節　昇進・昇格・降格

1 人事管理制度と人事考課（査定）

　日本企業の人事管理においては，役職と職能資格という2つの指標が用いられることが多い。役職とは，企業組織上の地位を指し，通常は部長，課長，係長，係員などの職位によって示される。これは，名刺などに記載される対外的な肩書としても用いられている。職能資格とは，職務遂行能力に基づく格付けを指し，参与，参事，主事，社員などと呼称され（たとえば主事3級6号），これに従って基本給（職能給）が決定される。役職制度と職能資格制度は，制度的には別のものであるが，実際にはゆるやかに結びついていることが多い（たとえば参事はおおむね課長相当，主事はおおむね係長相当とされるなど）。

　これらの役職や職能資格上の位置づけは，使用者（実際には上司等）が従業員
を観察して行う人事考課（査定）に基づいて決定される。人事考課においては
さまざまな事情が観察・評価の対象とされるが，一般には，①能力（経験・訓
練などを通して蓄積された職務遂行能力），②情意（仕事に対する姿勢，勤務態度），
③業績（当該期間における成績，貢献）の3つの評価項目から構成され，それら
がさらに細かく項目化されていることが多い。

　人事考課（査定）制度が就業規則等によって制度化され（または黙示の合意の
存在によって）労働契約の内容となっている場合，使用者は労働契約上，人事
考課権（査定権）をもつことになる。人事考課は使用者の経営判断と結びつい
たものであり，特に日本では評価項目が広範にわたり抽象的なものも多いため，
使用者は人事考課を行うにあたり，原則として広い裁量権をもつと解釈されて
いる（安田信託銀行事件・東京地判昭和60・3・14労判451号27頁，ダイエー事件・
横浜地判平成2・5・29労判579号35頁など）。

　しかし，人事考課が，①国籍・信条・社会的身分（労基3条），組合加入・組
合活動（労組7条），性別（雇均6条）など法律上禁止された事由を考慮に入れ
た場合，②目的が不当であったり，評価が著しくバランスを欠くなど裁量権の
濫用（民1条3項，労契3条5項）に当たると認められる場合（光洋精工事件・大
阪高判平成9・11・25労判729号39頁参照），③所定の考課要素以外の要素に基づ
いて評価をする（住友生命保険〔既婚女性差別〕事件・大阪地判平成13・6・27労判
809号5頁），評価対象期間外の事実を考慮する（マナック事件・広島高判平成
13・5・23労判811号21頁）など人事考課に関する契約上の定めに反する場合に
は，そのような考課を違法として損害賠償を請求することができる。

　なお，学説上，使用者は人事考課をするにあたり公正・適正に評価をする義
務を負っている（それに反する場合には債務不履行として損害賠償請求ができる）と
の見解が有力に主張されている。使用者が人事考課について裁量権をもつか，
公正・適正査定義務を負うかは，理論的には，個別具体的な事情に応じた契約
の解釈の問題と考えられるだろう。

2 昇進・昇格

　通常，昇進とは役職の上昇（たとえば係長から課長へ）を指し，昇格は職能資

格の上昇（たとえば主事3級6号から3級7号へ）を意味する。この昇進・昇格の判断は，一般に，使用者に広い裁量権が認められていることが多い人事考課（査定）（⇨ **1**）に基づいて行われる。また，特に昇進の対象となるポストの数や配置については，使用者の経営判断に基づいて決定されることが多い。したがって，労働者は，原則として，使用者の決定がなければ昇進・昇格した地位にあることの確認請求をすることはできないと解釈されている（前掲・住友生命保険〔既婚女性差別〕事件など）。

　しかし，例外として，たとえば勤続10年で原則として係員を係長に昇格させる旨が就業規則に定められているなど，就業規則の定めや労働慣行などを通じて昇進・昇格することが契約の内容となっていると認められる場合には，昇進・昇格した地位にあることの確認請求が可能である（芝信用金庫事件・東京高判平成12・12・22労判796号5頁参照）。また，昇進・昇格決定の基礎となった人事考課が，法律上禁止された差別（労基3条，労組7条，雇均6条・7条など）や権利濫用（民1条3項，労契3条5項）などに当たり違法と評価される場合には，損害賠償を請求することができる（⇨ **1**）。

3　降　　格

　降格とは，役職または職能資格を低下させることをいう。降格には，人事権の行使としてのものと，懲戒処分としてのもの（⇨第14章第3節 **4**）がある。

　人事権の行使としての降格のうち，役職を低下させるにすぎないものは，労働者の適性や成績を評価して行われる労働力配置の問題（役職の上昇である「昇進」の裏返しの措置）であるから，使用者は，成績不良や職務適性の欠如など業務上の必要性があり権利濫用に当たらない限り，その裁量によってこれを行うことができると解釈されている（エクイタブル生命保険事件・東京地決平成2・4・27労判565号79頁，東京都自動車整備振興会事件・東京高判平成21・11・4労判996号13頁など）。

　これに対し，職能資格を低下させる降格は，基本給の変更をもたらす労働契約上の地位の変更であり，両当事者においてそのような変更は想定されていないことが多い（職能資格の引下げは通常は契約内容となっていない）ことから，労働者の同意や就業規則上の合理的規定など特別の契約上の根拠が必要であると

解釈されている（アーク証券〔本訴〕事件・東京地判平成12・1・31労判785号45頁
など）。契約上の根拠がある場合にも，その契約内容に沿った措置か（たとえば
降格に値する職務遂行能力の低下があったか），権利濫用など強行法規違反に当た
る事情がないかがさらに検討される（明治ドレスナー・アセットマネジメント事
件・東京地判平成18・9・29労判930号56頁など）。

第2節　配転・出向・転籍

1 配転・出向・転籍の意義

　配転とは，職務内容や勤務場所の変更（短期間の出張を除く）のことをいう。
日本企業では定期的に従業員（特に正社員）の配転を行っているところが多く，
配転の多さは日本企業の人事管理の1つの大きな特徴ともいえる。この頻繁な
配転の意義は，長期雇用慣行をとる日本企業において，①多数の職場・仕事を
経験させることによって幅広い技能・熟練を形成していくこととともに，②技
術や市場が多様に変化していくなかでも雇用を維持できるよう柔軟性を確保す
ることにあるといわれている。

　一企業内での異動である配転とは異なり，一企業の枠を超えた労働者の異動
として，出向や転籍がある。出向とは，元の企業との間で従業員としての地位
を維持しながら，他の企業においてその指揮命令に従って就労することを指す
（「在籍出向」ともよばれる）。転籍とは，元の企業との労働契約関係を終了させ，
新たに他の企業との労働契約関係に入ることをいう（「移籍出向」ともよばれる）。
日本企業では企業内の配転だけでなく，他企業への出向や転籍も頻繁に行われ
ている。その背景には，①企業経営の細分化・ネットワーク化のなかで複数の
企業が緊密に連携しながら経営を行う現象が広くみられるとともに，②余剰人
員が発生した場合に企業の枠を超えて広く雇用調整（特に中高年労働者の出向・
転籍による人員整理）が行われているという事情がある。このような動きのなか
で，大企業を中心に，労働者の雇用・育成・調整の範囲が企業単位から出向・
転籍を介した企業グループ単位へと広がり，企業グループ単位の準内部労働市
場が形成されている。

2 配転の有効要件

　配転は，**1** で述べたように，日本企業にとって幅広い技能・熟練の養成や企業組織の柔軟性の確保という意義を有している。しかし同時に，配転は（特に転居を伴う場合には）労働者の私生活に大きな影響を及ぼすという側面をも有している。これらの側面をいかに調整していくかが，ここでの重要な法的課題となる。最高裁は，下記の判決で，この点についての一般的な判断枠組みを示した。

　〈判例 13-1〉 **東亜ペイント事件**
　　　　　　最二小判昭和 61・7・14 労判 477 号 6 頁

【事案の概要】X は，1965 年に大学を卒業して全国 15 か所に事務所・営業所を有する Y 社に入社し，1973 年には同社の神戸営業所で主任待遇となっていた。Y 社が，1973 年に X に対し名古屋営業所への転勤を命じたところ，X は家庭の事情を理由に転居を伴う転勤には応じられないとして，これを拒否した。X は，大阪を離れたことがない 71 歳の母，保育所の運営委員として仕事を辞めることが困難な妻，2 歳の子と同居していた。Y 社は，転勤命令拒否は就業規則所定の懲戒事由に該当するとして，X を懲戒解雇した。X は，本件懲戒解雇は無効であるとして提訴した。

【判旨】「Y 社の労働協約及び就業規則には，Y 社は業務上の都合により従業員に転勤を命ずることができる旨の定めがあり，現に Y 社では，全国に十数か所の営業所等を置き，その間において従業員，特に営業担当者の転勤を頻繁に行っており，X は大学卒業資格の営業担当者として Y 社に入社したもので，両者の間で労働契約が成立した際にも勤務地を大阪に限定する旨の合意はなされなかったという前記事情の下においては，Y 社は個別的同意なしに X の勤務場所を決定し，これに転勤を命じて労務の提供を求める権限を有するものというべきである。

　……転勤，特に転居を伴う転勤は，一般に，労働者の生活関係に少なからぬ影響を与えずにはおかないから，使用者の転勤命令権は無制約に行使することができるものではなく，これを濫用することは許されない〔が〕，当該転勤命令につき業務上の必要性が存しない場合又は業務上の必要性が存する場合であっても，当該転勤命令が他の不当な動機・目的をもってなされたものであるとき若しくは労働者に対し通常甘受すべき程度を著しく超える不利益を負わせるものであるとき等，特段の事情の存する場合でない限りは，当該転勤命令は権

> 利の濫用になるものではないというべきである。右の業務上の必要性について
> も，当該転勤先への異動が余人をもっては容易に替え難いといった高度の必要
> 性に限定することは相当でなく，労働力の適正配置，業務の能率増進，労働者
> の能力開発，勤務意欲の高揚，業務運営の円滑化など企業の合理的運営に寄与
> する点が認められる限りは，業務上の必要性の存在を肯定すべきである。」
>
> 　本件転勤命令については，業務上の必要性が優に存在し，本件転勤がXに
> 与える家庭生活上の不利益は転勤に伴い通常甘受すべき程度のものであるから，
> 本件転勤命令は権利の濫用には当たらない。

　この判決は，使用者の配転命令に対して，契約による制約と権利濫用による
制約の2つの制約を課している。

　第1に，使用者が有効に配転を命じるためには，配転命令権が労働協約や就
業規則の定めなどによって労働契約上根拠づけられていることが必要とされる
（学校法人追手門学院〔追手門学院大学〕事件・大阪地判平成27・11・18労判1134号
33頁）。たとえば，就業規則に「業務上の都合により配転を命じることができ
る」旨の規定があるときには，同規定は一般的には合理的なものと解釈され，
配転命令権が基礎づけられうる。もっとも，職種や勤務地を限定する明示ない
し黙示の合意がある場合には，配転命令権はその合意の範囲内のものに限定さ
れる。職種を限定する合意が認められる例としては，病院の検査技師（大成会
福岡記念病院事件・福岡地決昭和58・2・24労判404号25頁），看護師（国家公務員
共済組合連合会事件・仙台地判昭和48・5・21判時716号97頁），大学教員（金井学
園福井工大事件・福井地判昭和62・3・27労判494号54頁）など特殊な資格や技能
を有する場合が多い。放送局のアナウンサーについては，職種限定の合意の存
在を認めたもの（日本テレビ放送網事件・東京地決昭和51・7・23判時820号54頁）
と認めなかったもの（九州朝日放送事件・最一小判平成10・9・10労判757号20頁
〔（原審）福岡高判平成8・7・30労判757号21頁〕）がある。勤務地を限定する合意
が認められる例としては，現地採用の補助職員（ブック・ローン事件・神戸地決
昭和54・7・12労判325号20頁），転勤には応じられない旨を述べて採用された
従業員（新日本通信事件・大阪地判平成9・3・24労判715号42頁）などが挙げられ
る。

　第2に，使用者に配転命令権が認められる場合にも，その行使には権利濫用
法理による制約が課される。上記の東亜ペイント事件判決によれば，①配転命

令に業務上の必要性が存在しない場合，②配転命令が不当な動機・目的をもってなされた場合，③労働者に通常甘受すべき程度を著しく超える不利益を負わせるものである場合など，特段の事情が存在する場合でない限り，配転命令は権利の濫用になるものではないとされている。業務上の必要性（①）については，「余人をもって代えがたい」という高度の必要性は要求されず，労働者の適正配置や業務運営の円滑化といった事情で足りるとされている。不当な動機・目的（②）としては，嫌がらせや退職へ追い込むための配転などが挙げられる（精電舎電子工業事件・東京地判平成 18・7・14 労判 922 号 34 頁，オリンパス事件・東京高判平成 23・8・31 労判 1035 号 42 頁）。労働者に著しい不利益（③）を負わせる例として，配転すると病気の家族を介護・看護できなくなるといった事情から配転命令を権利濫用としたケースが多くみられる（日本電気事件・東京地判昭和 43・8・31 労民集 19 巻 4 号 1111 頁〔病気の家族 3 人の面倒を自らみていた事案〕，日本レストランシステム事件・大阪高判平成 17・1・25 労判 890 号 27 頁〔重病の子どもを自ら看護していた事案〕，ネスレ日本〔配転本訴〕事件・大阪高判平成 18・4・14 労判 915 号 60 頁〔転勤すると病気の妻の病状が悪化する可能性があった事案（原告 1），重病の母を専業主婦の妻とともに介護していた事案（原告 2）〕など）。もっとも，配転に応じると家族の事情により単身赴任せざるをえないといった事情は，これまでの判例では，通常甘受すべき程度を著しく超える不利益であるとは認められていない（前掲・東亜ペイント事件など）。なお，育児介護休業法は配転の際の子の養育・家族の介護状況に対する使用者の配慮（育児介護 26 条），労働契約法は労働契約の締結・変更の際の仕事と生活の調和への配慮（労契 3 条 3 項）を要請している。これらの規定自体は直ちに法的拘束力（私法上の効力）をもつものとはいえないが，配転命令等の権利濫用性判断において考慮されるべき規定であると解される（NTT 東日本〔北海道・配転〕事件・札幌高判平成 21・3・26 労判 982 号 44 頁など参照）。

　また，配転命令は権利濫用（民 1 条 3 項，労契 3 条 5 項）以外の強行法規（労基 3 条，労組 7 条，雇均 6 条，民 90 条など）にも反してはならない。

③ 出向の有効要件

　出向は配転とは異なり，労働者が労務を提供する相手方である企業が変更さ

れることになる。これは法的には出向元企業が労働者に労務の提供を求める権利を出向先企業に譲渡することを意味するため，これには労働者の承諾が必要になる（民625条1項）。問題はこの「労働者の承諾」とはどのようなものかである。

学説上は，①労働者本人の同意を要するとする個別的同意説，②労働協約や就業規則に根拠規定があれば足りるとする包括的同意説，③出向規定が整備され不利益への配慮もなされている場合には労働協約や就業規則上の包括的同意で足りるとする条件付包括的同意説などがある。この点について，かつての裁判例のなかには，当該労働者の承諾を必要とするとして個別的同意説（①）に立つものもみられた（日立電子事件・東京地判昭和41・3・31労民集17巻2号368頁）。しかし，近時の最高裁判決は，次のように判断している。

> ⟨判例 13-2⟩ **新日本製鐵（日鐵運輸第2）事件**
> **最二小判平成15・4・18労判847号14頁**
>
> 【事案の概要】Xらは，Y社に入社し，同社製鉄所内の構内鉄道輸送業務に従事していた。Y社は鉄鋼産業の構造的不況に対処するため，労働組合との団体交渉を経て，構内鉄道輸送部門を子会社であるA社に業務委託し，同部門で就労していた従業員をA社に出向させることとした。しかし，Xらがこれに応じなかったため，同人等に出向命令を発したところ，XらはA社に赴任した上で，出向命令無効確認の訴えを提起した。なお，Y社の就業規則やXらに適用される労働協約には出向命令権を定める規定があり，出向中の労働条件を詳細に定めた労働協約も締結されていた。最高裁は，次のように述べて，Xらの請求を認めなかった。
>
> 【判旨】「原審の適法に確定した事実関係によれば，(1) 本件各出向命令は，Y社が製鉄所の構内輸送業務のうち鉄道輸送部門の一定の業務を協力会社であるA社……に業務委託することに伴い，委託される業務に従事していたXらにいわゆる在籍出向を命ずるものであること，(2) Xらの入社時及び本件各出向命令発令時のY社の就業規則には，『会社は従業員に対し業務上の必要によって社外勤務させることがある。』という規定があること，(3) Xらに適用される労働協約にも社外勤務条項として同旨の規定があり，労働協約である社外勤務協定において，社外勤務の定義，出向期間，出向中の社員の地位，賃金，退職金，各種の出向手当，昇格・昇給等の査定その他処遇等に関して出向労働者の利益に配慮した詳細な規定が設けられていること，という事情がある。
>
> 　以上のような事情の下においては，Y社は，Xらに対し，その個別的同意

> なしに，Y 社の従業員としての地位を維持しながら出向先である A 社におい
> てその指揮監督の下に労務を提供することを命ずる本件各出向命令を発令する
> ことができるというべきである。」
>
> 　本件出向命令には業務上の必要性や人選の合理性があり，X らの業務内
> 容・勤務場所には何らの変更もなくその処遇等に関する詳細な規定が整備され
> ているなど X らに著しい不利益を与えるものとはいえず，手続に不相当な点
> があるともいえないので，権利の濫用に当たるとはいえない。

　この判決は，労働協約と就業規則に出向命令権を根拠づける規定があり，出
向期間，出向中の地位，出向先での労働条件など出向労働者の利益に配慮した
出向規定が設けられている事案において，使用者は労働者の個別的同意なしに
出向を命じることができると判示しており，条件付包括的同意説（③）に近い
立場に立ったものといえる。この立場がとられた背景には，出向が量的に増加
し，かつ，質的にも出向規定が整備され賃金等処遇面でも労働者の不利益が防
止されるようになったという出向をめぐる実態の変化がある。判例は，このよ
うな社会変化のなかで，出向が実質的に配転と同視できるような事情が存在す
る場合には，配転と同様に包括的な同意で足りると解釈したものといえよう
（企業グループ内での出向について同様の判断をしたものとして興和事件・名古屋地判
昭和 55・3・26 労判 342 号 61 頁参照）。なお，このように出向に伴う不利益への
配慮がなされ就業規則などの包括的規定によって出向命令権が基礎づけられる
場合でも，その行使が権利の濫用など強行法規に反してはならない点は，配転
の場合と同様である。労働契約法は，出向がその必要性，対象労働者の選定状
況などの事情に照らして権利を濫用したものと認められる場合には，出向命令
は無効とすると規定して，この点を確認している（14 条 1 項）。

4　転籍の有効要件

　これに対し，転籍については，元の企業との労働契約関係を終了させ，他の
企業と新たに労働契約を締結させるものである（⇨ **1**）以上，労働者本人のそ
の都度の同意が必要であり，使用者は一方的に転籍を命じることはできないと
解される（三和機材事件・東京地判平成 7・12・25 労判 689 号 31 頁など）。この場合
の「同意」が新たに労働契約を締結する意思表示である以上，労働者個人の真

意に基づいた同意であることが必要である（すなわち，転籍の場合には出向と異な
り民法625条1項の「承諾」は事前の包括的同意では足りない）と解されるからであ
る。

第3節　企業組織の変動──合併・事業譲渡・会社分割

　企業組織の変動に伴って労働者も他の企業に移動するなど労働者の地位に変
動が生じることがある。このような企業組織の変動として，①合併，②事業譲
渡，③会社分割などがある。

1 合　　併

　合併については，ある会社に他の会社が吸収される吸収合併と，新たに会社
を新設しそこに複数の会社が合併されていく新設合併の2つの形態があるが，
いずれの場合にも合併される会社は消滅し，労働契約を含むすべての権利義務
は合併会社（吸収会社または新設会社）に当然に承継される（会社750条・754条
参照。これは「一般承継（包括承継）」とよばれる）。

2 事 業 譲 渡

　事業譲渡とは，企業組織の全部または一部を一体として他に譲渡することを
いう。事業譲渡においては，合併とは対照的に，譲渡元と譲渡先の個別の合意
に基づいていかなる権利義務が移転するかが決定される（これは「特定承継」と
よばれる）。この場合，労働者との関係では次の2つの問題が生じうる。

　第1に，労働者が事業譲渡とともに移転することが譲渡元と譲渡先で合意さ
れている場合，労働者は移転を拒否できるかである。これについては，民法上，
労働者の承諾（民625条1項）を得なければその権利を第三者に譲渡できない
とされているため，労働者はこれを拒否できると解されている（事前協議の必
要性等については事業譲渡等指針〔平28・8・17厚労告318号〕参照）。

　第2に，事業譲渡の対象から排除された労働者が移転（譲渡先との労働契約上
の地位確認）を求めることができるかである。この場合も，原則として，事業
譲渡における権利義務関係の移転は譲渡元と譲渡先の合意（事業譲渡契約）に

よって決まるため，譲渡先は承継対象に特定労働者を含めないことによってこれを排除することができることになる（更生会社フットワーク物流ほか事件・大阪地判平成18・9・20労判928号58頁）。しかし，その人選が不当労働行為（労組7条違反）や脱法行為（民90条違反）など強行法規違反に当たるような場合には，特定労働者を排除する行為は違法・無効とされ，不法行為（709条）として損害賠償を請求することが可能である。また，特定労働者を排除する事業譲渡契約部分が無効とされるだけでなく，排除された労働者も含め譲渡先に承継される合意があったものと解釈できるような場合には，譲渡先に対し労働契約上の地位確認を請求することが可能となる（タジマヤ〔解雇〕事件・大阪地判平成11・12・8労判777号25頁，Aラーメン事件・仙台高判平成20・7・25労判968号29頁，ショウ・コーポレーション〔魚沼中央自動車学校〕事件・東京高判平成20・12・25労判975号5頁など参照）。

❸　会 社 分 割

　会社分割とは，事業に関する権利義務の全部または一部を他の会社に承継させる法定の制度である（会社2条29号・30号，757条以下）。会社分割には，すでに存在する会社に事業を承継させる吸収分割（757条以下）と，新たに会社を設立して承継の相手方とする新設分割（762条以下）の2つの形態がある。

　会社分割制度の下では，吸収分割の場合には分割契約（会社758条），新設分割の場合には分割計画（763条）の定めに従い，労働契約を含む権利義務の承継が決定されるのが原則である（分割承継3条参照。これは「部分的包括承継」とよばれる）。ただし，①承継される事業に主として従事する労働者が分割契約・分割計画上承継の対象として記載されていない場合には，一定期間内に異議を申し出て承継の効果を発生させることができ（4条），また，②承継される事業に主として従事する労働者以外の労働者が分割契約・分割計画上承継対象に含まれている場合には，異議を申し出て承継の効果を免れることができる（5条）。なお，承継される事業に主として従事している労働者を分割契約上承継対象とせず，承継会社への転籍に同意した労働者に限り承継を認めるという取扱い（いわゆる「転籍合意」）は，分割承継法の趣旨を潜脱するものとして公序良俗に反し無効であり，同労働者が同法4条所定の異議申出を行った場合と同様に労

働契約は承継会社にそのまま承継されるとした裁判例がある（阪神バス〔勤務配慮・本訴〕事件・神戸地尼崎支判平成 26・4・22 労判 1096 号 44 頁）。その後の施行規則・指針改正（平 28・8・17 厚労省令 140 号・厚労告 317 号）により，「転籍合意」の場合も後述する労働者との個別協議（商法等改正法〔平 12 法 90 号〕附則 5条 1 項）や書面通知（分割承継 2 条）等の法定の手続は省略できないものとされた。

　分割会社との間で締結されていた労働協約は，協約締結組合の組合員である労働者と分割会社との間で締結されている労働契約が分割先会社に承継されるときは，分割先会社との間でも締結されたものとみなされる（分割承継 6 条 3項）。

　分割会社は，分割にあたり，ⓐ各事業場の過半数組合または過半数代表者と協議をし労働者の理解と協力を得るよう努力する義務（分割承継 7 条，分割承継則 4 条。いわゆる「7 条措置」），ⓑ承継される事業に従事している労働者と労働契約の承継に関して協議をする義務（商法等改正法附則 5 条 1 項。いわゆる「5 条協議」），ⓒ承継事業に主として従事している労働者，主として従事していないが承継対象とされた労働者，労働協約を締結している労働組合に対して，所定事項を書面により通知する義務（分割承継 2 条）を負っている。これらの手続のうち，ⓑ「5 条協議」が全く行われなかった場合，または，著しく不十分で法の趣旨に反することが明らかな場合には，当該労働者は労働契約承継の効力を争うことができるが，ⓐ「7 条措置」自体は労働契約承継の効力を左右するものではなく，5 条協議義務違反の有無を判断する一事情になるにとどまるものと解されている（日本アイ・ビー・エム〔会社分割〕事件・最二小判平成 22・7・12 民集 64 巻 5 号 1333 頁）。

第 4 節　休　　職

　休職とは，労働者を就労させることが適切でない場合に，労働契約を存続させつつ労働義務を一時消滅させることをいう。その例としては，傷病休職，事故欠勤休職，起訴休職，出向休職，自己都合休職，組合専従休職などがある。

　休職制度は，一般に労働協約や就業規則などに定められ，それに基づいて使

用者が一方的に休職を発令することが多い。休職期間中の賃金については，企業ごとにさまざまな取扱いがなされており，基本的には労働協約，就業規則および労働契約の定めによって決定される問題である。ただし，会社側の都合や会社の帰責事由によって休職（労働不能）となっている場合には，労働者は賃金請求権を失わない（民536条2項。全日本空輸事件・東京地判平成11・2・15労判760号46頁参照）。

　傷病休職や事故欠勤休職の場合，休職期間満了の時点で休職事由が消滅していない（傷病等が「治癒」していない）ときには，解雇がなされ，または，労働契約の自動終了（自動退職）という効果が発生するものとされることがある。ここでは特に，どれくらい病状が回復していれば「治癒」したと判断され労働契約の終了という効果が発生しないのかが問題となる。裁判例では，休職期間満了時に従前の職務を支障なく行える状態にまでは回復していなくとも，相当期間内に傷病が治癒することが見込まれ，かつ，当人に適切なより軽い作業が現に存在するときには，使用者は労働者を「治癒」までの間その業務に配置すべき信義則上の義務を負い，労働契約の終了という効果は発生しないとされている（エール・フランス事件・東京地判昭和59・1・27労判423号23頁，東海旅客鉄道〔退職〕事件・大阪地判平成11・10・4労判771号25頁，キヤノンソフト情報システム事件・大阪地判平成20・1・25労判960号49頁など）。

　労働者が刑事事件で起訴された場合に休職を命じる起訴休職については，その趣旨・目的から，企業の対外的信用の失墜や労務の継続的な給付に障害等が生じるおそれがある場合に限り認められると解されている（日本冶金工業事件・東京地判昭和61・9・29労民集37巻4＝5号363頁，前掲・全日本空輸事件）。起訴休職の期間の上限を2年とする定めを合理的とし，期間満了後も勾留されていた労働者の解雇を有効とした裁判例もある（国立大学法人大阪大学事件・大阪高判平成30・4・19労経速2350号22頁）。

第 14 章

服務規律と懲戒

第 1 節　「企業秩序」と懲戒権
第 2 節　懲戒処分の有効要件
第 3 節　懲戒処分の種類
第 4 節　懲 戒 事 由

　　企業においては，企業組織の構成員である従業員が守るべきルールとして服務規律
が定められ，それに従いながら事業の円滑な運営が図られていることが多い。従業員
がこの服務規律に従わない場合には，懲戒処分という制裁罰が加えられることもある。
もっとも，服務規律は従業員の自由を制約する側面をもち，また懲戒処分は制裁罰と
いう強い効力ももつものであるため，これらには一定の法的規制が加えられている。

第 1 節　「企業秩序」と懲戒権

1 服務規律と懲戒処分

　企業は，多数の労働者を組織し円滑に企業活動を行っていくために，就業規
則に服務規律を定めるのが一般的である（労基 89 条 9 号参照）。たとえば，上司
の指示命令に従い誠実に職務を遂行すること，職場の風紀秩序を乱さないこと，
会社の名誉信用を毀損する行為をしないこと，会社の許可なく他に雇用されな
いことなどが定められることが多い。労働者がこの服務規律に違反した場合，
使用者は当該労働者に対して制裁罰として懲戒処分を課すことがある。懲戒処
分の種類としては，後述するように，戒告・けん責，減給，出勤停止，降格，

諭旨解雇（諭旨退職），懲戒解雇などがある。懲戒処分は「使用者が従業員の企業秩序違反行為に対して課す制裁罰」と定義される。

2 判例の「企業秩序」論

　使用者が懲戒処分を行う権限は懲戒権とよばれるが，判例は懲戒権など使用者の職場秩序維持のための諸権限を基礎づける枠組みとして，広く「企業秩序」論とよばれる理論を展開している。代表的な判決として，次に紹介する国労札幌支部事件判決がある。

◁ 判例 14-1 ▷ 国労札幌支部事件
最三小判昭和 54・10・30 民集 33 巻 6 号 647 頁

【事案の概要】 Y（旧国鉄）は，労働組合に対して組合掲示板以外の場所に文書を掲示することを禁止していた。労働組合の役員である X ら 4 名は，春闘における団結力の昂揚などを目的として，職員用のロッカー約 300 個に「合理化粉砕」などと書かれたビラを紙粘着テープで貼付した。このビラ貼りを現認した助役らがこれを制止したが，X らはこれに従わなかった。そこで Y は，X らを就業規則所定の懲戒事由に該当するとして戒告処分に付した。X らは，この処分の無効を主張して訴えを提起した。最高裁は，次のように述べて，X らの請求を退けた。

【判旨】「企業は，その存立を維持し目的たる事業の円滑な運営を図るため，それを構成する人的要素及びその所有し管理する物的施設の両者を総合し合理的・合目的的に配備組織して企業秩序を定立し，この企業秩序のもとにその活動を行うものであって，企業は，その構成員に対してこれに服することを求めうべく，その一環として，職場環境を適正良好に保持し規律のある業務の運営態勢を確保するため，その物的施設を許諾された目的以外に利用してはならない旨を，一般的に規則をもって定め，又は具体的に指示，命令することができ，これに違反する行為をする者がある場合には，企業秩序を乱すものとして，当該行為者に対し，その行為の中止，原状回復等必要な指示，命令を発し，又は規則に定めるところに従い制裁として懲戒処分を行うことができるもの，と解するのが相当である。」

　本件ビラ貼りは，Y の許可を得ずになされたものであり，Y がその貼付を許さないことも企業秩序維持の観点からやむを得ないものといえるため，本件ビラ貼り行為は正当な組合活動とはいえず，本件懲戒処分は有効である。

この判決が示しているように，使用者は，企業の存立と事業の円滑な運営を

図るための必要不可欠な権利として企業秩序を定立し維持する権限（企業秩序定立権）をもち，労働者は，労働契約を締結して雇用されることによって企業秩序を遵守すべき義務（企業秩序遵守義務）を負うと解されている（このほか富士重工業事件・最三小判昭和 52・12・13 民集 31 巻 7 号 1037 頁，関西電力事件・最一小判昭和 58・9・8 労判 415 号 29 頁なども参照）。その理論的根拠は必ずしも明確ではないが，上記のような説示からすれば，労働契約の内容としてそのような権利義務が設定されている（契約説）というより，そもそも使用者は企業経営上の必要性からそのような権利をもち，労働者は雇用されることにより当然そのような義務を負う（固有権説）と判例は考えているようである。

　この使用者の企業秩序定立権（労働者側からみると企業秩序遵守義務）の射程について，判例は，企業組織を構成する「人的要素」のみならず「物的施設」にも広く及ぶものと考えている。具体的には，使用者は，労働者（人的要素）に対し，①企業秩序維持のために具体的に指示・命令をし，②企業秩序違反行為に対して事実調査をし，③違反者に対して懲戒処分を行うなど，企業秩序維持のために広範な権限を有するものとされる。これらの権限は，労働者の職場内の職務遂行行為のみならず，職場外の職務遂行以外の行為にも及ぶと解されている（前掲・関西電力事件〔社宅でのビラ配布〕など）。また，使用者が所有・管理する「物的施設」に関する権利（施設管理権）もこの企業秩序定立権に含まれるものと解されており，この権利を侵害した者に対して必要な指示・命令をし，懲戒処分を行うことも可能とされている。

　もっとも，この企業秩序定立権も無制限に行使されうるものではない。①その行使が権利濫用や公序良俗違反など強行法規違反に当たる場合には，違法・無効なものとされる。たとえば，判例は，従業員の所持品検査は合理的な理由に基づいて一般的に妥当な方法と程度で画一的に実施されるものでなければならないとした（西日本鉄道事件・最二小判昭和 43・8・2 民集 22 巻 8 号 1603 頁）。また，②職場規律について定めた就業規則等の規定は，企業秩序維持という趣旨に照らし限定的に解釈されることがある。たとえば，郵便事業職員の「ひげ」「（男性）長髪」を禁止する身だしなみ基準について，「顧客に不快感を与えるようなひげ及び長髪は不可とする」という内容に限定して適用されるべきとした裁判例がある（郵便事業〔身だしなみ基準〕事件・大阪高判平成 22・10・27 労判

1020 号 87 頁⇨第 5 章第 3 節 **1** (2))。

3 懲戒権の法的根拠

　使用者は企業秩序を乱す行為を行った従業員に対し懲戒処分を行う権限（懲戒権）をもつといわれる。その理論的根拠について，学説は，大別すると，①使用者は経営権の一環として当然に懲戒権を有するとする固有権説と，②使用者は労働契約上の根拠に基づいてその限りで懲戒権を有するとする契約説の 2 つに分かれている。

　最高裁は，上記のように懲戒権を企業秩序定立権の一環として把握しており（⇨ **2**），懲戒権を使用者の固有権として捉えているようである。なお，近時の判例は，使用者が労働者を懲戒するにはあらかじめ就業規則に懲戒の種別および事由を定めておくことが必要であると判示している（フジ興産事件・最二小判平成 15・10・10 労判 861 号 5 頁）。この判決については，契約説に立ったものであると理解する見解もあるが，そう解するとなぜ就業規則の規定が必要なのか（労働協約や個別の労働契約ではいけないのか）が明らかでない。本判決については，懲戒権の法的根拠としてではなく，後述する罪刑法定主義類似の要請（⇨第 2 節 **3**）から，懲戒の種別と事由を就業規則に明定することを要請したものと理解すべきであろう。

　しかし，労働者と使用者との関係を「契約」と捉える現行法の基本的枠組み（労契 6 条，民 623 条参照）のなかでは，固有権説はその理論的根拠に乏しいといえる。懲戒権の法的根拠は理論的には契約に求められるべきである。下級審裁判例には契約説に立つものも多い（洋書センター事件・東京高判昭和 61・5・29 労判 489 号 89 頁，十和田運輸事件・東京地判平成 13・6・5 労経速 1779 号 3 頁など）。

第 2 節　懲戒処分の有効要件

1 契約上の根拠の存在

　契約説の立場に立つと，懲戒処分が有効になされるためには，まず第 1 に，就業規則などにその根拠規定が定められていることが必要とされる。労働契約

法 15 条の「使用者が労働者を懲戒することができる場合において」とは，契約上の根拠に基づいて使用者に懲戒処分を行う権限が認められる場合であることを意味している。この根拠規定が就業規則である場合には，その規定に「合理性」があることが求められる（⇨第 8 章第 2 節 **2** (1)）。また，その規定は企業秩序の維持という趣旨に照らして限定的に解釈されることがある（具体例については⇨第 4 節参照）。

　固有権説の立場からすると，このような契約上の根拠がなくとも，使用者は自らが固有権としてもっている懲戒権を行使して懲戒処分をできることになる。もっとも，固有権説に立ったとしても，後述する罪刑法定主義類似の要請（⇨ **3**）から，事業場において法律に類似する機能をもつ就業規則に懲戒の種別と事由を定めておくことが求められる。

2 権利濫用法理による制約

　第 2 に，契約上の根拠（あるいは使用者の固有権としての懲戒権）に基づいて懲戒権が行使されていたとしても，それは権利の濫用など強行法規違反に当たるものであってはならない。特にここでは，懲戒処分のもとになった労働者の行為（企業秩序違反行為）の重大さとの関係で懲戒処分の内容が不相当に重い場合には，社会通念上相当として是認できない懲戒処分として権利の濫用であり無効と判断されることになる。たとえば，職場で就業時間中に管理職に対して暴行したことなどを理由としてなされた諭旨退職処分につき，この処分は暴行事件から 7 年以上経過した時点で行われたものであり，処分時点においてそのような重い処分を必要とする客観的に合理的な理由を欠き，社会通念上相当なものとして是認することはできないとした判例がある（ネスレ日本〔懲戒解雇〕事件・最二小判平成 18・10・6 労判 925 号 11 頁）。また，学校の式典で国歌斉唱の際の起立斉唱命令に従わなかったことを理由とする教員の減給処分は，重きに失し違法であるとされている（東京都・都教委事件・最一小判平成 24・1・16 判時 2147 号 139 頁）。労働契約法は，当該懲戒が，労働者の行為の性質，態様などの事情に照らして，客観的に合理的な理由を欠き社会通念上相当であると認められない場合は，権利の濫用として無効とすると規定し（15 条），このことを法律上明文化している。

3 罪刑法定主義類似の要請

　第3に，懲戒処分は制裁罰としての性格をもち刑事処罰と類似性をもつため，罪刑法定主義類似の諸原則をみたすものでなければならないと解釈されている。使用者が労働者を懲戒するには，あらかじめ就業規則において懲戒の種別と事由を定めておくことが必要であり（懲戒の種別・事由の明定。このことを述べた前掲・フジ興産事件はこの罪刑法定主義類似の要請を示したものと理解されうる〔⇨第1節 **3**〕。契約説に立つと，就業規則への明定は罪刑法定主義類似の要請に加えて契約上の根拠にもなりうるものといえる），懲戒規定をその作成・変更時点より前の事案に遡及して適用してはならない（不遡及の原則）。また，同じ事由について繰り返し懲戒処分も行うことも禁止される（一事不再理の原則）。さらに，懲戒処分を行うにあたっては適正な手続を踏むこと（特に本人に対して懲戒事由を告知して弁明の機会を与えること）が必要であり，このような適正手続を欠いた懲戒処分は権利濫用として無効（労契15条）となる（日本ボクシングコミッション事件・東京地判平成27・1・23労判1117号50頁など）。

第3節　懲戒処分の種類

　懲戒処分の種類は，企業ごとにさまざまである。そのなかでも典型的な処分として，軽いものから順に以下のようなものがある。

1 戒告・けん責

　どちらも労働者の将来を戒める処分であるが，けん責は労働者に始末書の提出を求めるものであるのに対し，戒告は始末書提出を求めないものであることが多い。

2 減　　給

　賃金を減額する処分である。労働者の経済的利益に直接影響する処分であるため，労基法は，一事案における減給額は平均賃金の1日分の半額以下，複数事案における減給の総額は一賃金支払期の賃金総額の10分の1以下のもので

なければならないとの制限を定めている（91条）。

③ 出勤停止

労働契約を存続させつつ，労働者の労働義務の履行を停止させる処分である。出勤停止期間中は賃金が支払われない取扱いがなされることが多い。この場合に労働者が賃金を請求できるか否かは，出勤停止（労働不能）について使用者の責めに帰すべき事由があるか否かによる（民536条2項）。たとえば，出勤停止処分をしたことを根拠づける事実（労働者の非違行為）がなく，使用者が処分をしたことに合理的な理由がないと認められる場合には，これによる労働者の就労不能は使用者の責めに帰すべき事由に基づくものとして，労働者は賃金を請求する権利を失わないものと解される。

④ 降　格

労働者の企業秩序違反行為に対して制裁を与えることを目的として，その役職や職能資格を低下させる処分である。

> **Column 6　人事権の行使としての降格と懲戒処分としての降格**
>
> 　降格には，人事権の行使としてなされる降格（⇨第13章第1節 ③）と，懲戒処分としてなされる降格がある。この2つはどのようにして区別されるべきか。
>
> 　両者の区別については，当事者（特に使用者）がどちらの措置として行ったかによって判断する主観説と，両者の客観的な性質に即して両者を区別すべきであるとする客観説の2つの考え方がありうる。裁判例のなかには，使用者がどちらの意図で措置を行ったかを重視する主観説に近い立場をとったものがある（アメリカン・スクール事件・東京地判平成13・8・31労判820号62頁）。しかし，理論的に考えると，この区別は，どちらに性質づけられるかにより適用されるべき法規が変わってくるものであり，かつ，ここで適用される法規は当事者がこれと異なる合意をすることを許さない強行的な性質をもつものである（たとえば懲戒処分とされた場合には，人事権の行使の場合とは異なり，罪刑法定主義類似の諸原則の適用がある）。当事者が選択することによってこの強行法規の適用を回避すること（強行法規の潜脱）を防ぐためには，この性質決定は，当事者の意図によらず，客観的な観点からなされるべきである。たとえば，労働者が飲酒運転などの犯罪行為を行い，これに対する制裁として降格処分をし

ようと考えたが，就業規則上懲戒に関する規定が整っていないため，人事上の措置として降格を行った。この場合，法的に人事権の行使としてその有効性を判断することになると，就業規則上の事前の定めや適正手続など罪刑法定主義類似の法原則の適用が，使用者の意図や法形式により容易に回避されてしまうことになるのである。使用者が人事権行使の一環として行った降格であるとしても，客観的にみて企業秩序違反行為に対する制裁罰という性格をもつものについては，懲戒処分としての降格と解釈すべきである。

5 諭旨解雇

会社側が労働者に退職を勧告し，本人の願い出によるという形で退職させる処分である（諭旨退職ともいう）。退職金は支払われることが多いが，その一部または全部が支給されないこともある。

6 懲戒解雇

懲戒処分としての解雇であり，懲戒処分のなかで最も重い処分である。退職金の全部または一部が支給されず，また，解雇予告（またはそれに代わる解雇予告手当）を伴わないで即時解雇されるのが一般的である。仮に懲戒解雇が有効であるからといって，退職金の減額・不支給や予告なしの解雇が有効になるわけではなく，これらはそれぞれ理論的には別の問題である。退職金の不支給が適法か（諭旨解雇の場合も同様である）は賃金請求権の発生の問題（⇨第17章第3節 **1**），予告なしの解雇は適法かという問題は労基法20条1項但書の「労働者の責に帰すべき事由」に該当するか否かの問題である（⇨第16章第1節 **2** (2)）。

第4節　懲戒事由

1 経歴詐称

労働者が採用の際に学歴・職歴・犯罪歴など経歴を偽っていた場合，使用者は錯誤（民95条）または詐欺（96条）があったとして労働契約の無効または取

消しを主張しうる場合がある。使用者は，この民法上の手段を超えて，懲戒処分により労働者に制裁罰を加えることができるか。この点につき，判例は，経歴は企業秩序の維持に関わる重要な事項であるから，それを詐称することは懲戒事由となりうる（場合によっては懲戒解雇も可能である）としている（炭研精工事件・最一小判平成 3・9・19 労判 615 号 16 頁など）。もっとも，懲戒処分の対象となる経歴詐称は最終学歴や職歴など重要な経歴の詐称に限られる。

② 業務命令違反

使用者が発した有効な業務命令（配転命令，所持品検査命令など）に労働者が従わなかった場合，業務命令違反として懲戒処分が課されうる。たとえば，最高裁東亜ペイント事件判決（⇨第 13 章第 2 節 ② ◁判例 13-1▷）では，配転命令拒否に対する懲戒解雇は有効と判断された（最二小判昭和 61・7・14 労判 477 号 6 頁）。もっとも，業務命令違反が認められても，処分が過酷にすぎるなどの事情が存在する場合には懲戒権の濫用と評価されることがある。裁判例のなかには，配転命令は有効であるがこれに従わなかった者に対する懲戒解雇は性急にすぎ配慮を欠くとして権利濫用・無効と判断したものがある（メレスグリオ事件・東京高判平成 12・11・29 労判 799 号 17 頁）。

③ 職場規律違反

就業規則などに記載された職場規律規定に違反する行為は，懲戒処分の対象となりうる。たとえば，会社の許可なく会社の施設・物品を使用すること，職場の秩序・風紀を乱す行為をすることなどが就業規則上服務規律として禁止されている場合に，これに当たる行為をすることである。しばしば問題となるのは，職場内でのビラ配布などの政治活動を禁止する規定に違反した場合に，懲戒処分をなしうるかどうかである。判例は，①就業規則に職場内での政治活動の禁止，ビラ配布の許可制を定めることは，企業秩序維持の見地から合理的な定めとして許されるとしつつ（就業規則の合理性），②形式的に同規定違反に当たる行為があったとしても，実質的に企業秩序を乱すおそれのない特別の事情が認められる場合には，同規定違反は成立しないと判示している（就業規則の限定解釈。目黒電報電話局事件・最三小判昭和 52・12・13 民集 31 巻 7 号 974 頁〔上司

の適法な命令に抗議し政治活動等違法な行為をあおるものであったとして懲戒事由該当性を肯定）。また，セクシュアル・ハラスメント（⇨第5章第3節 **2**(1)）も懲戒処分の対象となりうる。女性従業員に対し性的発言等を繰り返した男性管理職に対する出勤停止処分について，女性従業員が明白に拒否の姿勢を示していなかったこと等は加害者に有利に斟酌できる事情とはいえないとして，同処分を有効とした判例もある（海遊館事件・最一小判平成27・2・26労判1109号5頁）。

4 無断欠勤等

労働者が無断で（正当な理由なく）欠勤，遅刻，早退などを繰り返し勤務を怠ることが，懲戒処分の対象（懲戒事由）とされていることがある。もっとも，無断で欠勤したことによって，常に懲戒処分が有効になされうるわけではない。たとえば，近時の判例では，精神的な不調で欠勤していた労働者が，有給休暇を消化した後，欠勤届を出さないまま欠勤を続けていた事案で，精神科医による健康診断を実施してその診断結果等に応じて休職等の措置を検討し経過をみるなどの対応をとることなく無断欠勤として諭旨退職処分の措置をとった使用者の対応は適切なものとはいえず，懲戒事由たる正当な理由のない無断欠勤には当たらないと判断された（日本ヒューレット・パッカード事件・最二小判平成24・4・27労判1055号5頁）。

5 私生活上の非行

労働者の私生活上の非行についても，会社の名誉や信用を損なうことがあるため懲戒処分の対象とされることがある。もっとも，労働者の職場外・勤務時間外の行為には労働者の私生活の尊重の要請もはたらくため，懲戒事由該当性や懲戒処分の相当性はより厳格に判断されることになる。代表的な判例として，横浜ゴム事件判決がある。

> ＜判例 14-2＞ 横浜ゴム事件
> 最三小判昭和45・7・28民集24巻7号1220頁
> 【事案の概要】Xは，Y社のタイヤ製造業務に従事する労働者である。Xは，深夜飲酒した状態で他人の居宅の風呂場の扉を押し開け屋内に忍び入ったところ，家の者の誰何を受けたため屋外に出て逃走したが，間もなく逮捕された。

　Xは，住居侵入罪に問われ罰金 2500 円（当時）に処せられた。その後，Xの犯行，逮捕の事実が噂として広まり，工場周辺の住民等がこれを知ることとなった。Y社は，同社の従業員賞罰規則所定の「不正不義の行為を犯し，会社の体面を著しく汚した者」に該当するとして，Xを懲戒解雇した。

【判旨】「……〔Xの行為〕は，恥ずべき性質の事柄であって，当時Y社において，企業運営の刷新を図るため，従業員に対し，職場諸規則の厳守，信賞必罰の趣旨を強調していた際であるにもかかわらず，かような犯行が行なわれ，Xの逮捕の事実が数日を出ないうちに噂となって広まったことをあわせ考えると，Y社が，Xの責任を軽視することができないとして懲戒解雇の措置に出たことに，無理からぬ点がないではない。しかし，翻って，右賞罰規則の規定の趣旨とするところに照らして考えるに，問題となるXの右行為は，会社の組織，業務等に関係のないいわば私生活の範囲内で行なわれたものであること，Xの受けた刑罰が罰金 2,500 円の程度に止まったこと，Y社におけるXの職務上の地位も蒸熱作業担当の工員ということで指導的なものでないことなど原判示の諸事情を勘案すれば，Xの右行為が，Y社の体面を著しく汚したとまで評価するのは，当たらないというのほかはない。」

　この判決で，最高裁は，労働者の行為は恥ずべきことであり，使用者が懲戒解雇をしたことも無理からぬ点がないではないとしつつ，この行為は私生活の範囲内で行われたものであること等の事情を考慮し，懲戒事由である「会社の体面を著しく汚した」とまではいえないとして，懲戒解雇を無効と判断した。他方で，鉄道会社の従業員が別会社の電車内で痴漢行為をして逮捕され罰金刑に処せられたことからなされた懲戒解雇を有効とした裁判例もある（小田急電鉄〔退職金請求〕事件・東京高判平成 15・12・11 労判 867 号 5 頁）。

6 二重就職・兼業規制

　会社の承諾（許可）を得ずに他社に雇われたり自ら事業を営むことは，会社の利益を害するおそれがあるため，二重就職または兼業として懲戒事由とされることがある。もっとも，労働者の職場外・勤務時間外の行為については労働者の私生活の尊重や職業選択の自由の要請がはたらくため，二重就職・兼業の懲戒事由該当性やこれに対する懲戒処分の相当性はより厳格に判断される。これらの点を考慮して，裁判例では，①二重就職・兼業を全面的に禁止する就業規則規定は合理性を欠くが，これを許可制とする規定には合理性が認められる

（小川建設事件・東京地決昭和 57・11・19 労判 397 号 30 頁）（就業規則の合理性）としつつ，②ⓐ深夜に及ぶ長時間の兼業等で労務提供に具体的に支障が生じる場合（前掲・小川建設事件，マンナ運輸事件・京都地判平成 24・7・13 労判 1058 号 21 頁）や，ⓑ競合する会社へ就職または自ら競合事業を経営し所属企業への背信行為があると認められる場合（ナショナルシューズ事件・東京地判平成 2・3・23 労判 559 号 15 頁）に限定して，懲戒事由に当たる（ⓐⓑ以外の場合には許可なく兼業しても懲戒事由には当たらない）と解釈されている（就業規則の限定解釈）。

　政府は，働き方改革実行計画（2017 年 3 月）を踏まえ，2018 年 1 月，副業・兼業の促進に関するガイドラインを作成するとともに，副業・兼業の許可制を事前届出制に改めるモデル就業規則改定を行った。

7　内 部 告 発

　近年，企業の不祥事が従業員の内部告発によって明らかになるという事態がしばしば生じている。従業員の内部告発行為は，企業のコンプライアンス（法令遵守）を高め，ひいては公共の利益につながるという側面をもつ。しかし，これは同時に，企業の名誉・信用を損なう行為として懲戒処分等の対象となりうるという側面もあるため，内部告発をした労働者をいかに保護するかが法的に重要な課題となる。このような観点から，2004 年に公益通報者保護法が制定された（2006 年 4 月施行）。

　この法律の趣旨は，公益に資する通報を行った労働者を保護することによって，企業のコンプライアンスを高め，市民社会の健全な発展を促すことにある（1 条）。同法は，この趣旨の下，「公益通報」を行った労働者に対し，「公益通報」を行ったことを理由とする解雇その他の不利益取扱いをすることを，使用者（事業者）に禁止している（3 条・5 条）。

　保護の対象となる「公益通報」行為について，同法は，①会社で同法所定の犯罪事実が発生し，または，まさに発生しようとしていることを，②労働者が不正の目的でなく通報することと定義している（2 条）。このうち，通報行為（②）については，通報先に応じて具体的な要件が設定されている。すなわち，ⓐ通報先が会社内部であれば，通報が不正の目的でないことをもって足りる。ⓑ通報先が所轄行政機関である場合には，通報事実が生じ，または，生じよう

としていると信じるに足りる相当の理由があることも要求される。ⓒそれ以外
の者（マスコミなど）への通報の場合には，これらに加えて，ⓐⓑの通報では
解雇その他の不利益取扱いを受けると信じるに足りる相当の理由があること，
内部通報では証拠隠滅等のおそれがあると信じるに足りる相当の理由があるこ
と，会社から公益通報をしないことを正当な理由なく要求されたこと，内部通
報後20日以内に調査を行う旨の通知がないこと，個人の生命・身体に危害が
発生する急迫した危険があると信じるに足りる相当な理由があること，のいず
れかの要件をみたさなければならない（3条）。

　公益通報者保護法による保護は，その他の法令の適用を妨げるものではなく
（6条），同法の保護対象に当たらない場合でも，内部告発行為に対する懲戒処
分について発展してきた裁判例上の保護は及びうる。

　これまでの裁判例によると，①告発内容が真実でありまたは真実と信ずべき
相当な理由があるか（事実の真実性），②告発の目的が公益性を有するか（目的
の公益性），③告発の手段・態様が相当なものであったか（手段・態様の相当性）
などを総合的に考慮して，当該内部告発が正当と認められる場合には，仮に当
該組織の名誉・信用が毀損されたとしても，懲戒処分を行うことはできないと
解釈されている（大阪いずみ市民生協〔内部告発〕事件・大阪地堺支判平成15・6・
18労判855号22頁など）。

非正規労働者

　短時間労働者，有期雇用労働者，派遣労働者などの非正規労働者であっても，正社員同様，労働契約の下で働く労働者として労働法の保護の対象となることに変わりはない。もっとも現実の職場においては両者の待遇に関しさまざまな格差が存在する。この格差は，かつては契約自由の原則の範疇の問題として許容されてきた。しかし近年，この分野での法規制が徐々に強まっている。以下では，「働き方改革」によって成立したパートタイム・有期雇用労働法を中心に，非正規労働者に関わる現行法上の規制を概観する。なお派遣労働者に関しては別途詳述する（⇨第 23 章第 2 節 **2**）。

第 1 節　パートタイム・有期雇用労働法

1 非正規労働者をめぐる状況

　「非正規労働者」とは，正社員でない労働者のことである。法律上の定義はないが，一般には，期間の定めのない（無期）労働契約に基づき，フルタイムで働く，直接雇用の労働者が正社員であるのに対し，非正規労働者はこのうちいずれかもしくはすべての要素を欠くものと位置づけられる。期間の定めのある労働契約の下で働く有期雇用労働者，パートタイムで働く短時間労働者，間接雇用で働く派遣労働者がその典型例である。もちろんこれらのカテゴリーは

相互に排他的ではない。たとえば短時間労働者や派遣労働者の多くは有期雇用労働者でもある。

　非正規労働者も労働者である以上，正社員同様労働法の保護を受ける。しかし現実の職場では，主として有期雇用であることに起因する雇用の不安定さゆえに，たとえば有給休暇の取得など，労働者としての権利行使を躊躇せざるを得ないという状況が生じやすい。またいわゆる長期雇用制の下，正社員の給与は勤続とともにある程度は上昇していくのに対し，非正規労働者は勤続を重ねても給与が増えず，待遇も上がらず，そもそも能力開発の機会も与えられないことが多い。その結果非正規労働者の既婚率は相対的に低く，結婚したとしても第一子出産年齢が遅いなど，少子化を加速させるマイナス要素であるとも指摘される。

　もちろん，非正規労働者自体は昔から存在していた。しかし産業構造の変化により雇用調整のバッファーとして活用するニーズが増したこと，女性・高齢者の労働市場参入が活発化したことなどを背景に，近年はその数・割合がともに大きく上昇し高止まり傾向が続いている（図表 15-1 参照）。主婦パートなどの家計補助者から，世帯を支える主たる生計維持者へと，社会における典型的な非正規労働者像も変化し，非正規労働者に関わる上記のような問題は，社会的・政策的に無視できない課題となり，その後の法改正を後押しすることとなった。

2 パートタイム・有期雇用労働法の成立

　短時間労働者に関しては，すでに 1993 年にパートタイム労働法（短時間労働者の雇用管理の改善等に関する法律）が制定されていたが，当初は待遇に関する格差を直接問題とするような規制はなされていなかった。しかしその後の 2007 年，2014 年の改正では，通常の労働者と同視すべき短時間労働者に対する差別的取扱いの禁止など，フルタイム労働者との待遇格差を解消するための各種規制が徐々に強化されていく。また有期雇用労働者に関しても，かつては契約期間の制限（労基法 14 条。⇨第 5 章第 2 節 *1*）や判例による雇止め保護法理（⇨第 16 章第 2 節 *1*）が存在するのみであったが，2012 年の労働契約法改正により，無期雇用労働者との間の不合理な労働条件格差を違法とするルールが定

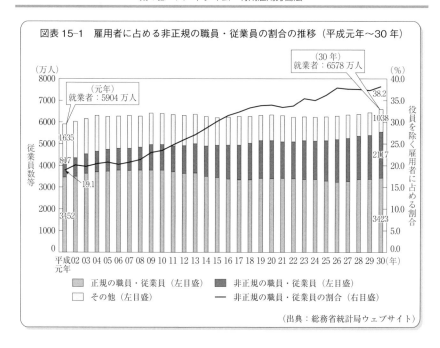

図表 15-1　雇用者に占める非正規の職員・従業員の割合の推移（平成元年〜30 年）

（出典：総務省統計局ウェブサイト）

められた（旧 20 条。2013 年 4 月施行）。そして 2018 年に成立した「働き方改革関連法」により，労契法 20 条がパートタイム労働法に吸収される形で「短時間労働者及び有期雇用労働者の雇用管理の改善等に関する法律」（パートタイム・有期雇用労働法，パート・有期法）が成立した（2020 年 4 月施行，ただし中小企業については 1 年遅れで適用）。

　同法は，これまでのパートタイム労働法の適用範囲を有期雇用労働者にまで拡大し，短時間労働者についても不合理な待遇の禁止の判断基準の明確化，事業主の説明義務の強化等を行ったものである。有期雇用労働者についても，これまでは規定のなかった均等待遇原則（差別的取扱いの禁止。⇨第 2 節 **2**）が導入されるなど，全体として規制強化となっている。労働契約法同様の私法的な規制だけでなく，各種行政措置が発動される公法的な規制（パート有期 18 条参照）の対象になったことも大きな変化である。

(1)　適 用 対 象

　パート・有期法の適用対象は，短時間労働者および有期雇用労働者である（両者を総称して「短時間・有期雇用労働者」という。パート有期 2 条 3 項）。短時間労働者とは，1 週間の所定労働時間が同一の事業主に雇用される通常の労働者のそれに比べて短い労働者のことである（同条 1 項）。したがって，所定労働時間は正社員とまったく同じであるが「パートタイマー」と呼ばれている労働者（いわゆる「疑似パート」）は少なくとも直接的にはパート・有期法の適用対象とならない（類推適用の可能性はある。⇨第 2 節 **3**）。

　「有期雇用労働者」とは，事業主と期間の定めのある労働契約を締結している労働者をいう（パート有期 2 条 2 項）。

(2)　すべての短時間・有期雇用労働者に関する事業主の義務

　均衡待遇（不合理な待遇の禁止。パート有期 8 条）および説明義務（14 条）については後述する（⇨第 2 節 **1**，第 3 節）。

　(a)　**労働条件の明示**　　事業主は，短時間・有期雇用労働者の雇入れに際し，文書の交付などにより労働条件に関する事項を明示しなければならない（パート有期 6 条）。

　(b)　**福利厚生施設の利用機会付与義務**　　事業主は，通常の労働者に対して利用の機会を与える給食施設，休憩室，更衣室については，短時間・有期雇用労働者にも利用の機会を与えなければならない（パート有期 12 条，パート有期則 5 条）。

　(c)　**通常の労働者への転換**　　事業主は，通常の労働者への転換を推進するため，短時間・有期雇用労働者に対し，通常の労働者の募集を行う場合にそれを周知すること，通常の労働者を新たに配置する場合にその希望を申し出る機会を与えること，通常労働者への転換制度などを設けること，これらのうちいずれかの措置を講じる義務を負う（パート有期 13 条）。

　(d)　**相談体制の整備**　　事業主は，短時間・有期雇用労働者からの雇用管理の改善等に関する事項についての相談に適切に対応するための体制を整備しなければならない（パート有期 16 条）。

　(e)　**その他の努力義務**　　事業主は，短時間労働者あるいは有期雇用労働者に係る事項に関し就業規則を作成・変更する場合には，短時間労働者あるいは

有期雇用労働者の過半数を代表すると認められるものの意見を聴取するよう努めなければならない（パート有期7条）。また，賃金の決定および教育訓練の実施に関しても，通常の労働者との均衡を考慮しつつ行うよう努力する義務が課されている（10条・11条2項）。

(3) 職務内容同一短時間・有期雇用労働者に関する事業主の義務

通常の労働者に対して実施する教育訓練であって職務の遂行に必要な能力を付与するためのものについては，原則として職務内容同一短時間・有期雇用労働者に対しても実施しなければならない（パート有期11条1項）。

職務内容同一短時間・有期雇用労働者とは，従事する業務の内容および当該業務に伴う責任の程度（以上総称して「職務の内容」）が通常の労働者と同一の短時間・有期雇用労働者をいう（パート有期8条・9条）。従事する作業が同じであっても，それに伴う責任（たとえばトラブルが起きた場合に残業して対応を図る義務）に差がある場合にはこの定義を満たさない。

(4) 紛争解決手続等

厚生労働大臣は，パート・有期法違反など，短時間・有期雇用労働者の雇用管理の改善等のために必要な場合には，事業主に対し報告徴収や助言・指導・勧告を行うことができる（パート有期18条1項）。事業主が勧告に従わない場合には企業名公表も可能である（同条2項）。

短時間・有期雇用労働者からの苦情については，事業主が自主的な解決を図るよう努めるのが原則である（パート有期22条）が，都道府県労働局における無料・非公開の裁判外紛争解決手続（いわゆる行政ADR）を利用することもできる（24条以下）。

第2節　均等・均衡待遇

1 均衡待遇

均衡待遇とは，一般的に言えば，職務の内容が異なっているとしても，それ

に対する処遇はその相違の程度に応じたバランス（均衡）のとれたものでなければならないというルールである。パート・有期法8条は，いわゆる正社員と短時間・有期雇用労働者との間の不合理な待遇の相違を禁止しており，上記の均衡待遇のルールを定めたものと解されている。すなわち，事業主は，短時間・有期雇用労働者の基本給・賞与その他の待遇のそれぞれについては，業務の内容および当該業務に伴う責任の程度（職務の内容），職務の内容および配置の変更の範囲その他の事情のうち，当該待遇の性質・目的に照らして適切と認められるものを考慮して，通常の労働者との間に，不合理と認められる相違を設けてはならない（パート有期8条）。

(1) 基本給・賞与その他の待遇

不合理な相違を設けることが禁止される「待遇」には，条文が明示する基本給・賞与はもちろん，さまざまな労働条件が広く含まれる。「それぞれ」という文言は，相違が不合理か否かが個々の労働条件項目ごとに判断されることを示す。たとえば基本給についての相違は不合理ではないが，通勤手当の格差は不合理である，ということもありうる。すべての労働条件をまとめて，待遇の相違が全体として不合理かどうかを判断するわけではない。

(2) 考慮される要素

待遇の相違の不合理性は，①業務の内容および当該業務に伴う責任の程度（職務の内容），②職務の内容および配置の変更の範囲，③その他の事情の総合考慮により判断される。①では，現に従事する業務内容だけでなく，それに伴う責任の程度に差があるか否かも考慮される。②では，配転など人事異動の対象となるか否かが問題となる。③は，①や②に関連する事情はもちろん，労使交渉の経緯なども含む。2018年改正では，以下で述べるように，それぞれの待遇ごとにその性質・目的に照らして適切な事情を考慮して不合理性を判断することが明確にされた。

(3) 不合理な相違

8条が禁止するのは「不合理な」相違であり，待遇の相違が「合理的」であ

ることまでは要求されない。待遇差が合理的か不合理かわからない，グレーで
ある，という場合には，不合理とまでは言えない以上法違反は成立しないこと
となる。また，本条で問題となる待遇の相違は短時間・有期雇用労働者である
ことに「関連して生じた」ものである（条文上明言はされていないが，立法趣旨等
から自明とされる。平 31・1・30 基発 0130–1 号・職発 0130–6 号・雇均発 0130–1 号・
開発 0130–1 号「短時間労働者及び有期雇用労働者の雇用管理の改善等に関する法律の
施行について」〔施行通達〕）。たとえば短時間・有期雇用労働者と通常の労働者
とでそれぞれ別の就業規則が適用されている場合には，それによる待遇の相違
は本条にいう「関連して生じた」ものといえる。パート・有期法 9 条（均等待
遇。⇨ **2**）とは異なり，短時間・有期雇用労働者であることを「理由とする」
ものであることまでは要求されない。

　不合理か否かの判断はケースバイケースとならざるを得ないが，一般には，
まず問題となっている待遇の性質・目的，すなわちそれがどのような労働・貢
献に対する対価・報酬なのか，どのような目的・趣旨で支給・設定されている
ものなのかを確定した上で，その趣旨・目的に照らし当該待遇差が不合理とい
えるか否かを判断することになる。条文が「当該待遇の性質及び当該待遇を行
う目的に照らして適切と認められるものを考慮」としているのはこのことを指
す。この判断の参考のために，それぞれの待遇ごとに不合理性の判断の考え方
や具体例を示したのが，「同一労働同一賃金ガイドライン」（平 30・12・28 厚労
告 430 号）である（⇨ **Column 7**）。たとえば，基本給についてはその性質・目
的（職業経験・能力に応じた職能給か，業績・成果に応じた成果給か，勤続年数に応じ
た勤続給か等）に応じた支給をすること，賞与については企業業績への貢献に
応じたものは貢献の度合いに応じて支給すること，役職の内容に対して支給す
る役職手当については同一内容の役職に就く者に同様に支給することなどが示
されている。

　この不合理性は，最終的には裁判所の判断により決定される。裁判の場では，
労働者側が待遇の相違が不合理であることを基礎づける事実（評価根拠事実）
を，使用者側が待遇の相違が不合理でないことを基礎づける事実（評価障害事
実）を主張・立証し，裁判所がこれらの事実に基づいて相違の不合理性を判断
することになる。

> **Column 7** 同一労働同一賃金ガイドライン
>
> 　2016 年 9 月に設置され，安倍晋三総理大臣を議長とする働き方改革実現会議で最初に検討された課題は，「同一労働同一賃金ガイドライン案」の策定だった。正規・非正規労働者間の待遇格差の是正を図ろうとする「同一労働同一賃金」は，非正規労働者の待遇改善を図るだけでなく，正規労働者の待遇のあり方の見直しにもつながる大きな取組みであるため，法律改正や政令・指針等の策定を待たず，政府の方針として「同一労働同一賃金」政策の基本的な考え方と具体例を「ガイドライン案」としてあらかじめ表明することとしたのである（2016 年 12 月 20 日決定・公表）。その後，「働き方改革関連法」が 2018 年 6 月に国会で成立すると，この「ガイドライン案」を改正法に基づく正式な指針とするための審議が行われ，2018 年 12 月 28 日に「短時間・有期雇用労働者及び派遣労働者に対する不合理な待遇の禁止等に関する指針」（いわゆる「同一労働同一賃金ガイドライン」）として発出された。この「ガイドライン」は，基本的には不合理な待遇の禁止（パート有期 8 条，派遣 30 条の 3 第 1 項）の解釈のあり方を示したものであり，改正法の施行とともに発効するものである。
>
> 　このガイドラインでは，基本給，賞与，役職手当，特殊作業手当，特殊勤務手当，精皆勤手当，時間外・深夜・休日労働手当，通勤手当・出張旅費，食事手当，単身赴任手当，地域手当，福利厚生施設（給食施設・休憩室・更衣室），転勤者用社宅，慶弔休暇・健康診断の有給保障，病気休職，法定外休暇，教育訓練，安全管理について，短時間・有期雇用労働者および派遣労働者にどのような支給・保障をしなければならないか，それぞれの性質・目的に応じた説明がなされている。なお，ガイドラインでは，退職金，住宅手当，家族手当についての例示はないが，これらについても改正法（パート有期 8 条等）の適用対象となっており，不合理な相違の解消が求められるものとされている。実際に，改正前の労契法 20 条に関する裁判例において，ガイドラインに記載されていない退職金，住宅手当，家族手当についても，不合理な相違を違法とするものがみられはじめている（退職金についてはメトロコマース事件・東京高判平成 31・2・20 労判 1198 号 5 頁，住宅手当，家族手当については井関松山製造所事件・高松高判令和元・7・8 労判 1208 号 25 頁など）。

(4)　法違反の効果

　本条違反とされた労働条件の定めは無効となる。もっとも，パート・有期法には労働契約法 12 条や労基法 13 条のような補充効を定める規定が存しないこと，また職務の内容等の違いに応じ均衡のとれた処遇を求めるというのが同法

8条の趣旨であることからすれば，同条違反である短時間・有期雇用労働者の労働条件が通常の労働者の労働条件と当然に同一のものとなると解することはできない。

就業規則等の合理的解釈により，本条違反で無効となった労働条件が通常の労働者のそれで代替されるという結果を導くことが可能な場合もある。たとえば，短時間・有期雇用労働者と通常の労働者に同一の就業規則が適用されており，「通勤手当は以下の基準で支給する。ただし契約社員には支給しない」というような規定がなされていたようなケースである（「契約社員には支給しない」の部分が無効とされれば契約社員もこの就業規則を根拠に通勤手当を請求しうる）。ただし正社員とそれ以外とで就業規則が別建てになっているような場合には，上記のような解釈は難しい。その場合は不法行為による損害賠償請求で対処することとなる。

最高裁は，本条同様に不合理な待遇格差を禁止していた労働契約法旧20条の適用が問題となった事案において，以下のような判断を下している。この判断枠組みは，今後のパート・有期法8条の解釈においても参考となる。

◁ 判例 15-1 ▷ ハマキョウレックス事件
最二小判平成30・6・1民集72巻2号88頁

【事案の概要】 Xらは運送会社Y社の有期雇用労働者（契約社員）であり，トラック運転手として勤務していた。Y社には正社員（無期雇用）のトラック運転手も存在するが，各種の手当など待遇にはさまざまな格差があった。正社員と契約社員とで業務内容に違いはないが，正社員は出向を含む全国規模の広域異動の可能性があり，等級役職制度が設けられ，その格付けを通じ将来Y社の中核を担う人材として登用される可能性もあった。しかし契約社員は，就業場所の変更や出向は予定されておらず，将来の登用も予定されていなかった。

Xらは，労働契約法旧20条に基づき，正社員と同一の権利を有する地位にあることの確認，および主位的に，労働契約に基づき各種手当の正社員との差額分の支払いを，予備的に不法行為に基づく損害賠償を求めてYを提訴した。

【判旨】 不法行為による損害賠償請求を一部認容。

「住宅手当は，従業員の住宅に要する費用を補助する趣旨で支給されるものと解されるところ，契約社員については就業場所の変更が予定されていないのに対し，正社員については，転居を伴う配転が予定されているため，契約社員と比較して住宅に要する費用が多額となり得る。

　したがって，正社員に対して上記の住宅手当を支給する一方で，契約社員に対してこれを支給しないという労働条件の相違は，不合理であると評価することができるものとはいえない」。

　「皆勤手当は，Y 社が運送業務を円滑に進めるには実際に出勤するトラック運転手を一定数確保する必要があることから，皆勤を奨励する趣旨で支給されるものであると解されるところ，Y 社の乗務員については，契約社員と正社員の職務の内容は異ならないから，出勤する者を確保することの必要性については，職務の内容によって両者の間に差異が生ずるものではない。また，上記の必要性は，当該労働者が将来転勤や出向をする可能性や，Y 社の中核を担う人材として登用される可能性の有無といった事情により異なるとはいえない。そして，本件労働契約及び本件契約社員就業規則によれば，契約社員については，Y 社の業績と本人の勤務成績を考慮して昇給することがあるとされているが，昇給しないことが原則である上，皆勤の事実を考慮して昇給が行われたとの事情もうかがわれない。

　したがって，Y 社の乗務員のうち正社員に対して上記の皆勤手当を支給する一方で，契約社員に対してこれを支給しないという労働条件の相違は，不合理であると評価することができる」。

　「無事故手当は，優良ドライバーの育成や安全な輸送による顧客の信頼の獲得を目的として支給されるものであると解されるところ，Y 社の乗務員については，契約社員と正社員の職務の内容は異ならないから，安全運転及び事故防止の必要性については，職務の内容によって両者の間に差異が生ずるものではない。また，上記の必要性は，当該労働者が将来転勤や出向をする可能性や，Y 社の中核を担う人材として登用される可能性の有無といった事情により異なるものではない。……したがって，Y 社の乗務員のうち正社員に対して上記の無事故手当を支給する一方で，契約社員に対してこれを支給しないという労働条件の相違は，不合理であると評価することができる」。

　正社員に対する一律月額 1 万円の「作業手当は，特定の作業を行った対価として支給されるものであり，作業そのものを金銭的に評価して支給される性質の賃金であると解される。しかるに，Y 社の乗務員については，契約社員と正社員の職務の内容は異ならない。また，職務の内容及び配置の変更の範囲が異なることによって，行った作業に対する金銭的評価が異なることになるものではない。……したがって，Y 社の乗務員のうち正社員に対して上記の作業手当を一律に支給する一方で，契約社員に対してこれを支給しないという労働条件の相違は，不合理であると評価することができる」。

　「給食手当は，従業員の食事に係る補助として支給されるものであるから，

勤務時間中に食事を取ることを要する労働者に対して支給することがその趣旨にかなうものである。しかるに，Y 社の乗務員については，契約社員と正社員の職務の内容は異ならない上，勤務形態に違いがあるなどといった事情はうかがわれない。また，職務の内容及び配置の変更の範囲が異なることは，勤務時間中に食事を取ることの必要性やその程度とは関係がない。……したがって，Y 社の乗務員のうち正社員に対して上記の給食手当を支給する一方で，契約社員に対してこれを支給しないという労働条件の相違は，不合理であると評価することができる」。

「通勤手当は，通勤に要する交通費を補塡する趣旨で支給されるものであるところ，労働契約に期間の定めがあるか否かによって通勤に要する費用が異なるものではない。また，職務の内容及び配置の変更の範囲が異なることは，通勤に要する費用の多寡とは直接関連するものではない。……したがって，正社員と契約社員である X との間で上記の通勤手当の金額が異なるという労働条件の相違は，不合理であると評価することができる」。

　このほか，やはり労契法旧 20 条違反が問題となった事例ではあるが，基本給（学校法人産業医科大学事件・福岡高判平成 30・11・29 労判 1198 号 63 頁），賞与（学校法人大阪医科薬科大学〔旧大阪医科大学〕事件・大阪高判平成 31・2・15 労判 1199 号 5 頁），退職金（前掲・メトロコマース事件）などにつき不合理な待遇格差を認定した下級審裁判例が存在する。また定年後再雇用の労働者につき旧労契法 20 条違反の有無が争われた最高裁判例もある（長澤運輸事件・最二小判平成 30・6・1 民集 72 巻 2 号 202 頁。一部の労働条件につき不合理性を認定）。

② 均等待遇（差別的取扱いの禁止）

　パート・有期法 9 条の定める差別的取扱いの禁止は，同一の労働など一定の要件を満たす場合には待遇も同じにすべきだ，というルールであり，一般には均等待遇原則と呼ばれている。このルールは，かつては短時間労働者についてしか存在していなかった（短労 9 条）。しかし「働き方改革関連法」により，有期雇用労働者についてもこのルールが明文で規定されることとなった。すなわち，職務内容同一短時間・有期雇用労働者（⇨第 1 節 ② (3)）であって，職場慣行その他の事情からみて，雇用関係終了までの全期間において，職務の内容および配置が通常の労働者の職務の内容および配置の変更の範囲と同一の範囲で変更されることが見込まれるもの（通常の労働者と同視すべき短時間・有期雇用労

働者）については，短時間・有期雇用労働者であることを理由として，基本給，賞与その他の待遇のそれぞれについて，差別的取扱いをしてはならない（パート有期 9 条）。

「通常の労働者と同視すべき」有期雇用労働者であっても，かつての労契法 20 条の下では「その他の事情」の考慮により労働条件の相違が全面的あるいは部分的に許容される余地があった。しかしパート・有期法 9 条の下では，同条が「差別的取扱い」を禁止している以上，仮に 1 円でも差があれば法違反が成立することとなる。なお，本条の「差別的取扱い」には，その立法趣旨からすれば，短時間・有期雇用労働者の待遇が通常の労働者に比して不利な場合のみが含まれ，有利な場合は含まれない。

もっとも，「通常の労働者と同視すべき」の要件はかなりハードルが高い。これを満たす短時間・有期雇用労働者はそれほど多くないと思われる。また，不合理な待遇格差を禁止するパート・有期法 8 条の均衡待遇原則（⇨ **1**）とは異なり，短時間・有期雇用労働者であることを「理由として」の待遇差であることが前提となっている。

3　公序法理等による救済

短時間・有期雇用労働者でなくても，すなわちフルタイムの無期契約労働者であっても，職場では「正社員」と扱われず低い待遇に甘んじているというケースもありうる。労契法 18 条により無期転換した労働者（⇨第 4 節）が典型例といえる。このような労働者は，パート・有期法にいう短時間・有期雇用労働者の定義をみたさず，同法による救済は受けられない。しかしそのようなケースでも，労働条件の格差があまりに不合理である場合には，公序法理による格差是正の余地はあると思われる。かつてのある裁判例は，労働時間も職務内容もほとんど同一であった臨時社員と正社員との賃金格差が「同一（価値）労働同一賃金の原則の根底にある均等待遇の理念」に違反するとした上で，同じ勤務年数の正社員の 8 割以下の賃金は許容される範囲を明らかに越え，その限度において公序良俗違反が成立するとした（丸子警報器事件・長野地上田支判平成 8・3・15 労判 690 号 32 頁。同様の判断枠組みを用いたものとして京都市女性協会事件・大阪高判平成 21・7・16 労判 1001 号 77 頁〔公序違反の成立は否定〕，他方でこの

ような判断枠組みをとらなかったものとして日本郵便逓送〔臨時社員・損害賠償〕事件・大阪地判平成14・5・22労判830号22頁)。

パート・有期法が成立した現行法下でも，公序法理の適用可能性はなお否定されないと考えられる。また，パート・有期法の類推適用という手法も考えられよう。

4　派遣労働者についての均等・均衡待遇

「働き方改革関連法」により，派遣労働者についても派遣先の通常の労働者との関係での均等・均衡待遇のルールが定められた。詳細は後述する（⇨第23章第2節 **2**(10)）。

第3節　待遇に関する説明義務

「働き方改革関連法」では，待遇に関する説明義務の規制が整備された。とくに有期雇用労働者については従前に比べかなりの規制強化となった。

1　雇入れ時（更新時）における説明義務

事業主は，短時間・有期雇用労働者の雇入れの際には，速やかに，パート・有期法8条から13条に対応するために講ずることとしている措置（労基法15条1項の説明義務の対象となるものは除く）の内容につき，当該短時間・有期雇用労働者に説明しなければならない（パート有期14条1項）。均等・均衡待遇（8条・9条），賃金（10条），教育訓練（11条），福利厚生施設（12条），通常労働者への転換（13条）のそれぞれに関わる雇用管理上の措置として何を実施しているのかを説明せよということである。

2　求めがあった場合の説明義務

事業主は，短時間・有期雇用労働者から求めがあったときは，①当該短時間・有期雇用労働者と通常の労働者との間の待遇の相違の内容および理由，ならびに②パート・有期法6条から13条により措置を講ずべきとされている事項を決定するにあたって考慮した事項について，当該短時間・有期雇用労働者

に説明しなければならない（パート有期 14 条 2 項）。短時間・有期雇用労働者から求められれば「なぜ基本給が違うのか」「この手当はなぜ正社員のみなのか」などの説明が必要となる。したがって事業主は，すべての労働条件項目につきその性質や目的を明確にし，その性質・目的に照らして待遇の相違が不合理なものでないことを説明できるようにしておかなければならないということになる。この説明義務を十分に果たさなかったことは，待遇の相違の不合理性（8条）を基礎づける重要な事実となる。

短時間・有期雇用労働者がこの求めをしたことを理由とする解雇その他の不利益取扱いは禁止されている（パート有期 14 条 3 項）。

第 4 節　有期労働契約の無期転換

日本のいわゆる長期雇用慣行は，パートタイマーや契約社員など，非正規の有期契約労働者の犠牲の下に無期契約の正規従業員の雇用を守るという形で成立してきた。整理解雇の法理にもそのような考え方が反映されている（⇨第 16 章第 1 節 **5** (2)，同章第 2 節 **1** (3)）。しかし，非正規従業員の割合が増加し，正規・非正規の「格差」が社会問題化する中で，2012 年の労働契約法改正では，雇止め法理の明文化（⇨第 16 章第 2 節 **1** (1)～(3)）に加え，有期契約労働者の雇用の不安定化に歯止めをかけることを目的に，以下のような施策が講じられた。

1 無期転換の要件と立法趣旨

同一の使用者との間の 2 つ以上の有期労働契約の通算契約期間（2013 年 4 月以降に締結・更新された契約に係る期間のみがカウントされる）が 5 年を超える場合において，労働者が，現に締結している労働契約の契約期間満了日までの間に，使用者に対し期間満了日の翌日から労務が提供される無期労働契約締結の申込みをした場合には，使用者はその申込みを承諾したものとみなされる（労契 18条 1 項前段）。たとえば，1 年の有期契約が 5 回更新されて通算 6 年目（5 年超）に突入した場合，労働者が希望すれば 7 年目以降無期契約の労働者となる（⇨図表 15-2 参照）。通算で 5 年を超える期間雇うということは，もはや臨時的・一時的にではなく，恒常的に業務上必要な戦力のはずであるから，その実態に

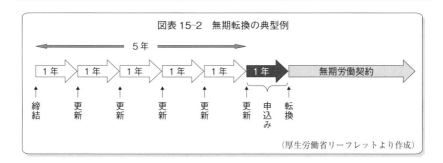

図表 15-2　無期転換の典型例

（厚生労働省リーフレットより作成）

即した無期労働契約への転換権を労働者に認めるべきである，というのが立法趣旨である。

　無期転換権の発生には，2つ以上の有期労働契約が存在すること，すなわち少なくとも1回は契約更新がなされていることが必要である。また，通算契約期間が5年を超える場合とは，典型的には前述したような1年契約が5回更新されて6年目に入ったというケースであるが，たとえば3年契約が1回更新され4年目に入ったという場合にも（契約締結から5年が経過していなくても）無期転換権は生じる。

　労働者による無期転換権行使の意思表示，すなわち無期労働契約締結の申込みは，その時点での有期労働契約の契約期間満了日までに行えばよい。転換権発生後即権利行使をする必要はない。また最初に無期転換権を発生させた有期労働契約の期間中に権利を行使しなければいけないわけではない。契約更新が継続しているかぎりは（更新のたびに無期転換権が発生するので）10年後であっても申込みは可能である。

　なお，①大学教員，②高度専門的知識等を有する労働者，③定年後の継続雇用者については，無期転換申込権発生までの期間が延長されている（①は10年，②は最長10年まで，③は定年後引き続き雇用されている期間の終了まで。研究開発強化15条の2，教員任期7条，有期雇用特措8条。②③については所定の手続も必要）。

② クーリング規制

　有期労働契約の間に空白期間がある場合でも，それが6か月未満（1年以上の有期契約の場合。詳細な基準については「労働契約法第18条第1項の通算契約期間

に関する基準を定める省令」参照）である場合には，空白期間前後の有期契約の期間が通算される（労契 18 条 2 項）。有期契約の更新時にごく短い空白期間（形だけの冷却〔クーリング〕期間）を挟むことで無期契約への転換を防ぐという潜脱的な行為を防止するための措置である。ちょっと間を空けただけでは前の契約のほとぼりは冷めない（クーリングされない）ということだ。

3　無期転換権行使の効果

　無期転換権行使により新たに無期労働契約が成立するが，実際に就労を開始するのはその時点での有期労働契約が終了した翌日なので，労働者は権利行使時点では採用内定（⇨第 7 章第 2 節）と同様の状態にあることになる。

　無期転換がなされた場合，別段の定めがない限り，現に締結している労働契約の内容である労働条件がそのまま無期契約の労働条件となる（労契 18 条 1 項後段）。要するに，転換は契約期間の定めをなくすだけであり，労働条件を正規従業員のレベルにまで当然に引き上げることが求められているわけではない。

　「別段の定め」として想定されるのは，無期転換した労働者を対象とする就業規則の規定などである。無期転換の時点（労働契約締結時）でそのような就業規則が存在する場合には，それが合理的な内容であり周知されていれば無期労働契約の内容になることになる（労契 7 条。⇨第 8 章第 2 節 **2**）。ただし形式的には労働契約締結の場面であるが，実質的には労働条件変更の場面ともいえるので，労契法 7 条にいう「合理性」の有無の判断に際してはその点も含めた判断がなされるべきであろう。なお労契法の施行通達（平 24・8・10 基発 0810-2 号「労働契約法の施行について」）も，無期転換にあたって職務の内容などが変更されないにもかかわらず，無期転換後における労働条件を従前よりも低下させることは望ましいものではない，としている。

第16章

労働関係の終了

第1節　解　　雇
第2節　解雇以外の終了事由

　残念なことに，すべての労働者が「円満退社」で会社を去るわけではない。むしろ，継続的かつ人的な関係である労働契約関係が終了する場面では，もっとも労働法上の紛争が生じやすいとさえいえる。解雇，雇止め，辞職など，相手方の意に反して契約を終了させようとする場合はもちろんだが，定年制や合意解約など，本来なら「円満退社」で話が済みそうなケースにおいてもさまざまな法的紛争が生じている。

第1節　解　　雇

　解雇とは，使用者による労働契約解約の意思表示である。

1 民法上の原則

(1)　期間の定めのない労働契約の場合

　民法上の原則では，解雇，つまり使用者の一方的意思表示による労働契約の解約は，期間の定めがない以上，自由である（民627条1項）。ただ2週間前の予告が要求されるのみである。

(2)　期間の定めのある労働契約の場合

　期間の定めのある労働契約であっても，やむを得ない事由があるときは，期間途中での解雇をなしうる（民628条）。

② 解雇に関する法令上の規制

(1) 業務災害・産前産後の場合の解雇制限

　使用者は，労働者が業務上の負傷・疾病の療養のため休業する期間およびその後 30 日間，ならびに産前産後休業期間（労基 65 条）およびその後 30 日間は，その労働者を解雇できない（19 条 1 項。実際に解雇が無効とされた例として，東芝事件・東京高判平成 23・2・23 労判 1022 号 5 頁）。ただし打切補償（81 条。労災保険の傷病補償年金でもよい〔労災 19 条〕）の支払がなされた場合，あるいは天災事変等により事業の継続が不可能となった場合には，例外的に制限期間内の解雇が可能となる（労基 19 条 1 項但書）。このうち天災事変等の場合には行政官庁の認定（除外認定）が必要である（同条 2 項）が，この規定については取締規定にとどまると考えるのが通説である。したがって，実質的に労基法 19 条 1 項但書の要件がみたされていれば，除外認定がなくても解雇は有効になされうる。

(2) 解 雇 予 告

　労基法は民法上の 2 週間の予告期間を 30 日に延長している。使用者は，労働者を解雇しようとする場合には，原則として 30 日前に予告するか，あるいは 30 日分以上の平均賃金（予告手当）を支払わなければならない（労基 20 条 1 項）。予告の日数は，平均賃金を支払った日数分だけ短縮できる（同条 2 項）。ただし天災事変等により事業の継続が不可能となった場合，あるいは労働者の責に帰すべき事由に基づいて解雇する場合には，予告も予告手当もなしに即時解雇ができる（同条 1 項但書）。この場合行政官庁の除外認定が必要となる（同条 3 項）。「労働者の責に帰すべき事由」があるといえるのは，労働者が悪質な非違行為を行ったため，その雇用を継続することが企業経営上の支障となるような場合である。なお除外認定と解雇の効力との関係については労基法 19 条の場合と同様に考えられている（⇨(1)）。

　労基法 20 条 1 項但書の除外事由が存在しないにもかかわらず，30 日前の予告も 30 日分の予告手当の支払もなくなされた解雇の意思表示の効力いかんについては議論がある。判例は，使用者が即時解雇を固執する趣旨でない限り，解雇通知後 30 日が経過したとき，あるいは通知後に解雇予告手当の支払をし

たとき，そのいずれかの時点から解雇の効力が生ずるとする（細谷服装事件・最二小判昭和 35・3・11 民集 14 巻 3 号 403 頁〔相対的無効説〕）。しかし学説上は選択権説が有力である。この見解によれば，予告も予告手当の支払もなしに解雇の意思表示がなされた場合，労働者は，解雇無効を主張するか，あるいは解雇の効力はもう争わず，その代わりに予告手当を請求するか，そのいずれかを選択できる。予告か手当かのどちらかを選ぶ権利を使用者が放棄している以上，その選択権は労働者側に移すべきだという考え方である。

(3) 解雇権濫用法理の明文化——労契法 16 条

　解雇は，客観的に合理的な理由を欠き，社会通念上相当であると認められない場合は，その権利を濫用したものとして，無効となる（労契 16 条）。2003 年の法改正で誕生したこの条文（当時は労基 18 条の 2）は，それまでの裁判例の積み重ねによって形成された解雇権濫用法理（⇨ **4**）をそのまま明文化したものである。

(4) 有期労働契約期間中の解雇——労契法 17 条 1 項

　有期労働契約（期間の定めのある労働契約）の途中解約については，やむを得ない事由が必要である（労契 17 条 1 項）。同趣旨の民法 628 条（⇨ **1** (2)）が強行規定か否かについては争いがあったが，労契法 17 条 1 項は強行規定として立法された。

　期間途中の解約も解雇であるので労契法 16 条の適用もあるが，17 条 1 項にいう「やむを得ない事由」は，期間満了を待てないほどの事情が存するという点で，16 条の「客観的に合理的な理由を欠き，社会通念上相当であると認められない場合」よりも厳格に解釈される（プレミアライン〔仮処分〕事件・宇都宮地栃木支決平成 21・4・28 労判 982 号 5 頁）。

(5) その他の法令による解雇制限

　一定の理由に基づく解雇は各法令により明文で禁止あるいは無効とされている。たとえば，労働者派遣法違反の事実の申告（派遣 49 条の 3 第 2 項），公益通報（公益通報 3 条。労基 104 条 2 項も参照），性別（雇均 6 条 4 号），妊娠・出産な

ど（同9条3項），育児・介護休業の取得（育児介護10条・16条），正当な労働組
合活動（労組7条1号）などである。

3 就業規則・労働協約による解雇制限

　解雇の事由は就業規則の必要的記載事項である（労基89条3号）。就業規則
上の解雇事由を限定列挙と解すべきか例示列挙と解すべきかについては議論が
ある。限定列挙であると解すれば，就業規則に記載のない事由を理由に解雇す
ることはできなくなる。この点について法令上の規制はなく，最終的には就業
規則の解釈で決まる問題といえるが，労契法16条の文言が，労働契約で解雇
権を基礎づけることを前提としていない（14条や15条の「〜することができる場
合において」という文言がない）ことからすると，限定列挙の趣旨が明らかであ
るような特段の事情がない限り，例示列挙であると解釈すべきであろう。もっ
とも，多くの場合就業規則には「その他前記各号に準ずる事由」のような包括
的な規定が置かれているため，どちらの立場にたっても実質的には大きな差は
ないともいえる。

　労働協約上に，解雇を行う場合には労働組合との協議あるいは同意を要する
旨の規定が置かれている場合がある。これらの規定に反してなされた解雇は，
解雇権濫用あるいは労働協約違反（労組16条参照）として無効となる。

4 解雇権濫用法理

　かつては解雇に正当事由が必要であるという説（正当事由説）も主張された
が，前述のように民法は原則的に解雇は自由であるという立場をとっているた
め，正当事由説には法的に根拠がないという批判がなされた。そこで裁判例で
は，民法上の解雇の自由を前提としつつ，しかし解雇を実質的に制限するため
に，民法1条3項の権利濫用法理を用いるという手法が一般化した。その後の
裁判例の蓄積により，権利濫用に該当する解雇は許されない，という解雇権濫
用法理は確立した判例法となった。実質的には正当事由説が採用されたのと同
じといってよいだろう。代表的な判例はこの法理を以下のように定式化する。
すなわち「使用者の解雇権の行使も，それが客観的に合理的な理由を欠き社会
通念上相当として是認することができない場合には，権利の濫用として無効に

なる」(日本食塩製造事件・最二小判昭和50・4・25民集29巻4号456頁)。文言から明らかなように,現在の労契法16条はこの判例の表現をそのまま成文化したものである。文言だけではなく,解雇権濫用に該当するかどうかの判断基準もそれまでの判例法理と基本的には同じであるとされている。

一般に,客観的・合理的理由とされるのは,①労働者の労働能力や適格性の喪失・欠如,勤務成績の不良,②労働者の規律違反あるいは義務違反行為,③使用者側の経営上の必要性(整理解雇。⇨ **5**)などである(このほかユニオン・ショップ協定に基づく解雇もある。⇨第18章第2節 **2**)。具体的には,就業規則の解雇事由を限定的に解釈した上で,解雇事由該当性を判断するという形で,これらの理由の有無が判断されている。

さらに,解雇が有効とされるためには,客観的・合理的理由の存在に加え,解雇が社会通念上相当なものである必要がある。以下の判例では,上記①の理由による解雇の効力が争われた。

◁ 判例 16-1 ▷ **高知放送事件**
最二小判昭和 52・1・31 労判 268 号 17 頁

【事案の概要】ラジオ局 Y 社のアナウンサーであった X は,宿直勤務明けに早朝のニュースを読む仕事を寝過ごしてすっぽかすという失態を2週間に2回も犯してしまい,そのことを理由に Y 社から解雇された。X が従業員としての地位確認を求めて Y 社を提訴したところ,第1審(高知地判昭和 48・3・27 判例集未登載)および原審(高松高判昭和 48・12・19 労判 192 号 39 頁)ともに X の請求を認容したため,Y 社が上告した。最高裁は以下のように判示して Y 社の上告を棄却した。

【判旨】「普通解雇事由がある場合においても,使用者は常に解雇しうるものではなく,当該具体的な事情のもとにおいて,解雇に処することが著しく不合理であり,社会通念上相当なものとして是認することができないときには,当該解雇の意思表示は,解雇権の濫用として無効になるものというべきである。」

X の2回の放送事故は,Y 社の対外的信用を著しく失墜するものであり,また X が2週間内に2度も寝過ごして同じ事故を起こしたことは,アナウンサーとしての責任感に欠けるが,他方で,本件の事故は悪意や故意によるものではないこと,2回の事故とも X を起こす役割の従業員も一緒に寝過ごしており,事故発生につき X のみを責めるのは酷であること,X は第1事故については直ちに謝罪し,第2事故については起床後一刻も早くスタジオ入りすべ

く努力したこと，第 1，第 2 事故とも寝過しによる放送の空白時間はさほど長
時間ではなかったこと，Y 社が早朝のニュース放送の万全を期すべき何らの
措置も講じていなかったこと，X はこれまで放送事故歴がなく平素の勤務成
績も悪くないこと，第 2 事故のファックス担当者はけん責処分止まりであった
こと，Y 社において放送事故を理由に解雇された事例がないことなどの事実
がある。

「右のような事情のもとにおいて，X に対し解雇をもってのぞむことは，い
ささか苛酷にすぎ，合理性を欠くうらみなしとせず，必ずしも社会的に相当な
ものとして是認することはできないと考えられる余地がある。従って，本件解
雇の意思表示を解雇権の濫用として無効とした原審の判断は，結局，正当と認
められる。」

　このように，長期雇用を前提として雇われた正社員の解雇に関しては，裁判
所は非常に慎重である。あらゆる事情を総合考慮し，解雇以外での対処はあり
えなかった，という場合にのみ解雇を社会的に相当なものと認めている。現在
の労働に対する評価が相当に低くても，今後の教育・指導によって労働能力が
向上・改善する余地があるといえる場合には解雇は認められない（セガ・エン
タープライゼス事件・東京地決平成 11・10・15 労判 770 号 34 頁，ブルームバーグ・エ
ル・ピー事件・東京地判平成 25・4・24 労判 1074 号 75 頁）。他方で，即戦力として
期待されていた中途採用者や，特段の能力を期待して高額の報酬で引き抜かれ
てきた者など，長期雇用制を前提としないで採用されたと考えられる労働者に
ついては，比較的緩い基準で解雇が認められている（たとえば，フォード自動車
〔日本〕事件・東京地判昭和 57・2・25 労判 382 号 25 頁など）。要するに，解雇の
「相当性」の具体的な中身は個別の事案ごとにある程度柔軟に変わりうるとい
うことであろう。

5 整理解雇

　業績悪化や経営不振など使用者側の都合で人員整理が必要になった場合に行
われる解雇を整理解雇とよぶ。1970 年代中頃のオイルショック期，企業はリ
ストラの必要性に迫られたが，すぐに整理解雇を行うのではなく，残業削減，
配転・出向，パートタイマーの雇止め，新卒採用中止，一時休業，希望退職募
集など，解雇以外の手段での対処に努めた。解雇はできるだけ避け，最後の手

段とする，という雇用慣行はここで完成したといわれる。

　裁判所もこの雇用慣行を前提として整理解雇の法理を作り上げてきた。この法理によれば，整理解雇の有効性を判断する際に考慮されるべき要素は，①人員削減の必要性，②解雇回避努力，③人選の合理性，④手続の相当性の4つである（コマキ事件・東京地決平成 18・1・13 判時 1935 号 168 頁）。整理解雇も解雇である以上労契法 16 条の適用対象であるが，労働者側に責任のない解雇であることに鑑み，上記のようなより厳格で具体的な独自の判断枠組みが採用されている。

　この4要素については，かつては整理解雇の「4要件」であるという整理がなされていた（そのような立場を明言するものとして，九州日誠電氣〔本訴〕事件・熊本地判平成 16・4・15 労判 878 号 74 頁など）。しかし近年，それらは法的な意味での「要件」ではなく，判断の考慮「要素」の類型化にすぎないと明言する裁判例が相次いで登場し，注目を集めた（ナショナル・ウエストミンスター銀行〔3次仮処分〕事件・東京地決平成 12・1・21 労判 782 号 23 頁など）。「要件」か「要素」かという議論の対立は現在もなお続いているが，大勢としては，整理解雇法理も解雇権濫用法理の一部である以上，それらは法的な意味での要件——すなわちこのうち1つでも欠ければそれだけで整理解雇が無効となるようなもの——ではないが，それぞれが重要な判断要素である，という立場に収斂しつつある（山田紡績事件・名古屋高判平成 18・1・17 労判 909 号 5 頁など）。

　なお，4要素の主張・立証責任については，その公平な分配という観点から，上記①から③までを基礎づける事実については使用者側に，④に関してはその欠如（すなわち，手続上問題があったこと）について労働者側にあるとされている（前掲・コマキ事件，前掲・山田紡績事件）。

(1)　人員削減の必要性

　人員削減をしなければならないような事情，たとえば経営危機が本当に存在するのか，企業経営上人員削減が本当に必要な措置なのかが，会社の売上や利益の推移，従業員数増減の程度その他のさまざまな事情に照らしてチェックされる（ゼネラル・セミコンダクター・ジャパン事件・東京地判平成 15・8・27 労判 865 号 47 頁，前掲・山田紡績事件〔いずれも必要性を否定〕など参照）。ただし，企業が

倒産寸前の状況にあることまでは要求されない。裁判例も基本的には企業の経営判断を尊重する立場をとっている。整理解雇を行う一方で大量に新規採用を行っている，高い株式配当が継続しているなど，経営が傾いていないことが明らかであれば，人員削減の必要性は否定されるであろう。

(2)　解雇回避努力

　第2の考慮要素は，解雇回避努力が尽くされたかという観点である。使用者は，いきなり解雇に訴えるのではなく，その前に残業削減，配転・出向，新卒採用中止，非正規従業員の雇止め，一時休業，希望退職募集などの措置を講じ，解雇をできるだけ回避する義務を信義則上負っていると解される。判例にも，「希望退職者募集の措置を採ることもなく」行った整理解雇を無効と判断したものがある（あさひ保育園事件・最一小判昭和58・10・27労判427号63頁）。ただし，上記の各措置を残業削減からひとつずつ順番にすべて講じてからでなければ整理解雇ができない，という意味ではない。具体的にどのような措置が講じられるべきかは事案に応じて柔軟に判断されることになる。

　近年議論となっているのは，たとえば整理解雇に際して退職金の上乗せを提示したとか，再就職斡旋会社への紹介を約束したというような事情をどの程度考慮すべきかである。「解雇回避努力」とは，文字どおり解雇を避けるために，つまり現在の労働契約関係をそのまま維持できるようにするために努力することである，と解すれば，上記のような措置は解雇がなされることを前提にその影響を緩和しようとする努力にすぎず，解雇回避努力とはみなされないことになろう。しかし裁判例の中にはこれらの要素を重視するものある（前掲・ナショナル・ウエストミンスター銀行〔3次仮処分〕事件）。

(3)　人選の合理性

　人員整理の必要性がたしかにあり，解雇回避努力を尽くしてもなお100人解雇せざるをえないという場合には，その100人をどのように選ぶかが問題とされる。一般論としていえば，解雇対象者の選定基準は，客観的で合理的なものでなければならない。「遅刻・欠勤の多い者」のように，勤務成績や労働能力を用いるものは一応合理的な基準といってよいだろう。ただし，「適格性の有

無」のような抽象的な基準を用いる場合には，その具体的な運用基準が併せて設定されていなければ合理的な基準とはいえない（労働大学〔本訴〕事件・東京地判平成 14・12・17 労判 846 号 49 頁）。

　解雇による打撃の少なさという観点から整理基準が設定されることも多い。「単身者」という基準を合理的と判断した裁判例もあるが，現在では合理的な理由のない差別とされる可能性もあろう。「共働きの女性」という基準が男女雇用機会均等法違反であることはいうまでもない。

　労働者の年齢が基準とされるケースも少なくない。人件費の高い高年齢の従業員を解雇の対象とするのもやむをえない，として「45 歳以上の者」という基準を合理的とした裁判例もある（エヴェレット汽船事件・東京地決昭和 63・8・4 労判 522 号 11 頁）が，経済的代償や再就職支援措置の提供なしに「53 歳以上」という整理基準を用いることは，労働者やその家族の生活への配慮を欠き合理性がないとしたものもある（ヴァリグ日本支社事件・東京地判平成 13・12・19 労判 817 号 5 頁）。

(4)　手続の相当性

　労働協約上の協議・同意条項（⇨ **3**）に反する整理解雇は無効である。労働協約上にそのような規定がない場合でも，使用者は，信義則上の義務として，労働組合あるいは労働者に対して整理解雇に関する十分な説明を行い，誠意をもった協議を行うことが要求される。前掲・あさひ保育園事件でも，「人員整理がやむをえない事情などを説明して協力を求める努力を一切せず」「解雇日の 6 日前になって突如通告した」解雇が信義則違反であるとされている。

6　解雇権濫用の法的効果

(1)　労働契約関係の存続

　権利濫用に当たる解雇は，私法上無効となる（労契 16 条）。その場合解雇は最初からなされなかったものとなり，従前の労働契約関係がそのまま存続する。原告労働者側は，解雇訴訟において労働契約上の権利を有する地位の確認を請求することになる。

(2)　未払賃金請求権

　原告労働者側はまた，解雇訴訟において，労働契約上の地位確認とともに解雇期間中の未払賃金請求もなしうる。違法な解雇をした使用者には，通常「責めに帰すべき事由」（民 536 条 2 項）があるといえ，労働債務の反対給付である賃金債務の履行を拒めないことになるからである。

(3)　解雇期間中の「中間収入」

　違法に解雇された期間に対応する賃金請求権は原則として消滅しないと解されるが，ではその違法な解雇期間中に労働者が他で就労して収入（中間収入）を得ていた場合はどうか。中間収入が「自己の債務を免れたことによって」得た利益（民 536 条 2 項後段）に該当するならば，その金額は債権者（使用者）に償還されるべきであることになる。

　判例はこの問題を以下のように処理した。①中間収入は，それが副業的なものでない限り，民法 536 条 2 項にいう償還の対象となる。②使用者は解雇期間中の未払賃金額を支払うにあたり，中間収入額を控除することができる。すなわち，未払賃金債務と中間収入償還分の債権とを相殺してもよい（労基法 24 条 1 項〔賃金の全額払の原則〕違反とはならない。⇨第 9 章第 2 節 **2** (3) 参照）。③ただし，この利益控除の対象とできるのは，賃金の支払対象期間と「時期的に対応する」期間についての中間収入のみであり，かつ未払賃金額のうち平均賃金（労基 12 条 1 項。⇨第 9 章第 2 節 **4** 参照）の 6 割に達するまでの部分については利益控除の対象とすることができない。④賞与など平均賃金算定の基礎に算入されない未払賃金がある場合には，（6 割までという制限なしに）その全額が中間収入との調整対象となる（以上，米軍山田部隊事件・最二小判昭 37・7・20 民集 16 巻 8 号 1656 頁，あけぼのタクシー〔民事・解雇〕事件・最一小判昭和 62・4・2 労判 506 号 20 頁）。⑤賞与については，その支給日が属する月の中間収入をそこから控除することができる（いずみ福祉会事件・最三小判平成 18・3・28 労判 933 号 12 頁）。⑤は要するに賞与についてはその支給日が属する月を③にいう「時期的に対応する」期間とする立場であるが，学説上は賞与の算定対象期間を基準とすべきであるという見解も有力である。

　なお最高裁によれば，この「6 割」の根拠は労基法 26 条である（前掲・米軍

山田部隊事件)。

(4)　不法行為責任

　解雇権濫用に該当する解雇が不法行為（民709条）の要件をみたす場合には，慰謝料など損害賠償責任が発生しうる。

　なお，解雇無効を前提とする未払賃金請求を行わず，代わりに不法行為に基づく賃金相当額の損害賠償を請求することが可能かについては，事案によって判断が分かれている（否定例としてわいわいランド事件・大阪地判平成12・6・30労判793号49頁，肯定例として小野リース事件・仙台高判平成21・7・30労判1018号9頁）。

7　変更解約告知

　変更解約告知とは，労働条件の変更や新たな労働条件の下での新契約締結の申出に労働者が同意しない場合には労働契約を解約するという意思表示である。もっとも，労働条件の変更は，通常は就業規則を合理的な範囲内で変更すれば行える（⇨第8章第2節 **3**）。変更解約告知は，合理的な範囲を超えて労働条件を変更したい場合，就業規則の作成義務のない事業場で労働条件の変更を行う場合，職種や勤務地等に関し就業規則の変更によっても変更しえない合意（労契10条但書参照）がなされている場合，あるいは正社員から契約社員への契約形態変更など新しい契約の締結が必要な場合などに用いられることになる。

(1)　解雇の有効性

　労働者が変更解約告知の申出を拒否したために解雇された場合，その有効性はどのように判断されるべきか。解雇の有効性判断である以上，基本的には解雇権濫用法理の枠組みでの問題処理がなされるべきである。たとえば，経営悪化を背景に人件費削減のためになされた変更解約告知であれば，正社員から契約社員への契約形態変更の申出を，解雇回避努力に準ずるいわば「雇用維持努力」の1つとして考慮することも可能だろう。裁判例の中には，解雇の有効性判断に際して変更解約告知の申出があったことを積極的に評価するもの（スカンジナビア航空事件・東京地決平成7・4・13労判675号13頁）としないもの（大阪

労働衛生センター第一病院事件・大阪地判平成 10・8・31 労判 751 号 38 頁）とがある。

(2)　異議をとどめた承諾

　変更解約告知に関して近年議論となっているのが，労働者が変更解約告知に対して異議をとどめた承諾をした上で新しい労働条件の下で就労すること，すなわち裁判で労働条件変更の効力を争いつつ新条件下で就労を開始することを使用者が許容すべきかどうかである。これが認められれば，労働者は労働条件変更を呑むか，それともそれを拒否して解雇されるかという究極の選択を迫られずに済む。要するに，前者（労働条件変更）を受け入れたが実は解雇された上で訴訟をすれば勝てたケースであった，あるいは逆に後者（変更を拒否して解雇）を選択して解雇の効力を訴訟で争ったが敗訴してしまった，前者を選んでいればよかった，というような結果を防止することができるのである。

　裁判例には，異議をとどめた承諾は申込みの拒絶にすぎず（民 528 条参照），現行法上その根拠もないとしてこれを実質的に認めなかったものもある（日本ヒルトンホテル〔本訴〕事件・東京高判平成 14・11・26 労判 843 号 20 頁）。しかし学説上は，ドイツ法などにならって，立法論あるいは解釈論として，この第 3 の選択肢を認めるべきであるという見解が有力に主張されている。

第 2 節　解雇以外の終了事由

1 雇止め

　使用者が有期労働契約を更新せず，その結果期間満了により契約が終了することを雇止めとよぶ。民法の原則からすれば，たとえそれまでに何回も契約が反復・更新されていたとしても，それは単なる有期契約の積み重ねでしかない（ただし民 629 条 1 項参照）。労使双方が更新の意思を示せば契約は更新されるが，どちらかが更新しないと決めればそれで終了する。しかし，有期契約の更新という形式がとられていても，それが何の手続もなく自動的に何度も反復・更新されているとか，あるいは何度も更新されることが当然に期待されていたような場合には，公平の見地から使用者による雇止めを一定の範囲で制限すべきで

あると考えられる。このような観点から雇止めに関する判例法理が形成され，2012 年の労働契約法改正ではそれが明文化された（労契 19 条）。

(1)　無期契約における解雇と同視できる場合

判例（東芝柳町工場事件・最一小判昭和 49・7・22 民集 28 巻 5 号 927 頁）はまず，期間 2 か月の短期の有期契約が最高で 23 回更新された労働者らの雇止めにつき，採用時に長期継続雇用や本工（正社員）への登用を期待させるような言動がなされたこと，契約更新の手続も形骸化していたことなどを指摘した上で，「本件各労働契約は，期間の満了毎に当然更新を重ねてあたかも期間の定めのない契約と実質的に異ならない状態で存在していた」ので，雇止めは「実質において解雇の意思表示にあた」り，その効力の判断に際しては「解雇に関する法理を類推」すべきである，と判示した。要するに，有期雇用労働者の雇止めについても，その労働契約が「期間の定めのない契約と実質的に異ならない」場合には，客観的かつ合理的で社会通念上相当な理由が必要だということになる。

現行の労働契約法はこれを，当該有期労働契約が過去に反復更新されたことがあり，その契約期間満了時における雇止めが無期契約における解雇と「社会通念上同視できる」場合，という形で明文化している（労契 19 条 1 号。2012 年改正）。

(2)　契約更新につき合理的な期待がある場合

また別の判例（⇨ 判例 16-2 ）は，さらに踏み込んだ判断枠組みを示した。

判例 16-2　日立メディコ事件
最一小判昭和 61・12・4 労判 486 号 6 頁
【事案の概要】X は Y 社の柏工場の臨時員として期間 2 か月の労働契約の下で雇用され，その後契約は 5 回更新された。臨時員の採用は面接で健康状態や経歴などを尋ねるという簡易な方法で行われていた。柏工場では，臨時員は一般的には比較的簡易な作業に従事していた。Y 社は，臨時員の契約更新にあたり，更新期間の約 1 週間前に本人の意思を確認し，労働契約書の「雇用期間」欄に順次雇用期間を記入し，臨時員の印章を押捺させていた（もっとも，X が属する機械組においては，本人の意思が確認されたときは，給料の受領のために預

かっていた印章を庶務係が本人に代わって押捺していた）。ＸとＹ社との間の 5 回にわたる本件労働契約の更新は，いずれも期間満了の都度新たな契約を締結する旨を合意することによってなされてきた。

　Ｙ社は柏工場で 100 人の人員削減を行うことを決定し，その一環としてＸら 14 名の臨時員について期間満了日で雇止めとすることとした。これに対しＸはＹ社に労働契約の存在確認と賃金の支払を求めた。原審ではＹ社が勝訴した。これに対しＸが上告したが，最高裁は以下のように判示してＸの上告を棄却した。

【判旨】「5 回にわたる契約の更新によって，本件労働契約が期間の定めのない契約に転化したり，あるいはＸとＹ社との間に期間の定めのない労働契約が存在する場合と実質的に異ならない関係が生じたということもできない」。

　「(1)　柏工場の臨時員は，季節的労務や特定物の製作のような臨時的作業のために雇用されるものではなく，その雇用関係はある程度の継続が期待されていたものであり，Ｘとの間においても 5 回にわたり契約が更新されているのであるから，このような労働者を契約期間満了によって雇止めにするに当たっては，解雇に関する法理が類推され」る。

　「(2)　しかし，右臨時員の雇用関係は比較的簡易な採用手続で締結された短期的有期契約を前提とするものである以上，雇止めの効力を判断すべき基準は，いわゆる終身雇用の期待の下に期間の定めのない労働契約を締結しているいわゆる本工を解雇する場合とはおのずから合理的な差異がある」。

　「(3)　……事業上やむを得ない理由により人員削減をする必要があり，その余剰人員を他の事業部門へ配置転換する余地もなく，臨時員全員の雇止めが必要であると判断される場合には，これに先立ち，期間の定めなく雇用されている従業員につき希望退職者募集の方法による人員削減を図らなかったとしても，それをもって不当，不合理であるということはできず，右希望退職者の募集に先立ち臨時員の雇止めが行われてもやむを得ない」。

　このように，「期間の定めのない労働契約が存在する場合と実質的に異ならない」とまではいえなくても，その雇用が臨時的なものではなく，期間満了後も「ある程度の継続が期待されていたもの」であるときには，なお有期契約の雇止めに解雇の法理が類推適用される。たとえ契約が反復・更新されていなくても，その有期契約労働者が雇用継続について合理的な期待を持っているのであれば，それは法的に保護されうるということである（このような観点から初回の契約更新時における雇止めを違法とした裁判例として，龍神タクシー〔異議〕事件・

大阪高判平成 3・1・16 労判 581 号 36 頁）。合理的な期待の有無は，契約の更新状況，採用時における使用者の言動，契約書の記載事項，職務の内容，他の労働者の契約更新状況などから判断される。

　現在の労働契約法はこれを，有期労働契約が期間満了時に「更新されるものと期待することについて合理的な理由がある」場合，という形で条文化している（労契 19 条 2 号。2012 年改正）。

(3)　雇止め法理の効果

　上記 (1) (2) に該当する有期労働契約につき，契約期間満了日までの間に労働者が更新の申込みをした場合，または契約期間満了後遅滞なく有期労働契約締結の申込みをした場合には，客観的に合理的な理由があり，かつ社会通念上相当であると認められない限り，使用者は当該申込みを拒絶できない。使用者は，従前の有期労働契約の内容である同一の労働条件でその申込みを承諾したものとみなされる（労契 19 条本文）。要するに，期間満了のみを理由に雇止めをすることはできず，労働者が希望すれば有期労働契約の法定更新がなされるということである。

　ただし，判例はこのような雇止め法理の限界も同時に示している。すなわち，①雇止めの効力を判断する基準は「いわゆる終身雇用の期待の下に期間の定めのない労働契約を締結しているいわゆる本工を解雇する場合とはおのずから合理的な差異がある」，②人員削減の必要性がある以上「〔正社員の〕希望退職者の募集に先立ち臨時員の雇止めが行われてもやむを得ない」（前掲・日立メディコ事件 ⇨ 判例 16-2）。客観的・合理的理由と社会的相当性が要求されるとはいえ，雇止めと無期契約の解雇がまったく同じ基準で判断されるわけではない。有期契約労働者が長期雇用の期待の下にあるとまでいえない場合には，正社員の雇用を守るために有期契約労働者を雇止めすることも違法ではないという判断が下されるということである。逆に，上記(1)のように，有期契約であっても基幹化して正社員に近い雇用実態になっている場合や雇用期間がかなり長期化している場合には，正社員の場合に近い厳格さで解雇法理が類推適用されることになる（雇止めの効力を否定した例として，三洋電機〔パート雇止め第 1〕事件・大阪地判平成 3・10・22 労判 595 号 9 頁，丸子警報器〔雇止め・本訴〕事件・東京高判

平成 11・3・31 労判 758 号 7 頁など）。

(4)　不更新合意と更新合意

　有期労働契約の更新回数や契約上限年数を制限する合意（不更新合意）は有
効か。契約締結前，すなわち契約更新に対する合理的期待がまだ生じていない
段階で，「更新は 3 回まで」「5 年を超えての更新はない」などの説明が明確に
なされ，労働者もそれに納得した上で契約締結に至っている場合には，更新限
度とされた年数や回数を超えて合理的期待が生じることはないと考えてよい。
これに対し，契約締結後，契約更新時などに「次が最後の更新となる」「3 年
を超えては更新しない」などの説明が初めてなされたような場合は，その時点
ですでに契約更新に対する合理的期待が生じている可能性がある。そのような
ケースで使用者が適法に雇止めを行うには，新たに不更新合意が成立し，それ
によりすでに生じていた合理的期待が消滅している必要がある（説明会を開い
た上で交付された不更新条項の記載のある契約書への署名押印により不更新合意が適法
に成立したとしたものとして，近畿コカ・コーラボトリング事件・大阪地判平成 17・
1・13 労判 893 号 150 頁）。

　有期労働契約の期間満了前に次の更新についての合意（更新合意）がすでに
成立していると認められる場合には，その後雇止めの意思表示がなされたとし
ても，当該契約は更新されることとなる（明石書店事件・東京地判平成 21・12・
21 労判 1006 号 65 頁）。

(5)　雇止めに関わるその他の規制

　有期労働契約の「長さ」についての法規制（労基 14 条。⇨第 5 章第 2 節 **1**）
だけでなく，有期契約の「短さ」に関する規制もなされている。すなわち使用
者は，期間の定めのある労働契約について，その労働契約により労働者を使用
する目的に照らして，必要以上に短い期間を定めることにより，その労働契約
を反復して更新することのないよう配慮しなければならない（労契 17 条 2 項）。
たとえば，明らかに 1 年間続く予定の仕事のために雇うのに，あえて 3 か月契
約の反復更新という形をとり，途中で辞めさせやすくしておくことは許されな
い。なお，このような形式の下で実際に就労 3 か月の時点で雇止めがなされて

も，1年間の継続が合理的に期待されていた契約の更新拒絶と評価され（19条2号），雇止めが違法とされる可能性が高いだろう（⇨(2)）。

このほか，労基法14条2項に基づく「有期労働契約の締結，更新及び雇止めに関する基準」（平15・10・22厚労告357号，平24・10・26厚労告551号）では，使用者が一定の場合に雇止めの予告や雇止め理由の明示を行うべきことなどが規定されている。

2 合意解約

合意解約とは，文字どおり労使の合意によって労働契約を将来に向けて終了させることである。一般に「依願退職」とよばれるものの多くはこの合意解約である。合意解約に関する法的紛争の多くは，解約の「合意」が成立したか否か，成立したとすればそれはいつの時点かをめぐるものである。これに関して法令上の規制はないので，最終的には事案ごとに当事者の合理的な意思解釈が行われる。判例は，最終決裁権を持つ人事部長による退職願の受理は，労働者の合意解約の申込みに対する使用者の承諾の意思表示となりうるとした（大隈鐵工所事件・最三小判昭和62・9・18労判504号6頁）。合意解約の申込みは，使用者がそれを承諾する意思表示を行うまでの間は撤回できると解されている。したがって，いったん退職願を提出して合意解約申込みの意思表示をしたとしても，使用者がそれを承諾するまでは撤回できることになる。

なお，労働者の自発的退職を促すいわゆる退職勧奨行為については，単なる事実行為としての説得にとどまらず，合意解約の申込みあるいはその誘因と評価できる場合もありうる。退職勧奨に応ずるかどうかは労働者が自由に決定すべきことであり，いかなる場合でも勧奨行為に応ずる義務はない。職務上の上下関係を利用して圧力をかける，長期にわたりしつこく呼び出して勧奨する，名誉感情を害する言動を用いるなど社会的相当性を逸脱した使用者の行為は，違法な権利侵害として不法行為を構成しうる（下関商業高校事件・広島高判昭和52・1・24労判345号22頁，最一小判昭和55・7・10労判345号20頁で維持）。学説には，不当な退職勧奨による退職を擬制解雇あるいは準解雇と位置づけ，違法解雇に対する救済に準じた法的保護をすべきであるとするものもある。

3 辞　　職

労働法上の概念としての「辞職」は，労働者側からの労働契約の一方的解約を意味する。要するに解雇（＝使用者による労働契約の一方的解約）の反対概念である。ただし解雇と異なり労働法上の修正がほとんどなされておらず，基本的には民法がそのまま適用される。

(1) 期間の定めのある労働契約の場合

労働者も原則としては期間の定めに拘束されるので，契約期間中の辞職の場合は「やむを得ない事由」が必要である（民 628 条）。

なお，1 年を超える期間の定めがある労働契約（一定の事業の完了に必要な期間を定めるもの，および労基法 14 条 1 項各号に規定するものは除く）を締結した労働者は，民法 628 条の規定にかかわらず，その労働契約の期間の初日から 1 年を経過した日以後においては，自由に辞職することができる（労基附則 137 条）。

(2) 期間の定めのない労働契約の場合

労働者は，2 週間前に予告すれば「いつでも」自由に辞職できる（民 627 条 1 項）。この規定は強行規定であるというのが学説上は通説である（ただし反対説もある）。つまり，たとえば就業規則で労働者の辞職の場合に 30 日前の予告を義務づけていたとしても，その規定に拘束力はない。また合意解約の申込みの場合（⇨ *2*）とは異なり，辞職の意思表示は使用者への到達後は撤回できないと解されている。

4 定　年　制

(1) 定年制の法的性格と合理性

定年制は日本の長期雇用制の軸をなす仕組みであり，ほとんどの会社がこれを実施している。法的には，「一定年齢への到達」を労働契約の終了事由の 1 つとして定めたもの（合意，約定）と解することができる（すべて定年制は解雇であると考える説もある）。判例（秋北バス事件・最大判昭和 43・12・25 民集 22 巻 13 号 3459 頁⇨ ◀ 判例 8-1 ▶）は定年制について「人事の刷新・経営の改善等，企業の

組織および運営の適正化のために行なわれるものであって，一般的にいって，不合理な制度ということはでき」ない，とする。下級審裁判例も同様の前提に立っており（アール・エフ・ラジオ日本事件・東京高判平成8・8・26労判701号12頁），また後述する高年齢者雇用安定法の規制からもわかるように，政府の雇用政策も定年制の存在を前提としたものとなっている。

　しかし学説には，定年制は労働者の能力を考慮せず一定年齢到達のみを理由に労働契約を一方的に終了させるものであり，雇用保障の理念に反する，非合理な公序違反の違法・無効な制度である，と主張するものもある。このような見解は，アメリカの「雇用における年齢差別禁止法（Age Discrimination in Employment Act）」の影響も受けていると思われる。少子・高齢社会の到来を背景に，立法論として年齢差別概念の導入を主張する立場も年々有力になってきている。実際募集・採用の局面ではそれが（部分的にではあるが）実現している（⇨第6章第4節）。

(2)　定年制に関する法的規制──高年齢者雇用安定法

　企業が定年を定める場合には，原則として60歳以上でなければならない（高齢雇用安定8条）。また，65歳未満の定年制を実施している企業は，①定年の引上げ，②希望者を対象とする継続雇用制度（再雇用，勤務延長。子会社や関連会社によるものも可〔9条2項〕）の導入，③定年制の廃止，のいずれかの措置（高年齢者雇用確保措置）を講じなければならない（同条1項。ただし経過措置あり）。

　継続雇用制度については，かつては労使協定で対象者選定基準を定めれば希望者全員を対象としないことも可能であったが，2012年改正によりこの措置は廃止された。厚生年金の支給開始年齢が2013年度から段階的に65歳に向けて引き上げられている（⇨第17章第3節図表17-1）ため，希望者全員再雇用とすることで雇用と年金との間にギャップを生じさせないようにしたものである。

　高年齢者雇用安定法9条1項の高年齢者雇用確保措置義務は，立法趣旨や規定された義務の内容などからすれば，公法上の措置義務にとどまるものであり，私法上の継続雇用請求権を根拠づけるものではないと解される（NTT西日本〔高齢者雇用・第1〕事件・大阪高判平成21・11・27労判1004号112頁）。もっとも判例は，雇止め法理（労契19条）の類推適用により再雇用契約が成立する余地

　を認めている。すなわち，高年齢者雇用安定法の趣旨からすれば，労働者が継続雇用規程の定めに従って再雇用の申込みをしている場合には，使用者がそれを拒否することは客観的に合理的理由を欠き社会通念上相当でないと評価され，労働者が再雇用されたのと同様の法律関係が成立する（津田電気計器事件・最一小判平成 24・11・29 労判 1064 号 13 頁）。

　また近年，高年法の高年齢者雇用確保措置として提示された定年後の継続雇用の労働条件が，定年前と比較すると労働者にとって「到底受け入れ難い」内容であり，高年法の趣旨にも反するなどとして，そのような継続雇用の提案は公序良俗に反し不法行為を構成するとした裁判例が相次ぎ，注目を集めている（トヨタ自動車ほか事件・名古屋高判平成 28・9・28 労判 1146 号 22 頁，九州惣菜事件・福岡高判平成 29・9・7 労判 1167 号 49 頁）。

第 *17* 章
労働関係終了後の法律関係

第 1 節　労基法上の規制
第 2 節　競業避止・秘密保持義務
第 3 節　退職・引退後の所得保障

> 労働法は労働関係終了後の問題についても一定の関心を寄せている。労基法上一定の規制がなされているほか，退職後の競業や退職金の不支給・減額をめぐる紛争については多くの裁判例がある。公的年金や企業年金に関わる法的ルールは社会保障法の文脈で語られることも多いが，労働者の退職後・引退後の所得保障という重要な問題を扱うという意味では労働法の一分野をなすものともいえる。

第 1 節　労基法上の規制

1　退職時等の証明

　使用者は，退職する労働者が請求した場合には，その労働者の勤務期間，職種および地位，賃金，退職事由，ならびに退職事由が解雇の場合にはその理由についての証明書を遅滞なく交付しなければならない（労基 22 条 1 項）。退職の事由とは，自己都合退職，解雇，定年など労働契約の終了事由を意味する。解雇の理由とは，たとえば就業規則に該当することを理由とする解雇であれば，その条項の内容およびそれに該当するに至った事実関係などを意味する（平 11・1・29 基発 45 号）。

　解雇理由の開示は，それによって解雇をめぐるトラブルを未然に防ごうとい

う趣旨の規定である。同様の観点から，退職時証明とは別に，解雇を予告された労働者は，その解雇の予告がなされた日から退職の日までの間においても，使用者に対して解雇の理由を記載した文書の交付を請求できることとされている（労基22条2項）。なお，解雇理由の証明書は，使用者側の主張する解雇理由を明らかにするものにすぎない。労働者がこの証明書を請求してそれを受領したとしても，それで解雇を認めたことになるわけではない。

退職時の証明や解雇理由の証明には，労働者の請求しない事項を記入したり，秘密の記号を記入（いわゆるブラックリスト）したりしてはならない（労基22条3項・4項）。

2 金品の返還

使用者は，労働者の死亡・退職の場合において，権利者（本人・相続人）の請求があった場合には，7日以内に賃金を支払い，また積立金，保証金，貯蓄金その他名称のいかんを問わず，労働者の権利に属する金品を返還しなければならない（労基23条1項）。賃金や金品に関して争いがある場合でも，使用者は異議のない部分については7日以内に支払いまたは返還しなければならない（同条2項）。使用者が退職労働者の足止めを図らないよう，賃金その他労働者の権利に属する金品の早期返還を義務づけること，退職・死亡労働者の遺族の生活窮迫を防ぐこと，時間の経過とともに増大する賃金支払や金品返還に伴う不便や危険を最小限に抑えることなどを目的とする規定である。

なお退職手当については，就業規則等の定める支払期日に支払われる限り本条違反とはならないとされる（昭26・12・27基収5483号，昭63・3・14基発150号）。

3 帰郷旅費

採用時に使用者が明示した労働条件（労基15条1項。⇨第7章第4節参照）が事実と相違する場合，労働者は即時に労働契約を解除することができる（同条2項）。その際使用者は，労働者の帰郷旅費（就業のため住居を変更した労働者が契約解除日から14日以内に帰郷する場合の費用）を負担しなければならない（同条3項）。

第 2 節　競業避止・秘密保持義務

　競業避止義務とは，使用者と競合する事業に従事しない義務であり，秘密保持義務とは，職務上知りえた秘密を漏洩しない義務である。これらの義務は，労働者の在職中の義務でもあるが，実際には労働者の退職後においてその有無や範囲が問題とされることが多い。

1 競業避止義務

(1) 在職中の場合

　労働者は，労働契約上の付随義務として，競業避止義務を負う（⇨第 3 章第 1 節 **3**）。就業規則上でも競業行為を禁止したり許可制にしたりするのが通例である。このような規定に違反した労働者に対しては，懲戒処分が発動されたり（ピアス事件・大阪地判平成 21・3・30 労判 987 号 60 頁。⇨第 14 章第 4 節 **6**），損害賠償請求がなされたり（エープライ〔損害賠償〕事件・東京地判平成 15・4・25 労判 853 号 22 頁）する可能性がある。

(2) 退職後の場合

　使用者は，退職労働者の同業他社への就職や同種事業の起業を制限できるのだろうか。一般的にいえば，労働者の退職後は，すでに労働契約が終了しており，また退職労働者には転職の自由，職業選択の自由があるので，競業避止義務を根拠づける特別の法的根拠（就業規則上の規定，在職中あるいは退職時に締結された特約など）が必要である。また競業禁止規定は，禁止される行為が明確に特定された，合理的な内容のものでなければならない。裁判例の多くは，競業制限の期間，場所的範囲，制限対象となる職種，競業制限の目的，代償措置の有無などから規定の合理性の有無を判断している。

> ◁ 判例 17-1 ▷ ヤマダ電機（競業避止条項違反）事件
> 　　　　　　東京地判平成 19・4・24 労判 942 号 39 頁
> 【事案の概要】家電量販店 X 社の従業員であった Y は，X 社を退職するに際し，退職後最低 1 年間は同業他社への転職はしない，仮にした場合には退職金

を半額に減額されかつ直近の給与 6 か月分に対し法的処置を講じられても異議
は申し立てない，という内容の誓約書を差し入れた。しかし Y は実際には X
社を退職してすぐに X 社のライバルといえる別の家電量販店に入社した。X
社は Y に対し上記誓約書の定める競業避止義務の違反を理由とする損害賠償
請求を行った。裁判所は以下のように判示し X 社の請求を一部認容した。

【判旨】「(1) 本件競業避止条項は，X 社の従業員であった Y が退職後に同業
者に転職しないことを約したものである。会社の従業員は，元来，職業選択の
自由を保障され，退職後は競業避止義務を負わないものであるから，退職後の
転職を禁止する本件競業避止条項は，その目的，在職中の被告の地位，転職が
禁止される範囲，代償措置の有無等に照らし，転職を禁止することに合理性が
あると認められないときは，公序良俗に反するものとして有効性が否定される
と考えられる。

　(2) ……知識及び経験を有する従業員が，X 社を退職した後直ちに，X 社
の直接の競争相手である家電量販店チェーンを展開する会社に転職した場合に
は，その会社は当該従業員の知識及び経験を活用して利益を得られるが……，
その反面，X 社が相対的に不利益を受けることが容易に予想されるから，こ
れを未然に防ぐことを目的として，Y のような地位にあった従業員に対して
競業避止義務を課することは不合理でない」。

　「(3) 次に，転職が禁止される範囲についてみると，まず，本件競業避止条
項の対象となる同業者の範囲は，家電量販店チェーンを展開するという X 社
の業務内容に照らし，自ずからこれと同種の家電量販店に限定されると解釈す
ることができる。また，退職後 1 年という期間は，X 社が本件競業避止条項
を設けた前記目的に照らし，不相当に長いものではないと認められる。さらに，
本件競業避止条項には地理的な制限がないが，X 社が全国的に家電量販店チ
ェーンを展開する会社であることからすると，禁止範囲が過度に広範であると
いうこともない」。

　「(4) ……本件誓約書により退職後の競業避止義務が課されることの代償措
置については，X 社が，役職者誓約書の提出を求められるフロアー長以上の
従業員に対し，それ以外の従業員に比して高額の基本給，諸手当等を給付して
いるとは認められるものの……，これが競業避止義務を課せられたことによる
不利益を補償するに足りるものであるかどうかについては，十分な立証がある
といい難い。しかし，代償措置に不十分なところがあるとしても，この点は違
反があった場合の損害額の算定に当たり考慮することができるから，このこと
をもって本件競業避止条項の有効性が失われることはないというべきである。」

　この裁判例で問題となった競業避止条項には場所や職種の限定がなく，代償措置も十分ではなかったが，裁判所は競業制限の期間が比較的短期（1 年）であったことを重視して判断を行ったものと思われる。

　競業避止義務違反の行為に対し，使用者は競業行為の差止請求，損害賠償請求，退職金の減額・没収（あるいはすでに支払った退職金の不当利得返還請求）などの措置を講じることができる。ただし差止請求は労働者の職業選択の自由を直接制限する行為なので，それが認められるためには競業行為により使用者が営業上の利益を現に侵害され，または侵害される具体的なおそれがあることが必要と解される（東京リーガルマインド事件・東京地決平成 7・10・16 労判 690 号 75 頁）。また損害賠償請求の場合には損害およびその損害と競業行為との間の相当因果関係の立証が必要である（競業避止義務違反は成立するが主張される損害との相当因果関係はないとしたものとして，アイメックス事件・東京地判平成 17・9・27 労判 909 号 56 頁など）。

　退職金の減額・没収については，退職金規程にその旨の明確な定めがあり，かつそこで問題となっている同業他社就職等が労働者のそれまでの永年勤続の功を抹消しうる程度にまで背信的といえる必要がある（⇨第 3 節 **1** 参照）。

　なお，競業避止義務を定めた就業規則規定や特約などがなくても，不正な手段を用いるなど社会通念上自由競争の範囲を逸脱した競業行為であれば不法行為責任を生じさせうる。しかし，前職での人的関係を利用して営業活動をした，あるいは競業を行うことを元の勤務先に開示しなかったというだけでは違法な競業行為とはいえない（三佳テック事件・最一小判平成 22・3・25 民集 64 巻 2 号 562 頁）。

2　秘密保持義務

(1)　在職中の場合

　競業避止義務と同様，秘密保持義務も労働契約上の付随義務の 1 つとされ（⇨第 3 章第 1 節 **3**），就業規則上にもその規定がおかれるのが一般的である。就業規則違反の行為が懲戒処分や損害賠償請求の対象となりうるのも競業避止義務と同様である。

(2)　退職後の場合

　労働者の退職後についても，基本的には競業避止義務と同様に考えることになる。すでに労働契約が終了している以上，使用者が元労働者に対しなお秘密保持義務を課すためには，就業規則上の規定や退職時の特約などが必要である。裁判例におけるこれら規定や特約の有効性判断は，その秘密の性質・範囲，価値，労働者の退職前の地位などに照らして合理性があるかどうかという観点でなされている（ダイオーズサービシーズ事件・東京地判平成14・8・30労判838号32頁）。

(3)　不正競争防止法による規制

　不正競争防止法は，労働者がその職務遂行の過程で使用者から開示された営業秘密を，不正の競業その他の不正の利益を得る目的で，またはその使用者に損害を加える目的で，在職中にあるいは退職後に使用したり開示したりする行為は，同法上の不正競争に該当すると定める（2条1項7号）。このような不正競争行為について使用者は，差止め（3条1項），損害賠償請求（4条），信用回復措置（14条）などの救済を求めることができる。損害賠償請求に関しては立証責任を軽減する規定がある（5条）。また罰則が発動される可能性もある（21条1項4号・5号など）。つまり，使用者が守ろうとする「秘密」が不正競争防止法にいう「営業秘密」に該当する場合，労働者は，秘密保持に関する特約等の有無にかかわらず，在職中はもちろん退職後においてもその秘密を不正な目的（たとえば「その情報を利用して顧客を奪ってやろう」など）の下で使用・開示することはできないのである。

　ただし「営業秘密」の定義は厳格である。不正競争防止法上の営業秘密とは，秘密として管理されている生産方法，販売方法その他の事業活動に有用な技術上または営業上の情報であって，公然と知られていないものをいう（2条6項）。通常の業務遂行の過程で一般的に得られる知識・技能は営業秘密ではない。また，たとえ有用な技術上・営業上の非公知情報であっても，使用者が「秘密として管理」していなければ営業秘密には当たらない。たとえば鍵のかかる棚での保管やイントラネット上でのパスワードによるアクセス規制など，従業員がそれを営業秘密であると客観的に認識しうる状況であったことが要求される

（たとえば，わかば事件・東京地判平成17・2・25判時1897号98頁など）。裁判例では，就業規則上であるいは特約として秘密保持に関する定めがなされていたかどうかも，その情報が「秘密としての管理」の下にあったかどうかを判断するための重要な指標の1つとなっている（たとえば，バードランドミュージック事件・東京地判平成16・4・13判時1862号168頁など）。

3 引 抜 き

ライバル会社の労働者を「引き抜く」行為，すなわち転職勧誘自体は違法ではない。しかし，在職中の労働者を取り込んで密かに大量引抜きを画策し，ある日突然一斉に退職させ，その混乱に乗じて顧客を奪う，などという悪質なやり方は営業の利益を侵害するものとして不法行為と評価されうる。在職中の労働者が関与すれば誠実義務違反や競業避止義務違反も問われうる。

裁判例では，一斉引抜きが「社会的相当性を逸脱した」ものである場合に，引抜きをした会社および在職中から一斉引抜きのために暗躍していた元従業員に対する損害賠償請求が認容されている（ラクソン等事件・東京地判平成3・2・25労判588号74頁，フレックスジャパン・アドバンテック事件・大阪地判平成14・9・11労判840号62頁など）。ただし競業避止義務違反に対する損害賠償請求の場合と同様，損害額として認容されるのは引抜行為と相当因果関係のある部分のみである（たとえば前掲・フレックスジャパン・アドバンテック事件では，引抜行為がなければ得られたであろう利益のうち3か月分に当たる粗利益のみを認容）。

第3節　退職・引退後の所得保障

1 退 職 金

法律上支給義務があるわけではないが，日本企業の多くは退職金制度を実施しており，それは労働者の転職時あるいは引退後の所得保障において重要な役割を果たしている（その発生根拠・賃金性等については⇨第9章第1節 **4**，時効については⇨同章第2節 **6**）。

退職金規程には，労働者が懲戒解雇されたり退職後同業他社に就職したりし

た場合に，退職金を減額あるいは不支給とするという定めがおかれることが多い。退職金を，すでになされた労働に対する対価の後払，すなわち賃金の後払であると理解するなら，たとえ懲戒解雇されようがライバル会社に転職しようが，このような規定によってすでになされた労働に対する対価を奪うのは妥当ではないということになる。しかし一方で退職金の功労報償的な性格，すなわち最後まで忠誠を尽くした者に対する「ご褒美」であるという面を強調するなら，使用者が気に入らない辞め方をした労働者に対して退職金を支給しなかったり減額したりするのは当然ということになる。なお，退職金債権は，具体的な退職金額が確定する退職時に発生する（⇨第 9 章第 1 節 **4**）ため，退職金を減額あるいは不支給とすることは全額払原則（労基 24 条 1 項）には違反しない。

　裁判所は，問題となっている退職金制度に部分的にせよ功労報償的性格があるといえる場合にはそれを尊重し，退職金の減額や不支給を認める立場をとっている。最高裁は，退職後同業他社に転職した場合には退職金が通常の自己都合退職の場合の半分になるという内容の退職金規則について，「本件退職金が功労報償的な性格を併せ有することにかんがみれば，合理性のない措置とすることはできない」と述べている（三晃社事件・最二小判昭和 52・8・9 労経速 958 号 25 頁）。

　他の裁判例も基本的には同様の立場である。ただし，以下の裁判例からもわかるように，退職金の減額・不支給を無限定に認めているわけではない。

> ◁ 判例 17-2 ▷ **小田急電鉄（退職金請求）事件**
> **東京高判平成 15・12・11 労判 867 号 5 頁**
> 【事案の概要】X は，休日に行った複数回の電車内での痴漢行為を理由に，勤務先である電鉄会社 Y 社から懲戒解雇され，退職金も全額不支給とされた。X は懲戒解雇ならびに退職金不支給処分の無効を訴えて Y を提訴したが，原審は X の請求を全面的に棄却した。高裁も懲戒解雇については原審同様有効と判断したが，退職金の不支給については以下のように原審とは異なる判断を示した。
> 【判旨】「……〔本件〕退職金の支給制限規定は，一方で，退職金が功労報償的な性格を有することに由来するものである。しかし，他方，退職金は，賃金の後払い的な性格を有し，従業員の退職後の生活保障という意味合いをも有するものである。ことに，本件のように，退職金支給規則に基づき，給与及び勤続

年数を基準として，支給条件が明確に規定されている場合には，その退職金は，賃金の後払い的な意味合いが強い。

　……このような賃金の後払い的要素の強い退職金について，その退職金全額を不支給とするには，それが当該労働者の永年の勤続の功を抹消してしまうほどの重大な不信行為があることが必要である。」

　「……本件行為が悪質なものであり，決して犯情が軽微なものとはいえないこと，また，Ｘは，過去に3度にわたり，痴漢行為で検挙されたのみならず，本件行為の約半年前にも痴漢行為で逮捕され，罰金刑に処せられたこと，そして，その時には昇給停止及び降職という処分にとどめられ，引き続きＹ社における勤務を続けながら，やり直しの機会を与えられたにもかかわらず，さらに同種行為で検挙され，正式に起訴されるに至ったものであること，Ｘは，この種の痴漢行為を率先して防止，撲滅すべき電鉄会社の社員であったこと……このような面だけをみれば，本件では，Ｘの永年の勤続の功を抹消してしまうほどの重大な不信行為があったと評価する余地もないではない。

　……しかし，他方，本件行為及びＸの過去の痴漢行為は，いずれも電車内での事件とはいえ，会社の業務自体とは関係なくなされた，Ｘの私生活上の行為である。

　そして，これらについては，報道等によって，社外にその事実が明らかにされたわけではなく，Ｙ社の社会的評価や信用の低下や毀損が現実に生じたわけではない。」

　「そうすると，Ｙ社は，本件条項に基づき，その退職金の全額について，支給を拒むことはできないというべきである。しかし，他方……本件行為が職務外の行為であるとはいえ，会社及び従業員を挙げて痴漢撲滅に取り組んでいるＹ社にとって，相当の不信行為であることは否定できないのであるから，本件がその全額を支給すべき事案であるとは認め難い。

　……そうすると，本件については……，本来支給されるべき退職金のうち，一定割合での支給が認められるべきである。

　その具体的割合については，……本件行為の性格，内容や，本件懲戒解雇に至った経緯，また，Ｘの過去の勤務態度等の諸事情に加え，とりわけ，過去のＹ社における割合的な支給事例等をも考慮すれば，本来の退職金の支給額の3割である276万2535円であるとするのが相当である。」

　このように裁判所は，「労働者の永年の勤続の功を抹消してしまうほどの重大な不信行為」があったかどうかを1つの基準として，当該退職金制度の性格づけや減額・不支給の理由など諸般の事情を斟酌し，個別の事案ごとに退職金

減額・不支給規定の有効性やその適用限度（退職金をどこまで不支給としてよい
か）を判断している。

2　公 的 年 金

　労働者の引退後の所得保障を担う中核の制度が公的年金である。日本の公的
年金は「2 階建て」の制度であると一般にいわれる。1 階部分は全国民に共通
で強制加入の国民年金制度であり，老齢基礎年金，障害基礎年金，遺族基礎年
金の 3 種類からなる。いずれも定額給付を行う。

　2 階部分は職種ごとに分立しており，自営業者については強制加入の制度は
存在しない。一般の労働者の多くは厚生年金の被保険者となる。厚生年金も老
齢・障害・遺族の 3 種類の年金を支給しているが，国民年金とは異なり，受給
者が現役労働者であった時代の所得の多寡に応じて給付額が変わってくる（い
わゆる報酬比例年金）。

　高齢化の進展を背景に，老齢厚生年金については現在支給開始年齢が引き上
げられている途中である（⇨図表 17-1 参照）。

3　企 業 年 金

　止まらない少子高齢化，また近年の一連の年金改革により，公的年金給付は
今後頭打ちになることが確実である。このため国民の引退後所得保障において
相対的な重要性を増しつつあるのが企業年金である。企業年金は文字どおり年
金制度の「3 階部分」として公的年金を補完する仕組みであるが，同時に，使
用者が自分の雇用する労働者のためにその労働に対する見返りとして実施する
制度，すなわち労働条件としての性格も有する。しかし賃金のように働いてす
ぐもらえるのではなく，退職時あるいはそれ以降にはじめて受け取ることがで
きる。要するに退職金であると考えて差し支えない。実際にも，日本の企業年
金制度のほとんどは退職金制度を外部積立型に移行する形で発展してきた。ま
た企業「年金」制度でありながらその給付形式として一時金を選択できるもの
も少なくない。

　企業年金は，大きく内部留保型と外部積立型に分類できる。前者は給付のた
めの原資を企業外部に取り分けない制度であり，自社年金とよばれる。後者は

図表 17-1　支給開始年齢の引上げ

	60	61	62	63	64	65（歳）

2000 年度まで：特別支給（報酬比例部分）＝「別個の給付」／老齢厚生年金、特別支給（定額部分）／老齢基礎年金

2001～2003 年度：特別支給（報酬比例部分）／老齢厚生年金、特別支給（定額部分）／老齢基礎年金

2004～2006 年度：特別支給（報酬比例部分）／老齢厚生年金、（定額部分）／老齢基礎年金

2007～2009 年度：特別支給（報酬比例部分）／老齢厚生年金、（定額部分）／老齢基礎年金

2010～2012 年度：特別支給（報酬比例部分）／老齢厚生年金、老齢基礎年金

2013～2015 年度：（報酬比例部分）／老齢厚生年金、老齢基礎年金

2016～2018 年度：（報酬比例部分）／老齢厚生年金、老齢基礎年金

2019～2021 年度：老齢厚生年金、老齢基礎年金

2022～2024 年度：老齢厚生年金、老齢基礎年金

2025 年度以降：老齢厚生年金、老齢基礎年金

	60	61	62	63	64	65（歳）

253

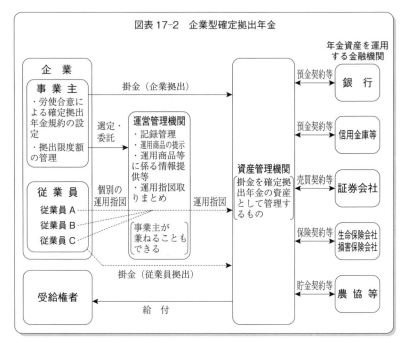

図表 17-2　企業型確定拠出年金

給付原資を外部の金融機関（信託銀行，生命保険会社）や年金基金が管理する仕組みである。主な外部積立型制度としては，2001 年に誕生した確定給付企業年金と企業型確定拠出年金，そしてそれ以前から存在した厚生年金基金がある（⇨図表 17-2，図表 17-3，図表 17-4 参照）。

　確定給付企業年金には規約型と基金型があり，前者は事業主が実施主体であるのに対し，後者は事業主とは独立の法人である企業年金基金が制度の実施主体となる。厚生年金基金も同様に独立の法人である厚生年金基金が制度を実施する仕組みであるが，公的年金である厚生年金の給付を一部代行している点が基金型企業年金とは異なる。厚生年金基金は，かつては企業年金制度の主流を占めていたが，2012 年の AIJ 事件をきっかけに制度の欠陥や積立不足の大きさが問題視されることとなり，政府もその廃止（解散）を促す方向に政策を転換したため，現在ではごく少数しか存続していない。

　企業型確定拠出年金は，事業主が従業員の個人勘定（アカウント）に毎月掛金を拠出し，その掛金を原資とする年金資産を個々の従業員が自ら運用する仕

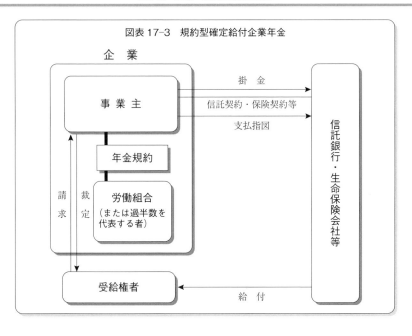

図表17-3　規約型確定給付企業年金

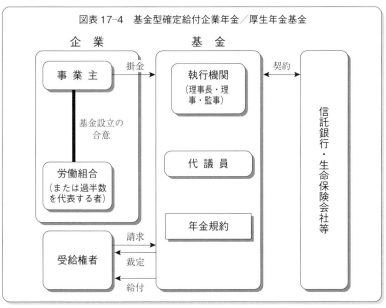

図表17-4　基金型確定給付企業年金／厚生年金基金

組みである。2010 年からは従業員の掛金拠出（マッチング）も可能となった。将来の年金給付額は運用の結果いかんで変わってくる。個人別に年金資産が管理されるため，転職しても不利にならない制度であるとされる（いわゆるポータビリティ）。

　このほか確定拠出年金には個人型確定拠出年金（いわゆる iDeCo）もあるが，労働者に限らず国民が自らの意思で加入するいわば個人年金制度であり，「企業」年金制度とは言い難い。しかし近年政府は，主として大企業の正社員のものである企業年金制度にのみフォーカスするのではなく，自営業者や非正規労働者なども含め国民全体にとってフェアな引退後所得保障制度のあり方を考えるべきではないか，という方向に政策をシフトさせてきている（その 1 つの表れが，厚生労働省社会保障審議会の「企業年金部会」が「企業年金・個人年金部会」に衣替えしたことである）。「企業年金から私的年金へ」という徐々に形成されつつあるトレンドの中核を担う，全国民共通の個人年金制度として，iDeCo の注目度が今後より高まる可能性がある。

> **Column 8　企業年金の受給者減額**
>
> 　松下電器，早稲田大学，NTT，法政大学……誰もが知っている有名企業や学校法人を舞台に相次いで起こったのが，企業年金をめぐる紛争である。問題になったのは，OB・OG の年金を，年金の支給が開始されたあとでも減額できるかどうかであった。OB・OG の側からすれば，すでに毎月いくらと決められて支給が始まったものを減額するなんて約束違反だ，定年まで身を粉にして一生懸命尽くしてきたのに裏切られた思いだ，ということになる。他方で企業側にも，会社の財政状況が悪化し，現役従業員がリストラや賃下げで苦しんでいるのに，悠々自適の OB・OG だけが昔の基準で算定した手厚すぎる年金をタダでもらっているのはおかしい，少しは我慢してもらわないと，という言い分がある。
>
> 　自社年金の受給者減額に関する裁判例は，減額を可とするもの（たとえば早稲田大学〔年金減額〕事件・東京高判平成 21・10・29 労判 995 号 5 頁，松下電器産業〔年金減額〕事件・大阪高判平成 18・11・28 労判 930 号 13 頁，松下電器産業グループ〔年金減額〕事件・大阪高判平成 18・11・28 労判 930 号 26 頁，法政大学事件・東京地判平成 29・7・6 判時 2351 号 99 頁）と否とするもの（たとえば早稲田大学〔年金減額〕事件・東京地判平成 19・1・26 労判 939 号 36 頁）とに分かれているが，基本的な判断枠組みはいずれの事件でもほぼ同様である。第 1 に，

その減額について，一般的に契約（規約）上の根拠があるといえるか。そして第 2 に，実際に行われた減額の内容について，必要性・相当性があるか。このうち第 2 の点の判断にあたっては，減額の必要性・程度や他の受給者の同意の有無などの要素が斟酌され，就業規則の不利益変更法理（⇨第 8 章第 2 節 **3**）に類似する判断枠組みが用いられている。これについては，雇用保障と引き換えに合理的な範囲内で労働条件の変更を認めるという法理をすでに保障すべき雇用のない年金受給者にまで及ぼすのはおかしいという批判もあるが，企業年金は「制度的契約」に基づくものであるとして肯定的に評価する見解もある（内田貴「民営化（privatization）と契約——制度的契約論の試み（6・完）」ジュリ 1311 号〔2006 年〕参照）。

　なお外部積立型の制度については，受給者減額を内容とする規約変更を行うためには行政庁の承認または認可を受ける必要がある（企業年金 5 条 1 項 5 号・12 条 1 項 7 号，企業年金令 4 条 2 号・7 条，企業年金則 5 条・6 条・12 条・13 条など）。規約の不承認・不認可処分に不服を持つ事業主または基金は，処分の取消しを求めて行政訴訟を提起することになる（NTT グループ企業〔年金規約変更不承認処分〕事件・東京高判平成 20・7・9 労判 964 号 5 頁）。

第3編
労使関係法

　御用組合といわれようとも，ともかく組合を作ることが望ましい——こういうと，多くの方は驚かれあるいは憤慨されるかと思う。しかし私は，組合の初期の段階において，ともかくも労働者が集って，労働組合という名のものを，作れれば，それでまず成功だとしなければいけないと感じている。たとえそれが御用組合といわれようとも，とにかく労働者が一本になっていれば，二年，三年たつうちに，何らか意義をもってくる。その間に労働者（従業員であり，また組合員である）の気持を使用者がつかむか，あるいは労働組合がつかむかということで，いわば使用者と労働組合との間で，平和的な競争が行われるという段どりになればよしとすべきであろう。

——石川吉右衛門『労使関係手帖』（有信堂・1965年）91 頁以下

（初出，官公労働 14 巻 3 号〔1960 年〕）

第18章

労 働 組 合

第1節　日本の労働組合・労使関係の実態
第2節　労働組合の組織と運営
第3節　労働組合の組織の変動

　労働組合とは，労働者が労働条件の維持改善等を目的として組織する集団のことをいう（⇨第2章第2節）。労働組合は，経済的に弱い立場に置かれやすい労働者と使用者の対等な交渉を可能とする点だけでなく，集団的な交渉を通じて労働者や使用者に利益をもたらすという点で，重要な意義をもつものである。本章では，日本における労働組合・労使関係の実態をみたうえで，労働組合をめぐる主要な法律問題についてみていくことにしよう。

第1節　日本の労働組合・労使関係の実態

1 労使関係の構造

　日本の労働組合の最大の特徴はその多くが企業別に組織されている点にあり，日本の労使関係もこの企業別組合を基盤として成り立っている。2019年6月時点での日本の労働組合の組織率（推定）は16.7パーセントであるが，民間企業の労働組合員の9割近くが企業別組合に組織されている（厚生労働省「労働組合基礎調査」〔2019年〕）。

　もっとも，日本の労働組合は企業別組合のみによって成り立っているわけではない。日本の労使関係は，大きくみると，企業レベルでの企業別組合を基盤

としつつ，この企業別組合が産業レベルで結集する全国単産，さらに全国単産
などが加入するナショナル・センターの３層からなっている。

(1)　企業レベルの労使関係

　企業レベルでの労使間のコミュニケーションの手段としては，大きくみると，
①団体交渉と②労使協議という２種類のものがある。①団体交渉は，憲法や労
働組合法によって法的に保障されている手段であり，労働組合側としてはスト
ライキなどの行動に出ることによってその交渉力を高めることができる。団体
交渉では，合意達成を目指して交渉が行われ，合意に達した場合には労働協約
が締結されることが多い。これに対し，②労使協議は，法律の厳格なルールに
基づく団体交渉とは異なり，労使間で自主的・任意的に行われる協議のことを
指し，手続や内容なども労使間の合意に基づいて柔軟に設定される。その実態
は企業ごとにさまざまであるが，必ずしも合意達成を目的とせず，労使間で経
営に関する事項を含む幅広い問題について意見の交換が行われていることが多
い。
　最近では，この２つの手段のうち，厳格な団体交渉（①）よりも柔軟な労使
協議（②）を重視する労働組合が多く，この２つの手続が明確に区別されずに
コミュニケーションが行われていることも少なくない。また，労働組合のない
企業では労使協議によって労使間のコミュニケーションが図られていることも
多い。このように，日本の労使関係においては，企業レベルで行われる柔軟な
労使協議が重要な役割を果たしているといえる。会社が労働組合の役員となる
従業員を一定期間「休職」扱いし，労働組合の専従となることを認めているこ
とも少なくない。

(2)　産業レベルの労使関係

　産業レベルにおいては，企業別組合が結集した連合体として，産業別の連合
組合（いわゆる「単産」）が結成されている。代表的なものとして，流通・サー
ビス業等のUAゼンセン，自動車産業の自動車総連，電機産業の電機連合な
どがある。単産は，企業別組合に対する指導・啓発や組織の充実・強化などを
図ることを主な役割としているが，なかでも，「春闘」における基本戦略，賃

上げ目標，交渉スケジュール等の決定・指令を行うことにその重要な役割がある。

　春闘とは，年度末に次年度の賃上げ額など労働条件の基本的方向性を労使で取り決める過程のことをいう。この交渉自体は各企業内の労使間で行われるが，労働組合側の基本戦略，賃上げ目標，交渉スケジュール等の基本的方針は産業レベルの単産で決定され，その指示に従って企業別組合が交渉を進めていくことが多い。この春闘の重要な機能・特徴として，第1に，全国的に波及効果をもつことがあげられる。春闘においては，鉄鋼，電機，造船，自動車の民間主要企業において他産業・他社に先駆けて妥結された結果が「春闘相場」を形成し，この相場が，他産業・他社の交渉，組合のない会社における賃上げ額等の決定，さらには公務員の労働条件改定（人事院勧告）などに影響を与えている。第2に，春闘は，企業別の労使交渉のなかにマクロ経済的視点を取り入れるという機能・特徴をも有している。春闘の場では，労働組合の利己的な賃上げ要求に対して企業が回答をするのではなく，その年の物価，景気，生産性の変動などマクロ経済的な諸要素をも考慮して賃上げ額などが決定されている。単産の決定・指令が，企業レベルの交渉のなかで経済全体に関わる調整を実現する機能を果たしているのである。このように，やみくもに名目賃金の引上げを求めるのではなく物価水準や企業の競争力等を考慮する労使関係を基盤として，日本は1970年代の石油ショックや80年代の円高ショックのなかでもインフレ率や失業率を低水準に抑えることができたといわれている。

　この産業レベルの労働組合のほかに，地域レベルで，企業・産業や職種にかかわらず組織されている個人加入組合の地域合同労組（地域一般労働組合，パートユニオン，派遣ユニオン，管理職ユニオンなど）も存在しており，企業別組合でカバーされない労働者を救済する組織として重要な役割を果たしている。

(3)　全国・全産業レベルの労使関係

　さらに，単産などが加入する労働組合の全国的な組織として，日本労働組合総連合会（連合），全国労働組合総連合（全労連），全国労働組合連絡協議会（全労協）という3つのナショナル・センターがある。その傘下にある労働組合員数の割合は，全労働組合員数に対し，連合69.4パーセント，全労連7.6パー

セント，全労協 1.1 パーセントとなっている（2018 年）。

　これらのナショナル・センターは，使用者と団体交渉を行う労組法上の労働組合ではない。その主な役割としては，加入組合と連絡・協議を行うことのほか，（特に連合については）政策形成過程への参加という重要な機能を担っている。政策参加のルートとしては，①内閣総理大臣との政労会見をはじめ，政党，各省庁，使用者団体等との非公式協議とともに，②各省庁の各種審議会等への参加（委員の派遣）という公式のルートもあり，これらの多様なルートを通して，労働者の経済社会生活の改善・向上を図るという役割を果たしている。

2 労使関係の変容

　日本の労働組合の最大の特徴は，上に述べたように，その基盤が企業別組合にあることにある。これには構造的な長所と短所がある。

　その長所は，交渉が各企業の実情に応じて柔軟に行われ，変化に対しても機動的に対応できる点にある。特に社会が多様化し市場や技術の動きが速くなるほど，この柔軟性・機動性という長所は強みを発揮する。伝統的に集権的な性格を強くもっていたフランスやドイツの労使関係に近年分権化の動きがみられる背景には，このような社会変化がある。

　企業別組合の短所は，①組織が企業単位であり，労働組合自体が企業の成長や存続を考慮して自社の競争力を損なうような交渉を行いにくいという性格をもつため，産業レベルや全国・全産業レベルの労働組合と比較すると交渉力が相対的に弱い点と，②企業単位の組織・交渉であるため，全体的・包括的な視点から問題を捉えて企業の枠を超えた公正な競争条件（労働条件の基盤）を設定するという機能をもたない点にある。

　日本の労働組合運動は，企業別組合の長所を活かしつつ，その構造的な短所を補う形で展開されてきた。1955 年以降産業レベルの単産がイニシアチヴをとって展開している「春闘」や，1989 年に従来の総評，同盟，新産別，中立労連という 4 つのナショナル・センターを統一する形で結成された連合による政策参加の推進は，企業の枠を超えた視点を労使交渉にもたらし，企業の枠を超えた公正な労働条件の確立を図ろうとするものである。

　しかし，この日本の労働組合運動は，現在大きな転機を迎えている。近年で

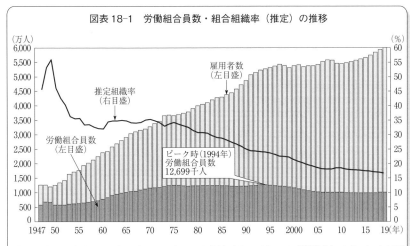

図表 18-1　労働組合員数・組合組織率（推定）の推移

注）　2011 年の雇用者数および推定組織率は，2012 年 4 月に総務省統計局から公表された「労働力調査における東日本大震災に伴う補完推計」の 2011 年 6 月分の推計値およびその数値を用いて計算した値である。時系列比較の際は注意を要する。

（出典：厚生労働省「労働組合基礎調査」）

は，グローバル競争の進展や 1990 年代後半以降の長引く不況のなかで，産業レベル（単産）では統一的な賃上げ目標を設定せずに，各企業における交渉に委ねる「春闘の個別化」現象がみられる。また，より長期的な変化として，労働組合の組織率が 1949 年の 55.8 パーセントを頂点に減少を続け，2019 年には 16.7 パーセントまで低下するに至った（⇨図表 18-1 参照）。その要因としては，そもそも組合組織率が低いサービス業の拡大，非正規労働者の増加，若年層を中心とした組合離れ意識の広がりなどがあげられる。

　社会の大きな変化のなかで，労働組合，労使関係のあり方をどのようなものとしていくかは，労働者の状況のみならず社会全体の行方を左右する重要な課題である。

Column 9　労働組合はもういらない？

　労働組合の組織率の低下は，日本だけでなく，多くの先進国に共通する現象である（もっともスウェーデンのように現在でも組織率が 7 割程度の国もあることには注意が必要である）。そのような動きのなかで，労働法学者のなかには，「集団としての労働者」から「個人としての労働者」に視点を移して労働法を

再編成することが必要であることを主張する声もみられている（菅野和夫＝諏訪康雄「労働市場の変化と労働法の課題——新たなサポート・システムを求めて」労研 418 号〔1994 年〕2 頁以下）。

　しかし，事実として「労働者の集団性」が希薄化していることと，規範として「集団としての労働者」を軽視することとは，別に考えるべき問題とはいえないだろうか。「集団としての労働者」を重視することの意味は，単に弱い立場にある労働者を保護することにあるだけではない。共通性（「公共財」性）をもつ労働条件を集団的に交渉することによって，全体として最適な状態を作り出すことができる。また，労働者が安心して発言できる環境を作り出すことによって，労働者の満足度が高まり企業の利益（生産性向上）につながるというメリットも期待できる。労働者が集団的に発言できる環境を整えておくことは，労働者の利益になるだけでなく，会社側にも，そして社会全体としても利益になる可能性があるのである。そしてこのことは，利益が多様化しそれぞれの利益が複雑に絡みあう現在の状況においてより一層当てはまることといえる。

　このような集団的な発言や利益調整の役割を果たす主体として，労働組合はなお重要な役割を果たしうるのか。このような役割は，労働組合以外の集団（たとえば従業員代表組織）によっても果たされうるのか。今後の労使関係や労働法のあり方自体に関わる重要な検討課題である（水町勇一郎編『個人か集団か？ 変わる労働と法』〔勁草書房・2006 年〕，大内伸哉『労働者代表法制に関する研究』〔有斐閣・2007 年〕など参照）。

第 2 節　労働組合の組織と運営

　現行法の下では，労働者は労働組合を自由に設立することができる。そして，設立された労働組合が労組法の定める法的保護を受けるために一定の要件をみたすことが必要であることは，すでに述べた通りである（⇨第 2 章第 2 節）。ここでは，労働組合の組織と運営に関する重要な法律問題についてみていくことにしよう。

1 チェック・オフ

　労働者が労働組合に入ると，組合から組合費を徴収されるのが一般的である。これを確実にするために，使用者と労働組合の協定により，使用者が組合員の

賃金から組合費を控除し，それを労働組合に引き渡す方法がとられることが多い。これをチェック・オフという。

　チェック・オフの法律関係は，①労働組合と使用者間の組合費の取立委任契約（チェック・オフ協定）だけでなく，②組合員と使用者間の組合費の支払委任契約が存在することによってはじめて，三者間で有効に成立する。

　チェック・オフをめぐっては，大きく2つの解釈問題がある。

　第1に，チェック・オフにも賃金全額払原則（労基24条1項。⇨第9章第2節 **2** (3)）が適用されるかである。この点について，判例は，チェック・オフも賃金の一部の控除である以上，賃金全額払原則の規制を受けると解さざるをえないとしている（済生会中央病院事件・最二小判平成元・12・11民集43巻12号1786頁）。したがって，チェック・オフを適法に行うためには，当該事業場における過半数組合または過半数代表者と労使協定を締結する必要がある（当該組合が過半数組合である場合にはこの要件をみたすことになる）。

　第2に，チェック・オフに反対している組合員も拘束されるか。判例は，労働者の支払委任の同意（上記②の同意）がない限りチェック・オフは有効とはいえないため，労働者の同意がないときには使用者はチェック・オフを行うことができず，チェック・オフに反対する組合員はいつでもチェック・オフの中止（上記②の支払委任契約の解除）を申し入れることができると判示している（エッソ石油〔チェック・オフ〕事件・最一小判平成5・3・25労判650号6頁，民651条1項参照）。使用者と過半数組合間の労使協定は，労働者の支払委任の同意に代わる私法上の効力をもつものではなく，また，それが労働協約の形で締結された場合であっても，チェック・オフは「労働条件その他の労働者の待遇に関する基準」（労組16条）に当たらないため，使用者と労働者を拘束する規範的効力（⇨第20章第2節）をもつものではないと解釈されているのである。

2 ユニオン・ショップ

　労働組合に加入するかどうか，加入したとしてもそこから脱退するかどうかは，基本的に労働者の自由な選択に委ねられるべきことである。判例は，労働組合からの脱退の自由は労働者に認められた重要な権利であり，労働者の組合脱退を制限する条項・合意は公序良俗（民90条）に反し無効であるとしている

（日本鋼管鶴見製作所事件・最一小判平成元・12・21 労判 553 号 6 頁〔原審：東京高判昭和 61・12・17 労判 487 号 20 頁〕，東芝労働組合小向支部・東芝事件・最二小判平成 19・2・2 民集 61 巻 1 号 86 頁）。

　これに対し，日本の労働組合は，組織の拡大強化を図るために，使用者との間に，当該組合の組合員でない者を解雇する旨の協定（いわゆる「ユニオン・ショップ協定」）を締結していることが多い。この協定によると，労働者が労働組合に加入しなかったり労働組合から脱退すると，使用者から解雇されるおそれが出てくる。このユニオン・ショップ協定をめぐっては，大きく 2 つの解釈問題がある。

　第 1 に，そもそもユニオン・ショップ協定は有効かという点である。ユニオン・ショップ協定は，解雇の威嚇によって特定労働組合への加入を強制するものであり，労働者の組合選択の自由や労働組合に加入しない自由（消極的団結権）を侵害するおそれがあるからである。この点が争点となった判例として，次のものがある。

> **判例 18-1　三井倉庫港運事件**
> **最一小判平成元・12・14 民集 43 巻 12 号 2051 頁**
> **【事案の概要】** Y 社と Z 組合は，「Y 社は，Y 社に所属する海上コンテナトレーラー運転手で，Z 組合に加入しない者および Z 組合を除名された者を解雇する」旨のユニオン・ショップ協定を締結していた。X らは Y 社に雇用された海上コンテナトレーラー運転手で Z 組合の組合員であったが，Z 組合を脱退し訴外 A 組合に加入した。そこで Z 組合は Y 社に X らを解雇することを求め，Y 社は X らを解雇した。X らは解雇の無効を主張して本件訴えを提起した。最高裁は，次のような理由から，X らの請求を認めた。
> **【判旨】**「労働者には，自らの団結権を行使するため労働組合を選択する自由があり，また，ユニオン・ショップ協定を締結している労働組合（以下「締結組合」という。）の団結権と同様，同協定を締結していない他の労働組合の団結権も等しく尊重されるべきであるから，ユニオン・ショップ協定によって，労働者に対し，解雇の威嚇の下に特定の労働組合への加入を強制することは，それが労働者の組合選択の自由及び他の労働組合の団結権を侵害する場合には許されないものというべきである。したがって，ユニオン・ショップ協定のうち，締結組合以外の他の労働組合に加入している者及び締結組合から脱退し又は除名されたが，他の労働組合に加入し又は新たな労働組合を結成した者について

> 使用者の解雇義務を定める部分は，右の観点からして，民法 90 条の規定により，これを無効と解すべきである（憲法 28 条参照）。」

　このように，判例は，ユニオン・ショップ協定によって，憲法 28 条が保障する組合選択の自由を侵害することは許されないとし，他の組合に加入している者（ユニオン・ショップ組合からの脱退・除名後に他組合に加入した者を含む）との関係では，同協定は憲法 28 条が設定する公序（民 90 条）に違反し無効となると解釈している。これに対し，学説のなかには，組合に入らない自由の重要性から，組合に加入していない労働者との関係でも，ユニオン・ショップ協定を無効と解すべきとする有力な見解がある。

　第 2 に，ユニオン・ショップ協定に基づいてなされた解雇は有効かという点も問題になる。第 1 の問題が団結権保障との抵触の問題であったのに対し，第 2 の問題は解雇権濫用（労契 16 条）の問題であり，両者は理論的に区別される。判例は，有効なユニオン・ショップ協定に基づく解雇は，客観的に合理的な理由があり社会通念上相当として是認できるとし，権利濫用には当たらないと判断している。さらに，そもそも組合による除名処分が無効であった場合にユニオン・ショップ協定に基づいてなされた被除名者の解雇の効力はどうなるか。学説上は，除名が無効となったのは労働組合の責任であり，除名が有効であることを信頼して解雇を行った使用者にその責任をとらせるのは妥当でなく，また，使用者に責任をとらせることになると使用者が組合内部の問題に口出しする口実を与えかねないとして，解雇は無効とはならないとする見解もある。しかし，判例は，除名が無効である以上，ユニオン・ショップ協定に基づく解雇義務は生じないから，他に解雇の合理性・相当性を基礎づける特段の事情がない限り，解雇は権利濫用として無効となると判断している（日本食塩製造事件・最二小判昭和 50・4・25 民集 29 巻 4 号 456 頁）。

3　労働組合の自治とその限界

　労働組合は労働者によって自主的に組織される任意団体である。したがって，その組織の内部運営については，組合自身でルールを決め，それに従わない組合員に対して，戒告，けん責，罰金，権利停止，除名などの統制処分を行うことができるのが原則である（組合自治の原則）。

　しかし同時に，労働組合は，憲法や労組法によって，通常の任意団体にはない特別の権能（団体交渉権，民刑事免責，規範的効力をもつ労働協約の締結，不当労働行為の行政救済など）を与えられた団体でもある（労働組合の半公的性格）。したがって，労働組合は，組合の内部運営を民主的に行うことが要請される（労組5条2項参照。組合民主主義の原則）とともに，その内部自治において組合員個人の市民的自由を尊重することが要請される（市民的自由の尊重。国労広島地本事件・最三小判昭和50・11・28民集29巻10号1698頁参照）。たとえば，労働組合からの脱退の自由は労働者に認められた重要な権利であり，組合規約や労働契約でこれを制限する定めをしても，公序（民90条）に反し無効と解される（前掲・日本鋼管鶴見製作所事件，東芝労働組合小向支部・東芝事件）。

　具体的には，組合費の徴収については，たとえばストライキをしている他の労働組合を支援するための臨時組合費のように，労働者間の連帯や相互協力など組合の目的の範囲内のものであり，かつ，組合員の政治的自由等を侵害しないものであれば，許される（前掲・国労広島地本事件）。選挙における特定政党・候補者の支援については，組合による特定政党・候補者の支援決議や選挙運動自体は自由であるが，反対する組合員にこれを強制すること（臨時組合費の徴収や反対する者の統制処分など）はできない（前掲・国労広島地本事件，中里鉱業所事件・最二小判昭和44・5・2裁判集民95号257頁）。また，組合内の少数派に対する統制処分については，少数派の執行部批判活動も組合の民主的運営に不可欠なものとして最大限尊重されるべきであり，これに対する統制処分は，組合員の表現の自由（憲21条）を侵害するものとして公序（民90条）に反し無効となる。もっとも，批判の内容が事実を歪曲した誹謗・中傷である場合や暴力的行為を伴う場合には，組合員の市民的自由の枠を超えた行為として統制処分の対象となりうる（厚木自動車部品・全日産自動車労組事件・横浜地判昭和62・9・29労判505号36頁）。

1 組合財産の帰属と組合の「分裂」

　労働組合の財産については，労働組合が法人である場合には法人である組合の単独所有に帰し，法人格のない労働組合の場合には組合員の「総有」（団体の債権債務は構成員全員に帰属し各構成員は直接の権利や義務を負わない帰属関係）に属すると解釈されている（品川白煉瓦事件・最一小判昭和 32・11・14 民集 11 巻 12 号 1943 頁）。したがって，いずれにしても，組合員は財産の持分権をもたず，組合規約に特段の定めがない限り，脱退や除名に際して財産の分割請求権を有しない。

　これに対し，組合員が集団で脱退し新組合を結成した場合に，新組合から旧組合に対する財産の分割請求を認めるための法的構成として学説上考案されたのが，組合の「分裂」概念である。しかし，判例は，「旧組合の内部対立によりその統一的な存続・活動が極めて高度かつ永続的に困難」となった結果，組合員が集団的に離脱し新組合を結成した場合にはじめて，「組合の分裂という特別の法理の導入の可否につき検討する余地を生ずる」と判示し，組合の分裂を理由とする新組合からの財産分割請求を容易には認めない態度をとっている（名古屋ダイハツ労組事件・最一小判昭和 49・9・30 労判 218 号 44 頁）。

2 解　　散

　労働組合は，組合規約で定めた解散事由の発生，または，組合員の 4 分の 3 以上の多数による総会決議によって，解散される（労組 10 条）。法人格を有する組合の場合，解散が決定されても清算に必要な範囲内で労働組合は存続し（13 条），組合財産は清算手続に移行する（13 条の 2 以下）。法人格のない組合の場合，解散は総有の廃止に当たるため，組合財産は全員一致の決議により分割される。

第 **19** 章
団 体 交 渉

　団体交渉とは，労働者の集団が代表者を通じて使用者と行う交渉のことをいう。団体交渉は，経済的に弱い立場に置かれやすい労働者が使用者と対等な交渉を行う場となるだけでなく，集団的な交渉を通じて労働者や使用者に利益をもたらすという側面ももっており，労使関係法の中心に位置づけられるものである。憲法および労働組合法はこの団体交渉を法的に保護・促進する枠組みを定め，労使間の問題について労使の話合い（労使自治）で解決することを促している。

第 1 節　団体交渉の意義

　憲法 28 条は，団体交渉を行うことを労働者の権利として保障しており，これを受けて，労組法は，使用者の正当な理由のない団交拒否を不当労働行為として禁止する形で，使用者の団体交渉義務を定めている（労組 7 条 2 号）。使用者が団体交渉を拒否した場合には不当労働行為に当たるという制度で，労働者の団体交渉権を具体的に保護しているのである。

　労組法上の不当労働行為制度による救済を受けるためには，労組法上の要件（2 条・5 条 2 項）をみたす労働組合（法適合組合）でなければならない（⇨第 2 章第 2 節）。もっとも，労組法上の要件をみたさない労働者の集団であっても，

労働者がその地位の向上を目的として自主的に組織した団体（憲法上の団結体）としての実質を有する場合には，団体交渉権（憲 28 条）侵害に対する司法救済（⇨第 4 節 **2**）を受けることはできる。

第 2 節　団体交渉の法的枠組み

　日本の団体交渉法制においては，2 つの重要な基本原則がある。複数組合主義と中立保持義務である。また，団体交渉を担当する者についても法的に問題が生じうる。

1 団体交渉の主体——複数組合主義

　使用者は自らが雇用する労働者を代表している労働組合のすべてと団体交渉を行わなければならない。ここでいう「使用者が雇用する労働者」（労組 7 条 2 号）とは，使用者が現に雇用契約を締結している労働者だけでなく，近い将来労働契約関係が成立する可能性がある者，過去の労働契約関係について未解決の問題が残っている者，労働条件等を現実的かつ具体的に支配・決定している者など（⇨第 22 章第 1 節 **3**）を広く含むものと理解されている。団体交渉の主体となる労働組合については，規模の大小や組織レベルは問われておらず，少数組合であっても，また，産業レベルや全国レベルの労働組合であっても（労組 6 条参照），法的には団体交渉権が認められうる。

　実務上，特定の労働組合と使用者の間で「○○社は△△労働組合のみを団体交渉の相手方として承認する」との協定（唯一交渉団体条項）が締結され，これを根拠に使用者がそれ以外の労働組合との団体交渉を拒否することがある。しかし，このような協定は，他の労働組合の団体交渉権（憲 28 条）を侵害するものとして公序（民 90 条）に違反し無効と解される（住友海上火災事件・東京地決昭和 43・8・29 労民集 19 巻 4 号 1082 頁参照）。

2 複数の組合に対する対応——中立保持義務

　複数組合主義の下では，使用者は複数の労働組合と同時に団体交渉等を行う状況に置かれうる。その際に，使用者は，複数の労働組合に対し，当該労使関

係の具体的状況に応じて中立的な態度をとることを義務づけられる。これを中立保持義務という。この義務に反する使用者の行為は，特定組合への不利益取扱いや支配介入（労組7条1号・3号）として不当労働行為となる。具体的には，次のようなケースで問題となりうる。

判例 19-1 日産自動車（残業差別）事件

最三小判昭和60・4・23民集39巻3号730頁

【事案の概要】P社を吸収合併したX社には，N労組（多数組合）と労組P支部（少数組合）が併存している。X社はN労組との労働協約に基づき昼夜2交替制を導入し，N労組の組合員は交替勤務に組み入れて恒常的に残業を行わせたが，P支部の組合員に対しては昼間勤務のみに組み入れ残業を命じなかった。P支部はX社に対しP支部組合員にも残業をさせるよう申入れをし，X社と数回にわたり団体交渉を行ったが，交渉はもの別れに終わった。P支部は東京都地方労働委員会（都労委）に対し不当労働行為の救済申立てを行い，都労委は救済命令を出した。これに対しX社はY（中央労働委員会）に再審査申立てを行ったが，Yは再審査申立てを棄却する命令を出した。そこで，X社はYの命令の取消しを求めて本件訴えを提起した。最高裁は，次のように述べて，X社の請求を認めなかった。

【判旨】「複数組合併存下にあっては，各組合はそれぞれ独自の存在意義を認められ，固有の団体交渉権及び労働協約締結権を保障されているものであるから，その当然の帰結として，使用者は，いずれの組合との関係においても誠実に団体交渉を行うべきことが義務づけられているものといわなければならず，また，単に団体交渉の場面に限らず，すべての場面で使用者は各組合に対し，中立的態度を保持し，その団結権を平等に承認，尊重すべきものであり，各組合の性格，傾向や従来の運動路線のいかんによって差別的な取扱いをすることは許されないものといわなければならない。

　ところで，中立的態度の保持といい，平等取扱いといっても，現実の問題として，併存する組合間の組織人員に大きな開きがある場合，各組合の使用者に対する交渉力，すなわちその団結行動の持つ影響力に大小の差異が生ずるのは当然であり，この点を直視するならば，使用者が各組合との団体交渉においてその交渉相手の持つ現実の交渉力に対応してその態度を決することを是認しなければならないものであって，団結力の小さい組合が団体交渉において使用者側の力に押し切られることがあったとしても，そのこと自体に法的な問題が生ずるものではない。……したがって，例えば，使用者において複数の併存組合に対し，ほぼ同一時期に同一内容の労働条件についての提示を行い，それぞれ

に団体交渉を行った結果，従業員の圧倒的多数を擁する組合との間に一定の条件で合意が成立するに至ったが，少数派組合との間では意見の対立点がなお大きいという場合に，使用者が，右多数派組合との間で合意に達した労働条件で少数派組合とも妥結しようとするのは自然の成り行きというべきであって，少数派組合に対し右条件を受諾するよう求め，これをもって譲歩の限度とする強い態度を示したとしても，そのことから直ちに使用者の交渉態度に非難すべきものがあるとすることはできない。……複数組合併存下においては，使用者に各組合との対応に関して平等取扱い，中立義務が課せられているとしても，各組合の組織力，交渉力に応じた合理的，合目的的な対応をすることが右義務に反するものとみなさるべきではない。

　したがって，以上の諸点を十分考慮に入れたうえで不当労働行為の成否を判定しなければならないものであるが，団体交渉の場面においてみるならば，合理的，合目的的な取引活動とみられうべき使用者の態度であっても，当該交渉事項については既に当該組合に対する団結権の否認ないし同組合に対する嫌悪の意図が決定的動機となって行われた行為があり，当該団体交渉がそのような既成事実を維持するために形式的に行われているものと認められる特段の事情がある場合には，右団体交渉の結果としてとられている使用者の行為についても労組法7条3号の不当労働行為が成立するものと解するのが相当である。」

　X社がP支部組合員に残業を命じていない主たる動機・目的は，同組合員を長期間不利益を伴う状態に置き同組合を動揺・弱体化させようとする意図に基づくものと推断されてもやむを得ないものである。

　この判例が示しているように，複数の労働組合が存在している場合，使用者はそれぞれの組合に対し中立的な態度をとらなければならない。たとえば，団体交渉の際には，同一時期に同一の条件を提示し同一の方法で交渉を行うことが原則となる。もっとも，当該労使関係の具体的な状況に応じて合理的な対応をとることまでは否定されない。たとえば，上記判例は，同一時期・同一条件で複数の労働組合と交渉した結果，圧倒的多数の労働者が加入する組合と先に合意に達したため，それ以降使用者が少数組合との交渉で多数組合との合意内容に固執したとしても，そのような使用者の態度は，各組合の組織力・交渉力の差に応じた合理的な対応として中立保持義務には違反しないとの一般論を提示している（ただし，使用者による交渉条件の提示が特定組合に対する団結権の否認・嫌悪の意図が決定的な動機となって行われたものと認められる特段の事情が存在する場合には不当労働行為が成立しうるところ，この事件では，使用者の態度が特定組合に

対する嫌悪の意図に基づくものであったため，不当労働行為が成立するとの結論をとっている）。

　また，上記判例は，使用者が中立的態度で交渉した結果，一方の労働組合とは合意し，他の労働組合とは合意に至らなかった場合，その結果の差異は不当労働行為には当たらないとの一般論も示している。使用者にも交渉の自由が保障されており，交渉上譲歩することまでは要求されないからである。もっとも，組合が受け入れられないような条件をあえて提示し，使用者がそれに固執した結果，その組合が条件を受け入れられずに不利益を被ることとなった場合は，意図的な組合弱体化行為として不当労働行為となると解釈されている（日本メール・オーダー事件・最三小判昭和 59・5・29 民集 38 巻 7 号 802 頁）。

3 団体交渉の担当者

　団体交渉は，労働組合を代表する者（または労働組合の委任を受けた者。労組 6 条）と使用者を代表する者（個人企業では個人，法人では代表権を有する者）との間で行われるのが一般的である。

　労働組合が上部団体の役員や弁護士などの第三者に団体交渉の権限を委任し，これらの者が労働組合側の交渉担当者として団体交渉に参加することもありうる。このような第三者の団体交渉への参加を排除するために，労働組合と使用者の間で「労働組合は従業員である組合員以外の第三者に団体交渉を委任しない」との協定（第三者交渉委任禁止条項）が結ばれることもある。この協定については，労使自治に基づき自主的に交渉ルールを定めたものとして有効であるとする見解と，憲法 28 条が保障する団体交渉権を不当に制限するものであり公序良俗（民 90 条）に反し無効であるとする見解がある。

　使用者側で，代表者（個人事業主，法人の代表権をもつ取締役等）以外の者（労務担当役員，人事部長，工場長，支店長等）も，団交事項について実質的な決定権限をもち交渉権限を使用者から付与されている場合には，団体交渉の担当者になりうる。弁護士についても同様であり，団交事項について実質的な決定権限・交渉権限をもたず，具体的な交渉や決定を行わない場合には，不誠実団交（⇨第 3 節 2）となる。

第3節　団体交渉義務の内容

1 対 象 事 項

　使用者はいかなる範囲の事項について団体交渉義務を負うのか。労組法はその範囲について明確な規定を置いていない。

　このような場合に解釈の指針となるのは，法の趣旨である。労組法は，その目的規定において，①労働条件の対等決定と②労使自治の促進を掲げている（1条）。その趣旨からすると，このような目的を実現する場である団体交渉においては，①労働条件その他の労働者の経済的地位（2条参照），および，②労使関係の運営に関する事項であって，使用者に支配・決定権限のあるものについて，交渉を行うことが義務づけられていると解釈されうる。たとえば，①労働条件その他の労働者の待遇に当たる事項として，賃金，労働時間，安全衛生，労災補償，職場環境，人事考課，人事異動，懲戒，解雇，福利厚生など，②労使関係の運営に関する事項として，組合員の範囲，ユニオン・ショップ，便宜供与，団体交渉・労使協議のルール，争議行為の手続などが挙げられる。また，会社組織の変更，事業場の移転，生産方法の変更など，仮にそれが経営上使用者が専権的に決定すべき事項（経営事項）とされている場合であっても，労働者の待遇や労使関係の運営に関連するときには，その限りで義務的団交事項に当たる（日本プロフェッショナル野球組織〔団体交渉等仮処分抗告〕事件・東京高決平成16・9・8労判879号90頁等参照）。当該労働組合の組合員でない者（非組合員）の労働条件等についても，組合員の労働条件等に影響を及ぼす可能性が大きく，組合員の労働条件との関わりが強い場合には，義務的団交事項に当たると解されている（国・中労委〔根岸病院・初任給引下げ団交拒否〕事件・東京高判平成19・7・31労判946号58頁）。

2 態　　　様

　使用者は，労働組合からの団体交渉の申入れに対し，交渉のテーブルにつかなければならない。この交渉は，単にテーブルにつくだけの形式的なものであ

ってはならず，団体交渉による労使自治（労働条件対等決定）の促進という法の趣旨（労組1条・7条2号参照）に適った態様のものでなければならない。具体的にどのような態度をとらなければならないかが問題となった事件として，次のようなものがある。

> **判例 19-2** カール・ツアイス事件
>
> **東京地判平成元・9・22労判548号64頁**

【事案の概要】 X社の従業員はA労働組合を結成し，X社に組合結成通知を行うとともに，ユニオン・ショップ協定の締結や組合事務所・掲示板の供与などを内容とする「基本要求事項」を議題とする団体交渉を求めた。しかし，交渉出席者の人数など交渉開催の手続をめぐって双方は対立し，4か月後にようやく開催された第1回団体交渉では，「基本要求事項」は継続審議とする協定が締結された。その翌年の春闘では賃金交渉のみが議題となり，協定が締結された。その後，A組合は，①「基本要求事項」のうち急務なもの，②組合執行委員を含む東京・大阪間の人事異動，③今後の配転ルールについてX社に団体交渉を申し入れたが，X社は，①は解決済みである，②・③については人事協議約款はなく協議の意思はない旨回答し，交渉に応じなかった。そこで，A組合はY（東京都地方労働委員会）に不当労働行為救済申立てを行い，YはX社に対し誠実に団体交渉に応じるよう命じた。これに対し，X社はYの救済命令の取消しを求めて本件訴えを提起した。裁判所は，次のように述べて，X社の請求を認めなかった。

【判旨】「労働組合法7条2号は，使用者が団体交渉をすることを正当な理由がなくて拒むことを不当労働行為として禁止しているが，使用者が労働者の団体交渉権を尊重して誠意をもって団体交渉に当たったとは認められないような場合も，右規定により団体交渉の拒否として不当労働行為となると解するのが相当である。……使用者には，誠実に団体交渉にあたる義務があり，……自己の主張を相手方が理解し，納得することを目指して，誠意をもって団体交渉に当たらなければならず，労働組合の要求や主張に対する回答や自己の主張の根拠を具体的に説明したり，必要な資料を提示するなどし，また，結局において労働組合の要求に対し譲歩することができないとしても，その論拠を示して反論するなどの努力をすべき義務があるのであって，合意を求める労働組合の努力に対しては，右のような誠実な対応を通じて合意達成の可能性を模索する義務があるものと解すべきである。」

①便宜供与の要求については，その要求をよく検討し，要求に応じられないのであればその理由を十分説明するなどして納得が得られるよう努力すべきで

あるが，X 社の態度は著しく誠意を欠くものであった。②人事異動について組合から要求がなされた場合には，その必要性，人選の理由等について十分な説明をし，組合を説得する試みをなすべきであるが，X 社は具体的な説明をしなかった。③人事異動基準定立の要求に対して，会社の権利であるとか組合から何も言われる筋合いでないという X 社の対応は，合理性を欠くものといわざるをえない。

　この裁判例が示しているように，使用者は「合意達成の可能性を模索して誠実に交渉する義務」（誠実団交義務）を負うとされ，そこでは，自分の主張の根拠を具体的に説明したり，必要な資料を提示するなど，誠意ある対応をとることが求められる。この誠実団交義務に違反する場合は，実質的な団交拒否（労組 7 条 2 号）として不当労働行為に当たるものとされる。もっとも，使用者は，団体交渉において譲歩をしたり同意をすることまでは要求されておらず，誠実な交渉を行ったにもかかわらず交渉が行き詰まった場合には，正当に団体交渉を打ち切ることができる（寿建築研究所救済命令取消請求事件・東京高判昭和 52・6・29 労判 281 号 64 頁）。

第 4 節　団交拒否の救済方法

　使用者の団交拒否に対する法的救済としては，労働委員会による救済と裁判所による救済の大きく 2 つのルートがある。

1 労働委員会による救済

　使用者の団交拒否に対して，労働組合は労働委員会に不当労働行為の救済申立てを行うことができる（労組 27 条以下）。労働委員会は，申立てに理由があると認めたときには，個々の具体的事案に応じた適切な救済命令を発する。たとえば，「A 社は，B 労働組合に対し，○○を理由に団体交渉を拒否してはならず，誠実に交渉に応じなければならない」との誠実交渉命令が発せられる（⇨第 22 章第 5 節 1 (5)）。

　また，労働組合は，団交拒否を労働関係調整法上の労働争議（6 条）として，労働委員会に斡旋，調停，仲裁を申請することもできる（10 条以下。⇨第 24 章

第2節 **2**)。

2 裁判所による救済

　労働組合は，使用者の団交拒否に対して，裁判所に直接救済を求めることもできる。団交拒否に対する救済は迅速に行われないと実際上意味がなくなることが多い。しかし，労働委員会による不当労働行為の救済には時間を要することも少なくないため，実務上は裁判所への仮処分申請という形で救済が求められることが少なくない。

　その際の請求権（被保全権利）として，かつては団体交渉請求権（団交応諾仮処分）自体を肯定する裁判例がみられた。しかし，誠実団体交渉という給付内容を具体的に特定することは困難であることから，今日では，団体交渉を求める地位の確認という形で請求（仮の地位を定める仮処分申立て）を認めるのが一般的である（国鉄団交拒否事件・最三小判平成3・4・23労判589号6頁〔原審は東京高判昭和62・1・27労判505号92頁〕）。

　また，団交拒否によって損害が生じた場合には，不法行為（民709条）として損害賠償請求をすることもできる（不当労働行為の司法救済については⇨第22章第5節 **5** 参照）。

第**20**章

労 働 協 約

第1節　労働協約の意義と法的性質
第2節　労働協約の規範的効力
第3節　労働協約の債務的効力
第4節　労働協約の終了

　使用者と労働組合が団体交渉（労使協議の場合もある）において合意に達した場合，通常は労働協約が締結される。労働協約は，組合員の労働条件を決定しその維持向上を図るとともに，労使間のルールを定めるという重要な機能を営んでいる。労組法は，この労働協約に規範的効力（16条）と一般的拘束力（17条）という特別の効力を認めており，これらの点をめぐってさまざまな解釈上の問題が生じている。

第1節　労働協約の意義と法的性質

1 労働協約の規範的効力

　労組法16条は，労働協約に，労働協約が定める労働者の待遇に関する基準に違反する労働契約の部分を無効とし（強行的効力），無効となった部分および労働契約に定めがない部分を補う効力（直律的効力）を認めている。これにより，労働者（組合員）は，労働協約に定められた待遇を労働契約上の権利として使用者に請求することができる。この労働協約の労働契約に対する強行的・直律的効力は「規範的効力」とよばれている。

②　労働協約の法的性質

労働協約の法的性質について，学説は，大きくみると，①労働協約は法律と同様に法規範としての性質をもつとする法規範説と，②労働協約は使用者と労働組合間の契約であるが，労組法 16 条によって政策的に特別の効力が付与されたものであるとする契約説とに分かれている。ドイツやフランスなどヨーロッパの産業別労働協約とは異なり日本の企業別労働協約には法規範としての普遍性が乏しいこと，および，この企業という部分社会のルールに法規範性を認めようとする法的根拠も明確でないことからすると，契約説が妥当といえよう。

> **Column 10　労働組合は労働者の「代理人」？**
>
> なぜ労働組合は労働者と使用者の間の契約（労働契約）の内容を決めることができるのか？
>
> 19 世紀のドイツやフランスでは，このなぞを解く説明として，労働組合は労働者（組合員）から委任を受け労働者の代理人として労働協約を締結するのだという説が唱えられていた。また最近，「労働組合は組合員から労働契約を締結する代理権を授与されている」と安易に述べられることもある（秋保温泉タクシー〔一時金支払請求〕事件・仙台地判平成 15・6・19 労判 854 号 19 頁など）。しかし，労働組合が労働者の代理人だとすると，労働組合自体に固有の権限が認められないことになり，使用者は労働者を個別に切り崩してそれを孤立化・無力化させることが容易にできてしまう。これは，孤立化・無力化した労働者の悲惨な状況を克服するために労働組合や労働協約が歴史的に生まれてきたことと矛盾する。
>
> 労組法 16 条は，このような歴史的背景をもって，労働組合という団体に規範的効力という特別の効力をもつ労働協約を締結する固有の権限を認めたのである。労働組合を安易に「代理人」とよぶことは，労働協約法理の本質（労組 16 条の趣旨）に反するのである（久保敬治『労働協約法の研究』〔有斐閣・1995 年〕68 頁以下，外尾健一『フランス労働協約法の研究』〔信山社・2003 年〕72 頁以下参照）。

③　労働協約の要式性

労組法 14 条は，労働協約は，書面に作成し，両当事者が署名または記名押印をすることによって効力を生じると規定している。その趣旨は，労働協約に

は上に述べた規範的効力という強力な効力（⇨ **1**）が与えられていることから，合意の有無や内容についての無用な紛争を避けることにある。これらの要件をみたしていない限り，労使間に合意が成立していたとしても，労働協約としての規範的効力は認められない。ただし，労組法14条は，これらの要件をみたしていない労使間の合意の通常の契約としての効力（債務的効力。⇨第3節）まで否定するものではないと解される。

◁判例 20-1▷ **都南自動車教習所事件**

最三小判平成 13・3・13 民集 55 巻 2 号 395 頁

【事案の概要】 自動車教習所を営む Y 社には，A と B の 2 つの労働組合が存在していた。Y 社は就業規則を改訂して新賃金体系を導入したが，X らが所属する B 組合はこれに同意していなかった。その後 Y 社は，両組合とベースアップについての交渉をし，B 組合とは賃金引上げの額については合意が成立したが，新賃金体系の導入に同意する趣旨ではない旨の覚書を付すか否かで対立し，ベースアップについての書面が作成されるには至らなかった。そこで，Y 社は X らにベースアップ分の賃金を支給しなかった。X らはその支払を求めて提訴した。最高裁は，次のように述べて，X らの請求を退けた。

【判旨】「労働組合法 14 条が，労働協約は，書面に作成し，両当事者が署名し，又は記名押印することによってその効力を生ずることとしているゆえんは，労働協約に上記のような法的効力〔規範的効力，一般的拘束力〕を付与することとしている以上，その存在及び内容は明確なものでなければならないからである。換言すれば，労働協約は複雑な交渉過程を経て団体交渉が最終的に妥結した事項につき締結されるものであることから，口頭による合意又は必要な様式を備えない書面による合意のままでは後日合意の有無及び内容につき紛争が生じやすいので，その履行をめぐる不必要な紛争を防止するために，団体交渉が最終的に妥結し労働協約として結実したものであることをその存在自体において明示する必要がある。そこで，同条は，書面に作成することを要することとするほか，その様式をも定め，これらを備えることによって労働協約が成立し，かつ，その効力が生ずることとしたのである。したがって，書面に作成され，かつ，両当事者がこれに署名し又は記名押印しない限り，仮に，労働組合と使用者との間に労働条件その他に関する合意が成立したとしても，これに労働協約としての規範的効力を付与することはできないと解すべきである。」

この判決は，労組法 14 条の趣旨を確認しつつ，書面化されていない労使の合意に規範的効力を認めることを否定したものである。ただし，労使間で合意

が成立したにもかかわらず使用者がそれを書面にしないことに固執することが
支配介入の不当労働行為に該当することはありうる（⇨第 22 章第 2 節，第 4 節参
照）。

第 2 節 労働協約の規範的効力

1 規範的効力の及ぶ範囲

労働協約に定められた事項のうち規範的効力が認められるのは，「労働条件
その他の労働者の待遇に関する基準」を定める部分（規範的部分）である（労組
16 条）。これは，賃金，労働時間，休暇，人事，懲戒，解雇など多岐にわたる
が，チェック・オフ（⇨第 18 章第 2 節 **1**）や組合事務所の貸与など労使関係の
運営に関する事項については規範的効力は認められず，通常の契約としての効
力（債務的効力）のみが認められる（⇨第 3 節）。

規範的効力が及ぶ人的範囲は，原則として，当該労働協約を締結した組合の
組合員のみである。しかし，この原則には，労働協約の拡張適用という重要な
例外が定められている（⇨ **2** (3)）。

2 規範的効力と労働条件の決定・変更

(1) 有 利 原 則

労働契約に労働協約より有利な労働条件が定められている場合（たとえば労
働協約上は時給 1000 円とされているのに労働契約上時給 1200 円とする合意があると
き），労働契約上の合意は有効なのか，それとも労働協約より有利な合意であ
っても規範的効力によって無効とされるのかが問題となる。ここで，労働協約
よりも有利な合意を認めることを「有利原則を肯定する」といい，有利な合意
を認めないことを「有利原則を否定する」という。

就業規則と労働契約との関係では，就業規則の「基準に達しない」労働契約
の部分を無効とすると定められている（労基 93 条，労契 12 条）ため，就業規則
の拘束力はより有利な契約規定には及ばない片面的なものであることが明らか
である（⇨第 8 章第 2 節 **1**）。しかし，労働協約と労働契約との関係では，労働

協約の「基準に違反する」労働契約の部分を無効とするとの文言が用いられて
いる（労組16条）ため，労働協約より有利な労働契約上の合意も労働協約に
「違反する」ことになるのか，労働協約より不利な合意のみが「違反する」こ
とになるのか，法律の文言だけでは明らかでない。

　この点につき，ドイツでは法律上明文で有利原則が肯定されているのに対し，
アメリカでは，過半数を勝ち得た労働組合に強い排他的権限を認めようという
ポリシーの下，有利原則が否定されている。これに対し日本では，ドイツのよ
うに明文の規定が定められているわけではなく，アメリカのように特定の労働
組合に強い権限を認めようという政策がとられているわけでもない。日本法は，
このような状況のなか，有利原則を認めるか否かを基本的に労使自治に委ねて
いるものと解釈されよう。したがって，労働組合と使用者は労働条件の最低基
準を設定する趣旨で労働協約を締結することも可能であり，このような場合に
は労働協約より有利な労働契約上の合意も有効と認められる（有利原則の肯定）。
しかし，このような協約締結当事者の意思が明らかでない場合には，現実の労
働条件を定めた日本の企業別労働協約の実態や団結権を尊重しようとする法の
趣旨から，有利原則は否定されるべきであろう。

(2) 労働条件の不利益変更

　労働協約によって労働条件を不利益に変更することができるか。これは理論
的には，労働組合にそのような内容の労働協約を締結する権限が認められるか
という労働組合の協約締結権限の範囲の問題である。

　この点につき，かつての裁判例のなかには，労働組合の目的として労組法上
定められた「労働条件の維持改善」（労組2条）という文言に着目し，労働条件
の不利益変更は労働組合の権限の範囲外であるとするものがみられた（大阪白
急タクシー事件・大阪地決昭和53・3・1労判298号73頁など）。しかし，現在の判
例は，以下の判決にあるように，労働条件の不利益変更も，原則として労働組
合の協約締結権限の範囲内である（不利益な変更であっても規範的効力が認められ
る）との立場をとっている。

＜判例 20-2＞ **朝日火災海上保険（石堂・本訴）事件**

最一小判平成 9・3・27 労判 713 号 27 頁

【事案の概要】 損害保険会社である Y 社は，A 社の保険業務を受け継いだ際に，A 社で勤務していた労働者を A 社の労働条件のまま承継した。その後，Y 社と旧 A 社の労働者の労働条件の統一が図られ，旧 A 社は 63 歳，その他は 55 歳とされていた定年年齢を 57 歳に統一し，退職金支給基準率を旧 A 社のものより引き下げる内容の労働協約が締結された。A 社出身の従業員で当時 53 歳であった X は，定年年齢を 63 歳から 57 歳に引き下げ，退職金支給基準率を 71.0 から 51.0 に引き下げる労働協約の改訂は無効であるとして提訴した。最高裁は，次のように述べて，X の請求を退けた。

【判旨】「本件労働協約は，X の定年及び退職金算定方法を不利益に変更するものであり，昭和 53 年度から昭和 61 年度までの間に昇給があることを考慮しても，これにより X が受ける不利益は決して小さいものではないが，同協約が締結されるに至った以上の経緯，当時の Y 社の経営状態，同協約に定められた基準の全体としての合理性に照らせば，同協約が特定の又は一部の組合員を殊更不利益に取り扱うことを目的として締結されたなど労働組合の目的を逸脱して締結されたものとはいえず，その規範的効力を否定すべき理由はない。……本件労働協約に定める基準が X の労働条件を不利益に変更するものであることの一事をもってその規範的効力を否定することはできないし……，また，X の個別の同意又は組合に対する授権がない限り，その規範的効力を認めることができないものと解することもできない。」

　そもそも団体交渉は，単にある時点である事項に限定して行われるにすぎないものではなく，たとえば，経営状況が苦しいなかで雇用を守るために賃金面や労働時間面で一定の譲歩をするなど，さまざまな事項を包括しながら中長期的な動向をも視野に入れて行われる労使間の取引（長期的なギブ・アンド・テイクの取引）という性格をもっている。このような取引のなかで，いかなる場合でも不利益な変更が認められないとすると，労働組合の交渉力は大きく縮減され，労働者の全体的・長期的利益に反することになりかねない。団体交渉のこのような性格からすると，ある時点である事項について労働条件の不利益変更を行うことも含め，労働組合には広く協約締結権限が認められていると解すべきである。その意味で，判例の立場は妥当といえる。

　もっとも，この労働組合の協約締結権限にも限界はある。第 1 に，すでに具体的に発生した個人の権利の処分（香港上海銀行事件・最一小判平成元・9・7 労判

546号6頁〔すでに発生した退職金債権の額を引き下げる協約の効力を否定〕，平尾事件・最一小判平成31・4・25労判1208号5頁〔すでに発生した賃金債権の支払を猶予する協約の効力を否定〕）や組合員を退職させる取決め（北港タクシー事件・大阪地判昭和55・12・19労判356号9頁〔定年年齢を超えている従業員を退職させる新定年制導入を定めた協約の効力を否定〕）など，組合員個人の権利性が強いものを処分する決定である。これは「個別的授権事項」とよばれ，組合員個人の授権（同意）がない限り労働組合が勝手に処分することはできないと解されている。第2に，特定層の組合員を殊更不利益に取り扱うことを目的とするなど，労働組合の本来の目的を逸脱して協約を締結することである（前掲・朝日火災海上保険〔石堂・本訴〕事件参照⇨ 判例 20-2 ）。第3に，組合大会での承認など民主的な手続を踏まないで協約を締結することである（中根製作所事件・最三小決平成12・11・28労判797号12頁〔（原審）東京高判平成12・7・26労判789号6頁〕，鞆鉄道事件・広島高判平成16・4・15労判879号82頁，山梨県民信用組合事件・最二小判平成28・2・19民集70巻2号123頁⇨ 判例 8-3 ）。組合の権限の行使は民主的手続を踏んだ上で行うことが前提となっており（労組5条2項等参照），これを欠く組合の行為は権限の範囲外と考えられるからである。これらの場合には，組合の協約締結権限は否定され，規範的効力は認められないことになる。

(3)　労働協約の拡張適用（一般的拘束力）

　労働協約の規範的効力は，協約を締結している組合の組合員にのみ及ぶというのが協約の人的適用範囲の原則である（⇨ **1**）。しかし，その例外として，労組法は，労働協約が労働者の大部分に適用されるに至ったときに組合員以外にもこれを拡張して適用する制度を定めている。これは労働協約の拡張適用（一般的拘束力）とよばれ，事業場単位の拡張適用（労組17条）と地域単位の拡張適用（18条）の2つのタイプが定められている。これらのうち，実際に問題となることが多い事業場単位の拡張適用についてみてみよう。

　労組法17条は，ある工場事業場に常時使用される同種の労働者の4分の3以上の労働者が同一の労働協約の適用を受けるに至ったときには，当該工場事業場に使用される他の同種の労働者にも当該協約が適用されるとする。典型的には，ある事業場の多数組合が従業員（同種の労働者）の75パーセント以上を

組織するに至った場合に，その組合が締結する労働協約の規範的効力が組合員
以外にも及ぶというものである。この制度は，事業場の労働条件を統一するこ
とによって，①少数者による労働力の安売りを防いで多数組合の団結権を維持
強化するとともに，②当該事業場における公正な労働条件を実現して少数者の
保護を図るという，複合的な趣旨をもつ（後掲・朝日火災海上保険〔高田〕事件参
照⇨ 判例 20-3 ）。

　この労働協約の拡張適用をめぐり，具体的には次のような解釈問題が生じる。
　第1に，「同種の労働者」とはどのような労働者を指すのか。この点につい
ては，上に述べた少数者による安売りの防止（①）という趣旨や少数者保護
（②）の趣旨からすると，少数者や多数組合の主観的意図にかかわらず，「当該
協約（条項）が適用対象として客観的に想定している労働者」を指すものと解
される。したがって，たとえば，管理職となって当該組合への加入資格が認め
られていない者であっても，また，パートタイム労働者や有期契約労働者など
雇用形態が異なる者であっても，当該協約の適用対象にあてはまりうる者であ
れば「同種の労働者」に含まれることになる（たとえば，労働協約上の懲戒規定
がパートタイム労働者や有期契約労働者をも適用対象と想定している場合には，これら
の労働者も当該規定に関しては「同種の労働者」にあてはまる）。

　第2に，他の労働組合に加入している労働者にも拡張適用は及ぶのか。労組
法 17 条の文言上は，この点について何ら限定は設けられていない。しかし，
他組合員への拡張適用を肯定すると，憲法 28 条が他組合にも保障している団
体交渉権（⇨第 19 章第 2 節 **1** ）を実質的に侵害することになってしまうため，
他組合員への拡張適用は憲法 28 条に反する解釈として否定されるべきである。
したがって，拡張適用が及ぶのはいずれの組合にも加入していない非組合員の
みとなる。

　第3に，労働協約の拡張適用によって非組合員に対し労働条件の不利益変更
を及ぼすことができるのか。これは理論的には，①労働協約による労働条件の
不利益変更と②拡張適用が重なりあった問題である。上に述べたように，①不
利益変更も原則として協約締結権限の範囲内であり（⇨(2)），かつ，②非組合
員には拡張適用が及ぶことからすると，原則として非組合員にも不利益変更は
及ぶことになりそうである。

◁判例 20-3▷ **朝日火災海上保険（高田）事件**

最三小判平成 8・3・26 民集 50 巻 4 号 1008 頁

【事案の概要】前掲・朝日火災海上保険（石堂・本訴）事件（⇨◁判例 20-2▷）と同様の経緯で，Y 社は定年年齢を 57 歳に統一することなどを内容とする労働協約を，従業員の 4 分の 3 以上を組織する労働組合と締結した。A 社出身の X は，当時 57 歳に達していたためすでに退職したものとされ，それ以降特別社員として 1 年ごとに再雇用されるが，給与は定年時給与の 60 パーセントとなった。X は Y 社の調査役の地位にあったため，労働協約により非組合員とされていた。X は労働契約上の地位確認および旧規則による賃金の支払を求めて提訴した。最高裁は，次のような理由から，X の請求を認めた。

【判旨】「……〔労組法 17〕条の適用に当たっては，右労働協約上の基準が一部の点において未組織の同種労働者の労働条件よりも不利益とみられる場合であっても，そのことだけで右の不利益部分についてはその効力を未組織の同種労働者に対して及ぼし得ないものと解するのは相当でない。けだし，同条は，その文言上，同条に基づき労働協約の規範的効力が同種労働者にも及ぶ範囲について何らの限定もしていない上，労働協約の締結に当たっては，その時々の社会的経済的条件を考慮して，総合的に労働条件を定めていくのが通常であるから，その一部をとらえて有利，不利をいうことは適当でないからである。また，右規定の趣旨は，主として一の事業場の 4 分の 3 以上の同種労働者に適用される労働協約上の労働条件によって当該事業場の労働条件を統一し，労働組合の団結権の維持強化と当該事業場における公正妥当な労働条件の実現を図ることにあると解されるから，その趣旨からしても，未組織の同種労働者の労働条件が一部有利なものであることの故に，労働協約の規範的効力がこれに及ばないとするのは相当でない。

　しかしながら他面，未組織労働者は，労働組合の意思決定に関与する立場になく，また逆に，労働組合は，未組織労働者の労働条件を改善し，その他の利益を擁護するために活動する立場にないことからすると，労働協約によって特定の未組織労働者にもたらされる不利益の程度・内容，労働協約が締結されるに至った経緯，当該労働者が労働組合の組合員資格を認められているかどうか等に照らし，当該労働協約を特定の未組織労働者に適用することが著しく不合理であると認められる特段の事情があるときは，労働協約の規範的効力を当該労働者に及ぼすことはできないと解するのが相当である。」

　X が受ける不利益は，著しく不合理であって，本件労働協約の効力は X に及ぶものではない。

この判決は，原則として非組合員にも拡張適用による不利益変更は及ぶとし

つつ，その労働協約を非組合員に適用することが著しく不合理であると認められる特段の事情があるときには拡張適用の効力を及ぼすことはできないとしている。非組合員は労働組合の意思決定プロセスに関与する立場になく，また，労働組合側も非組合員の利益を擁護するために活動しているわけではないため，拡張適用によって非組合員の状況が著しく不合理なものにならないように，例外的に限定を加えたものといえる。

第3節　労働協約の債務的効力

　労働協約には，労働契約を規律する規範的効力のほかに，通常の契約と同様の債権債務としての効力（債務的効力）が認められる。この効力は，労働協約の締結当事者である使用者と労働組合との間に認められるものである。協約締結当事者は，そこで設定された義務を誠実に履行しなければならず，義務違反がある場合には，相手方は債務不履行として損害賠償請求をし（民415条），また，組合事務所の貸与契約の不履行の場合など債務の性質が許す場合には履行請求をすることもできる（414条1項）。

　債務的効力のみが認められる協約事項（債務的部分）としては，①組合員・非組合員の範囲，②チェック・オフ，組合事務所の貸与などの便宜供与，③団体交渉・労使協議に関するルール，④争議行為・組合活動に関するルールなどがある。

　労働協約の債務的効力の1つ（④の一例）として，平和義務がある。これは，労働協約の有効期間中は協約に定められた事項についてその改廃を求めて争議行為を行わない義務を指す。この平和義務の根拠は労使間の信義則に求められており，協約上明文の定めがなくてもそれを特に排除する規定がない限り，当事者間に設定される義務と解されている。この平和義務は，対象事項が協約に定められた事項に限定されていることから，相対的平和義務とよばれる。これに対し，労働協約の有効期間中一切の争議行為を禁止する旨が定められることがあり，絶対的平和義務とよばれている。絶対的平和義務を定めた規定の効力については，団体行動権（憲28条）を侵害するものとして公序良俗（民90条）に反し無効とする見解と，協約自治を尊重しその有効性を否定すべきではない

とする見解とに分かれている。

第 4 節　労働協約の終了

1 労働協約の期間と解約

　期間の定めのある労働協約は，期間の満了により終了する。この期間の上限は 3 年とされており（労組 15 条 1 項），3 年を超える期間の定めをしても 3 年の期間の定めをしたものとみなされる（同条 2 項）。

　期間の定めのない労働協約については，署名または記名押印した文書により，少なくとも 90 日前に予告することによって，当事者の一方によりいつでも解約することができる（労組 15 条 3 項・4 項）。ただし，労働協約の解約が労働組合の弱体化をねらって行われるような場合には支配介入の不当労働行為とされることがありうる（⇨第 22 章第 4 節参照）。

　労働協約を解約する場合，一方当事者が協約の一部分のみを取り出して解約することができるかが問題となる。裁判例は，労働協約のなかの各条項は相互に関連をもつ一体的合意との性格をもっているから，一方当事者が一部の条項のみを取り出して解約することは原則として許されないとしつつ，協約条項のなかに客観的に他と分別できる部分があり，かつ，当事者も分別した取扱いを予想しえたと考えられる場合には，例外的に一部解約が許されるとしている（ソニー事件・東京高決平成 6・10・24 労判 675 号 67 頁など）。

2 労働協約終了後の労働契約の内容

　労働協約が終了すると，労働契約を規律していた規範的効力はどうなるか。これは理論的には，労働協約の直律的効力が労働契約に対していかなる関係に立つのかという問題である。

　労働協約の直律的効力と労働契約の関係については，①労働協約の内容が労働契約の中に入り込みその内容となるとする化体説と，②労働協約は労働契約を外から規律しているにすぎないとする外部規律説の大きく 2 つの見解がある。①化体説によれば，労働協約終了後も従前の協約の内容が契約内容として存続

することになるが，②外部規律説によると，労働協約の失効によって労働契約を規律する効力も消滅することになる。労組法15条の趣旨が，特定の労働協約による拘束が長期間にわたり，労使が社会状況の変化に適切に対応できなくなるという事態を避けることにあることからすると，労働契約を規律する効力も協約の失効とともに消滅するとする外部規律説が妥当といえよう。この見解に立つと，労働協約の終了後の労働契約の内容は，就業規則や，労働契約の（合理的）解釈によって補充されることになる。たとえば，協約失効後就業規則等の補充規範がない状況で，従前の協約による賃金・一時金支給基準が労働契約を補充して労働契約関係を規律すると解釈した裁判例がある（鈴蘭交通事件・札幌地判平成11・8・30労判779号69頁）。

第21章

団 体 行 動

第 1 節　団体行動とは──争議行為と組合活動
第 2 節　争 議 行 為
第 3 節　組 合 活 動
第 4 節　使用者による「争議行為」

　労働組合は，憲法28条により団体行動権を保障されている。団体行動権は争議
権と組合活動権からなる。もはや団体交渉では思うように状況が進展しないと判断し
た場合，労働組合はいわば「非常時」の最後の手段としてストライキその他の争議行
為を行うことで使用者に圧力をかけることができる（争議権）。また労使間に特にも
め事のない「平常時」においても，労働組合は組合集会の開催やビラの配布などの組
合活動を行う権利を保障されている（組合活動権）。

第 1 節　団体行動とは──争議行為と組合活動

1 争 議 行 為

　争議行為とは，労働者の集団が団体交渉の進展を目指して行う，労務の不提
供または不完全提供，およびそれを維持・強化するための行為を指す。具体的
には，ストライキ（同盟罷業），怠業（スローダウン），そしてそれらを維持・強
化するために行われるピケッティング，職場占拠，ボイコットがこれに該当す
る。労務の不提供または不完全提供という，本来なら労働契約違反として許さ
れないはずの行為が，一定の場合（⇨第2節**1**）には許容される。その意味で

争議行為は，労働者に与えられた「非常時の武器」である。そのような「武器」をもってしてでも，団体交渉が進展するならその方が望ましい，というのが現行法の考え方であるといえよう。

　もっとも，労働組合法上明確な規定がないこともあり，争議行為の定義については学説上争いがある。上記のようにストライキとそれを維持・強化するための行為に限定して考える見解も有力だが，多数説はより一般的に，労働者の集団が団体交渉でその要求を通すための圧力手段として行う「使用者の業務の正常な運営を阻害する行為」（労調7条参照）全般が争議行為に該当するとする。このほか，労働者の集団が「争議行為である」と宣言した行為はすべて争議行為となる，という少数説もある。

2 組合活動

　労働者集団の争議行為以外の行動は組合活動とよばれる。労務が（まったくまたは不完全にしか）提供されない状況で行われる争議行為が「非常時の武器」であるとすれば，労務提供を継続しつつ行われる組合活動は「平常時の備え」といえる。具体的には，ビラ配布・貼付，組合集会の開催，リボン・バッジ・鉢巻の着用などがそれに当たる。もっとも，組合活動に該当する行為の範囲は，争議行為の定義をどう捉えるかによって変わりうる。前述した多数説の立場に立つなら，組合活動とは「使用者の業務の正常な運営を阻害しない行為」ということになるし，少数説によればそれは「争議行為と宣言されないすべての行為」ということになる。

第2節　争議行為

1 正当な争議行為に関する法的保護

　正当な争議行為については，以下のような法的保護が与えられる。いずれも労組法上に根拠規定が存在するが，それらの規定は憲法28条の直接的な効果を確認したものであると解されている。つまり，労組法上の労働組合（法適合組合）の要件をみたさない，いわゆる憲法組合（⇨第2章第2節(2)）であっても，

以下に述べる法的保護の対象とはなりうる。

(1)　刑 事 免 責

労働組合の正当な争議行為は刑法上の違法性を否定され刑罰を科されない（労組 1 条 2 項，刑 35 条）。これを刑事免責という。争議行為時には，形式的にみれば強要，威力業務妨害，住居侵入などの犯罪の構成要件をみたす行為がなされうるが，それらが「正当な」争議行為である場合には罪を問えない。

(2)　民 事 免 責

労務の不提供や不完全提供という労働契約違反の行為によって会社の業務に支障が出て損害が生じれば，労働者は債務不履行あるいは不法行為による損害賠償責任を追及される可能性がある。またそれらの違法な行為を指導した労働組合やその幹部の不法行為責任なども問われるかもしれない。しかし，それらの行為が正当な争議行為であれば話は別である。使用者は，正当な争議行為については，仮にそれによって損害が生じたとしても，労働組合またはその組合員に対し損害賠償請求をすることができない（労組 8 条）。これを民事免責とよぶ。

正当な争議行為については債務不履行や不法行為の責任が免除される。損害が生じても賠償しなくてもよいのだから労働組合にとっては非常に大きな特権といえる。しかしこの民事免責がなければストライキなど怖くてとてもできないだろう。

なお，労組法 8 条の文言だけからすると民事免責は使用者に対してしか認められないことになりそうである。しかし多数説は，「正当な」争議行為であれば，労働組合またはその組合員は第三者に対しても損害賠償責任を負わないと解すべきであるとする（オーエス映画劇場事件・大阪地決昭和 23・6・24 労裁集 1 号 80 頁）。

(3)　不利益取扱いからの保護

労働者が正当な争議行為に参加したこと，あるいはそれを指導したことなどを理由とする解雇や懲戒処分その他の不利益取扱いは許されない。そのような

処分は，憲法 28 条の設定する公序に反するものとして無効となる。また不当
労働行為として労働委員会による行政救済（⇨第 22 章第 5 節 **1**）の対象となる
（労組 7 条 1 号）。

2 争議行為の「正当性」

　争議行為が正当であれば上記のような法的保護が受けられるが，正当でなけ
ればまったく享受できない。ではその正当性の有無はどのように判断されるの
か。労組法上も明確な基準は示されておらず，法の趣旨および社会通念から判
断するしかないが，これまでの裁判例および学説上では，主体，目的，態様，
手続の 4 つの視点から正当性の有無を判断するという枠組みが確立している。

(1) 主　　体

　争議行為は団体交渉の進展を目指して行われるものなので，正当な争議行為
の主体となりうるのは団体交渉の主体となりうる者のみである。労組法上の労
働組合であれば問題はないが，憲法組合や争議団（未組織労働者の集団）でもよ
い（⇨第 2 章第 2 節(2)）。ただしいわゆる「山猫スト」，すなわち組合員の一部が
組合の正式な承認を得ずに独自に行うストライキについては正当性が否定され
る。そのような集団は法的には団体交渉の主体となりえないからである（⇨第
19 章第 2 節）。

(2) 目　　的

　争議行為は，労働条件の維持・向上を目指して行われるものである必要があ
る。ここでもまた，団体交渉との関連性が問題となる。判例は，政治的な目的
のための争議行為は，憲法 28 条の争議権保障とは無関係であり，正当性がな
いとする（三菱重工長崎造船所事件・最二小判平成 4・9・25 労判 618 号 14 頁）。学説
には反対説もあるが，政治的な主張を掲げたストライキに対しては使用者も団
体交渉で譲歩のしようがない。判例の立場が妥当であろう。なお，労働者集団
が「平常時」の組合活動として政治活動や社会活動を行うことができるのはい
うまでもない。
　また，いわゆる「経営事項」（⇨第 19 章第 3 節 **1**）に関する要求を掲げて行

う争議行為も，それが労働者の労働条件の維持・向上という目的のためのものといえれば正当性は否定されない。

(3)　態　　様

第1に，いかなる場合においても，暴力の行使は正当な争議行為たりえない。刑事免責については明文（労組1条2項）があるが，民事免責と不利益取扱いについても同様である。第2に，たとえ争議時であっても，使用者の法的権利，特に財産権を尊重する必要がある。たとえストライキ中でも，会社やその施設は使用者のもの，あるいは使用者に管理権のあるものである。これらの大原則を前提に，以下具体的な争議行為の類型ごとに検討を行う。

(a)　**ストライキ（同盟罷業）**　　集団的な労務不提供である。それ自体が暴力的なものではないし，使用者の財産権を侵害するものでもないので，原則として正当性が認められる。

(b)　**怠業（スローダウン）**　　作業の速度を意識的に落として就労することである。これもストライキと同様の理由から原則として正当性が認められる。ただし機械を壊して作業を遅らせるというような行為は正当とはいえない。

(c)　**ピケッティング**　　スト中の労働者が会社の入口で監視，呼びかけ，説得その他の働きかけを行うことである。その目的は，ストライキの維持・強化のために，他の労働者，取引先業者，顧客，あるいは使用者側の人間に対し，就労や取引等をやめるよう呼びかけることにある。ではどの程度までのピケなら正当性が認められるのか。

> ◁判例 21-1▷ **御國ハイヤー（ピケ）事件**
>
> **最二小判平成4・10・2労判619号8頁**
>
> **【事案の概要】** A組合は，タクシー会社であるX社において賃上げ等の要求を掲げて48時間ストを実施した。X社は管理職によってタクシーを稼働させるつもりであったが，A組合の組合員であるYらは，X社が所有する2つの車庫に赴き，A組合員が乗務予定であったタクシーのそばにござを敷いて座り込んだり寝ころんだりしてその出庫を阻止した。X社はYらに口頭であるいは書面により退去を求めたがYらは応じなかった。そこでX社は，違法な営業妨害により損害を被ったとして，Yらに対し不法行為に基づく損害賠償請求（逸失利益および弁護士費用）を行った。原審が請求を棄却したためX社が上告したと

ころ，最高裁は以下のように判示して原判決を破棄，高裁に差し戻した。

【判旨】「ストライキは必然的に企業の業務の正常な運営を阻害するものではあるが，その本質は労働者が労働契約上負担する労務供給義務の不履行にあり，その手段方法は労働者が団結してその持つ労働力を使用者に利用させないことにあるのであって，不法に使用者側の自由意思を抑圧しあるいはその財産に対する支配を阻止するような行為をすることは許されず，これをもって正当な争議行為と解することはできないこと，また，使用者は，ストライキの期間中であっても，業務の遂行を停止しなければならないものではなく，操業を継続するために必要とする対抗措置を採ることができることは，当裁判所の判例……の趣旨とするところである。そして，右の理は，非組合員等により操業を継続してストライキの実効性を失わせるのが容易であると考えられるタクシー等の運行を業とする企業の場合にあっても基本的には異なるものではなく，労働者側が，ストライキの期間中，非組合員等による営業用自動車の運行を阻止するために，説得活動の範囲を超えて，当該自動車等を労働者側の排他的占有下に置いてしまうなどの行為をすることは許されず，右のような自動車運行阻止の行為を正当な争議行為とすることはできない」。

この判示からすると，最高裁は基本的には言論による「平和的説得」を超えるピケッティングには正当性がないと考えているようである。ただ学説や下級審裁判例の中には，具体的状況によっては，スクラムを組むなどの「団結の示威」，さらには説得のために立ち止まらせる程度の「実力行使」くらいまでは正当性を認めるべきだ，という見解もみられる。

(d) 職場占拠　団結維持と操業阻止のため，スト中の労働者が事業場を占拠する行為である。学説上は，使用者の占有を全面的には排除せず，操業も妨害しない，いわゆる「滞留」にとどまるのであれば正当性あり，という立場が支配的である。

(e) ボイコット　使用者の製品やサービスの不買を顧客や公衆に訴える行為である。「平常時」にボイコットをすれば労働契約上の誠実義務違反である。しかし「非常時」に，すなわちストライキ中にその補助手段として行う場合には正当性あり，というのが現在の多数説である。ただし虚偽や誹謗中傷に当たるようなものには正当性は認められない。

(4) 手　続

争議行為は，団体交渉を進展させるために認められた手段である。したがって，形式的にさえ団体交渉をまったく経ない争議行為には原則として正当性がない。ただし，使用者が団体交渉においてある要求を拒否したり，あるいはそもそも団体交渉のテーブルにつくこと自体を拒否したりしている場合には，労働組合は争議行為に訴えることができる。いったん団体交渉に入れば，あとはどの段階で争議行為に訴えるかは組合の自由である。必ずしも交渉が行き詰まって暗礁に乗り上げた状態であることまでは必要ない。

多くの労働協約は，争議行為を行うことについて労働組合側に予告義務を課している。この義務が課されているにもかかわらず予告をしないで抜打ち的に行う争議行為には，原則として正当性がないと考えるべきであろう。単なる債務不履行であり正当性の判断はまた別という考え方もあるが，「団体交渉を進展させるため」（＝争議行為の目的）に，「団体交渉で決めたこと」（＝労働協約）を反故にすることが許されるというのは妥当ではない。同様に，平和義務（⇨第20章第3節）違反の争議行為についても原則として正当性はないと解すべきである。

労働協約上に予告義務が定められていない場合，あるいは予告が労使慣行上の義務にとどまる場合でも，予告を経ないで争議行為を行うことが労使間の信義則に反するとされ，正当性が否定されることもある（国鉄千葉動労〔違法争議損害賠償〕事件・東京高判平成13・9・11労判817号57頁）。予告の不存在は争議行為の正当性を否定する1つの要素として斟酌されうるということである。

③ 争議行為と賃金

(1) 争議行為参加者の賃金

スト参加労働者の賃金請求権が発生するかどうかは，労働契約の解釈によって決まる。これに関して特に合意がなされていない場合には，民法624条の定めるところに従い，提供されなかった労務に対応する賃金請求権は発生しない（⇨第9章第1節 ②）。使用者はその分賃金カットができることになる。

では具体的に賃金のどの部分をカットできるのか。学説上は，住宅手当や家族手当など，労務の提供に直接対応しない手当は，ストがなされた場合でもカ

ットできないという見解がある（いわゆる賃金二分論）。しかし判例は，スト中の賃金がカットされるのか，カットされるとしたらどの部分なのかは「労働協約等の定め又は労働慣行の趣旨に照らし個別的に判断」すべきである，とした（三菱重工長崎造船所事件・最二小判昭和56・9・18民集35巻6号1028頁）。賃金請求権の具体的内容は労働契約によって決定されるので，家族手当あるいは住宅手当だからストでも絶対にカットできないということではなく，それらの手当もストの期間に応じて減額するという労働慣行が成立しているなら，あるいは個々の契約内容がそう解釈できるなら，その慣行なり契約のとおりに処理してよいということである。

(2) 争議行為不参加者の賃金

　ストに参加していない労働者であっても，結果的にストの影響を受けることはありうる。たとえば，自分の加入する組合の他の組合員がストに入った（部分スト）ために，あるいは自分の加入していない組合がストに入った（一部スト）ために，会社の業務全体がストップし，自分も仕事ができなくなった。これらの場合，この労働者の賃金請求権はどうなるのか。

　判例は，部分ストの事案において，労働者の一部によるストが原因でスト不参加労働者の労働義務の履行が不能となった場合は，使用者が不当な目的の下でことさらストライキを行わしめたなどの「特別の事情」がない限り，そのストは「債権者の責めに帰すべき事由」（民536条2項）に該当せず，スト不参加労働者は賃金を請求できないとする（ノースウエスト航空事件・最二小判昭和62・7・17民集41巻5号1350頁）。部分ストの事案であるが，判例は一部ストの場合もこれと同様の帰結になると考えているようである。

　学説上は，使用者が譲歩すればストは回避できたのであり，その意味でスト不参加労働者が就労不能となったのは「債権者の責めに帰すべき事由」によると考えるべきだ，という見解もある。しかし最高裁は「どの程度譲歩するかは使用者の自由であるから，団体交渉の決裂の結果ストライキに突入しても，そのことは，一般に使用者に帰責さるべきものということはできない」としてその主張を退けた（前掲・ノースウエスト航空事件）。

(3)　争議行為不参加者の休業手当

部分ストや一部ストの場合にスト不参加労働者が休業手当（労基26条）の請求をすることはできるか。前述したように（⇨第9章第2節 **4**），労基法26条と民法536条2項の「帰責事由」の範囲が異なることにより，賃金は請求できないが休業手当は請求できる，というケースもありうる。では部分ストや一部ストによる休業はこれに該当するか。

判例は，部分ストについて，もっぱら労働組合が「自らの主体的判断とその責任に基づいて行った」ものであり，「会社側に起因する経営，管理上の障害」とはいえず，したがって労基法26条にいう「使用者の責に帰すべき事由」には当たらない，とした（ノースウエスト航空事件・最二小判昭和62・7・17民集41巻5号1283頁）。これに対し一部ストの場合は，学説上はスト不参加者に休業手当請求権が生じるという見解が有力である。

4　「正当性」のない争議行為

ある争議行為が **2** の基準をみたさない場合は，刑事免責も民事免責も，そして不利益取扱いからの保護も享受できなくなる。刑事罰を科せられるかもしれないし，不法行為や債務不履行による損害賠償責任を負うかもしれないし，懲戒処分の対象となるかもしれない。

損害賠償責任を負う可能性があるのは，違法な争議行為に参加した組合員個人（民法709条の一般不法行為），それを指揮した組合幹部（民法719条の共同不法行為など），そして労働組合自身（労組12条の6，一般法人78条，民715条1項の使用者責任など）である。なお学説上は，組合員個人の責任を否定する見解，あるいは否定しないまでも組合の団体責任を先に追及すべきであるとする見解などが有力である。

懲戒処分の対象となりうるのは，争議行為実行者である組合員個人，あるいは争議を指揮した組合幹部である。もちろん，いずれの場合も懲戒処分の有効要件（⇨第14章第2節）がすべてみたされている必要がある。

> **Column 11** プロ野球のストライキ
>
> 2004年，近鉄とオリックスの球団合併問題をめぐってプロ野球の労使が対立，選手会が9月に2日間のストライキを決行した。統一契約書の定めを根拠

に選手の年俸が150分の1カットされたが，もちろん試合中止によって球団や関連業者が受けた損害額はそれをはるかに上回るものであった。仮にこのストライキに正当性がなければ，選手あるいは選手会はその損害を賠償しなければならないということになる。

　まず「主体」についてみると，プロ野球選手が労組法上の労働者であることには異論がなく（⇨第2章第1節 **2**），また実際にプロ野球選手会は東京都労働委員会の資格審査をクリアしている。ストライキの「目的」については，球団合併の阻止という「経営事項」に関わるものであるという見方もできなくはないが，球団合併の影響を受ける選手の雇用と労働条件の確保の問題であると考えれば，義務的団交事項に該当するものであったといえそうである（日本プロフェッショナル野球組織〔団体交渉等仮処分抗告〕事件・東京高決平成16・9・8労判879号90頁参照）。争議の「態様」は労務の不提供にとどまるものであった（当時の古田敦也選手会長が球団社長を殴るとか球場入口で寝ころんで往来を妨害するとかの行為はなかった）。最後に「手続」についても，団体交渉を経た上でのストであったし，その予告も十分余裕を持ってなされていた。

　以上のようにみてみると，2004年のプロ野球ストについては正当性があったといってよさそうである。球団側は当初「選手側への損害賠償も検討する」というようなコメントを発表していたが，結局それは断念した。賢明な判断であったといえよう。

第3節　組 合 活 動

1 「正当な」組合活動に関する法的保護

　「平常時の備え」としての組合活動も，争議行為と同様に憲法28条の保護の対象となる。したがって，正当な組合活動については，刑事免責，民事免責，そして不利益取扱いからの保護が及ぶ。このうち刑事免責と不利益取扱いからの保護については法文上も明らかである（労組1条2項・7条1号参照）が，民事免責については労組法8条の文言から組合活動には及ばないと考える学説もある。

　正当性のない組合活動がなされた場合には，争議行為の場合と同様，損害賠償請求や懲戒処分がなされる可能性がある（⇨第2節 **4**）。

2 組合活動の「正当性」

　組合活動の正当性も，争議行為とほぼ同様に主体，目的，態様という3つの視点から判断される。ただ，争議行為は「非常時」に行われるが，組合活動は「平常時」に行われる。当然それに応じて正当性判断の基準は異なってくる。

(1) 主　　体

　法適合組合や憲法組合はもちろん，未組織労働者であっても，労働条件の維持・改善のために団体的な活動を行う限りにおいては憲法28条の保護の対象となり，正当な組合活動の主体となりうる。また，明確な統制違反の活動でない限り，組合内部の少数派でも正当な組合活動をなしうる。

(2) 目　　的

　労働組合は政治活動や社会活動もその目的の範囲内の活動として行える（労組2条参照）ので，政治的あるいは社会的な目的のために行う組合活動についても基本的には正当性が認められる。

(3) 態　　様

　「平常時」の活動である以上，業務の正常な運営を阻害しないことが絶対条件となる。要するに組合活動は，労働協約，就業規則，労使慣行，あるいは使用者の許諾により許されているような場合を除き，原則として就業時間外に，使用者の施設管理権を尊重しつつ，仕事に差し支えない範囲で——すなわち，労働義務，職務専念義務などの労働契約上の義務に反することなく——行わなければならない。また，仮に就業時間外であっても，企業秩序遵守義務違反に当たるような態様であればその組合活動は正当なものとはいえない。

　学説上は，企業別組合の場合は事業場内の施設の利用が不可欠であり，団結権・組合活動権保障の帰結として労働組合は一定の範囲でそれら施設の利用権限を取得し，使用者はその利用を受忍する義務があるという見解もある（受忍義務説）。しかし判例は，企業施設の利用は労使間の合意に基づいて行われるのが原則であるから，使用者の許諾を得ずに企業施設内で行われた組合活動は

「その利用を許さないことが当該物的施設につき使用者が有する権利の濫用であると認められるような特段の事情」がない限り正当性を有しないと判断した（許諾説。国労札幌支部事件・最三小判昭和 54・10・30 民集 33 巻 6 号 647 頁）。施設管理権の濫用となるのは，たとえば組合以外の親睦サークル等には会議室や掲示板の利用を無条件で認めているのに，労働組合の利用申請はすべて拒否している，というようなケースである。

　以下，組合活動の類型ごとに検討を行う。

　(a)　**リボンなどの着用**　　労働者がリボン・腕章・鉢巻などを着用したまま就労するという組合活動は，リボン闘争，鉢巻闘争などとよばれる。

　〈判例 21-2〉 **大成観光（ホテルオークラ）事件**
　　　　　　　最三小判昭和 57・4・13 民集 36 巻 4 号 659 頁

【事案の概要】ホテルを経営する X 社の従業員で組織する A 組合は，組合員がメッセージの入ったリボンを胸に着用して就労する闘争を実施した。X 社は A 組合の幹部であった B らに対し減給またはけん責の懲戒処分を行った。A 組合が不当労働行為の救済申立てをしたところ，Y 労働委員会は労組法 7 条 1 号違反が成立するとして救済命令を発した。これに対して X 社は取消訴訟を提起した。第 1 審が救済命令を取り消し，原審もそれを維持したため Y が上告した。最高裁は以下のように判示し上告を棄却した。

【判旨】「本件リボン闘争について原審の認定した事実の要旨は，A 組合は，昭和 45 年 10 月 6 日午前 9 時から同月 8 日午前 7 時までの間及び同月 28 日午前 7 時から同月 30 日午後 12 時までの間の 2 回にわたり，X 社の経営するホテルオークラ内において，就業時間中に組合員たる従業員が各自『要求貫徹』又はこれに添えて『ホテル労連』と記入した本件リボンを着用するというリボン闘争を実施し，各回とも当日就業した従業員の一部の者（950 ないし 989 名中 228 ないし 276 名）がこれに参加して本件リボンを着用したが，右の本件リボン闘争は，主として，結成後 3 か月の A 組合の内部における組合員間の連帯感ないし仲間意識の昂揚，団結強化への士気の鼓舞という効果を重視し，同組合自身の体造りをすることを目的として実施されたものであるというのである。

　そうすると，原審の適法に確定した事実関係のもとにおいて，本件リボン闘争は就業時間中に行われた組合活動であって A 組合の正当な行為にあたらないとした原審の判断は，結論において正当として是認することができる。」

【伊藤正己裁判官補足意見】「労働者の職務専念義務を厳しく考えて，労働者は，肉体的であると精神的であるとを問わず，すべての活動力を職務に集中し，就

> 業時間中職務以外のことに一切注意力を向けてはならないとすれば，労働者は，少なくとも就業時間中は使用者にいわば全人格的に従属することとなる。私は，職務専念義務といわれるものも，労働者が労働契約に基づきその職務を誠実に履行しなければならないという義務であって，この義務と何ら支障なく両立し，使用者の業務を具体的に阻害することのない行動は，必ずしも職務専念義務に違背するものではないと解する。そして，職務専念義務に違背する行動にあたるかどうかは，使用者の業務や労働者の職務の性質・内容，当該行動の態様など諸般の事情を勘案して判断されることになる。このように解するとしても，就業時間中において組合活動の許される場合はきわめて制限されるけれども，およそ組合活動であるならば，すべて違法の行動であるとまではいえないであろう。」

　このように判例は，リボン闘争は就業時間中に行う組合活動であり正当性はない，とした高裁判決の結論を支持した。学説上は，「〔職務専念〕義務と何ら支障なく両立し，使用者の業務を具体的に阻害することのない」リボン闘争であれば正当性を認めうる，と一定の指標まで示した伊藤補足意見の立場を支持する声が強い。

　(b)　**ビラ貼り**　使用者の許可を得ずに事業場内でビラを貼る行為は，使用者の所有権あるいは施設管理権を侵害する行為であり，正当性はない。刑法上の器物損壊罪にも該当しうる。判例も，企業別組合が従業員詰所のロッカーに許可なくビラを貼ったというケースにつき，使用者の施設管理権を侵害し，企業秩序を乱すものであって，正当な組合活動とはいえないと判断した（前掲・国労札幌支部事件）。

　(c)　**ビラ配布**　事業場内でのビラ配布は，許可なしに行えばやはり使用者の施設管理権と衝突しうる。ただ，ビラ配布はビラ貼りとは異なり一時的に終わる行為である。通常は器物損壊の状態などにも至らない。したがって，業務遂行に具体的支障のない形で，すなわち休憩時間や始業前・終業後などに平穏に行われるビラ配布であれば正当性を認めてよいと考えられる（倉田学園〔大手前高（中）校・53年申立て〕事件・最三小判平成6・12・20民集48巻8号1496頁を参照）。ただしビラの場合はその内容も問題となりうる。使用者を誹謗中傷するような内容のものは企業秩序遵守義務違反となり，正当性が否定されることになる。

(d)　**要請行動・街宣活動など**　　一般に，直接の労使関係に立たない者に対する要請や活動であっても，労働条件の改善を目的として行う行為であれば，なお憲法 28 条の保障の対象とはなるが，相手方の信用を毀損したり社会的評価を低下させたりするような，社会通念上相当な範囲を超えた行為は許されない（グループ会社の敷地内等での抗議行動や取引先等への要請書送付などが違法とされたものとして，フジビグループ分会組合員ら〔富士美術印刷〕事件・東京高判平成 28・7・4 労判 1149 号 16 頁）。路上でのビラ配布や宣伝活動は，勤務時間外に企業施設外で行われるものであり，基本的には正当性が認められる。ただし使用者や他の一般市民の私的権利を不当に侵害するなど，社会的相当性を逸脱するものであってはならない（経営者の自宅近辺での街宣活動を違法としたものとして東京・中部地域労働者組合〔街宣活動〕事件・東京高判平成 17・6・29 労判 927 号 67 頁）。

第 4 節　使用者による「争議行為」

争議権は労働者側に認められた権利であるが，使用者側も一定の条件下で労働者側の争議行為に対する対抗手段を講じることができる。

1　操業の継続

使用者は，正当な争議行為によって業務の正常な運営が阻害されることは受忍しなければならないが，スト中であっても操業を継続することはできる。操業阻止を目的とする労働者側のピケッティングなどの争議手段に対しては，操業を継続するために必要とする対抗措置をとることができる（山陽電気軌道事件・最二小決昭和 53・11・15 刑集 32 巻 8 号 1855 頁）。操業継続のために管理職の動員や代替労働者の雇入れなどを行っても，それは不当労働行為には当たらない。

2　ロックアウト

ロックアウトとは，使用者が，労働争議を自らに有利に導くために，組合側の争議行為への対抗手段として，事業場を閉鎖して労働者を閉め出してしまうことである。自ら事業場を閉鎖してしまっている以上，民法の原則からすれば

使用者は賃金債務の履行を拒めないはずである（民536条2項）。しかし判例によれば，「衡平の見地から見て労働者側の争議行為に対する対抗防衛手段として相当と認められる」ロックアウトは使用者の正当な争議行為といえるので，そのロックアウトの期間中使用者は対象労働者に対する賃金支払義務を免れる（丸島水門製作所事件・最三小判昭和50・4・25民集29巻4号481頁，安威川生コンクリート工業事件・最三小判平成18・4・18民集60巻4号1548頁）。

不当労働行為

　労働組合は団体交渉権や争議権を法的に保障されており，これを侵害された場合には裁判所で救済を求めることもできる。しかし労組法は，そのような権利を侵害する行為を不当労働行為と名付けて，その救済について特別の手続をつくり，労働委員会という特別の機関を用意した。この手続により，労働組合およびその構成員である労働者は，労働組合の結成やその活動に関連してなされた使用者の一定の行為の除去を求めることができる。

第 1 節　不当労働行為救済制度：概説

1 不当労働行為とは

　不当労働行為とはどのような行為か。労組法には不当労働行為の定義規定は存在しないが，判例はこれを「労働者の団結権及び団体行動権……を侵害する使用者の一定の行為」と定式化している（第二鳩タクシー事件・最大判昭和 52・2・23 民集 31 巻 1 号 93 頁⇨ 判例 22-2 ）。具体的には，①労働組合への加入や正当な組合活動を理由とする解雇，降格，配転，懲戒処分などの不利益な取扱い（不利益取扱い。労組 7 条 1 号），②正当な理由のない団体交渉の拒否（団交拒否。

同条 2 号），③組合脱退の働きかけや組合幹部に対する不利益な取扱いなど各種の組合弱体化工作（支配介入。同条 3 号）などである。要するに，労組法 7 条各号に列挙されている行為の総称が不当労働行為であるということになる。

　なお，不当労働行為の救済は労組法の定める手続であるので，その保護を受けられる労働組合は「法適合組合」のみである（詳しくは⇨第 2 章第 2 節参照）。

2 不当労働行為救済制度の意義と特色

(1)　学説の状況

　不当労働行為救済制度の意義については学説上諸説ある。代表的な学説は，不当労働行為を団結権の侵害行為と捉え，不当労働行為救済制度は憲法 28 条の団結権保障を具体化したものであると説く（団結権侵害説）。これに対し，不当労働行為救済制度は，円滑な団体交渉関係の実現という憲法 28 条とは別個の目的の下で，労組法が政策的に創設したものであると考える立場も有力である（立法政策説）。

　どちらの立場をとるかにより，労組法 7 条の位置づけが異なってくる。団結権侵害説に立てば，労組法 7 条は憲法 28 条の権利保障の一環として裁判所における司法救済の根拠となることになる。その解釈も基本的に権利義務の存否という観点からなされる。他方で立法政策説によれば，労組法 7 条は労働委員会が不当労働行為に関する行政救済を行うための判断基準であり，その解釈は個々の労使関係の特質に応じて柔軟になされてよいことになる。

(2)　判例の立場

　判例は基本的には団結権侵害説に立ちつつ，団結権侵害に対する救済について裁判所による手続（司法救済）とは別に労働委員会による不当労働行為救済制度（行政救済）が設けられた理由を次のように説明している。すなわち，正常な集団的労使関係秩序の迅速な回復と確保のためには，労使関係について専門的な知識と経験を有する労働委員会に対し，その裁量によって個々の事案に応じた適切な是正措置を決定し，これを命ずる権限を与えた方がよいと考えられるからである（後掲・第二鳩タクシー事件参照⇨ 判例 22-2 ）。不当労働行為制度は団結権侵害行為に対する救済の仕組みであるが，その救済としての具体的

な是正措置の中身については，憲法 28 条に基づく民事上の救済とは異なる観点，すなわち「正常な集団的労使関係秩序の迅速な回復」という観点から労働委員会が独自に決定してよい，という立場であると考えてよいだろう。

(3)　労働委員会による救済の独自性

裁判所の手続は，基本的には「過去の後始末」，すなわち過去の事実に基づいて権利義務の存否を判断するものである。これに対して労働委員会は，「未来に向けてのルール作り」，すなわち将来に向けて正常な集団的労使関係秩序の回復を目指す。労働委員会は，権利義務の存否に必ずしもとらわれず，将来に向けて労使関係が健全化するために妥当な解決方法は何か，という観点から救済命令を発することになる。

3　不当労働行為の主体——「使用者」

不当労働行為は「使用者」の行為である（労組 7 条）。労働契約の直接の当事者，つまり事業主はもちろんこの「使用者」に該当するが，それ以外の者も不当労働行為の主体である「使用者」に当たるとされる場合がある。

(1)　労働契約関係との「近似」——親会社，元請企業など

判例は，業務処理請負契約（⇨第 23 章第 2 節 **2** (2)）の発注企業たる元請会社も，一定の場合には下請企業の労働者との関係で「使用者」となりうるとしている。

> ＜判例 22-1＞ 朝日放送事件
> **最三小判平成 7・2・28 民集 49 巻 2 号 559 頁**
> 【事案の概要】放送局 X 社は訴外 A 社および B 社とテレビ番組制作業務の請負契約を締結し，A 社はさらに訴外 C 社と下請契約を締結した（以下 A，B，C の 3 社をまとめて「請負 3 社」とよぶ）。請負 3 社はこれらの契約に基づきその従業員を X 社に派遣して番組制作業務に従事させた。請負 3 社の従業員が加入する Z 労組は X 社に対し労働条件改善等を求めて団体交渉を申し入れたが，X 社はこれを拒否した。Z 労組は X 社の団体交渉拒否を理由に労働委員会に不当労働行為の救済申立てを行った。初審の大阪地方労働委員会（現在の大阪府労働委員会）も再審査の中央労働委員会（Y）も救済命令を発し，取消

訴訟第1審の東京地裁も再審査命令を支持したが，第2審東京高裁がX社は労組法上請負3社の従業員の使用者には当たらないとして再審査命令を取り消した。これに対しYおよびZ労組が上告した。最高裁は以下のように判示し原判決を一部破棄した。

【判旨】「労働組合法7条にいう『使用者』の意義について検討するに，一般に使用者とは労働契約上の雇用主をいうものであるが，同条が団結権の侵害に当たる一定の行為を不当労働行為として排除，是正して正常な労使関係を回復することを目的としていることにかんがみると，雇用主以外の事業主であっても，雇用主から労働者の派遣を受けて自己の業務に従事させ，その労働者の基本的な労働条件等について，雇用主と部分的とはいえ同視できる程度に現実的かつ具体的に支配，決定することができる地位にある場合には，その限りにおいて，右事業主は同条の『使用者』に当たるものと解するのが相当である。

　……X社は，請負3社から派遣される従業員が従事すべき業務の全般につき，編成日程表，台本及び制作進行表の作成を通じて，作業日時，作業時間，作業場所，作業内容等その細部に至るまで自ら決定していたこと，請負3社は，単に，ほぼ固定している一定の従業員のうちのだれをどの番組制作業務に従事させるかを決定していたにすぎないものであること，X社の下に派遣される請負3社の従業員は，このようにして決定されたことに従い，X社から支給ないし貸与される器材等を使用し，X社の作業秩序に組み込まれてX社の従業員と共に番組制作業務に従事していたこと，請負3社の従業員の作業の進行は，作業時間帯の変更，作業時間の延長，休憩等の点についても，すべてX社の従業員であるディレクターの指揮監督下に置かれていたことが明らかである。これらの事実を総合すれば，X社は，実質的にみて，請負3社から派遣される従業員の勤務時間の割り振り，労務提供の態様，作業環境等を決定していたのであり，右従業員の基本的な労働条件等について，雇用主である請負3社と部分的とはいえ同視できる程度に現実的かつ具体的に支配，決定することができる地位にあったものというべきであるから，その限りにおいて，労働組合法7条にいう『使用者』に当たるものと解するのが相当である。」

　下請企業の従業員に対する元請企業や，子会社の従業員に対する親会社であっても，「労働者の基本的な労働条件等について，雇用主と部分的とはいえ同視できる程度に現実的かつ具体的に支配，決定することができる地位にある」といえる場合には，不当労働行為の主体となりうるということである。なお派遣労働者（⇨第23章第2節**2**）に対する関係での派遣先企業については，苦情処理手続（派遣40条1項）が存在することなどからすれば，原則として労組法

7 条の使用者には当たらず，偽装請負など「労働者派遣法の原則的枠組みによらない」形で派遣が行われているなどの場合にのみ，朝日放送事件の枠組みに沿って使用者性を判断するとした裁判例がある（国・中労委〔阪急交通社〕事件・東京地判平成 25・12・5 労判 1091 号 14 頁）。もっとも学説上はこれに批判的な見解も少なくない。

(2)　労働契約関係との「隣接」

　現時点では労働契約関係にないが，かつて近い過去に労働契約関係にあった者，あるいは近い将来に労働契約関係に入ると考えられる者も，不当労働行為の主体たる「使用者」となりうる。前者の例は，解雇されたあるいは退職した「元」労働者に対する関係での事業主である。事業主は，解雇された労働者が加入する労働組合との団体交渉にも応じる義務がある。組合加入が解雇後の場合（いわゆる「駆け込み訴え」）であっても同様である。裁判例の中には，解雇後 6 年以上が経過し，またその解雇を有効とする民事判決が確定している場合であっても，なお事業主はその被解雇者が団交申入れの 4 日前に加入した組合との団体交渉に応じなければならないとしたものがある（日本鋼管鶴見造船所事件・東京高判昭和 57・10・7 労判 406 号 69 頁，最三小判昭和 61・7・15 労判 484 号 21 頁も結論を支持）。また，在職中に石綿にばく露し退職後長期間経過してから健康被害が顕在化した事案で，退職後長期間が経過しているとしても，在職中の事実を原因とする未清算の紛争が存在し，それが顕在化してから速やかに団体交渉が申し入れられているとすれば，やはり「使用者」として団体交渉に応じなければならないとした裁判例もある（兵庫県・兵庫県労委〔住友ゴム工業〕事件・大阪高判平成 21・12・22 労判 994 号 81 頁。最一小決平成 23・11・30 労判 1034 号 98 頁〔上告不受理〕）。

第 2 節　不利益取扱い

　不利益取扱いとは，労働者が，①労働組合の組合員であること，②労働組合に加入しもしくはそれを結成しようとしたこと，または③労働組合の正当な行為をしたことの「故をもって」，使用者がその労働者に対し解雇その他の不利

益な取扱いをすることである（労組7条1号本文前段）。使用者がこのような不
利益取扱いをすると不当労働行為となる。労働者が労働委員会等への救済申立
てをしたことなどを理由とする不利益取扱いも禁止されている（同条4号）。

1 不利益取扱いの理由

(1) 「労働組合の組合員であること」

ここでの「労働組合」は労組法上の要件をすべてみたす法適合組合（⇨第2
章第2節）でなければならない。また「組合員であること」とは，組合の役員
であることや，組合内部の少数派であることも含む。

(2) 労働組合に「加入」もしくは「結成」しようとしたこと

組合結成前の段階にある労働者に対しても，不利益取扱いからの保護は及ぶ。

(3) 労働組合の「正当な行為」

組合内少数派の活動であっても，組合の方針にまったく反する，統制違反
（⇨第18章第2節 **3**）となるような独自の行動などを除き，基本的には「労働
組合の行為」に当たると考えられる。

行為の「正当性」の判断基準は，不当労働行為救済制度の意義をどう考える
かによって変わりうる（⇨第1節 **2**）。判例の団結権侵害説を前提とすれば，民
事免責など憲法28条による保護が問題となる場合の「正当性」の有無と，労
組法7条にいう「正当性」の有無は同じ基準で判断されることになる。他方で
立法政策説の立場からすれば，両者の判断基準が同じである必要はない。

2 「故をもって」

不当労働行為は，不利益取扱いが，労働組合員であること，組合活動をした
ことの「故をもって」，すなわちそのことを「理由・原因・動機として」なさ
れた場合に成立する。要するに，不当労働行為の成立には「不当労働行為意
思」が必要なのである。「意思」である以上，最終的には主観，内心の問題で
あるが，労働委員会の実務では，使用者側の人間の日頃の態度や言動，それま
での労使関係の状況などから不当労働行為意思を推認することが多い。

(1)　動機の競合

組合の幹部が不正行為をして解雇された。それは一応正当な解雇理由となりうるものであったが，しかし他方で使用者は組合活動の中心であったその人物を日頃から排除したいと考えており，これ幸いと解雇を決定したのも事実であった。このように動機が競合している場合，不当労働行為意思はあるといえるか。一般的にいえば，仮に同じ行為を他の同じ立場の（組合員ではない）労働者が行った場合でも，やはりその不利益処分はなされたはずである，と判断できる場合には，不当労働行為意思の存在は認定できないだろう。

(2)　第三者による強要

使用者の取引先など，当該労使関係からすれば「第三者」である者が労働組合活動を嫌悪しており，「あの組合幹部を解雇しないのならもう取引は停止する」と「脅し」をかけたとする。使用者としては大口の取引先を失うわけにはいかないのでやむを得ずその幹部を解雇した。このような場合において，解雇に至ったのは取引停止を防ぐためであり，組合活動が理由ではないので不当労働行為意思は存在しない，といえるだろうか。判例はこれを否定する。すなわち，組合活動を排除しようという第三者の意図は，使用者がそのような第三者の意図を知ってその要求に応じた以上，使用者の「意思に直結」し，使用者の「意思内容を形成」する（山恵木材事件・最三小判昭和 46・6・15 民集 25 巻 4 号 516 頁）。

③　不利益取扱いの態様

不利益取扱いには，さまざまな態様がありうる。解雇，懲戒処分，配転，降格など人事上の正式な処分（法律行為）としてなされることもあるし，契約を更新しない（雇止め），昇格・昇給させない，「いじめ」の対象とするなどさまざまな事実行為としてなされる場合もある。

(1)　不 利 益 性

不利益取扱いとされる行為には文字どおりなんらかの「不利益性」が必要であると考えられる。ただこの要件はそれほど厳格には適用されていない。雇

用・人事上の不利益（職を失う，昇進できない），生活上の不利益（通勤時間が長くなった），経済的不利益（賃金が減る），精神的不利益（「いじめ」により苦痛を受ける）などをもたらす行為にはもちろん不利益性があるといえる。残業をさせない，という取扱いにもそれによる経済的不利益に着目すれば不利益性があるといえる（日産自動車〔残業差別〕事件・最三小判昭和60・4・23民集39巻3号730頁⇨ 判例 19-1 ）。

　またここでの不利益は組合活動上の不利益でもよいとされる。たとえば組合幹部を「栄転」させたという場合，人事上のあるいは経済的な不利益はない（むしろ利益である）ともいえるが，組合活動への影響という観点からは不利益性が認定できることになる。

(2)　採用拒否

　採用差別は不当労働行為となりうるか。判例は，三菱樹脂本採用拒否事件最高裁判決（⇨ 判例 7-1 ）にいう使用者の採用の自由を強調した上で，労組法7条1号本文は前段が採用「後」の話，後段（黄犬契約。⇨(4)）が採用「前」の話という構造になっているという理由から，「雇入れの拒否は……特段の事情がない限り，労働組合法7条1号本文にいう不利益な取扱いに当たらない」とした（JR北海道・日本貨物鉄道〔国労北海道〕事件・最一小判平成15・12・22民集57巻11号2335頁）。しかし学説上は，産業別あるいは地域の労働組合員であること，以前に別の会社で組合活動に積極的に参加していたことなどを理由とする採用拒否も不利益取扱いに当たるとする立場が多数を占める（この立場に立つ裁判例として，中労委〔青山会〕事件・東京地判平成13・4・12労判805号51頁）。

　ただし判例も，「従前の雇用契約関係における不利益な取扱いにほかならないとして不当労働行為の成立を肯定することができる場合に当たるなどの特段の事情」がある場合には例外的に不利益取扱いとなりうるとしている（前掲・JR北海道・日本貨物鉄道〔国労北海道〕事件）。定年後再雇用の拒否，事業譲渡における譲渡会社での不採用などがこの例外に当たると考えられる。

(3)　査定差別

　使用者が，賃上げや・昇給・昇格などに関わる人事考課において，組合員あ

るいは組合内少数派を，別組合の組合員あるいは組合内多数派との関係で集団
的に差別し査定を低くすることをいう。組合弱体化の意図の下で大量に差別が
なされれば，支配介入にも該当しうる。

　査定という企業内部の手続が関わるため差別の立証には困難が伴うが，判例
は，①少数組合員とそれ以外の者の勤務成績に「全体として」差異がなかった
にもかかわらず，人事考課率については「全体として」顕著な差異が生じてい
たこと，②会社が少数組合を嫌悪し差別する行動を繰り返していたこと，③少
数組合を脱退した者の人事考課率が脱退後急に平均レベルまで上昇したことな
どから，少数組合員の査定が低いのは組合所属を理由とするものであると判断
した労働委員会の判断枠組みを是認し，不利益取扱いおよび支配介入の不当労
働行為の成立を認めた（紅屋商事事件・最二小判昭和 61・1・24 労判 467 号 6 頁）。
組合員と非組合員の勤務成績等の比較を個別には行わず，基本的には「全体と
して」の比較で足りるとするやり方なので，「大量観察方式」とよばれる。

(4)　黄 犬 契 約

　労働者が労働組合に加入しないこと，もしくは労働組合から脱退することを
雇用条件とすること（黄犬契約）も不当労働行為となる（労組 7 条 1 号本文後段。
なお同号但書も参照）。

第 3 節　団体交渉拒否

　使用者が，その雇用する労働者の代表者との団体交渉を正当な理由がなくて
拒むことは不当労働行為となる（労組 7 条 2 号）。「拒む」とは「誠実に交渉し
ない」という意味をも含む。詳細はすでに述べた（⇨第 19 章）。

第 4 節　支 配 介 入

　使用者が，労働者の労働組合結成やその運営を支配もしくはそれに介入する
ことは不当労働行為となる（労組 7 条 3 号本文前段）。また，使用者が労働組合
の運営経費の支払について経理上の援助を与えること（経費援助）も，労組法

7 条 3 号但書の例外に当たる場合を除き禁止される（同号本文後段）。労働者の代表として使用者と対峙する労働組合の自主性・独立性が使用者の組合弱体化工作によって損なわれないようにするための規定といえる。

　典型的には，組合の結成や加入を思いとどまらせようとする，組合からの脱退勧奨をする，別の親睦団体を結成させる，組合の中心人物を配転したり解雇したりする（これは不利益取扱いにも該当する），組合活動を妨害したり監視したりする，役員選挙に干渉する，会社施設の利用を理由なく拒否するなどの行為が支配介入の例とされる。

1　支配介入の意思

　支配介入については，不利益取扱いの場合と異なり，法文上不当労働行為意思がその成立要件とされていない。支配介入の意図は不要のようにもみえる（山岡内燃機事件・最二小判昭和 29・5・28 民集 8 巻 5 号 990 頁参照）。しかし，およそその意思と無関係に使用者に結果責任を負わせるのも妥当とはいえない。「支配」および「介入」という概念自体が一定の主観的意図の存在を前提に成立していることからしても，「支配介入をしよう」という具体的な意図までは必要ないとしても，組合の組織や活動に影響を与えうるであろうという認識，すなわち広い意味での反組合的意思は必要であると解すべきであろう。

2　支配介入の「行為者」

　脱退勧奨などの事実行為は，社長や役員だけでなく，中間管理職の上司や同僚，さらには取引先など，さまざまな人物によってなされうる。これらの行為について，使用者はどこまで不当労働行為の主体としての責任を負うべきなのか。

　まず，労組法 2 条 1 号にいう使用者の利益代表者（⇨第 2 章第 2 節 (2)）の行為は，使用者の行為とみなされる。中間管理職や一般社員，あるいは別組合の組合員や使用者の取引先の行為であっても，それが使用者との間の具体的な意思の連絡に基づいていれば使用者の行為とみてよいだろう。さらに判例は，「利益代表者に近接する職制上の地位にある者」が「使用者の意を体して」（意向に沿って）支配介入を行った場合には，使用者との間で具体的な意思の連絡がなくても，使用者の不当労働行為と評価することができる，としている（中

労委〔JR 東海（新幹線・科長脱退勧奨）〕事件・最二小判平成 18・12・8 労判 929 号 5 頁）。

③ 支配介入の態様

以下では，支配介入の有無の判断に関して法的に問題となりうる点について，その態様ごとに検討を行う。

(1)　使用者の意見表明

使用者が組合活動のあり方などについて行った意見表明が支配介入の不当労働行為となりうるかどうかが問題となることがある。使用者にも意見表明の自由，言論の自由はもちろんあるが，発言がなされた状況やその際に推認される使用者の意図によっては支配介入が成立する可能性もある。これまでの裁判例では，社長の「組合から脱退しなければ人員整理もありうる」との発言（前掲・山岡内燃機事件）や，団交決裂後に社長名で発せられた，ストライキに対する「会社の重大な決意」を示す声明文（プリマハム事件・最二小判昭和 57・9・10 労経速 1134 号 5 頁）などが支配介入に該当するとされている。

(2)　施設管理権の行使，便宜供与の廃止

会議室や掲示板などの企業内の施設を組合活動に利用させないことは支配介入となりうるか。判例によれば，施設を利用させるかどうかは原則として使用者の自由であり，施設管理権の濫用であると認められるような特段の事情がある場合を除き，使用者が施設の利用を許諾しないからといって直ちに不当労働行為が成立するわけではない（オリエンタルモーター事件・最二小判平成 7・9・8 労判 679 号 11 頁）。これはビラ貼りに関する国労札幌支部事件（⇨ 判例 14-1 ）の判旨そのものである。要するに，組合活動の私法上の正当性も支配介入の不当労働行為の成否も同じ基準で判断されるというのが判例の立場といえる。団結権侵害説の立場からすれば素直な解釈といえよう。しかし労使関係の実情に即した柔軟な解釈を許容する立法政策説の立場によれば，使用者の施設利用許諾拒否を不当労働行為と評価すべきかどうかは，労働組合が私法上施設利用権限を有するか否かとは関係なく独自の基準で判断されることになる。

　チェック・オフや組合事務所の貸与など，使用者がこれまで組合に認めてい
た便宜供与を廃止することの不当労働行為該当性が争われることもある。施設
の利用と同様に，便宜供与をするかしないかは原則としては使用者の自由とい
えるが，それが労働組合の弱体化の意図を持ってなされた場合には支配介入と
の評価を受けることとなる。裁判例には，長期間継続されてきた便宜供与を廃
止する場合には，組合活動に相当程度の支障を生じさせるものである以上，そ
の廃止には合理的な理由が必要であり，代替手段の用意など労働組合に対する
誠実な配慮も必要となるとした上で，そのような合理的理由も誠実な配慮もな
くなされた無償チェック・オフの中止は，労働組合弱体化の意図を推認させ支
配介入に該当するとしたものがある（大阪府・府労委〔泉佐野市・チェック・オ
フ〕事件・大阪高判平成 28・12・22 労判 1157 号 5 頁）。

(3)　併存組合下での組合間差別

　複数組合主義をとる現行法では，どんなに小さな組合でも団体交渉権と労働
協約締結権を保障されている（⇨第 19 章第 2 節 **1**）。したがって使用者は「各
組合に対し，中立的態度を保持し，その団結権を平等に承認，尊重すべき」で
あり，合理的理由なく組合間で差別的な取扱いをすることは支配介入の不当労
働行為となりうる（日産自動車〔残業差別〕事件・最三小判昭和 60・4・23 民集 39
巻 3 号 730 頁 ⇨ 判例 19-1 ）。したがって，合理的理由がないのに少数組合員に
は残業を一切行わせない（前掲・日産自動車〔残業差別〕事件），多数組合にのみ
無条件で掲示板や組合事務所を貸与し，少数組合には本来この貸与問題とは無
関係である条件（在籍専従者を減らすことへの同意）を付す（日産自動車〔事務所・
掲示板〕事件・最二小判昭和 62・5・8 労判 496 号 6 頁）などの行為はいずれも支配
介入に該当する。

第 5 節　不当労働行為の救済

1 都道府県労働委員会での審査

　不当労働行為の対象となった（と考えた）労働者または労働組合（法適合組

合）は，都道府県労働委員会（都道府県労委）に救済申立てをすることができる。申立てを受けた都道府県労委は調査，審問を行い（労組27条1項），公益委員による合議を経て，申立てに理由ありということであれば救済命令を，理由なしということであれば棄却命令を発する（27条の12第1項）。実際には和解や取下げで終結する事件も少なくない。

　なお，救済申立て時には労働組合の資格審査が行われ，法適合組合の要件がみたされているかどうかがチェックされる（労組5条1項参照。⇨第2章第2節(3)）。

(1)　労働委員会

　いわゆる独立行政委員会である労働委員会は，それぞれ同数の使用者委員（使用者団体が推薦），労働者委員（労働組合が推薦），そして公益委員（学者や弁護士など）で組織される（労組19条1項）。各都道府県に都道府県労委があり，そして全国に1つ中央労働委員会（中労委）がある（同条2項）。

　労働委員会の主たる任務は，不当労働行為の審査と救済，そして労働関係調整法（労調法）に基づく労働争議の調整である（労組20条）。個別紛争の調整を行っている場合もある（⇨第24章第2節 **2** (2)(c)）。

(2)　申立適格

　不利益取扱いについてはその取扱いを受けた労働者およびこの労働者の所属する労働組合の双方が申立てをなしうる。不利益取扱いを受けたあとに加入した組合でもよい。労働組合が単独で申立てをすることも可能であるが，その場合労働者個人を対象とする救済はなされないことになる。団交拒否については労働組合のみが申立適格を有し，組合員個人による申立てはできない。支配介入についても不利益取扱い同様労働者と組合の双方が申立てをすることができる（京都地労委〔京都市交通局〕事件・最二小判平成16・7・12労判875号5頁）。

(3)　申立期間

　不当労働行為の申立ては，不当労働行為とされる行為の日（「継続する行為」の場合はその終了した日）から1年以内にしなければならない（労組27条2項）。

たとえ使用者が不当労働行為意思に基づいて解雇を行ったことが明白でも，解雇日から 1 年以上経過していればもはや救済申立てはできない。このように 1 年という非常に短い除斥期間が設定されているのは，不当労働行為制度が，将来に向けて正常な集団的労使関係秩序の回復を目指すものだからである。

「継続する行為」の典型例はロックアウトなどである。このほか判例は，大量査定差別の事件において，査定とこれに基づく賃金の支払とは一体として 1 個の不当労働行為をなし，その差別的査定に基づく賃金が支払われている限り不当労働行為は継続するとした（紅屋商事事件・最三小判平成 3・6・4 民集 45 巻 5 号 984 頁）。したがって，たとえば年度初めの査定でその後 1 年間の賃金額が決まっている場合，その年度最後の賃金支払日から 1 年以内であれば，査定が差別的であり不当労働行為に該当するという申立てを適法になしうることになる。

(4)　証人出頭命令，物件提出命令

労働委員会は，当事者の申立てまたは職権により，事実の認定に必要な限度において当事者または証人に出頭を命じて陳述させることができる（証人出頭命令。労組 27 条の 7 第 1 項 1 号）。また，事件に関係のある帳簿書類その他の物件についても，それがなければ必要な事実認定が困難となるおそれがある場合には，所持者に対しその物件の提出を命じ，提出された物件を留め置くことができる（物件提出命令。27 条の 7 第 1 項 2 号）。いずれも審査の迅速化を目指した 2004 年の労組法改正により導入された措置である。

(5)　救済命令の種類と効力

判例は，不当労働行為救済手続について，「使用者の多様な不当労働行為に対してあらかじめその是正措置の内容を具体的に特定しておくことが困難かつ不適当であるため，労使関係について専門的知識経験を有する労働委員会に対し，その裁量により，個々の事案に応じた適切な是正措置を決定し，これを命ずる権限をゆだねる趣旨に出たもの」であり，したがって「労働委員会の裁量権はおのずから広きにわたることとなる」と述べている（後掲・第二鳩タクシー事件⇨ 判例 22-2 ）。要するに，労働委員会は裁判所ではないので，事件の内容に応じて柔軟に，適切と考えられる救済命令を発する権限があるということ

である。労働委員会は，申立人の請求する救済内容にも拘束されず，自らが適切と考える救済内容を定めることができる。

したがって救済命令の内容は多岐にわたることになるが，不利益取扱いの解雇については原職復帰命令やバックペイ（解雇期間中の賃金相当額の支払）命令，団交拒否については一定の事項につき「誠実に団体交渉せよ」という誠実交渉命令，そして支配介入については具体的な支配介入行為の禁止命令やポスト・ノーティス（一定の行為を今後は行わない旨を表明した文書の掲示や交付）命令などがよく発せられる。

救済命令はあくまでも労働委員会という行政庁の「行政処分」であり，私法上の効力があるものではない。たとえ解雇が不当労働行為に該当するとして原職復帰命令が発せられたとしても，それによってその解雇が「私法上」無効となるわけではない。

確定した救済命令（労組 27 条の 13 第 1 項参照）に違反した使用者は過料に処される（32 条）。

2 中央労働委員会での再審査

都道府県労委の判断に不服のある申立人または被申立人は，原則として初審命令の交付から 15 日以内に，中央労働委員会（中労委）に再審査の申立てをすることができる（労組 27 条の 15）。中労委は，都道府県労委の処分（命令）を取り消し，承認し，もしくは変更する完全な権限を有する（25 条 2 項）。中労委での審査の流れも基本的には都道府県労委と同様である。

3 裁判所での取消訴訟

都道府県労委や中労委の命令は行政処分である。したがって行政事件訴訟法に基づき取消訴訟の提起が可能である。再審査を経ずに直接都道府県労委命令の取消訴訟を提起することもできる。労働委員会の所在地を管轄する地方裁判所が第 1 審裁判所となる。

(1) 原告・被告・補助参加人
使用者側が提訴する場合（出訴期間につき労組 27 条の 19 第 1 項参照）も，労働

組合側が提訴する場合（出訴期間につき行訴14条1項参照）も，被告となるのは命令を下した行政庁，すなわち労働委員会である。そして原告ではない当事者，つまり使用者が原告の場合の労働組合または労働者，労働組合または労働者が原告の場合の使用者は，補助参加人として訴訟に参加することができる。

(2) 取消訴訟での審理対象

　一言でいえば，労働委員会の命令を取り消すべき違法性があるかどうかが審理される。すなわち，①労働委員会の事実認定の当否，②不当労働行為の成否（＝労組法7条の解釈），③救済命令が発せられている場合はその内容が適法かどうか（＝労働委員会の裁量の範囲を超えていないか），に関する判断がなされるということである。①については，裁判所は労働委員会に提出されなかった証拠も含めあらためて証拠調べを行い，独自に事実認定を行うことになる（かつての公正取引委員会の審決取消訴訟における実質的証拠法則ならびに新証拠の提出制限とは異なる。独禁旧80条・81条参照）。ただし，労働委員会での手続において物件提出命令を受けたにもかかわらずこれを提出しなかった者は，正当な理由がない限り，取消訴訟になってからその物件にかかる証拠の申出をすることはできない（労組27条の21）。

　②については，裁判所は労組法7条違反の有無に関する労働委員会の判断を審査し，それが誤りであると考えた場合には，その救済命令を違法なものとして取り消すことができる（寿建築研究所救済命令取消請求事件・最二小判昭和53・11・24労判312号54頁）。言い換えれば，不当労働行為の成否（その成立要件がみたされるか否か）に関する労働委員会の裁量（要件裁量）は否定される。しかし学説上は要件裁量肯定説も有力である。この立場に立てば，たとえば労働組合のある行為が「正当な行為」（労組7条1号）であるかどうかに関する労働委員会の判断を，裁判所は原則として尊重すべきであるということになる。

　③については以下で改めて検討する（⇨ **4**）。

(3) 緊　急　命　令

　使用者が救済命令の取消訴訟を提起した場合，裁判所は，救済命令を発した労働委員会の申立てにより，使用者に対し判決の確定に至るまで救済命令の全

部または一部に従うべき旨を命ずることができる（労組 27 条の 20）。救済命令
をより実効的にするための制度である。緊急命令に違反すると過料に処される
（32 条前段）。

4　救済命令の限界

　労働委員会は，救済命令の内容については広い裁量権を有する。裁判所は，
労働委員会の裁量権を尊重し，その行使が不当労働行為救済制度の趣旨，目的
に照らして是認される範囲を超え，または著しく不合理であって濫用にわたる
と認められるものでない限り，当該命令を違法とすべきではない（後掲・第二
鳩タクシー事件⇨ 判例 22-2 ）。言い換えれば，不当労働行為の救済命令の内容
に関する労働委員会の裁量（効果裁量）は肯定されるということである。

　ただし，もちろんこの裁量権は無制限ではない。その逸脱があった場合には
違法となる。ではどのような救済命令が裁量権を逸脱したものと評価されるの
か。まず一般論としては，私法上の法律関係を尊重することが要請される。判
例は，「救済命令によって作出される事実上の状態は必ずしも私法上の法律関
係と一致する必要はな」いが，そのような事実上の状態が「私法的法律関係か
ら著しくかけ離れるもの」である場合には，その救済命令は裁量権の濫用とし
て違法となるとした（ネスレ日本〔東京・島田〕事件・最一小判平成 7・2・23 民集
49 巻 2 号 281 頁〔チェックオフ協定が締結されたのと同様の状態を作り出した救済命令
を取り消した〕）。

　具体的には，以下のような場合に救済命令の裁量権逸脱の有無が問題となる。

(1)　バックペイと中間収入の控除

　不当労働行為に当たる解雇に対しては，通常原職復帰とバックペイが命じら
れる。ではその解雇期間中に他で就労することによっていわゆる「中間収入」
を得ていた場合，その金額をバックペイの金額から控除すべきだろうか（民事
上の取扱いについては⇨第 16 章第 1 節 6 (3)参照）。

　判例 22-2 　第二鳩タクシー事件
　　　　　最大判昭和 52・2・23 民集 31 巻 1 号 93 頁
【事案の概要】X 社を解雇された組合員 A ら（上告補助参加人）が解雇は不当

労働行為であるとして東京都（地方）労働委員会（Y）に救済申立てをしたところ，Y は原職復帰とバックペイを内容とする救済命令を発した。X 社はバックペイから解雇期間中の中間収入が控除されていないのでこの命令は違法であると主張，取消訴訟を提起した。第 1 審，第 2 審ともに X 社の請求を認容したため Y が上告したところ，最高裁は以下のように判示して上告を棄却した。

【判旨】「救済命令の内容は，被解雇者に対する侵害に基づく個人的被害を救済するという観点からだけではなく，あわせて，組合活動一般に対する侵害の面をも考慮し，このような侵害状態を除去，是正して法の所期する正常な集団的労使関係秩序を回復，確保するという観点からも，具体的に，決定されなければならない」。

　「上告補助参加人 A 外 5 名は，ハイヤー・タクシー業等を営む X 社に自動車運転手として雇用された者であるところ，雇用されてからそれぞれ半年ないし 3 年半ほど経ってから解雇され，その後，1 人が約半年後であるほかは，早い者は解雇の日の翌日，遅い者でも約 1 か月後には他のタクシー会社に運転手として雇用され，従前の賃金額には及ばないまでもこれに近い金額の収入を得ていたというのである。これによってみるときは，右 A らの得た中間収入は，いずれも従前の労務と同じくタクシー会社の運転手として稼働したことによって得たものであるから，解雇による個人的な経済的被害の救済という観点からは当然にその控除を考慮すべきものである。また，組合活動一般に対する侵害的効果の除去の観点からみても，上記認定の諸事実と，当時のタクシー業界における運転手の雇用状況，特に同業他社への転職が比較的頻繁かつ容易であったこと等に照らせば，たとえ A らの他会社への転職が，同人らの主張するように，臨時採用にかかるものであり，また，その収入も専ら歩合給としてであって従前のような固定給の保障を欠くものであったとしても，解雇による被解雇者の打撃は比較的軽少であり，したがってまた，X 社における労働者らの組合活動意思に対する制約的効果にも，通常の場合とかなり異なるものがあるとみるのが当然であるから，特段の理由のない限り，バックペイの金額を決定するにあたって上記のような中間収入の控除を全く不問に付することは，合理性を欠くものといわなければならない。しかるに，Y は，本件バックペイ命令において右中間収入の控除を全く不要とすることにつき特段の理由を具体的に示すところがなく，また，本件にあらわれた資料によっても，このような理由を見出すことができないのである。そうである以上，本件バックペイ命令は，結局において，Y に認められた裁量権の合理的な行使の限度を超えたものといわざるをえない。」

　要するに，バックペイ金額の決定にあたっては，労働者個人が被った経済的損害の補償，そして組合活動一般に対する侵害の除去という2つの観点を総合考慮しなければならないということである。前者の観点からすれば中間収入を控除すべきであるが，後者の観点からすれば控除を行わない余地が認められるということになり，このいずれか一方の考慮を怠った救済命令は，裁量権の限界を超えたものとして違法となる。

(2)　不作為命令

　労働委員会は，使用者が将来も過去の不当労働行為と同種の行為を繰り返すおそれがあると判断した場合には，それを将来にわたって禁止する不作為命令を出すことができる（栃木化成事件・最三小判昭和37・10・9民集16巻10号2084頁）。しかし，具体的な行為ではなく，たとえば「今後組合運営に支配介入してはならない」などのようにより広い範囲の行為を一般的に禁止する命令，いわゆる「抽象的不作為命令」は違法であると解されている。救済命令の不履行が過料の対象ともなりうる（労組32条）以上，履行すべき内容はある程度明確でなければならないだろう。

(3)　直接是正命令

　査定差別事件においては，「差別的な査定をやり直し，公正な基準で再査定せよ」という命令が発せられる場合もあるが，より十分な根拠がある事案では，労働委員会が組合員一人ひとりにつき「査定に差別がなければ支払われたであろう金額」を直接決定し，その差額の支払を命じることもできるとされる。いわゆる直接是正命令である（紅屋商事事件・最二小判昭和61・1・24労判467号6頁は，組合員・非組合員間の考課の平均点の差を直接上積みさせる是正命令につき労働委員会の裁量権の範囲内であり適法とした）。なお，昇進・昇格差別事件においては，使用者の人事権を不当に侵害することになりうるため，たとえば「課長に昇格させよ」などの直接是正命令は通常は労働委員会の裁量権を超えるものと判断されるであろう。

(4)　ポスト・ノーティスと陳謝

　判例は,「深く陳謝する」という文言のポスト・ノーティス命令につき, 使用者の良心の自由 (憲 19 条) を侵害するものではなく, 適法であるとした。なぜならこの表現は「同種行為を繰り返さない旨の約束文言を強調する趣旨に出たもの」であり, 陳謝の意思表明を強制するものではないからである (オリエンタルモーター事件・最二小判平成 3・2・22 労判 586 号 12 頁)。

(5)　救済利益・救済の必要性

　不当労働行為救済制度は, 将来に向けて労使関係の正常化を図る制度であるので, 仮に過去の不当労働行為が認定できるとしても, 命令交付の時点でもはや申立人側に救済利益がないのであれば, 労働委員会は棄却命令を発することになる。判例は, 不当労働行為によって不利益を受けた労働者が退職等によりすでに組合員資格を喪失しているというだけで労働組合の救済利益は消滅しないが, 組合員が個人として救済を受ける権利利益を放棄する旨の意思表示をしていたり, 組合の救済命令申立てを通じてその権利利益の回復を図る意思がないことを表明していたりする場合には, 組合の救済利益は失われるとした (旭ダイヤモンド工業事件・最三小判昭和 61・6・10 民集 40 巻 4 号 793 頁)。

　団交拒否の不当労働行為が問題となった事案で, 当該団交事項につきその後団体交渉が行われ交渉が妥結しているのであれば, もはや労働委員会が団交応諾を命じる必要性がないことは明らかである。しかし文書交付やポスト・ノーティスを命じ, 事件に「区切りをつける」必要性はなお存するかもしれない。事件全体としての救済利益は失われておらず, (団交応諾命令の必要性はないが) 文書交付命令の必要性はなお存するということであろう。ちなみに「救済利益」と「救済の必要性」はしばしば同義に, また混同して用いられるが, 前者は事件全体についてその有無が問題になるのに対し, 後者は個々の救済内容ごとに問題になる。

5　裁判所による救済手続──司法救済

(1)　労組法 7 条の私法上の効力

　労組法 7 条は私法上の効力を有するか。言い換えれば, 労組法 7 条各号違反

の行為が行われた場合，労働者あるいは労働組合はそれらの規定の違反を根拠に，処分の無効確認や損害賠償などを請求できるのか。

団結権侵害説に立てば，労組法 7 条は労働委員会による行政救済の根拠規定であるだけでなく，司法救済の根拠規定でもあることになる。他方で立法政策説からすれば，同条は行政救済のみの根拠規定であるというのが論理的帰結となる。ただし立法政策説も憲法 28 条の団結権等が公序を形成することは否定していない。

判例は，労組法 7 条 1 号違反の解雇は当然に無効であるとしている（医療法人新光会事件・最三小判昭和 43・4・9 民集 22 巻 4 号 845 頁）。解雇以外の懲戒処分や配転命令なども，7 条 1 号違反に該当すれば無効になると考えられる。また同号違反の行為は不法行為の要件としての「違法性」を備えるので，故意または過失，損害の発生など他の要件がみたされれば不法行為に基づく損害賠償責任も発生させうる。同様に労組法 7 条 2 号および 3 号違反の行為も，労働組合（2 号および 3 号）あるいは労働者個人（3 号）に対する使用者の不法行為責任の根拠となりうる。

なお労組法 7 条 2 号は団体交渉を求める地位の確認請求の根拠規定となる（⇨第 19 章第 4 節 **2**）。

(2)　行政救済との差異

行政救済は将来に向けての労使関係正常化を図る制度であり，その観点から労働委員会はその裁量の範囲内で救済内容を柔軟に決定することができる。誠実団交命令や公正な査定のやり直し命令，そして原職復帰命令など，使用者に対し将来に向けて一定の作為・不作為を要求する命令も発することができる。

これに対し裁判所の手続は基本的には過去の権利義務の有無を確定するものであり，行政救済のような柔軟性には欠ける。団交拒否に関しては団交に応ずべき地位の確認または仮処分命令が限界であるし，査定差別についても基本的には過去の差別によって生じた損害の塡補しか命じられない。解雇無効判決も職場への復帰そのものを強制するものではない。

第4編

労働市場法

　市場メカニズムが人間の運命とその自然環境の唯一の支配者となることを許せば，いやそれどころか，購買力の量と用途の支配者になることを許すだけでも，社会の倒壊をみちびくであろう。なぜなら，商品とされる「労働力」は，この特殊な商品の担い手となった人間個人に影響を及ぼさずには，これを動かしたり，みさかいなく使ったり，また使わないままにしておいたりすることさえできないからである。このシステムは，一人の人間の労働力を使う時，同時に，正札に付着している一個の肉体的，心理的，道徳的実在としての「人間」をも意のままに使うことになるであろう。

――カール・ボランニー「自己調整的市場と擬制商品」
玉野井芳郎ほか訳『経済の文明史』（ちくま学芸文庫・2003年）40頁

第 23 章
労働市場と法規制

第 1 節　労働法と労働市場
第 2 節　労働者の供給に関する法規制
第 3 節　労働市場政策に関する法

> 　自由主義経済の下では，労働力は市場において取引される。そして，労働力に対する需要と供給は，使用者と労働者が自由に労働契約を締結・解約したり，合意に基づいて労働条件の内容を決定・変更することを通して，調整される。しかし，労働力は人間（労働者）の身体や精神と切り離すことができず，他の商品とは異なる性質を有するため，労働市場における労働力の取引に対してはさまざまな形で法規制がなされている。本章では，これらの法規制の意義と内容について学ぶ。

第 1 節　労働法と労働市場

1 「労働市場」の再発見

　労働法は，自由市場を前提とする市民法原理の下で，労働者が悲惨な状況に置かれたこと（市場の失敗）に対する反省から生まれた。1944 年，ILO はフィラデルフィア宣言において「労働は商品ではない」というスローガンを掲げ，労働を通常の商品と同じように市場で取引するべきではないという原則を示した。日本でも，戦後に制定された職業安定法（1947 年）は営利目的の職業紹介事業を禁止し，職業紹介事業を原則として国家が独占することにより労働力需給システムを厳格に規制するものであった。また，労働条件の決定も市場にお

ける当事者間の自由な取引に委ねるのではなく，強行的な労働者保護法によって契約自治を制限し，団体交渉による集団的決定を促すことが基本とされた。学問的にも，雇用関係において市場機能が重要な役割を果たしている（あるいは果たすべきである）という考え方は，労働法の基本原理と相容れないとされる傾向が強かった。すなわち，「労働市場」という概念は労働法の世界から排除されていたといってもよい。

　その一方で，日本経済の発展につれ，国家はさまざまな政策目的を掲げて労働市場に対する介入を進めていった。1960 年代の高度経済成長期には雇用対策法（1966 年）が制定され，雇用対策基本計画に基づいて積極的労働市場政策を展開する体制が整えられた。また，1970 年代の半ばには第 1 次オイルショックを契機として雇用保険法（1974 年）が制定され，企業における雇用維持や能力開発を促進するための雇用保険三事業が実施されるようになった。さらに1980 年代に入ると，人口構造の高齢化や女性の職場進出などの労働市場の構造的変化に対応する法政策が求められるようになり，これを受けて，男女雇用機会均等法（1985 年），労働者派遣法（1985 年），高年齢者雇用安定法（1986 年）など，労働市場政策としての性格を強く持つ法律が制定された。

　1990 年代の後半から 21 世紀の初めにかけては，労働市場と法規制の関係があらためて問われる転機が訪れた。この時期には，バブル崩壊後の長期的な不況の中で，若年者の雇用状況が悪化し，正社員の雇用保障が揺らぎ，成果主義人事管理が普及し，非典型雇用が増加するなど，日本の労働法制度が前提としてきた雇用慣行に重大な変化が起こり，多くの労働者に対して従来よりも直接的に市場機能が及ぶようになった。そして，主として経済学的な立場から，法規制が市場の円滑な機能を妨げているとして労働法の規制緩和による雇用の流動化を強く求める声が挙がった。この規制緩和論は，人材ビジネスや整理解雇などに関する労働法規制の正当性をあらためて検討する契機となり，いくつかの法改正にも結びついた（1999 年の職業安定法・労働者派遣法の改正など）。このように過度の法規制が批判される一方で，市場がもたらす格差や長時間労働などの雇用問題が顕在化し，労働市場に対する新たな法規制が求められるようになった。

　このような変化の中で，もはや労働法学も「労働市場」の存在を無視するこ

とはできず，雇用関係において市場機能が一定の役割を果たすことを認めた上で，それに対する法規制はどうあるべきか，より理論的に「労働市場」を労働法の中にどう位置づけるべきかが問われるようになった（⇨ Column 12）。いわば，労働法の世界から排除されていた「労働市場」という概念が再発見されたわけである。

Column 12　労働法と労働市場についての補論

　通常「労働市場法」といえば外部労働市場に対する法規制を指すことが多いが（⇨ **2**(1)），他の分野の労働法が「労働市場」と関わりがないわけではない。現在では，賃金・労働時間・人事異動など内部労働市場のルールを含め，労働法全体が「労働市場」と関わっていることが広く認識されつつある。そうすると，「労働市場」あるいは「市場機能」を労働法の体系の中にどのように位置づけるかが重要な問題となってくる。

　これは労働法理論の根幹に関わる問題だが，注目すべき見解として，労働法を「市場経済を支えるサブシステムの1つ」と捉え，労働法を「労働市場での労働者の取引行為（交渉）をより円滑に機能させるために諸種の支援制度を用意する法体系」とみるものがある（菅野和夫＝諏訪康雄「労働市場の変化と労働法の課題」労研418号〔1994年〕2〜15頁）。この立場からは，労働市場の変化に伴い，個人としての労働者をサポートすることに重点を置いて労働法全体を再編成していく必要があるとされる。諏訪教授は，この発想をさらに発展させ，同一企業での雇用保障に必ずしもこだわらずに個々人の「キャリア」の保障を重視する「キャリア権」の理論を提唱されている（諏訪康雄「キャリア権の構想をめぐる一試論」労研468号〔1999年〕54〜64頁）。

　しかし，このような考え方に対してはいくつかの疑問も浮かんでくる。たとえば，雇用社会の基本は市場経済であり，法制度はそのサブシステムだと考えることは適切なのだろうか。市場経済も法制度と同様に，雇用社会を支えるサブシステムの1つと考えることはできないだろうか。また，現代社会における市場は，本当に個人が（適当なサポートさえあれば）自由を追求できる場なのだろうか。グローバリゼーションが進む中，雇用の場において市場の力があまりにも強大となり，個人を「自由な選択」という名の下に一定の行動様式（たとえば，体を壊すまで働く，家族を犠牲にしてキャリアを追求する等）に追い込んでいる，という指摘もなされている。高い職業能力を備えた労働者もその例外ではないようにみえる。労働者も変わったが，市場も変わったのかもしれない。このように考えれば，法規制により市場の圧力に対抗して個人を守るという労働法の古典的な課題が，あらためて浮上してくることになる。

> 労働法の中に「労働市場」をどう位置づけるか。この問いに対するはっきり
> した答えはまだ出ていないが，これからの労働法学の課題の1つであることは
> 間違いない。

② 「労働市場法」の基本構造

(1) 「労働市場法」の全体像

「労働市場」の再発見に対応して，現在では労働法の中に「雇用関係法」「労
使関係法」と並んで「労働市場法」という分野が存在することが認められつつ
ある（⇨第1章第1節 ② (2)）。

　労働市場と法の関わりを論じる際には「外部労働市場」と「内部労働市場」
を区別することが多い。「外部労働市場」とは企業横断的な労働力需給調整シ
ステム（失業・転職など企業を超えた移動により労働力の需給を調整する仕組み）を
指し，「内部労働市場」とは企業内の労働力需給調整システム（人事異動などに
より企業内で労働力の需給を調整する仕組み）を指す。

　「労働市場法」は，一般に，外部労働市場における労働力の需給調整を規制
する法分野と位置づけられている。個々の法律については第2節以下で紹介す
るが，ここではまず大まかな分類により全体を概観しておこう。

　第1は，職業紹介や労働者供給に関する法規制である。労働市場においては，
求人者（事業主）と求職者（労働者）がなんらかの形で出会い，合意に基づいて
労働契約を締結する。その過程に第三者（特に営利目的の民間業者）が無制限に
介入すると，中間搾取や強制労働，人身売買などが行われるおそれがあるため，
職業安定法や労働者派遣法により，職業紹介事業や労働者供給事業等が規制さ
れている。

　第2は，失業者の所得保障に関する法である。どんなに市場が円滑に機能し
ても，一部の者が（少なくとも一時的に）失業することは避けられない。そこで，
多くの国では失業というリスクに対するセイフティ・ネットとして失業保険制
度が設けられている。日本では雇用保険の失業等給付（雇保10条参照）がこれ
に当たる。ただし，失業保険制度は労働市場政策的な性質も有しており，他の
社会保険給付と比べて支給期間が短いことや受給者には就職活動が義務づけら
れること等の特徴がある（失業者の所得保障については⇨第3節 ■ を参照）。

　第3は，いわゆる積極的労働市場政策に関する法である。積極的労働市場政策の目的は，国家がさまざまな方法で労働市場に介入することにより，社会全体での労働力の育成・活用・調整を促進することにある。具体的には，解雇回避による雇用の維持（雇用保険法），職業能力開発の促進（職業能力開発促進法，雇用保険法），高齢者の雇用促進（高年齢者雇用安定法），障害者の雇用促進（障害者雇用促進法），パート・有期労働者の活用（パートタイム有期雇用労働法）などが挙げられる。

　これらの「労働市場法」に分類される法律は裁判において紛争解決の規範として用いられることは少なく，どちらかといえば国家の労働市場政策としての性質を強く持っているといえよう（ただし，高年法8条やパートタイム有期雇用労働法8条・9条など，私法上の強行法規としての性質を有する規定もある）。

(2)　労働市場法の基本原理

　労働市場法は，国家が労働市場に対して行う法的介入であり，労働法の他の分野に比べて市場と密接な関係にあるため，市場機能との整合性（経済的な合理性）が要求される。同時に，労働市場への国家の介入は法的に正当性のある形で行われなければならない。

　労働市場法が法的正当性を有するためには，まず憲法との整合性が必要である。憲法上は，国家の労働市場への介入は勤労権をはじめ生存権・教育権などの社会権（憲27条・25条）や幸福追求権（13条）によって根拠づけられる。他方，憲法上の職業選択の自由および営業の自由（22条1項）や財産権の保障（29条1項）は，自由な市場の基本をなす規範である。立法府は労働市場法の具体的な内容について広範な裁量を有するが，上記の憲法の規定に違反する法律（たとえば，個人の職業選択の自由を大きく制限する法律など）は違憲であり，無効となる。

　また，労働市場法は他の分野の労働法との整合性を有することも必要であり，労働関係に適用される強行法規や公序に違反する場合（たとえば男女差別的な施策を定める法律や労働者の人格権を侵害するおそれのある法律など）には法的正当性を有しない。さらに，立法政策としては，労働法制度の根底にある価値観に配慮し，その基本をなす規範（たとえば安定的な雇用の維持や労働者の生活保障など）

と整合的な労働市場法制をつくることが要求される。

第 2 節　労働者の供給に関する法規制

1 職業紹介

(1)　職業紹介事業とは？──職安法の意義

　職業紹介とは，「求人及び求職の申込みを受け，求人者と求職者との間における雇用関係の成立をあっせんすること」をいう（職安 4 条 1 項）。ここにいう「あっせん」には，人材スカウト（求人者に紹介するために求職者を探索し，求人者に就職するよう求職者に勧奨する行為）や，いわゆるアウトプレースメント（余剰人員を抱える企業の求めに応じてその転職先を探し転職をあっせんする行為）として職業紹介を行うことも含まれる（スカウトについては，東京エグゼクティブ・サーチ事件・最二小判平成 6・4・22 民集 48 巻 3 号 944 頁および職安法 48 条に基づく指針〔平 11・11・17 労告 141 号〕を参照）。

　職業紹介には，国の機関である公共職業安定所（ハローワーク）が行う公共職業紹介と，民間の紹介業者が行うものがある。戦後に制定された職業安定法は，国家が職業紹介を独占することを原則とし，有料で行われる民営の職業紹介事業を禁止した。これは，戦前に仲介業者による労働者の搾取や人身売買などが行われたことへの反省に基づいて，労働力（労働者）が民間市場で取引されることを警戒するものであった。有料職業紹介の禁止には，一定の職業（特別の専門知識や技術を要する職業等）について許可制の下で例外が認められていたが，その場合にも手数料などに関して厳格な規制が設けられていた。

　しかし，現実には，ホワイトカラーの転職など公共職業紹介がうまく機能しない領域もあり，そのニーズに応えてヘッドハンティングやアウトプレースメントなどさまざまな人材ビジネスが発達した。それらの民営事業は適法性が疑わしいにもかかわらず，労働市場における求人・求職の媒介に一定の役割を果たすようになっていった。このような傾向は国際的に共通してみられ，ILO は 1997 年に有料職業紹介の将来的廃止をうたった旧条約（第 96 号）を廃棄し，一定の規制の下で民営職業紹介事業を認める条約（第 181 号）を採択した。日

本でも，国際的な動きと規制緩和論を背景として，職安法が1999年に改正された。改正法は民営職業紹介事業が労働力の需給調整に一定の役割を果たすことを認めた上で求職者の保護に必要な規制をするという方向に，職業紹介に関する法政策を大きく転換するものであった。

(2)　職業紹介の法規制

職業安定法は，職業紹介の基本原則として，①職業選択の自由（2条），②人種，国籍，信条，性別，社会的身分，門地，従前の職業，労働組合の組合員であること等を理由とする差別的取扱いの禁止（3条），③求職者に対する労働条件等の明示（5条の3），④求職者の個人情報の保護（5条の4），⑤求人・求職の申込みをすべて受理すること（法令等に違反する場合を除く，5条の5・5条の6），⑥求職者に対する適職紹介および求人者に対して適合する求職者を紹介すること（5条の7），⑦争議行為が行われている事業所に求職者を紹介しないこと（20条・34条）などを定めている。

民間の業者が行う職業紹介のうち，有料のものについては許可制がとられている（職安30条以下）。有料職業紹介事業は，港湾運送業務と建設業務を除き，すべての職業について行うことができる（32条の11）。求人者からの手数料については，省令で定められた上限を超えない範囲で徴収するか，厚生労働大臣に届け出た手数料表に基づいて徴収しなければならない（32条の3第1項）。求職者から手数料を徴収することは原則として禁止されている（同条2項）が，芸能家，モデル，科学技術者などについては省令により例外が認められている（職安則20条2項）。

無料職業紹介事業も，法律で定められた場合を除いて許可制の下に置かれている（職安33条）。1999年の法改正により，営利企業も許可を得て無料職業紹介を行うことができるようになった。

2　労働者派遣

(1)　労働者派遣とは？

企業は，事業を運営するために，自ら雇用する従業員以外の者（社外労働者）を受け入れ，労務の提供を受けることがある（いわゆるアウトソーシング）。労働

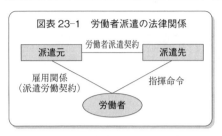

図表 23-1　労働者派遣の法律関係

派遣元 —労働者派遣契約→ 派遣先

雇用関係
（派遣労働契約）　　　　　　指揮命令

労働者

者派遣はそのような企業のニーズに応えて労働者を供給する方法の 1 つである。

労働者派遣は「自己の雇用する労働者を，当該雇用関係の下に，かつ，他人の指揮命令を受けて，当該他人のために労働に従事させること」（派遣 2 条 1 号）と定義されている。すなわち，労働者派遣においては，派遣を受けた企業（派遣先企業）は労働者に対して指揮命令を行うが，両者の間には労働契約関係は存在しない。派遣労働者に対して労働契約上の使用者としての責任を負うのは，原則として派遣元企業のみである（この点で派遣は出向と異なる。⇨第 13 章第 2 節）。

　派遣先企業は，労働契約上の使用者ではないが，派遣労働者の就労に関し指揮命令を行う立場にあることから，労基法等の適用にあたり一定の事項について責任主体とされている（⇨(8)）。また，派遣労働者の労働条件等に関し，労組法に基づく団体交渉義務を負う場合がありうる（⇨第 22 章第 1 節 **3** (1)）。

(2)　業務処理請負との区別

　企業が社外労働者を合法的に受け入れる方法としては，労働者派遣の他に業務処理請負がある。業務処理請負は受入企業（発注企業）が労働者に対して指揮命令を行わず，受注企業が指揮命令を行う形態であるため，職安法上の労働者供給事業に当たらず，労働者派遣事業としての規制も受けない。しかし，実際にはこれらの区別は必ずしも容易ではなく，業務処理請負を装って違法な労働者供給事業が行われることも少なくない（⇨ 判例 23-1 もそのような偽装請負に関する事案である）。

　業務処理請負と労働者供給事業との区別につき，職安法施行規則は「労働者を提供しこれを他人の指揮命令を受けて労働に従事させる者」は，たとえ契約の形式が請負契約であっても，定められた要件（①作業の完成について事業主としてのすべての責任を負うこと，②作業に従事する労働者を指揮監督すること，③作業に従事する労働者に対し使用者としての法律上の責任をすべて負うこと，④単に肉体的な労働力を提供するのではなく，自ら提供する器材や材料を使用し，あるいは専門的な

知識や経験を要する作業を行うこと）をすべてみたさない限りは労働者供給の事業を行う者としている（職安則4条1項）。

　これを受けて，業務処理請負と労働者派遣との区別につき，厚生労働省は「労働者派遣事業と請負により行われる事業との区分に関する基準」（昭61・4・17労告37号）を設け，請負の形式をとっていても，当該事業主（受注企業）が①雇用する労働者の労働力を自ら直接利用し，②請け負った業務を自己の業務として独立して処理するものでない限りは，労働者派遣に当たるとしている。

(3)　労働者派遣をめぐる法政策の変遷

　職業安定法は，労働者供給（「供給契約に基づいて労働者を他人の指揮命令を受けて労働に従事させること」〔4条7項〕）を業として行うこと，および違法な事業から供給された労働者を使用することを禁止している（44条）。かつて労働者派遣事業は労働者供給事業の一形態として法律上は禁止されていた。しかし現実には，派遣事業は違法であるにもかかわらず新たな労働力需給調整システムとして機能していることが認識されるようになった。このような状況を踏まえ，1985年に労働者派遣法（現在の名称は「労働者派遣事業の適正な運営の確保及び派遣労働者の保護等に関する法律」。以下，「派遣法」という）が制定され，一定の法規制の下に労働者派遣が合法化された。

　制定当初の派遣法は，派遣労働者が正社員にとってかわることにより長期雇用システムが侵食されることを防ぐために，派遣労働者を就労させることのできる業種や期間を厳しく制限していた。このような常用代替防止の考え方を維持しつつも，1999年と2003年の法改正では派遣事業に関する規制がかなり緩和され，派遣期間終了後に職業紹介が予定された紹介予定派遣（ジョブ・サーチ型派遣）も明文化された（派遣2条4号）。しかし，2008年秋のいわゆるリーマンショック後の不況の中で，派遣労働者の不安定雇用・低賃金や違法派遣の問題が顕在化し，労働者派遣の規制強化が求められるようになったことを受け，2012年の法改正では，日雇い派遣の原則禁止や，派遣元によるマージン率等に関する情報公開の義務づけ，違法派遣の場合における派遣先の直接雇用申込みみなし制度などが導入された。

　そして2015年には，労働者派遣を一時的・臨時的な働き方と位置づけつつ

も，同制度が労働力需給調整において果たしている役割を評価し，悪質な事業者を退出させ，派遣労働者の雇用安定やキャリアアップを促進する仕組みを導入するとの視点から，抜本的な派遣法の改正が行われた。さらに 2018 年には「働き方改革関連法」により，派遣労働者の公正な待遇の確保に関する規制が設けられた。

(4)　労働者派遣事業

　2015 年改正以前には，派遣法が認める労働者派遣事業は，特定労働者派遣事業（派遣元が「常時雇用する労働者」を派遣先の注文に応じて派遣する形態。いわゆる常用型）と一般労働者派遣事業（常用労働者以外の者を含めて派遣する形態。典型的には，派遣元が労働者を登録しておき，派遣先から注文があるたびに，労働者と労働契約を結んだ上で派遣する登録型派遣）があり，前者については届出制，後者については労働者の雇用が不安定であるため許可制がとられていた。しかし，常用型派遣の「常時雇用する労働者」とは 1 年を超えることが予定される有期雇用労働者を含み，実際にも雇用が安定しているとはいえない者が多数を占めていた。そこで 2015 年改正では上記の区別を廃止し，すべての労働者派遣事業を許可制の下に置き，行政上の監督を強化することとされた（派遣 5 条）。

　なお，2012 年改正により，日雇い派遣（日々又は 30 日以内の期間を定めて雇用する労働者派遣）は原則として禁止されている（派遣 35 条の 4）。ただし，政令で定められた 18 業種（ソフトウェア開発，機械設計，事務用機器操作，通訳・翻訳・速記，秘書等）や 60 歳以上の労働者，雇用保険の適用を受けない学生，副業として日雇い派遣に従事する者，世帯の主たる生計維持者でない者については例外が認められている（派遣令 4 条）。また，派遣事業が果たすべき労働力需給調整機能に鑑み，企業グループ内のみで派遣を行う事業者の設立を抑制する趣旨で，派遣元企業が同一グループ内の事業主に労働者を派遣する割合は全体の 8 割以下に制限されている（派遣 23 条の 2）。

(5)　適用対象業務

　制定当初の派遣法は，正規従業員の雇用が侵食されないよう，派遣事業が認められる範囲を，専門的知識・技術や特別の雇用管理が必要な 13 業種に限定

していたが，適用対象業務はその後 26 業種に拡大された（ソフトウェア開発，
機械設計，放送機器操作，事務用機器操作，通訳・翻訳・速記，秘書など）。その後
1999 年の法改正で，港湾運送，医療，製造業など特定の業務を除き，一般業
務についても労働者派遣を解禁するネガティブ・リスト方式へ移行した。さら
に 2003 年の改正では，製造業務についても派遣が解禁された。

(6)　労働者派遣契約

(a)　**労働者派遣契約の締結**　派遣元と派遣先の事業主は，労働者派遣契約
を締結し，派遣労働者の人数，業務内容，就業場所，指揮命令者，派遣期間，
就業日，就業時間，休憩時間，安全衛生，苦情処理，契約の解除にあたって講
ずる措置等を定めなければならない（派遣 26 条 1 項）。

(b)　**派遣可能期間の制限**　2015 年改正前は，労働者派遣が行われる業務に
よって派遣可能期間の規制が区別されており，従来から派遣が認められてきた
26 の業務（上記(5)）であれば期間の制限はないが，それ以外の業務であれば同
一業務について 1 年間（過半数組合または過半数代表者の意見を聴いた上で，3 年以
内の範囲で派遣可能期間を設けることが可能）の上限が設けられていた。そして
2012 年改正により，後者について派遣可能期間を超えた場合には派遣先によ
る直接雇用の申込みみなし制度（⇨(9)）が適用される仕組みが導入された。

2015 年法改正にあたっては，上記のように 26 業種に該当するか否かで大き
な差が生じる仕組みの妥当性が問題とされ，業種による区別は廃止された。改
正法は，派遣可能期間について，新たに①事業所単位の規制（同一事業所への派
遣労働者の派遣および受入れは 3 年を上限とする。ただし過半数代表の意見聴取による
延長が可能〔同じ手続により延長を繰り返すことも可能とされる〕。派遣 35 条の 2・40
条の 2）と，②個人単位の規制（同一組織単位〔課など〕への同一派遣労働者の派遣
および受入れは 3 年を上限とする。35 条の 3・40 条の 3）を導入した。ただし，例
外として，雇用の安定等に関して問題が少ないとみられる派遣元企業に無期雇
用される労働者，60 歳以上の労働者，有期プロジェクトへの派遣，産休・育
休等の代替労働者等を派遣する場合には，上記の期間制限は適用されない（40
条の 2 第 1 項但書各号）。

現行派遣法の下では，派遣先は，所定の手続を踏んで派遣可能期間を延長し，

3 年ごとに他の派遣労働者を受け入れることにより，長期にわたって同一事業所における同一業務への派遣を受け入れることが可能である。他方，派遣可能期間の規制に違反した場合は，直接雇用申込みみなし制度の対象となり，派遣先は派遣労働者に対して労働契約の申込みをしたものとみなされる（40 条の 6 第 1 項 3 号・4 号）。

(c)　労働者派遣契約の終了と労働契約　　①　派遣期間の満了による終了
労働者派遣契約は派遣期間の満了により終了する。労働者が派遣期間と関わりなく派遣元に雇用されている場合には，労働者派遣契約の終了後も派遣元との労働契約は継続するが，派遣期間に応じて雇用されている場合は派遣契約の終了と共に派遣元との労働契約も終了することになる。この場合に，有期労働契約の雇止めに関する法理を適用して派遣労働者の雇用継続の期待を保護する余地があるか否かが問題となるが，判例はこれを否定している（伊予銀行・いよぎんスタッフサービス事件・高松高判平成 18・5・18 労判 921 号 33 頁。最二小決平成 21・3・27 労判 991 号 14 頁により支持）。

　②　派遣期間中の解除による終了　　労働者派遣契約は，派遣先からの一方的な解約によって終了することがある。ただし派遣先事業主は，労働者の国籍，信条，性別，社会的身分，正当な組合活動等を理由として，労働者派遣契約を解除してはならず（派遣 27 条），このような解約は違法無効である（トルコ航空ほか 1 社事件・東京地判平成 24・12・5 労判 1068 号 32 頁）。また派遣先は，派遣先の都合により労働者派遣契約を途中で解除するときは，派遣労働者に対して新たな就業機会の確保を図り，派遣元による休業手当支給の費用を負担する等の措置を講じなければならない（29 条の 2）。労働者派遣契約が期間途中で解除されたときは，派遣期間に応じて派遣元との労働契約が締結されている場合でも，その労働契約は期間満了までは存続しているから，「やむを得ない事由」（労契 17 条 1 項）がない限り，派遣元が一方的に解除することはできない（プレミアライン〔仮処分〕事件・宇都宮地栃木支決平成 21・4・28 労判 982 号 5 頁）。また，労働者派遣契約の中途解除による就労不能について，派遣元の責めに帰すべき事由が認められる場合には，派遣元は休業手当（労基 26 条）または賃金の全額（民 536 条 2 項）を労働者に支払う義務を負う。

(7)　事業主の講ずべき措置

(a)　**派遣元の講ずべき措置**　派遣元事業主は，派遣労働者に対して労働契約上の使用者としての責任を負うとともに，派遣法の定める措置を講じなければならない。2015年改正では，派遣元事業主の責任が強化され，新たに，雇用安定措置とキャリア形成支援の実施が義務づけられた。

　雇用安定措置としては，有期雇用派遣労働者のうち雇用の安定を図る必要性が特に高いと考えられる者（派遣先の同一組織単位の業務に3年以上従事する見込みがあり，当該派遣終了後も継続就業を希望する者）に対して，①派遣先に対し直接雇用を依頼すること，②派遣労働者としての就業機会（労働者の能力・経験等に照らし合理的なもの）の確保と提供，③派遣元による派遣労働者以外の労働者としての無期雇用，④雇用の安定に資する教育訓練その他雇用の安定を図るために必要な措置，のいずれかを講じることが義務づけられている（派遣30条2項）。また，派遣先の同一組織単位の業務に1年以上従事する見込みがあり，当該派遣終了後も継続就業を希望する者（2項の対象者と合わせて「特定有期雇用派遣労働者」とよばれる）については，①〜④のいずれかの実施が努力義務とされ，「その他雇用の安定を図る必要性が高いと認められる者として厚生労働省令で定めるもの」については，②〜④のいずれかを実施することが努力義務とされている（同条1項）。

　キャリア形成支援としては，派遣元に対し，雇用する派遣労働者が段階的かつ体系的に技能・知識を習得することができるよう教育訓練を実施すること，派遣労働者の求めに応じてキャリア・コンサルティングを実施することが義務づけられている（派遣30条の2第1項前段・2項）。キャリア形成支援はすべての派遣労働者が対象であり，派遣元に無期雇用されている労働者については，派遣元は当該労働者が職業生活の全期間を通じて能力を有効に発揮できるように配慮しなければならない（同条1項後段）。

　このほか，労働者の希望や能力・経験に応じた就業機会の確保や労働条件の向上などにより，派遣労働者の福祉の増進を図るよう努め（30条の7），派遣先が法令を遵守し，派遣就業が適正に行われるよう配慮する義務がある（31条）。さらに，派遣労働者や派遣先と，派遣元との雇用関係終了後に労働者が派遣先に雇用されることを禁止する契約を締結してはならない（33条）。

　派遣労働者に対する説明義務や情報提供義務も強化される傾向にある。派遣元事業主は派遣労働者を雇用する際，事前に賃金の見込み等の待遇，派遣会社の事業運営等に関する説明をする義務を負う（派遣 31 条の 2 第 1 項）。また，2018 年の労働者派遣法改正で不合理な待遇・不利益取扱いの禁止に関する制度が設けられた（⇨ (10)）こととの関連で，派遣元は，派遣労働者を雇い入れようとするときなどに，文書の交付等により，不合理な待遇・不利益取扱いの禁止，職務内容等を勘案した賃金決定（30 条の 5）に関して講ずることとしている措置の内容を説明する等しなければならない（31 条の 2 第 2 項・3 項）。さらに派遣元は，雇用する派遣労働者から求めがあったときは，当該派遣労働者に対し，当該派遣労働者と比較対象労働者との間の待遇の相違の内容および理由ならびに所定の措置を講ずべきとされている事項に関する決定をするにあたって考慮した事項を説明しなければならない（同条 4 項）。

　このほか，労働者や派遣先企業が適切な派遣会社を選択できるよう，インターネットなどによりマージン率や教育訓練に関する取り組み状況についての情報を公開し（23 条 5 項），労働者の雇入れ時，派遣時および派遣料金の変更時には労働者派遣に係る一人当たりの料金を労働者に明示しなければならない（34 条の 2）。

　(b)　派遣先の講ずべき措置　派遣先も，派遣契約に反しないよう適切な措置を講じ（派遣 39 条），派遣労働者から苦情の申出を受けたときは，派遣元事業主に通知し，密接な連携の下に，誠意をもって迅速な処理を図らなければならない（40 条 1 項）。常用代替防止の観点から，元の使用者が離職した労働者を離職後 1 年以内に派遣労働者として受け入れることは禁止されている（40 条の 9）。また，派遣元事業主からの求めに応じて，教育訓練の実施等を講ずる義務（40 条 2 項），福利厚生施設の利用機会の付与義務（同条 3 項），特定有期雇用派遣労働者の雇入れに関する努力義務（40 条の 4），派遣先における労働者の募集に関する情報提供義務（40 条の 5）などが設けられている。

(8)　労働法規の適用

　労基法や労働安全衛生法などの適用にあたっては，原則として，労働契約上の使用者である派遣元が責任主体とされる。しかし，派遣労働者に指揮命令を

行うのは派遣先であるため，労働者保護を図るために派遣先が責任主体とされる場合がある（労基法上の労働時間・休日に関する規定など。均等待遇や強制労働禁止などは派遣元と派遣先の双方に適用される。派遣 44 条・45 条）。

(9)　違法派遣に対する規制

　派遣元が労働者派遣事業を適法に行い，派遣先が派遣労働者を受け入れるためには，同法の規制にすべて従うことが必要である。違法派遣を行った派遣元や違法派遣を受け入れた派遣先は，厚生労働大臣による指導・助言・勧告（派遣 48 条）および改善命令や労働者派遣の停止命令（49 条），企業名の公表（49 条の 2）などの対象となりうる。しかし，私法上は，派遣法に違反しているからといって，そのことから直ちに派遣労働者と派遣先との間に労働契約関係が認められるわけではない（⇨〈判例 23-1〉）。

> 〈判例 23-1〉パナソニックプラズマディスプレイ（パスコ）事件
> 最二小判平成 21・12・18 民集 63 巻 10 号 2754 頁
>
> 【事案の概要】Y 社はプラズマディスプレイパネル（PDP）の製造を業とする会社であり，同社の製造ラインで働く労働者は，出資会社からの出向者と請負業者の従業員で占められ，Y 社に直接雇用されている従業員はいなかった。X は平成 16 年 1 月に請負業者である A 社に雇用され（期間 2 か月，更新可能），Y 社工場において班長やリーダー（出資会社からの出向者）の指示を受けながら PDP パネルの封着作業に従事していた。平成 17 年 4 月頃から，X は Y 社に対して直接雇用を要求するようになり，Y 社は労働局から指導を受けたこともあって A 社との業務請負契約を解除し，同年 7 月から労働者派遣契約に基づいて同社から派遣労働者を受け入れることとした。しかし X は直接雇用を求めたため，Y 社は X と有期労働契約を締結した上，X を従来行っていた封着作業から外し，単独でリペア作業に従事させた。平成 18 年 1 月 31 日，Y 社は上記契約の期間満了に伴って X を雇止めしたため，X は① X・Y 社間には期間の定めのない黙示の労働契約が成立している，②雇止めは権利の濫用に当たり無効である，③ X をリペア作業に従事させたことは不法行為に当たる，と主張して提訴した。第 1 審（大阪地判平成 19・4・26 労判 941 号 5 頁）は上記①について X の請求を棄却したが，高裁判決（大阪高判平成 20・4・25 労判 960 号 5 頁）は，A 社・Y 社・X 間の関係は職安法の禁止する労働者供給に当たり，それを行うための X・A 社間の労働契約は職安法・労基法・派遣法に違反し民法 90 条により無効であるとして，X・Y 社間に黙示の労働契約の成

立を認めた。Y 社が上告。

【判旨】 原審の一部につき破棄自判。

「請負人による労働者に対する指揮命令がなく，注文者がその場屋内において労働者に直接具体的な指揮命令をして作業を行わせているような場合には，たとい請負人と注文者との間において請負契約という法形式が採られていたとしても，これを請負契約と評価することはできない。そして，上記の場合において，注文者と労働者との間に雇用契約が締結されていないのであれば，上記 3 者間の関係は，労働者派遣法 2 条 1 号にいう労働者派遣に該当すると解すべきである。そして，このような労働者派遣も，それが労働者派遣である以上は，職業安定法 4 条 6 項にいう労働者供給に該当する余地はないものというべきである。

　しかるところ，前記事実関係等によれば，X は，平成 16 年 1 月 20 日から同 17 年 7 月 20 日までの間，A と雇用契約を締結し，これを前提として C から本件工場に派遣され，上告人の従業員から具体的な指揮命令を受けて封着工程における作業に従事していたというのであるから，A によって上告人に派遣されていた派遣労働者の地位にあったということができる。……これは労働者派遣法の規定に違反していたといわざるを得ない。しかしながら，労働者派遣法の趣旨及びその取締法規としての性質，さらには派遣労働者を保護する必要性等にかんがみれば，仮に労働者派遣法に違反する労働者派遣が行われた場合においても，特段の事情のない限り，そのことだけによっては派遣労働者と派遣元との間の雇用契約が無効になることはないと解すべきである。そして，X と A との間の雇用契約を無効と解すべき特段の事情はうかがわれないから，上記の間，両者間の雇用契約は有効に存在していたものと解すべきである。

　(2)　次に，Y と X との法律関係についてみると……Y は A による X の採用に関与していたとは認められないというのであり，X が A から支給を受けていた給与等の額を上告人が事実上決定していたといえるような事情もうかがわれず，かえって，A は，X に本件工場のデバイス部門から他の部門に移るよう打診するなど，配置を含む X の具体的な就業態様を一定の限度で決定し得る地位にあったものと認められるのであって……その他の事情を総合しても，平成 17 年 7 月 20 日までの間に Y と X との間において雇用契約関係が黙示的に成立していたものと評価することはできない。」

　そこで，派遣労働者の保護を強化するため，派遣先が違法であることを知りながら派遣労働者を受け入れている場合には，当該違法派遣が生じた時点で，派遣先が派遣労働者に対して同一労働条件での労働契約の申込みをしたものと

みなす制度が 2012 年の法改正により導入され，2015 年 10 月から施行されている（派遣 40 条の 6）。同制度の対象となる違法派遣は，①派遣禁止業務への受入れ，②無許可業者からの派遣受入れ，③派遣可能期間を超えた受入れ，④偽装請負（派遣法の規制を免れるために請負等の名目で派遣労働者を受け入れること）である。派遣労働者に対する直接雇用の申込みは違法派遣が終了してから 1 年間は撤回できないものとされ（同条 2 項），これに対して労働者が承諾の意思表示をした場合には，派遣先企業と労働者の間に労働契約が成立することになる。

(10)　公正な待遇の確保

2018 年に成立した「働き方改革関連法」により，派遣労働者についても，不合理な待遇および不利益取扱いの禁止に関する制度が設けられた。この新たな制度は，以下に述べる 2 つの仕組みからなる。

(a)　**派遣先均等・均衡方式**　一つは，いわゆる「派遣先均等・均衡方式」とよばれる仕組みである。派遣元はその雇用する派遣労働者の基本給等の待遇のそれぞれについて，当該待遇に対応する派遣先に雇用される通常の労働者の待遇との間において，当該派遣労働者および通常の労働者の職務の内容，当該職務の内容および配置の変更の範囲その他の事情のうち，当該待遇の性質および当該待遇を行う目的に照らして適切と認められるものを考慮して，不合理と認められる相違を設けてはならない（不合理な待遇の禁止。派遣 30 条の 3 第 1 項）。また派遣元は，職務の内容が派遣先に雇用される通常の労働者と同一の派遣労働者であって，当該労働者派遣契約および当該派遣先における慣行その他の事情からみて，当該派遣先における派遣就業が終了するまでの全期間において，その職務の内容および配置が当該派遣先との雇用関係が終了するまでの全期間における派遣先の通常の労働者の職務の内容および配置の変更の範囲と同一の範囲で変更されることが見込まれるものについては，正当な理由なく，当該待遇に対応する通常の労働者の待遇に比して不利なものとしてはならない（不利益取扱いの禁止。同条 2 項）。

(b)　**労使協定方式**　2 つ目は，「労使協定方式」とよばれる仕組みであり，一定の内容を有する労使協定が締結された場合には，前述の派遣先均等・均衡方式は適用されない。具体的には，派遣元は書面による協定により，派遣労働

者の待遇について，①待遇が労使協定方式により定められる派遣労働者（適用労働者）の範囲，②適用労働者の賃金決定の方法（適用労働者の賃金額が当該派遣労働者が従事する同種の業務に従事する一般の労働者の平均的な賃金額として厚生労働省令で定めるものと同等以上であること，派遣労働者の職務の内容，職務の成果等を公正に評価し，向上があった場合に賃金が改善されることが必要である），③賃金以外の待遇（当該待遇に対応する派遣元に雇用される通常の労働者〔派遣労働者を除く〕の待遇との間において，当該派遣労働者および通常の労働者の職務の内容，当該職務の内容および配置の変更の範囲その他の事情のうち，当該待遇の性質および当該待遇を行う目的に照らして適切と認められるものを考慮して，不合理と認められる相違が生じないように決定することが必要である），④派遣元は適用労働者に所定の教育訓練を実施すること等を定め，これを遵守・実施している場合には，対象労働者に対して派遣先均等・均衡方式は適用されない（派遣 30 条の 4 第 1 項）。

(c)　**待遇に関する情報の提供等**　　派遣労働者の待遇について，派遣先の通常の労働者との均等・均衡を確保するためには，派遣元は，そのために必要な派遣先労働者の賃金等の待遇に関する情報を有している必要がある。そのため，派遣先は，労働者派遣契約を締結するにあたって，あらかじめ比較対象労働者の賃金等の待遇に関する情報等を提供しなければならない（派遣 26 条 7 項）。

労働者派遣法は，この「比較対象労働者」についても規定している。具体的には，当該派遣先に雇用される通常の労働者であって，その職務の内容ならびに当該職務の内容および配置の変更の範囲が，当該派遣労働者と同一であると見込まれるもの等の待遇を比較すべき労働者として厚生労働省令で定めるものとされている（派遣 26 条 8 項，派遣則 24 条の 5）。

なお，派遣労働者の待遇について労使協定方式（⇨ (b)）がとられる場合には，派遣先の情報提供義務は派遣先で講じるべき待遇（教育訓練，給食施設，休憩室，更衣室）に限定される（派遣則 24 条の 4 第 2 号）。

また，派遣先は，労働者派遣に関する料金の額について，派遣元が均等・均衡待遇ルール，または，労使協定の定めを遵守することができるように配慮しなければならない（派遣 26 条 11 項）。

第3節　労働市場政策に関する法

1 雇用保険制度

　退職した労働者の多くは，次の仕事を探すために求職活動を開始する。労働者がこの求職活動を円滑に行えるようにするために，社会保険給付として短期的な所得保障を提供するのが雇用保険制度である。雇用保険によって当面の生活費が確保できれば，失業しても自分を「安売り」せずにじっくりと求職活動が行える。それによって自分の能力に見合った適職に巡り合うことが，労働者本人にとってはもちろん，社会的にも望ましい。雇用保険制度はこうした失業者への所得保障にも種々の制度を設けて，雇用政策の実現を図っている。

　雇用保険制度は，労働者が失業した場合などに支給される「失業等給付」と，事業主に対して各種の助成を行う雇用保険二事業（「雇用安定事業」「能力開発事業」）からなる。前者の失業等給付は，育児休業・介護休業を取得した労働者などに支給される雇用継続給付や，職場外で教育訓練を受けた労働者に対して費用の一部を助成する教育訓練給付などを含む。

　雇用保険制度の財政は，労使双方が負担する保険料によって賄われている。2019年度の保険料は，一般の事業については原則として賃金総額の0.9パーセントであり，このうち0.3パーセントが被保険者負担分，0.6パーセントが事業主負担分である（労保徴12条4項以下，平31・3・4厚労告53号）。被保険者負担分は全額が保険給付の費用に充てられるが，事業主負担分のうち0.3パーセントは事業主に対する各種助成金（雇用保険二事業）の財源となっている。

(1) 「被保険者」から「失業者」へ

　雇用保険法は，労働者が雇用されるすべての事業に適用される（雇保5条）。適用事業に雇用される労働者は，一部の例外（6条参照）を除き雇用保険の被保険者となる（4条1項）。非正規従業員についても，週の所定労働時間が20時間以上であり，31日以上雇用されることが見込まれる者については被保険者として扱われる（6条）。

　被保険者である労働者が退職した場合，事業主は雇用保険被保険者資格喪失届と離職証明書を公共職業安定所長に提出しなければならない（雇保7条，雇保則7条・16条）。これを受けて職安所長は，給付の受給に必要な離職票を労働者に交付する（通常は事業主経由で交付される。雇保則17条）。

　最も重要な給付である求職者給付の基本手当を受給するためには，失業状態にあることと，離職の日以前2年間（倒産・解雇等による離職の場合，および有期契約労働者が雇止めにより離職した場合は1年間）に被保険者期間（雇保14条）が通算12か月以上（倒産・解雇等および雇止めの場合には6か月以上）あることが必要である（13条）。「失業」とは，被保険者が離職し，労働の意思および能力を有するにもかかわらず，職業に就くことができない状態にあることをいう（4条3項）。就職活動を援助するための給付なので，「働く気」のない者には支給されないのである。実際には，労働の意思と能力の有無は，職業安定所への初回出頭時およびその後4週間に一度の失業認定時に確認される（15条）。

(2)　基本手当

　基本手当は，原則として離職日の翌日から1年以内の失業している日について，後述する所定給付日数を上限として支給される（雇保20条。ただし最初の7日間の失業日〔待期〕を除く。21条）。また自己の責めに帰すべき重大な理由によって解雇された場合，または正当な理由なく自己都合で退職した場合には，給付開始がさらに一定期間遅れることになる（通常は3か月。33条1項）。

　基本手当の日額（失業日1日あたりの支給額）は，離職前6か月間の賃金額（一時金は除く）を基礎として計算された賃金日額の50パーセントから80パーセントである（賃金日額が高いほど低い支給率となる。雇保16条・17条）。所定給付日数は原則として図表23-2のとおりである。離職理由によって給付日数に差がつけられている（22条・23条）。

(3)　再就職・再就業

　誠実かつ熱心な求職活動（雇保10条の2参照）により求職者が無事再就職できれば，基本手当の支給は終了する。自営業者として事業を開始した場合も同様である。基本手当の所定給付日数を3分の1以上残して職業に就くことがで

図表 23-2　基本手当の所定給付日数

一般の離職者

区　分 ＼ 被保険者であった期間	1 年未満	1 年以上 5 年未満	5 年以上 10 年未満	10 年以上 20 年未満	20 年以上
全年齢	—	90 日		120 日	150 日

倒産・解雇等による離職者（特定受給資格者）および雇止めされた有期契約労働者（特定理由離職者）

区　分 ＼ 被保険者であった期間	1 年未満	1 年以上 5 年未満	5 年以上 10 年未満	10 年以上 20 年未満	20 年以上
30 歳未満		90 日	120 日	180 日	—
30 歳以上 35 歳未満		120 日	180 日	210 日	240 日
35 歳以上 45 歳未満	90 日	150 日	180 日	240 日	270 日
45 歳以上 60 歳未満		180 日	240 日	270 日	330 日
60 歳以上 65 歳未満		150 日	180 日	210 日	240 日

きた場合には，いわば「ご褒美」として就業促進手当が支給される（56 条の 3）。

(4)　雇用継続給付・教育訓練給付

　雇用保険制度は，失業者でない一般の労働者を対象とする給付も支給している。雇用継続給付は，高年齢雇用継続給付，育児休業給付，介護休業給付の 3 種類からなる（後二者については⇨第 11 章第 2 節 **1** (2), **2** (2)）。高年齢雇用継続給付は，再雇用・再就職等による 60 歳以降の賃金減少を補塡するものである（雇保 61 条・61 条の 2）。

　教育訓練給付は，被保険者あるいは元被保険者である失業者が厚生労働大臣の指定する教育訓練講座を職場外で受講して修了した場合に，その費用の一部を補助するものである（雇保 60 条の 2）。労働者の能力開発への自発的な取組みを支援することで，雇用の安定あるいは再就職の促進につなげようとする制度である。支給対象となるのは，一般教育訓練および専門実践教育訓練であり，前者については受講費用の 20％（上限 10 万円。ただし，現行の一般教育訓練給付の対象となる教育訓練のうち，特にキャリアアップ効果が高いものとして，厚生労働大臣が指定するものについては 40％〔上限 20 万円〕）が，後者については受講費用の

50%（年間上限 40 万円〔最長 3 年〕。さらに一定の要件を満たした場合には，受講費用
の 70%〔年間上限 56 万円（最長 3 年）〕。ただし，法令上最短 4 年の専門実践教育訓練
〔専門職大学等，管理栄養士の養成課程〕を受講する者について，4 年目受講相当分とし
て上限 56 万円が上乗せ）が支給される。

(5)　雇用保険二事業（雇用安定事業，能力開発事業）

　雇用安定事業は，政府が失業の予防，雇用状態の是正，雇用機会の増大など
雇用の安定を図るために行う事業をいい（雇保 62 条），雇用の安定に取り組む
事業主への助成という形で行われる。そのうち最も重要なのは「雇用調整助成
金」（同条 1 項 1 号）で，景気の変動や産業構造の変化などにより事業活動の縮
小を余儀なくされた事業主が，休業など雇用の安定を図る措置を講じた場合に，
労使協定の締結を条件として賃金の一部が支給される。その趣旨は，余剰人員
が生じた場合における整理解雇回避努力を奨励し，企業内での雇用維持を図る
ことにある。

　能力開発事業は，労働者の職業生活の全期間を通じた能力開発を促進するた
めに行われるものである（雇保 63 条）。たとえば「キャリア形成促進助成金」
は，労働者に専門的な知識・技能を身につけさせる職業訓練，教育訓練休暇，
等を計画的に導入・実施する事業主に対して支給される（⇨ **2**）。

2　職業能力開発

　労働市場において労働力の需給調整がうまく働くためには，労働者の職業能
力開発が行われること，しかも若年期だけではなく生涯にわたって行われるこ
とが重要である。

　日本では，長期雇用制の下で企業による人材育成の仕組みが発達し，
1970 年代の半ば以降は雇用政策上も企業内での雇用維持が最優先とされてき
たため，公共職業訓練よりも企業が行う教育訓練（特に OJT）が重視される傾
向が強かった。そこで法政策上も，企業による能力開発を中心に据え，努力義
務や助成金によって事業主の取組みを促し，国や地方自治体がそれを補完する
という体制がとられてきた。現行の職業能力開発促進法（1985 年，以下能開法）
は，事業主に対して雇用する労働者に多様な職業能力開発機会を与えるよう配

慮することを求め（能開8条），望ましい措置としてOJTやOff‐JT，職業能力検定を受けさせること，有給教育訓練休暇を付与することなどを挙げ，職業能力開発計画の策定と計画を推進する者の選任（11条・12条）を努力義務としている。教育訓練休暇の付与などの措置を行う事業主に対しては，雇用保険から助成がなされている（⇨ **1** (5)）。

その一方で，最近は雇用の流動化や知識社会の到来などを背景として，個々の労働者が自主的に行う能力開発の重要性が認識されつつある。

これを反映して，職業能力開発促進法には，2001年改正により「職業生活設計」（労働者が自らの職業生活における目的を定め，その実現を図るために職業の選択や能力開発等について自ら計画すること。能開2条4項）という新しい概念が導入され，さらに2015年の法改正で「労働者は，職業生活設計を行い，その職業生活設計に即して自発的な職業能力の開発及び向上に努める」（3条の3）ことが基本理念として掲げられた。具体的な施策としては，若年者の学び直し支援を意図した教育訓練給付の大幅な拡充や，若年者のキャリア形成支援を目的とする青少年雇用促進法の成立（2015年。勤労青少年福祉法の改正による），能開法改正によるジョブ・カード制度の法制化やキャリアコンサルタントの国家資格化（2015年）などが挙げられる。しかし，全体としてみれば，長期雇用システムを前提として，事業主が行う教育訓練に重点を置く職業能力開発政策の方向性は，現在も変わっていない。

また，失業者等の就職を促進する職業訓練の強化も図られている。求職者支援法（2011年10月施行）は，「特定求職者」（雇用保険の失業等給付を受給できない求職者であって，職業訓練その他の就職支援を行う必要があると認められる者。求職者支援2条）が，生活のための給付を受けながら無料の職業訓練を受けられる仕組みをつくり，その就職を支援するものである。「特定求職者」には，雇用保険の適用がない者，加入期間が足りなかった者，学卒未就職者，自営廃業者などが含まれる。受講者のうち要件（本人や世帯の収入が一定額を超えないことなど）をみたす者に対しては，職業訓練受講給付金が雇用保険から支給される（7条）。また，求職者支援訓練は認定職業訓練として国の助成・援助の対象となる（4条・5条）。

❸ 特定の労働者を対象とした雇用創出など

　社会には，市場における自由な取引に委ねるだけでは適切な職に就きにくい
人々が存在する。具体的には障害者や女性，高齢者，外国人などであり，近年
は若年者も良好な雇用機会を得ることが難しくなっているといわれている。政
府は，このような者を対象として特別な雇用政策を実施している。とりわけ近
年は，「全員参加型社会」の推進という理念の下に，これらの政策が拡充され
る傾向にある。

　まず障害者については，障害者雇用促進法に基づいて，障害を理由とする差
別禁止や合理的配慮の義務づけがなされる一方，障害者の雇用促進策として法
定雇用率と特例子会社制度が実施されている（⇨第 6 章第 5 節参照）。女性につ
いては，2015 年に女性活躍推進法が制定され，事業主に対して，職場におけ
る女性の活躍状況を把握したうえで，それを改善する行動計画の策定・実施を
義務づけている。高齢者については，高年齢者雇用安定法に基づいて定年延長
や再雇用の促進が図られているほか，労働施策総合推進法により募集・採用に
関する年齢差別が原則として禁止されている（9 条。⇨第 6 章第 4 節）。また，若
年者については，従来から雇用対策法や能開法等に基づき，トライアル雇用や
ジョブ・カード制度などを通して適職選択や能力開発の支援がなされてきたが，
2015 年の法改正により若年者雇用対策に特化した法律として青少年雇用促進
法が成立した。

　他方，外国人に対する法政策は大きく異なる。外国人の就労は「出入国管理
及び難民認定法」（入管法）によって規制されており，外国人が日本で就労する
には，同法に定める在留資格において就労等の活動を行うことが認められてい
ることが必要であり（入管 19 条 1 項），不法就労者には罰則が科せられる。従
来，就労目的で在留が認められるいわゆる「専門的・技術的分野」は，「教授」，
「高度専門職」，「医療」などに制限され，単純労働者の受入れは認めていなか
ったが，2018 年の入管法の改正により，新たに「特定技能」が在留資格に加
えられた。この「特定技能」には，相当程度の知識または経験を必要とする技
能を要する業務に従事する在留資格（「特定技能 1 号」）と，同分野に属する熟練
した技能を要する業務に従事する在留資格（「特定技能 2 号」）とが新設された。

　上記の就労目的で在留が認められる者以外にも，日本で正規に就労する外国人は存在する。技能実習生（入国直後の講習期間以外は雇用関係がある）や，本来の在留資格の活動以外での就労活動（留学生のアルバイト等。本来の在留資格の活動を阻害しない範囲〔1週28時間以内等〕で相当と認められる場合に許可される）などがそれにあたる。

　労働基準法や職業安定法などの労働法規は，不法就労であるか否かを問わず，外国人労働者にも適用される（昭 63・1・26 基発 50 号，職発 31 号）。また，事業主に対しては，外国人が職業に適応することを容易にするための措置などの雇用管理の改善を行うこと，離職後の再就職の援助を行うことが努力義務とされ（労施 7 条），外国人を雇い入れた場合や外国人が離職した場合には厚生労働大臣に届け出ることが義務づけられている（28 条）。

第 **5** 編

労働紛争解決法

　要求に応じない使用者に対して法的権利の実現を図ろうとするためには，通常裁判所に訴えを提起したり，管轄する行政機関に申立てをしなければならない。この四半世紀にわたって雇用法をめぐる紛争の数は劇的に増加しており，そのためにこれらの法的コストの負担と分担をめぐる問題が大きく浮上することとなった。同時に，この行政や裁判所の手続は複雑で，時間も長く，費用も大きくかかるため，多くの普通の労働者にとってはこれらの手続を利用して権利を主張することが難しい状況となっている。このことは特に，低賃金の労働者，および，自らの法的権利を主張する際に労働組合や他の擁護団体のサポートを得られない労働者にとって，深刻な問題となっている。

——アメリカの政府委員会報告書 COMMISSION ON THE FUTURE OF
WORKER-MANAGEMENT RELATIONS, FACT FINDING REPORT 105（1994）より

第24章

労働紛争の処理

第1節　労働紛争の特徴と望ましい解決方法
第2節　労働紛争の解決の仕組み

　労働紛争とは，個々の労働者または労働組合と使用者との間（労働関係）で生じる紛争のことをいう。本章では，このような労働紛争の処理はどのようにしてなされるべきか，また現行法上，どのような労働紛争解決制度が整備されているのかについてみていくこととしよう。

第1節　労働紛争の特徴と望ましい解決方法

　労働紛争が生じたとき，他の紛争と同様，本来的には，当事者による自主的な解決が望ましい。特に労働紛争においては，労働関係の特質から，このことがより強く妥当する。

　すなわち，第1に，労働関係は継続的なものであるため，紛争解決後も当事者間で良好な関係を保つ必要があり，そのためには，紛争解決にあたり当事者間の納得性の高さがより強く要請される。第2に，労働関係は多数の労働者が組織のなかで働くという集団的なものであり，それ自体は個々的な紛争であっても，その解決のあり方は企業組織全体にも影響を及ぼしうるため，企業内のさまざまな事情や今後の影響なども十分配慮しながら解決を図ることが必要となる。こうして，労働紛争は，内部の事情を熟知した当事者自身による十分な話合いを通じて自主的に解決されることがより望ましいということになる。

　もっとも，労働関係は当事者間に交渉力，情報力などの点で大きな格差があ

ることもあり，当事者による自主的な解決といっても，それは使用者側に有利
に働いてしまう可能性も否定できない。また，当事者が関係法規の内容，将来
への影響等について十分な情報や判断力をもっていないこともある。そこで，
現行法の下では，より公平で適正な紛争の解決を図るべく，行政機関や裁判所
といった企業外での紛争解決制度（⇨第2節 **2**，**3**）が整備されており，これ
らの利用によって紛争の解決を図っていくことも可能となっている。

第2節　労働紛争の解決の仕組み

1 企業内での紛争解決システム

　前述のように，本来的には，労働紛争は当事者による自主的な解決が図られ
ることが望ましい。またそもそも企業内で未然に紛争が防止されれば，それが
一番望ましいということになる。こうした企業内における労働紛争の解決ない
し予防のあり方は，それぞれの企業ごとの取組みに委ねられており，特に統一
的なシステムが存在するわけではない。ただ一般的には，次のような形で労働
紛争の解決ないし予防がなされていることが多い。

　第1が，企業内に設けられているフォーマルな組織や制度による紛争の解
決・予防である。たとえば，労使協議機関，従業員組織，職場懇親会といった
集団的な組織や機関による話合いの場を通じて紛争の解決が図られていたり，
苦情処理制度，人事担当者による個人面談制度といった個別的な話合いによる
紛争解決の場が設けられている場合がある。企業内にこうしたフォーマルな組
織や制度があれば，その利用によって紛争の解決・予防が図られることとなる。

　第2が，上司や関係部署によるさまざまな配慮（たとえば，労働者の相談に個
別的に応じる）による紛争の解決・予防である。これ自体は特に制度化された
ものではなくインフォーマルなものにすぎないが，実際上はこうした配慮が，
紛争の予防につながっている可能性がある。また労働組合がある企業において
は，団体交渉などを通して紛争の予防がなされることもあろう。

2 行政機関による紛争解決システム

企業内での自主的な取組みによって紛争が解決できない場合，企業外での紛争解決手段として，行政機関による紛争解決制度を利用することが考えられる。

(1) 都道府県労働局長による個別労働紛争の解決促進

個々の労働者と使用者との間で生じる個別労働関係紛争については，その増加に対応すべく（⇨ Column 13 参照），2001 年に個別労働関係紛争解決促進法が制定された。同法は，労働条件その他の労働関係に関する個々の「労働者」と「事業主」との間の個別労働関係紛争（したがって「労働組合」は紛争の当事者になりえない。なお，募集・採用に関する事項についての個々の「求職者」と「事業主」との間の紛争は含まれるとされている）を対象に，行政機関を通じて迅速かつ適正な解決を図ることを目的として（1条），(a)総合労働相談，(b)都道府県労働局長による助言・指導，(c)紛争調整委員会によるあっせんの3つの制度を設けている（⇨図表24-1）。また同法は，地方公共団体に対しても，国の施策とあいまって，地域の実情に応じ，個別労働関係紛争の解決促進のために必要な施策を推進する努力義務を課している（20条1項）。この規定をうけて，一部の都道府県労働委員会でも個別労働関係紛争のあっせんが実施されている（⇨(2)(c)）。

なお，個別労働関係紛争のうち，男女雇用機会均等法上の紛争（雇均5条〜7条・9条・11条1項・11条の2第1項・12条・13条1項に関するもの）については，個別労働関係紛争解決促進法上の助言・指導およびあっせんの適用はなく，均等法17条による都道府県労働局長の助言・指導・勧告，および，同法18条から27条による紛争調整委員会による調停（募集・採用をめぐる紛争を除く）が行われることとなっている（雇均16条）。育児介護休業法，障害者雇用促進法，パートタイム・有期雇用労働法，労働者派遣法，労働施策総合推進法（パワハラ関連部分）上の紛争についても，均等法と同様の紛争解決制度が定められている。

では，個別労働関係紛争解決促進法上の3つの制度についてみていこう。

(a) **総合労働相談** 都道府県労働局長は，個別労働関係紛争の予防と自主

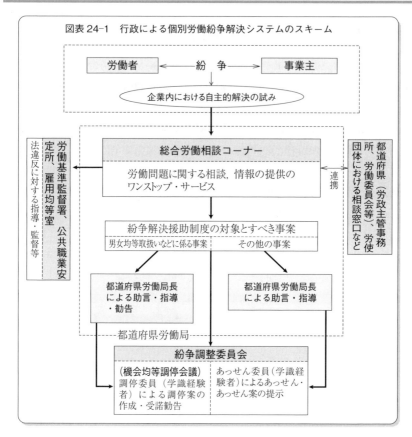

図表 24-1　行政による個別労働紛争解決システムのスキーム

的な解決を促すため，労働者，求職者，事業主に対して，情報の提供，相談その他の援助を行う（個別労働紛争 3 条）。これにより，各都道府県労働局は，各所に総合労働相談コーナーを設けて，いわゆるワンストップサービスとして広く労働関係についての相談に応じている。

(b)　都道府県労働局長による助言・指導　　都道府県労働局長は，個別労働関係紛争に関し，当事者の双方または一方から解決のための援助を求められた場合，当事者に必要な助言または指導をすることができる（個別労働紛争 4 条 1 項）。これにより，都道府県労働局長は，法令や判例等に照らし問題がある事案などについて助言・指導を行うことになるが，そのために必要がある場合には，労働問題の専門家の意見を聴くものとされている（同条 2 項）。

(c) **紛争調整委員会によるあっせん**　都道府県労働局長は，個別労働関係紛争（募集・採用をめぐる紛争を除く）に関して，当事者の双方または一方からの申請があり，紛争解決のために必要があると認める場合には，紛争調整委員会にあっせんを行わせることができる（個別労働紛争5条1項）。ここでいう紛争調整委員会は各都道府県労働局に置かれ，学識経験者から任命される委員で組織されるものとなっている（6条・7条）。あっせんを行うため，この紛争調整委員会の委員から事件ごとに3人のあっせん委員が指名される（12条1項）。あっせん委員は，当事者双方の要点を確かめ，実情に即して事件が解決するよう努めなければならない（同条2項）。

あっせん委員は必要に応じて当事者や参考人からの意見聴取等を行い，3名全員一致によるあっせん案を作成し，当事者に提示することができる（個別労働紛争13条）。当事者間で合意が成立すれば，一般的には民法上の和解契約（民695条以下）が成立したものとして取り扱われる。他方で，あっせん委員はあっせんによって紛争が解決する見込みがない場合には手続を打ち切ることができる（個別労働紛争15条）。このような打切りは，一方当事者が手続に参加する意思がない場合（あっせんはあっせん委員が当事者の間にたって当事者の話合いを促進する非公開の調整手続であり，当事者は出席を強制されるものではない）のほか，あっせん案を当事者が受諾しない場合などになされる（施行規則12条）。

(2) 労働委員会による紛争解決

労働委員会は労組法によって設置された独立行政委員会である。従来，労働委員会は，(a)不当労働行為の審査・救済や，(b)労働争議の調整といった労働組合と使用者との関係を中心とするいわゆる集団労働関係紛争の解決を担ってきた。しかし現在では，(c)個別労働関係紛争の相談・あっせんも行えるようになっている。

(a) **不当労働行為の審査・救済**　労働委員会は，労働組合やその組合員たる労働者からの不当労働行為の救済申立てに基づいて，調査，審問などの審査手続により，不当労働行為の成否を判断するとともに，審査の結果，不当労働行為の成立が認められる場合には，救済命令を発する。審査の途中で和解を勧告することも可能であり，和解が成立すれば審査手続は終了する（労組27条以

下。⇨第22章第5節 **1**, **2** 参照）。

(b)　**労働争議の調整**　　労働関係調整法は，集団労働関係紛争を対象として，その当事者による労働争議の自主的な解決を援助するため，労働委員会によるあっせん，調停，仲裁といった労働争議の調整制度を定めている。この制度の対象となる「労働争議」とは，労働関係上の当事者間において，労働関係に関する主張が一致しないで，そのために争議行為が発生している状態のほか，それが発生するおそれがある状態も含む（労調6条）。

あっせんは，紛争当事者の申請または職権に基づいて，あっせん員が当事者双方の主張の要点を確かめ，事件を当事者の合意により解決するよう努める手続となっている（労調10条以下）。調停は，紛争当事者の申請に基づき，公労使三者で構成される調停委員会が当事者の意見を聴いて調停案を作成し，その受諾を勧告する手続となっている（17条以下）。しかし，いずれについても最終的には当事者の合意により紛争を解決する手続であるため，こうした手続の下で出されたあっせん案や調停案は当事者に対して拘束力をもつものではない。これに対し，仲裁は，当事者からの申請に基づいて行われる手続である（29条以下）が，公益委員または特別調整委員からなる仲裁委員会がなした仲裁裁定は労働協約と同一の効力をもつものとして当事者を拘束する（34条）。

(c)　**個別労働関係紛争の相談・あっせん**　　前述のように，個別労働関係紛争解決促進法は地方公共団体に対して個別労働関係紛争の解決促進のために必要な施策を推進する努力義務を課している（20条1項）。この規定の下で，都道府県の労働委員会が都道府県知事の委任を受ける形で，個別労働紛争の解決促進のための事務を執行している（自治180条の2参照）。具体的には，当事者の申請を受けて，労働委員会の会長が指名した公労使三者で構成されるあっせん員があっせんを行うという仕組みがとられていることが多い。

3 裁判所による紛争解決システム

企業外での紛争解決制度としては，上記のような行政機関によるもののほか，裁判所による紛争解決制度を利用することも考えられる。

従来は，労働紛争についても，裁判所による紛争解決を利用する場合には，一般の紛争と同様，基本的には民事通常訴訟手続や保全訴訟手続が利用されて

いた。しかし，個別労働関係紛争の増加・多様化に伴い，より迅速かつ専門的な解決を図る新たな手続の必要性が強く認識されるようになった。これを受けて 2004 年に労働審判法が制定され，2006 年 4 月から，従来の手続に加え，労働審判という新たな手続が利用できるようになっている。

(1) 労働審判手続

(a) **概 要**　労働審判制度は，個別労働関係民事紛争（労働関係に関する事項について個々の労働者と事業主との間に生じた民事紛争）を対象に，紛争の実情に即した迅速，適正かつ実効的な解決を図ることを目的とした非訟手続である（労審 1 条）。その特徴は，①原則として 3 回以内の期日で（迅速性），②裁判官（労働審判官）と労働関係の専門的知識を有する者（労働審判員）から構成される労働審判委員会が事件を審理し（専門性），③調停の成立による解決の見込みがある場合には調停を試み，それによる解決ができない場合に審判を行う（調停の優先）という点などにある。

(b) **手続の内容**　労働審判手続は，当事者が書面により地方裁判所に申立てを行うことにより開始され（労審 5 条），その審理は労働審判委員会が行う（7 条以下）。前述のように原則として 3 回以内の期日において審理を終結しなければならない（15 条 2 項）。そのため，労働審判委員会は，第 1 回期日において当事者の陳述を聴いて争点・証拠の整理をし，可能な証拠調べを行う（労審則 21 条 1 項）。また当事者は，やむを得ない事由がある場合を除き，第 2 回期日が終了するまでに主張および証拠書類の提出を終えなければならない（27 条）。労働審判委員会は，各期日において随時調停を試みることが可能である（22 条）。

調停による解決に至らない場合，労働審判委員会は，合議によって解決案を決定し，審判を下す。労働審判手続の指揮は労働審判官が行うが，労働審判委員会として決議を下す際には労働審判員も含めた 3 名の過半数の意見による（労審 12 条 1 項）。審判の内容は，当事者間の権利関係を踏まえたものが基本となるが，非訟手続であるため，手続の経過を踏まえて紛争の解決のために相当と認める事項を定めることができるとされており（20 条 1 項・2 項），通常訴訟（⇨(2)）よりも，より柔軟な判断を行うことが可能である。

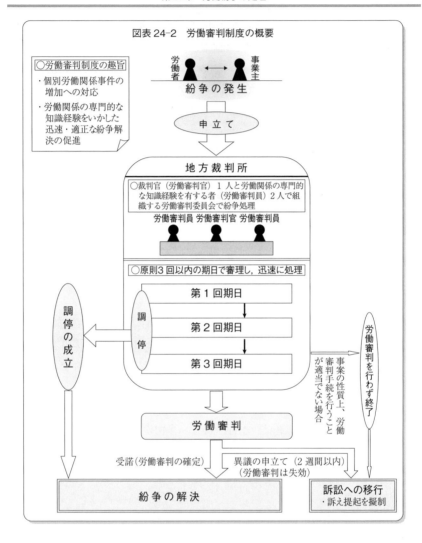

図表24-2　労働審判制度の概要

○労働審判制度の趣旨
・個別労働関係事件の増加への対応
・労働関係の専門的な知識経験をいかした迅速・適正な紛争解決の促進

労働者 ⟷ 事業主
紛争の発生

申立て

地方裁判所

○裁判官（労働審判官）1人と労働関係の専門的な知識経験を有する者（労働審判員）2人で組織する労働審判委員会で紛争処理

労働審判員　労働審判官　労働審判員

○原則3回以内の期日で審理し，迅速に処理

第1回期日
第2回期日
第3回期日

調停

調停の成立

事案の性質上，労働審判手続を行うことが適当でない場合

労働審判を行わず終了

労働審判

受諾（労働審判の確定）　　異議の申立て（2週間以内）（労働審判は失効）

紛争の解決

訴訟への移行
・訴え提起を擬制

　審判に対して当事者に異議がない場合には，審判は裁判上の和解と同一の効力をもつものとされる（労審21条4項）。当事者から異議が申し立てられた場合には，審判はその効力を失い（同条3項），審判の申立てがあった時点で審判がなされた裁判所に訴訟の提起があったものとみなされ（22条1項），通常訴訟に移行する。なお，労働審判委員会は，事実の性質上，労働審判を行うこと

が紛争の迅速かつ適正な解決のために適当ではないと認めるときは，審判を行うことなく手続を終了させることができる（24 条 1 項）。この場合も，審判に異議が申し立てられた場合と同様に通常訴訟に移行する（同条 2 項）。

> **Column 13　労働紛争の現状**
>
> 　かつては労働紛争といえば，労働争議などの集団労働関係紛争をイメージすることが多かった。しかし近年は，労働組合の組織率の低下などを背景に，こうした集団労働関係紛争は減少傾向にあり（労働争議調整申請件数は 285 件〔2017 年〕，不当労働行為事件申立件数は 278 件〔2018 年〕となっているが，ピーク時の 1974 年には前者は 2249 件，後者も 1483 件もあった），それに代わって，企業間競争の激化に伴う人事管理の変化（成果主義化・個別化）などを背景に，個別労働関係紛争が顕著な増加を示している。たとえば，個別労働関係紛争解決促進法の下で，総合労働相談コーナーに寄せられた相談件数は，年間 100 万件を超えており（2018 年度で 111 万 7983 件。これらのうち労基法違反等に関わらない民事上の個別紛争は 26 万 6535 件），その内容も解雇・退職勧奨，いじめ・嫌がらせ，労働条件の引下げなど，多様かつ複雑化している。
>
> 　こうした個別労働関係紛争については，可能な限り，迅速に，かつ，当事者の合意を模索する方向での解決が望まれる。そのような期待に応えるための個別労働紛争解決促進法の下でのあっせん手続は，86.5 パーセントが 2 か月以内に終了しており，合意成立により終了するケースの割合は 38.1 パーセントである（2018 年度）。また労働審判制度も，①制度開始当初の 2006 年（4 月〜12 月）には 877 件であった新受件数が，2018 年（1 月〜12 月）には 3630 件になるなど，その利用者数は大きく増加したうえで高止まりしている状況にある，②2018 年の実績では，全既済事件の 98.5 パーセントが 3 回以内の期日で終局し，平均審理期間は 2.7 月であるなど，迅速な手続の進行が実現されている，③全既済事件の 8 割弱は調停成立（72.6 パーセント）か労働審判・異議申立てなし（4.7 パーセント）で終局しており，事件解決率は比較的高いという状況にある。
>
> 　いずれにせよ，今後も多様化・複雑化しつつ増加していくであろう労働紛争については，既存の制度の見直しをはじめ，その望ましい紛争解決制度の構築が引き続き検討されていかなければならない。そこでは，事後的な紛争解決のあり方のみならず，いかに紛争を事前に予防していくかという観点からの検討も重要である。

(2)　民事通常訴訟

民事通常訴訟は，民事紛争の解決手続のうち，事件についての終局的な判断

を下すことを目的とする手続である。通常訴訟の手続は，民事訴訟法の規定に基づき，原告が訴状を裁判所に提出して訴えを提起することにより開始される。被告がそれを争う場合は，弁論準備手続等における争点や証拠の整理を経て，証拠調べがなされ，それに基づいて判決が下される。ただし，判決が下される前に，当事者による和解が成立し，手続が終了することも少なくない。

　なお，労働事件を専門に扱う特別の裁判所は設けられていないが，大規模な地方裁判所（東京，大阪，横浜，名古屋，福岡など）には，労働事件を専門的・集中的に取り扱う専門部や集中部が置かれている。

(3)　保全訴訟（民事保全手続）

　保全訴訟（民事保全手続）は，通常訴訟（本案訴訟）による権利の実現を保全するために，簡易迅速な審理によって裁判所が仮の措置（仮処分・仮差押え）を命じる暫定的な訴訟手続である。労働事件においては，仮の措置のうち，解雇された労働者が従業員である地位の保全や賃金の仮払を内容とする仮処分を求めるという形でこの手続が利用されることが多い。仮処分手続では，①本案訴訟において実現される権利の存在（被保全権利）に加えて，②争いのある権利関係について著しい損害等が生ずるおそれがあり，これを避けるため暫定的な措置をとる必要があるか否か（保全の必要性）が審判の対象となる。

　仮処分手続は原則として簡易な審尋手続によって行われる。

(4)　そ　の　他

　訴額 60 万円以下の金銭請求事件については，簡易裁判所によって審理される少額訴訟手続の利用が可能である（民訴 368 条）。この手続は原則として 1 回の口頭弁論で審理を完了する（370 条 1 項）。

　また個別労働関係紛争については労働審判手続の中で調停による紛争解決が試みられる（⇨(1)）が，民事調停法に基づき簡易裁判所で行われる通常の民事調停も利用が可能である。

4　そ　の　他

　以上のような公的な機関による紛争解決制度を利用するほかにも，当事者が

外部の仲裁人を依頼し，紛争の解決についてはその仲裁による解決に委ねる（裁判所に訴える権利を放棄する）という方法（私的仲裁）も考えられうる。ただし，このような私的仲裁について 2003 年に制定された仲裁法（2004 年 3 月施行）は，当分の間，将来において生ずる個別労働関係紛争を対象とする仲裁合意は無効とするとしている（附則 4 条）。したがって，現時点では紛争発生後に当該紛争についてなされた仲裁合意は有効であるが，事前の（たとえば採用時などにおいてなされた）仲裁合意については，労使間の交渉力の格差などに鑑み，法的拘束力をもちえないということになる。

事項索引

判 例 索 引

※太字は判例紹介の掲載頁

Q LEGAL QUEST

労 働 法 第4版

2009 年 3 月 20 日	初 版第 1 刷発行
2013 年 3 月 30 日	第 2 版第 1 刷発行
2017 年 3 月 30 日	第 3 版第 1 刷発行
2020 年 3 月 20 日	第 4 版第 1 刷発行
2022 年 7 月 20 日	第 4 版第 2 刷発行

著　者　　両　角　道　代
　　　　　森　戸　英　幸
　　　　　小　西　康　之
　　　　　梶　川　敦　子
　　　　　水　町　勇　一　郎

発 行 者　　江　草　貞　治

発 行 所　　株式会社　有　斐　閣

郵便番号 101-0051
東京都千代田区神田神保町 2-17
http://www.yuhikaku.co.jp/

印刷・株式会社理想社／製本・牧製本印刷株式会社
© 2020, M. Morozumi, H. Morito, Y. Konishi, H. Kajikawa, Y. Mizumachi.
Printed in Japan
落丁・乱丁本はお取替えいたします。
★定価はカバーに表示してあります。

ISBN 978-4-641-17944-8